主编简介

吴晓义，博士、国家创业指导师、全国首批万名优秀创新创业导师，现任广东金融学院创业教育学院教授，广东省管理创新和发展研究会副理事长兼创业管理专业委员会主任，广东省人力资源和社会保障厅专家咨询委员会专家委员，广东省教育厅就业指导高级导师团导师。

吴晓义博士具有丰富的企业工作经验和创业经验，曾在外资企业、民营企业和大型股份制企业担任过投资顾问、广告策划总监、人力资源部长和副总经理等职务，创办过吉林省东亚广告公司、长春迈灵教育科学文化发展有限公司和深圳九思教育科技有限公司。

吴晓义博士长期从事创新创业教学和管理培训工作，曾在原吉林工业大学、中国人民解放军空军航空大学、浙江工业大学和中山大学担任企业管理和教育管理方向的硕士研究生导师、MBA 讲座教授，为北京大学、清华大学、中国移动、中国南方电网研究院、广东省人社厅等 70 多家企事业单位和政府机构提供过培训和咨询服务。

吴晓义博士作为主持人完成全国教育科学规划课题 2 项、中国博士后基金课题 1 项、省部级课题 6 项，主编、参编著作 12 部，其中包括教材《创业基础》和《创新思维》，发表论文 140 多篇。

内容简介

本书是在广泛学习、借鉴国内外创新创业教育理论研究和实践经验基础上，以教育部《普通本科学校创业教育基本要求（试行）》（2012）和《国务院办公厅关于深化高校创新创业教育改革的实施意见》（2015）为依据，以当代社会对创新创业人才培养的客观要求为出发点编写的通识性创业基础教材。

在教材编写过程中，我们既注重理论部分的基础性和准确性，同时也结合实际需要，在我们相对具有优势的研究领域，比如创业者的人格特征、创业团队建设、创业机会的识别与评价、创业资源的开发与整合等方面，提出了一些具有创新性的见解，建构了具有特色的知识体系。

本书虽然是以教育部颁布的“创业基础”教学大纲为蓝本编写的，但在教材编写过程中，我们在充分尊重大纲要求和完整反映大纲关键知识点的基础上，在内容选择方面进行了适当的调整，突出了学生目前非常需要、进入社会后非常有用的内容，同时在体例设计方面也使其既方便教师的教，又有利于学生的学。

作为集理论、案例、实训于一体的通识性创业基础教材，本书的每个单元都设有学习目标、知识点梳理、案例分析、实践训练、仿真情境练习、真实情境练习六个板块，从而使学生不仅能在感性认识基础上理解所学，而且能在真实情境和仿真情境中体验创业过程和验证创业设想。

主编简介

[illegible]

内容简介

[illegible]

21世纪通识课系列教材

创业基础

理论、案例与实训

（第2版）

CHUANGYE JICHU

吴晓义　主　编

肖伟才　何小姬　秦　印　张　菡　副主编

中国人民大学出版社

·北京·

第2版前言

2013年10月，在中国人民大学出版社的大力支持下，我们按照教育部2012年颁发的《普通本科学校创业教育教学基本要求（试行）》编写了《创业基础：理论、案例与实训》通识课教材。经过四年的学习、研究和教学实践，我们不但对国家的创业教育要求有了更加深入的理解，而且对通识性创业基础课程的教学内容、学生情况和社会需求，有了更加全面的认识。因此，我们从2017年10月开始，又对该教材进行了系统的审核和修订。

在教材修订过程中，我们认真学习了《国务院办公厅关于深化高校创新创业教育改革的实施意见》（2015），同时借鉴了清华大学、电子科技大学、华中科技大学、温州大学，美国哈佛大学、斯坦福大学、百森商学院和以色列特拉维夫大学等国内外高校的创新创业教育经验，以及国内外通识性创业基础教材和市场化创业培训用书。

修订后的教材虽然在体例和风格上保持了第1版的原貌，但在具体内容、案例和实训的选择等方面，却都做了不同程度的改进和调整，做到了既能紧扣《国务院办公厅关于深化高校创新创业教育改革的实施意见》，又能反映创新创业领域国内外理论与实践研究最新成果。修订后的教材由原来的六个单元扩展为七个单元，各单元的学习目标和内容设计安排如下。

第一单元：创业、创业精神与人生发展。通过本单元的学习，学生应能了解创业的概念、创业与创业精神的关系、创业与人生发展的关系，以及创业与创业精神在当今时代背景下的意义和价值。本单元包括以下三个模块：创业概述、创业精神与人生发展、知识经济发展与创业。

第二单元：创业者与创业团队。通过本单元的学习，学生应能形成对创业者的理性认识，了解什么样的人能成为创业者以及创业者应该具备哪些知识结构、能力结构和人格特征，认识创业团队的重要性，掌握组建和管理创业团队的方法、策略和应该注意的问题。本单元包括以下两个模块：创业者、创业团队。

第三单元：创业机会与创业风险。通过本单元学习，学生应能了解创业机会的来源和主要特征，掌握创业机会的识别过程和主要影响因素，了解创业风险的类型以及如何防范风险。本单元包括以下两个模块：创业机会、创业风险。

第四单元：商业模式。通过本单元学习，学生应能理解商业模式的含义和构成要素，掌握商业模式的设计框架与设计流程，了解常见的商业模式及商业模式创新的逻辑与方法。本单元包括以下两个模块：商业模式概述、商业模式的选择与创新。

第五单元：创业资源与创业融资。通过本单元学习，学生应能了解创业资源的类型，认识不同类型创业活动的资源需求差异，掌握创业资源获取的一般途径和方法，理解创业资源开发与整合的方法、技巧和策略，掌握创业融资的渠道和选择策略。本单元包括以下两个模块：创业资源、创业融资。

第六单元：创业计划。通过本单元学习，学生应能理解创业计划的作用和结构，了解制订创业计划所需要的准备工作，掌握创业计划的撰写要求和展示策略。本单元包括以下两个模块：创业计划概述、创业计划的撰写与展示。

第七单元：新企业的创建与管理。通过本单元学习，学生应能掌握企业的本质及不同企业组织形式的主要特点，了解新企业注册的流程及所需提交的文件，了解新企业管理的特殊性及新企业成长面临的挑战和管理策略。本单元包括以下两个模块：新企业的创建、新企业的管理。

本教材既可供“创业基础”课教学时数为36学时的学校使用，也可供教学时数为18学时的学校使用。建议前一类学校，在课堂教学中将知识学习与实践训练结合起来，以提高教学的吸引力和有效性；建议后一类学校，将课程分为课堂教学与实践训练两部分，在课堂教学部分突出理论教学和案例分析，在实践训练部分进行企业参访和实践训练。与第1版一样，对使用本教材的学校，我们将继续免费提供如下支持性材料：

（1）教育部《普通本科学校创业教育基本要求（试行）》电子版。

（2）教育部“创业基础”教学大纲（试行）电子版。

（3）“创业基础”教学大纲实施方案（36学时）电子版。

（4）“创业基础”教学大纲实施方案（18学时）电子版。

（5）全程课件（36学时）电子版。

（6）全程教案（36学时）电子版。

（7）全程课件（18学时）电子版。

（8）全程教案（18学时）电子版。

编者

2018年10月16日

前言

为深入贯彻《国家中长期教育改革和发展规划纲要（2010—2020）》，以及《教育部关于全面提高高等教育质量的若干意见》（2012）的精神，推动高等学校创业教育科学化、规范化、制度化建设，切实加强普通高等学校创业教育工作，教育部于2012年8月3日颁发了《普通本科学校创业教育教学基本要求（试行）》。

在《普通本科学校创业教育基本要求（试行）》中，“创业基础”课被定位为面向全体学生开设的公共必修课程。其教学目标是：通过创业教育教学，使学生掌握创业所需要的基础知识和基本理论，熟悉创业的基本流程和基本方法，了解创业的法律法规和相关政策，激发学生的创业意识，提高学生的社会责任感、创新精神和创业能力，促进学生创业、就业和全面发展。

教育部之所以将“创业基础”课定位为面向全体学生开设的公共必修课程，是因为当代社会比人类历史上的任何时期，都更需要创业和创业精神。著名管理学家德鲁克曾经指出，目前世界的经济已由“管理型经济”转变为“创业型经济”，唯有重视创新与创业精神，才能再创企业生机。创业的动因在于创业精神，因此创业精神对于个人、组织和社会变得日益重要，甚至不可或缺。

基于当前我国经济社会发展对创业教育的客观要求，我们在总结多年“创业基础”课教学经验的基础上，以教育部颁发的“创业基础”课教学大纲（2012年8月3日颁发）为依据，编写了这本集理论梳理、案例分析、实践训练、仿真情境练习、真实情境练习于一体的“创业基础”课教材。为了便于广大读者更为有效地使用本教材，现将教材的基本情况做一简要介绍。

■ 本书的架构

全书共分六个单元、十五个模块。单元和模块的划分，完全与教育部颁发的“创业基础”课教学大纲规定的课程内容和教学要点相对应。

第一单元：创业、创业精神与人生发展。通过本单元的学习，学生应能了解创业的概念、创业与创业精神的关系、创业与人生发展的关系以及创业与创业精神在当今时代背景下的意义和价值，正确认识并理性对待创业。本单元包括以下三个模块：创业概述、创业精神与人生发展、知识经济发展与创业。

第二单元：创业者与创业团队。通过本单元的学习，学生应能形成对创业者的理性认识，纠正神话创业者的片面认识，了解什么样的人能成为创业者，以及创业成功者应该具备怎样的知识结构、能力结构和人格特征，认识创业团队的重要性，掌握组建和管理创业团队的方法、策略和应该注意的主要问题。本单元包括以下两个模块：创业者、创业团队。

第三单元：创业机会与创业风险。通过本单元的学习，学生应能了解创业机会及其识别要素，了解由创业机会开发商业模式的过程，掌握商业模式设计策略和技巧，了解创业风险的类型以及如何防范风险。本单元包括以下三个模块：创业机会的识别与评价、商业模式开发、创业风险的识别与管理。

第四单元：创业资源。通过本单元的学习，学生应能了解创业资源的类型，认识不同类型创业活动的资源需求差异，掌握创业资源获取的一般途径和方法，理解创业资源开发与整合的方法、技巧和策略，掌握创业融资的渠道和选择策略。本单元包括以下三个模块：创业资源获取、创业资源的开发与整合、创业融资。

第五单元：创业计划。通过本单元的学习，学生应能了解创业计划的基本内容及其重要性，认识创业者在创业过程中准备创业计划的原因，了解做好创业计划所需要开展的准备工作，掌握创业计划的基本结构和撰写要求，了解创业计划的展示要求和展示策略。本单元包括以下两个模块：创业计划、撰写与展示创业计划。

第六单元：新企业的开办。通过本单元的学习，学生应能掌握企业的本质及不同企业组织形式的主要特点，了解新企业注册的流程及所需提交的文件，掌握企业选址的影响因素和基本要求，认识企业获得社会认同的必要性和基本方式，了解新企业管理的特殊性及新企业成长面临的挑战和管理策略。本单元包括以下两个模块：成立新企业、新企业生存管理。

■ 本书的特色

按照教育部颁发的《普通本科学校创业教育基本要求（试行）》，“创业基础”课作为高校对学生进行创业教育的主要方式，应遵循教育教学规律，坚持理论讲授与案例分析相结合、小组讨论与角色体验相结合、经验传授与创业实践相结合，把知识传授、思想碰撞和实践体验有机统一起来，调动学生学习的积极性、主动性和创造性，不断提高教师的教学质量和教学水平。为体现教育部对本门课程的教学要求，我们在教材的体例设计上，增加了许多有助于学生自主学习和实践体验的新元素，形成了有别于传统教材的鲜明特色。

【学习目标】

“学习目标”是学生学习的引导者和先行组织者。本书在学习每一单元之前，都首先通过“学习目标”，来使学生了解本单元的学习要求，从而增强学习的目的性和有效性。本书学习目标的制订，不但体现了教育部颁发的教学大纲的要求，而且充分考虑了教学内容内在的逻辑结构，以及学生学习的心理规律。

【导入案例】

本书的每一个单元，都是由一个“导入案例”开始的。“导入案例”选用的都是本土的、真实的大学生创业故事，既有典型性，又有时代性。设置“导入案例”的目的，在于引出单元主题，带出关键知识点，建立所学知识与创业实践的联系。因此，我们选择案例时，还特别注意案例内容与所学单元主题的吻合，在“导入案例”之后，还配有思考题引导学生结合所学案例来理解本单元所要探讨的主要问题。

【理论梳理】

“创业基础”课是一门理论性、政策性和实践性很强的综合性课程，在对创业要素、创业原理和创业过程进行阐述时，涉及了许多经济学、管理学和社会学等学科的知识。为帮助广大读者理解这些知识，我们以教育部颁发的教学大纲中规定的概念、原理、流程等内容为主线，对本课程所涉及的各种理论进行了系统的梳理。因为开设本门课程的目的不是进行学术训练，而是启发思考和指导实践，所以在撰写这部分内容时，我们采用的方式是理实结合，尽量避免空洞的说教和过多的理论阐述。

【拓展阅读】

本书还设计了“拓展阅读”栏目来补充、丰富和完善各模块的知识学习。“拓展阅读”内容短小精悍、生动活泼，既能拓展学生的视野，又能增强理论知识部分的可读性。

【案例分析】

按照教育部颁发的“创业基础”课教学大纲要求，案例分析是贯穿全程的最重要的教学方式。但在普通高校的“创业基础”课教学实践中，教师们面临的最大困难，又正是难以找到恰当的案例和缺乏案例分析能力。鉴于上述原因，我们在教材编写过程中，将“案例分析”放到了重中之重的位置，投入大量人力、物力搜集、整理案例和对案例进行分析。在本教材的十五个模块中，每个模块的“理论梳理”之后，都配合三个与本模块关键知识点相吻合的“案例分析”，帮助学生理解所学知识。

【实践训练】

在《普通本科学校创业教育基本要求（试行）》中，实践训练是最难落实的要求。之所以会出现这种情况，主要有以下三方面原因：一是各高校普遍缺乏创业实践训练资源；二是大多数“创业基础”课教师没有创业实践经验；三是部分高校对创业实践的理解过于狭窄。针对上述情况，我们在广州汉略企业管理咨询公司等企业的大力支持下，从广义的创业概念出发，在每个模块的“案例分析”后面，都结合该模块教学内容精心设计了“实践训练”项目。为了保证“实践训练”项目的实施，我们还设置了“实训导航”和“方法策略”，对学生的实践训练给予具体指导。

【单元小结】

在各模块“理论梳理”“案例分析”和“实践训练”基础上，本书还通过“单元小结”对整个单元的学习进行总结。具体包括：学习内容回顾，重难点分析，知识系统化。

【思考题】

在“单元小结”之后，本书将通过“思考题”检查学生的学习成果，引导学生对所学内容进行更深入的思考。思考题的设置主要围绕教育部颁布的教学大纲规定的教学要点进行，同时兼顾学生的思维训练和能力提升。

【网络情境练习】

设置“网络情境练习”的目的，主要是引导学生充分利用网络资源进行学习。学习内容主要包括以下四个方面：一是在线观看视频资料，让学生在仿真情境中学习；二是在网上进行测评、测验和交互式学习；三是在网上搜集资料进行研究性学习；四是在网上进行仿真创业实践。“网络情境练习”是课堂学习的补充和拓展，它将在未来的“创业基础”课教学中发挥越来越重要的作用。

【真实情境练习】

设置“真实情境练习”的目的，主要是引导学生走出去、做起来，切身体验课堂上所学知识的产生情境和应用领域。“真实情境练习”的主要方法有角色扮演、创业人物访谈、创业认知实习、创业能力训练等。它与创业实践的区别是：前者侧重过程，具有综合性，在教师组织、指导下完成；后者侧重体验和训练，由学生独立完成。

■ 本书的创新之处

与西方发达国家相比，我国的创业教育不但起步晚，而且一直处于无序状态。教育部《普通本科学校创业教育基本要求（试行）》的颁发，标志着我国高校面向全体学生的创业基础教育的正式开始。作为一本以国家最新颁布的“创业基础”教学大纲为蓝本的公共必修课教材，本书虽然广泛地学习、借鉴了国内外的相关研究成果和创业实践经验，但无论在理论的梳理与建构方面，还是在教材的内容选择与结构设计方面，都有一定的创新之处。

1. 理论梳理与建构方面的创新

虽然本书理论部分的定位是知识介绍而非学术探讨，但我们对每个模块、每个关键知识点的介绍，都尽可能反映该领域的最新研究进展，并尽可能达到一定的深度和广度。因为创业是一个较新的研究领域，其中的许多基本理论问题，尚未形成统一的认识。所以我们在教材编写过程中，既注重理论部分的基础性和准确性，同时也结合实际需要，在我们具有相对优势的研究领域，比如创业者的人格特征、创业团队建设、创业机会的识别与评价、创业风险的识别与管理、创业资源的开发与整合等方面，提出了一些具有创新性的见解，建构了具有本书特色的知识体系。

2. 内容选择与编排方面的创新

本书虽然是以教育部最新颁布的“创业基础”教学大纲为蓝本编写的，但在教材编写过程中，我们在充分尊重大纲要求和完整反映大纲关键知识点的基础上，在内容选择与编排方面也进行了适度的创新。具体体现在：根据社会的人才培养要求和学生的个人发展需要，对各知识点的比例和深度、广度进行了适当的调整，突出了学生目前非常需要、进入社会后非常有用的内容；在教材内容的编排上，我们根据知识的内在逻辑和创业实践的实际进程，对大纲规定的内容在结构上进行了适当的调整，使其既方便教师的教，又有利于学生的学。

3. 结构与情境设计方面的创新

教育部颁发的《普通本科学校创业教育基本要求（试行）》规定，“创业基础”课教学要设计真实的学习情境，通过运用模拟软件和现场教学等方式，努力将相关教学活动情境化，使学生更真实地学习知识、了解原理、掌握规律。但是，目前国内出版的创业基础方面的教材，大多数采用的是以知识传授为主的体例。使用这种教材进行教学，学生获得的只能是“去情境”的知识，很难解决实际问题。我们编写的这本名为《创业基础：理论、案例与实训》的公共课教材，集理论梳理、案例分析、实践训练、仿真情境练习、真实情境练习于一体，不但能使学生在真实情境中学习知识、了解原理、掌握规律，而且还为其提供了在真实情境和仿真情境中体验创业过程和实现创业设想的项目与活动。

■ 给学生的建议

作为一本公共必修课教材，本书不是专门写给有创业意愿的同学看的创业指南，而是写给全体同学看的创业概述。基于本教材的教学，不是要教你如何创业，而是要告诉你：创业是一个什么样的活动，它可能会给你带来什么，可能会让你失去什么？创业需要具备什么样的条件？创业者过的是一种什么样的生活？什么样的人创业更有可能成功？创业需要哪些资源，如何获取、整合和开发这些资源？创办一家新企业需要做哪些准备？如何撰写和展示创业计划？如何发现和把握创业机会？如何识别和防范创业风险？

在这里要特别提醒已经有独立创业意愿的同学：创办一家新企业是一个充满不确定性的过程，具有极大的风险性和挑战性，你最好通过本教材的学习，先对创业有一个全面的了解，然后决定今后是否要独立创业。而对目前还没有独立创业意愿的同学，我们要说的是：无论你今后是否会独立创业，学习“创业基础”课都是十分必要的。因为在我国普通高等学校的“创业基础”课教学中，虽然会对“创办一家新企业”这一狭义创业活动、创业要素、创业过程，以及狭义的创业者将要面对的问题、应该具备的素质和能力等进行探讨，但在大多数情况下，我们说的创业者是广义的创业者，而且这个概念的外延，包括参与创业活动的全体人员，以及以各种身份从事具有创新性活动的所有人员。在这一概念下，普通高校的所有学生都可以成为创业者，都可以在“创业基础”课中，找到课程内容与自己未来发展的结合点，都可以从课程学习中直接受益。

在这里还要提醒所有同学：本课程学习更为重要的任务是创业精神培养，在当今这个时代，创业精神是从事任何职业的人都需要具备的精神。创业精神是创业者各种素质的综合体现，它集冒险精神、风险意识、效益观念和科学精神为一体，体现了创业者具有开创性的思想、观念和个性，以及积极进取、不畏失败和敢于担当等优秀品质。创业精神不但是一种抽象的品质，而且是推动创业者创业实践的重要力量。其具体表现在：第一，能让创业者发现别人注意不到的趋势和变化，看到别人看不到的市场前景；第二，能让创业者在新事物、新环境、新技术、新需求、新动向面前具有较强的吸纳力和转化力；第三，能让创业者不断地寻找机会，不断地创新，不断地推出新产品和新的经营方式。

创业精神不是与生俱来的，而是在后天的学习、思考和实践中逐渐形成的。创业精神一经形成，就会对人一生的发展产生重要影响。这种影响既体现在创业者创业准备和创业活动的始终，也体现在普通人的日常工作、学习和生活中。从某种意义上说，创业精神不但决定个人生涯发展的态度，而且决定个人生涯发展的高度和速度。

作为一个社会人，其生涯发展必然要受到各种社会因素的影响。但是，不同的人由于其生涯发展的态度不同，在面临各种各样的发展机遇时，其选择也不相同。而创业精神作为一种思想观念、个性心理特征和行为模式的综合体，必然会对其生涯发展态度具有重要影响。例如，创业精神中思想观念的开放性、开创性，容易让人接受新思想、新事物，形成开放的态度，敢于开风气之先河，从而想他人未曾想、做他人不敢做，成为事业上的领跑者。再如，创业精神中的创新精神、拼搏精神、进取精神、合作精神等，能使人树立积极的生活态度，在顺境中居安思危、不懈奋进，在逆境中不消沉萎靡，排除万难，重新找到生涯发展的方向。态度决定一切，在相同的个人禀赋和社会条件下，有创业精神的人因为有更积极的人生态度，所以更有可能发现和把握机会，更有可能取得事业上的成功。

■ 给教师的建议

虽然教育部颁发了《普通本科学校创业教育基本要求（试行）》，并制定了统一的“创业基础”课教学大纲，但各高校由于办学方向、专业设置、培养目标和教学条件等的不同，其“创业基础”课的教学方式和教学方法也会有一定的差异。鉴于这种情况，我们在广泛调查的基础上，对不同类型学校在使用本教材及相关支持性资料时应注意的问题做如下提示。

【教材使用】

本教材既可供“创业基础”课课堂教学时数为32～36学时的学校使用，也可供课堂教学时数为16～18学时的学校使用。建议前一类学校，在课堂教学中将理论、案例和实训结合起来，以提高教学的吸引力和有效性；建议后一类学校，将“创业基础”课分为课堂教学和实践训练两部分，在课堂教学部分突出理论、案例，在课外时间进行实践训练和情境练习，这样在总学时上也能达到教育部的要求。另外，无论采用何种方式进行教学，在使用本教材上课时都应注意如下问题。

1. 注意创业活动与专业学习结合

当今社会的经济是世界经济一体化条件下的经济，是以知识决策为导向的经济，它促使我们重新审视与认识身边发生的一切事物。知识经济是科学技术与经济运行日益密切结合的必然结果，其基本特征是知识型企业的大量出现，并在经济活动中起着越来越重要的作用。知识经济使人类的社会生活、产业组织形式、企业的组织与运行方式都发生巨大变化。在知识经济时代，专业性公司在新建企业中所占比例日益增大。运用所学专业知识创业，已经成为知识经济时代创业者的突出特征。在这种背景下，我们建议普通高校毕业生的创业要走高起点的路线，普通高校在校生的创业活动要与所学专业紧密结合。这样做的现实意义是能使创业基础教育与专业教育相互促进，形成良性循环。

2. 注意培养学生的主动性和创造性

创业教育的一个最为重要的任务，就是要培养学生的创业精神，而主动性和创造性恰是创业精神的关键要素。主动性和创造性有助于人积极、主动、优质、高效地做好自己承担的每一份工作，从而在平凡的岗位上做出不平凡的贡献。实践证明，具有创业精神的人，不管在什么岗位，不管从事什么职业，其强烈的成就动机，其追求增长、追求效益的欲望，其积极、主动的工作态度，其富有创造性的思维方式和工作方式，都将转化为内心强劲的追求事业成功的动力。在这种动力的驱使下，人们会将眼前的工作作为未来事业发展的起点，把握好生命中的每一个机会，做好自己从事的每一项工作。

3. 注意培养学生的务实精神

创业精神也是一种求真务实的精神。这种精神的本质，就是实事求是、讲求实效，就是实干苦干、反对浮夸、反对空谈。在人类社会的发展史上，许多企业家正是凭借这种精神，创造了从白手起家到富可敌国的财富神话；许多科学家、思想家、政治家、教育家和劳动模范，也正是凭借这种精神，从莘莘学子，成长为令人瞩目的业界精英。在当今中国的职场上，最受企业欢迎的也是能干事和干实事的人。因此，在创业基础教育中，我们也要特别注意培养学生的务实精神，让学生从在校学习期间开始，就养成踏实肯干、求真务实的工作态度和工作作风。在具体的教学设计中，则要注意采用案例教学，注意将部分实践训练环节纳入课堂教学，注意引导学生参与或体验校内外公司的实际运营，注意鼓励学生参加校内外创业比赛和创业实践项目，等等。这部分还特别要注意对学生实践的指导要有现实性、针对性和有效性，不要为了指导而指导。

【支持性资料使用】

对使用本教材的老师，我们将免费提供如下支持性材料。

（1）教育部《普通本科学校创业教育基本要求（试行）》电子版。

（2）教育部“创业基础”教学大纲（试行）电子版。

（3）“创业基础”教学大纲实施方案（36 学时）电子版。

（4）“创业基础”教学大纲实施方案（18 学时）电子版。

（5）全程课件（36 学时）电子版。

（6）全程教案（36 学时）电子版。

（7）全程课件（18 学时）电子版。

（8）全程教案（18 学时）电子版。

“创业基础”课是一门理论性、政策性和实践性很强的课程，尽管教育部对这门课程提出了统一的要求，但各高校还应结合不同地区、不同学校、不同专业的实际情况，创造性地开展本校的“创业基础”课教学。因此，我们不仅希望上述支持性教学辅助资料能够为大家的教学工作提供一定的帮助，而且更希望大家在此基础上创造性地开发出具有自己特色的课程。

编者

2013 年 9 月 9 日

目录

第一单元 创业、创业精神与人生发展

【学习目标】 …… 1
【导入案例】驴妈妈：诚信、激情、创新、多赢 …… 1

模块一 创业概述 …… 3

【知识点梳理】 …… 4
一、创业的定义、要素与功能 …… 4
二、创业类型 …… 6
三、创业过程的阶段划分 …… 8
【案例分析】 …… 9
案例一：从月亏 5 000 元到年赚 15 万元 …… 9
案例二：公益创业从校园出发 …… 11
案例三：让优秀员工当老板 …… 12
【实践训练】 …… 14
一、实训导航 …… 14
二、实训项目 …… 14
三、方法策略 …… 14

模块二 创业精神与人生发展 …… 14

【知识点梳理】 …… 14
一、创业精神的概念和主要特征 …… 15
二、创业精神对个人生涯发展的影响 …… 16
三、创业精神对社会发展的作用 …… 17
【案例分析】 …… 18
案例一：技术创新让他成就事业 …… 18
案例二：君瑞立信获得数千万元投资，专注护航企业财富 …… 20
案例三：张良伦出“阿里”记 …… 22
【实践训练】 …… 24
一、实训导航 …… 24
二、实训项目 …… 24
三、方法策略 …… 25

模块三　知识经济发展与创业 …… 25
【知识点梳理】 …… 25
一、经济转型与创业热潮的关系 …… 25
二、知识经济时代赋予创业的重要意义 …… 27
三、知识经济时代创业方式的嬗变 …… 28
【案例分析】 …… 29
案例一：金犁的“墨迹”火了 …… 29
案例二：邵正兴的“触摸”创业历程 …… 30
案例三：“一条”的二次转型：选题—选品—选址 …… 32
【实践训练】 …… 35
一、实训导航 …… 35
二、实训项目 …… 35
三、方法策略 …… 35
【单元小结】 …… 35
【思考题】 …… 36
【网络情境练习】 …… 36
【真实情境练习】 …… 36
【参考文献】 …… 37

第二单元　创业者与创业团队

【学习目标】 …… 38
【导入案例】凭冲动做出的创业选择 …… 38
模块一　创业者 …… 40
【知识点梳理】 …… 40
一、什么样的人能成为创业者？ …… 40
二、创业成功者的知识和能力结构 …… 41
三、创业动机与创业者分类 …… 44
【案例分析】 …… 45
案例一：陈志列的创业准备 …… 45
案例二：王潮歌的知能结构与人格特征 …… 49
案例三：蒲易的商业眼光与“roseonly”的市场定位 …… 52
【实践训练】 …… 53
一、实训导航 …… 53
二、实训项目 …… 53
三、方法策略 …… 54

模块二　创业团队 …… 54

【知识点梳理】 …… 54

一、创业团队的概念、作用与社会责任 …… 54

二、创业团队的组建 …… 56

三、创业团队的管理 …… 59

【案例分析】 …… 61

案例一：阿里巴巴的“十八罗汉” …… 61

案例二：复星集团“五虎将” …… 64

案例三：希望集团“分家”之路 …… 66

【实践训练】 …… 69

一、实训导航 …… 69

二、实训项目 …… 69

三、方法策略 …… 69

【单元小结】 …… 69

【思考题】 …… 69

【网络情境练习】 …… 70

【真实情境练习】 …… 70

【参考文献】 …… 70

第三单元　创业机会与创业风险

【学习目标】 …… 72

【导入案例】做旧书也有好“薪”情 …… 72

模块一　创业机会 …… 73

【知识点梳理】 …… 73

一、创业机会的特征、来源与类型 …… 73

二、创业机会的识别 …… 75

三、创业机会的评价 …… 78

【案例分析】 …… 83

案例一：半年做到 6 000 万元营收，凯叔要在内容付费红海中“讲故事” …… 83

案例二：“90 后”创办 Keep，凭什么 15 个月用户 3 000 万 …… 86

案例三：一站式服务引 4 000 万元风投 …… 89

【实践训练】 …… 91

一、实训导航 …… 91

二、实训项目 …… 91

三、方法策略 …… 91

模块二　创业风险 …… 92
【知识点梳理】 …… 92
一、创业风险的特征与分类 …… 92
二、创业风险的管理流程与管理方法 …… 96
三、创业风险的管理策略 …… 99
【案例分析】 …… 109
案例一：经营彩色钥匙，小本生意的失败教训 …… 109
案例二：慎重选择投资人和创业伙伴 …… 111
案例三：史玉柱的创业人生 …… 114
【实践训练】 …… 117
一、实训导航 …… 117
二、实训项目 …… 117
三、方法策略 …… 117
【单元小结】 …… 117
【思考题】 …… 118
【网络情境练习】 …… 118
【真实情境练习】 …… 118
【参考文献】 …… 119

第四单元　商业模式

【学习目标】 …… 120
【导入案例】VIPKID：全球资本最想入局的教育公司 …… 120
模块一　商业模式概述 …… 122
【知识点梳理】 …… 122
一、商业模式的内涵 …… 122
二、商业模式的设计框架 …… 123
三、商业模式的设计思路与流程 …… 126
【案例分析】 …… 127
案例一：你睡前的5分钟，却是“二更”1 000万元的生意 …… 127
案例二：网易严选的成功之道 …… 131
案例三：小罐茶背后的商业逻辑 …… 134
【实践训练】 …… 137
一、实训导航 …… 137
二、实训项目 …… 137
三、方法策略 …… 138

模块二　商业模式的选择与创新 …… 138
【知识点梳理】 …… 138
一、商业模式的选择 …… 138
二、商业模式因果关系链条分解 …… 141
三、商业模式的创新 …… 142
【案例分析】 …… 145
案例一：名创优品为什么能爆卖100个亿？ …… 145
案例二："盒马鲜生"，你靠什么逆势增长？ …… 148
案例三：e袋洗张荣耀——用"互联网+生活服务"满足差异化需求 …… 152
【实践训练】 …… 155
一、实训导航 …… 155
二、实训项目 …… 155
三、方法策略 …… 155
【单元小结】 …… 155
【思考题】 …… 156
【网络情境练习】 …… 156
【真实情境练习】 …… 156
【参考文献】 …… 157

第五单元　创业资源与创业融资

【学习目标】 …… 158
【导入案例】陈天桥白手起家，玩游戏玩出盛大"传奇" …… 158
模块一　创业资源 …… 159
【知识点梳理】 …… 159
一、创业资源的内涵与种类 …… 160
二、创业资源的获取 …… 162
三、创业资源的开发与整合 …… 164
【案例分析】 …… 166
案例一："小龙女"征婚受骗，创办"世纪佳缘" …… 166
案例二：朱华侨办班赚学费，折腾的大学生活 …… 167
案例三：两女生微创业、开店，穷游遍天下 …… 169
【实践训练】 …… 170
一、实训导航 …… 170
二、实训项目 …… 170
三、方法策略 …… 171

模块二　创业融资 …… 171
【知识点梳理】 …… 171
一、创业融资分析 …… 171
二、创业融资渠道 …… 173
三、创业融资策略 …… 176
【案例分析】 …… 179
案例一：亚朵酒店——传统行业共舞互联网金融 …… 179
案例二：命运多舛的易到用车 …… 180
案例三：吴长江及其雷士照明——民企资本化的“教科书” …… 182
【实践训练】 …… 186
一、实训导航 …… 186
二、实训项目 …… 186
三、方法策略 …… 187
【单元小结】 …… 187
【思考题】 …… 187
【网络情境练习】 …… 187
【真实情境练习】 …… 188
【参考文献】 …… 188

第六单元　创业计划

【学习目标】 …… 189
【导入案例】“久创科技”的故事 …… 189
模块一　创业计划概述 …… 190
【知识点梳理】 …… 190
一、创业计划的作用 …… 190
二、创业计划的内容 …… 192
三、创业计划中的信息搜集 …… 198
【案例分析】 …… 200
案例一：张华的创业计划 …… 200
案例二：只有一页纸的创业计划书 …… 201
案例三：创业失败后改写创业计划书引来400万元风投 …… 203
【实践训练】 …… 205
一、实训导航 …… 205
二、实训项目 …… 205
三、方法策略 …… 205

模块二　创业计划的撰写与展示 …… 205
【知识点梳理】 …… 206
一、创业构想的研讨与可行性分析 …… 206
二、创业计划书的撰写 …… 207
三、创业计划书的展示 …… 210
【案例分析】 …… 213
案例一：文洁的健康信息服务创业设想 …… 213
案例二：只是时间问题 …… 216
案例三：波迪商店的融资 …… 216
【实践训练】 …… 217
一、实训导航 …… 217
二、实训项目 …… 217
三、方法策略 …… 218
【单元小结】 …… 218
【思考题】 …… 218
【网络情境练习】 …… 218
【真实情境练习】 …… 219
【参考文献】 …… 219

第七单元　新企业的创建与管理

【学习目标】 …… 220
【导入案例】亚德公司的创业管理 …… 220
模块一　新企业的创建 …… 221
【知识点梳理】 …… 221
一、企业组织形式的选择 …… 221
二、企业注册流程及需要提供的相关文件 …… 223
三、企业的社会认同及创办企业必须考虑的法律和伦理问题 …… 226
四、新企业选址的步骤和策略 …… 228
【案例分析】 …… 230
案例一：从有限责任公司到个体工商户 …… 230
案例二：手持利剑，为企业保驾护航 …… 231
案例三：颠覆传统家政业的“小管家” …… 234
【实践训练】 …… 237
一、实训导航 …… 237
二、实训项目 …… 237
三、方法策略 …… 237

模块二　新企业的管理 …… 237
【知识点梳理】 …… 237
一、新企业管理的特殊性 …… 238
二、新企业成长的驱动因素 …… 239
三、新企业成长面临的挑战 …… 240
四、新企业成长管理策略 …… 244
【案例分析】 …… 246
案例一：PPG神话是如何破灭的？ …… 246
案例二："大学生牛倌"邱展宗的创业经 …… 249
案例三：亚信科技公司的持续成长 …… 252
【实践训练】 …… 255
一、实训导航 …… 255
二、实训项目 …… 255
三、方法策略 …… 255
【单元小结】 …… 256
【思考题】 …… 256
【网络情境练习】 …… 256
【真实情境练习】 …… 256
【参考文献】 …… 257

后记 …… 258

第一单元
创业、创业精神与人生发展

学习目标

学完本单元后，你应当能够达成以下目标：

1. 了解创业的概念、要素及其对社会和个人发展的影响。

2. 掌握创业的类型及其不同阶段的主要特征。

3. 了解创业精神与人生发展的关系及其对社会发展的推动作用。

4. 理解经济转型下创业热潮兴起的深层原因。

5. 了解知识经济时代创业活动呈现的新特质和新的模式。

导入案例

“驴妈妈”：诚信、激情、创新、多赢

“驴妈妈”是洪清华的第三次创业，他的生意始终未离开过“旅游”二字。第一次创业是在北京，他跟朋友创办了达沃斯巅峰旅游景观设计中心，如今这家公司已经成为具备全国旅游规划甲级资质的单位。第二次创业是2004年，他在上海创办奇创旅游规划设计机构（以下简称“奇创”），该机构曾为三亚、漓江、千岛湖等旅游地做过规划。但是，真正让洪清华名声在外的，还是面向大众的B2C网站“驴妈妈”。

向抱怨要商机

洪清华一直认为，抱怨最多的地方必然存在巨大商机。游客对旅行社意见很大，他们反感所有的景点门票被打包，厌恶被带到指定商店买高价的劣质商品。景区对旅行社则是又爱又恨：爱的是旅行社能带来门票收入，恨的是旅行社不能带动周边消费。那个时候的市场是从观光游向休闲度假游过渡的时期，有大量的休闲设施陆续建成。

洪清华判断，“未来一定是自驾游、自助游的游客激活景点的周边消费”。买一张门票游玩之后，游客还要住下来，晚上喝点咖啡，品尝下景点周边的特色餐饮，悠哉地待上两三天。洪清华坚持认为，景区门票一定要打折，让“驴友”过来之后产生综合消费、二次消费的价值远远大于一次性购买门票的价值。

其实，洪清华的这个想法诞生于2005年，但他真正付诸行动是在2008年。为什么要推迟三年才行动？很重要的一个原因是，他在等待自助游市场的爆发。

2008年，电子商务慢慢热起来，在旅游行业摸爬滚打多年的洪清华感觉“散客潮”时代即将来临，将“电子商务潮”和“散客潮”两股热潮整合在一起，一定能产生很好的商业模式。不抢跟团游，也没选择机票、酒店作为切入口，洪清华大胆地选择了从无人涉足的自助游市场进入。

“领先一步可能是先烈，领先半步就是先锋。”作为第一个“吃螃蟹”的人，洪清华坚持通过电子商务平台向全国各地的自助游旅客卖门票，这也成为“驴妈妈”跟途牛、悠哉等众多旅游类网站最大的区别。洪清华解释说，“驴妈妈”尽管是一家综合性旅游网站，但80%的业务是卖自助游产品，比如当季主打产品、“开心驴行”等，其余的20%是卖跟团游产品。洪清华坚信：“我们的核心业务一定是自助游和门票。”

起步阶段的确艰难，景点服务商接受电商模式和打折门票需要一个循序渐进的过程。好在“驴妈妈”有先发优势，还有在奇创旅游规划咨询机构（简称“奇创”）做景区规划时结识的一些景区服务商。洪清华以免费的形式鼓励服务商到“驴妈妈”平台上做尝试，派市场人员苦口婆心地一遍遍沟通，做思想工作。“先有产品，然后再拿产品吸引游客，而且少量的产品是没有用的，起码得有1 000家供应商。”这是洪清华当时说服景点服务商的理由。

与传统区域性门票代理商不同，“驴妈妈”是面向全国的分销平台。经过一年时间的市场培育，“驴妈妈”的票务分销平台签了1 000多家代理商。这时的“驴妈妈”迎来了首轮融资。为了让更多“驴友”知道“驴妈妈”，洪清华开始大力推广网站。

B2B2C金三角

2010年初，当网站有四五千家景点之后，“驴妈妈”已经具备不小的知名度，一个“黄金周”能为某些景点输送游客几万人次。当营业额和订购数量开始形成规模后，“驴妈妈”仅向游客输送门票产品的模式显得越来越单薄。“游客抱怨餐饮不好，抱怨没有导游，抱怨旅游时在当地人生地不熟，等等，这都是商机。”这时，洪清华开始不断丰富电商平台产品，为驴友提供度假酒店、餐饮、娱乐、租车、导游等自助游产品。他们还在三亚、黄山、厦门等旅游目的地开设分公司，服务当地游客。

业务发展过程中，洪清华发现，在中国的旅游产业链上，景区运营水平参差不齐，管理水平有很大提升空间。这时，洪清华的几大业务版块逐步显现。他通过成立景域国际旅游运营集团打通了旅游产业链，集团旗下景域旅游发展有限公司专做景区运营管理，景域旅游营销有限公司负责景区营销服务。他还创办了“帐篷客”，在景区开设连锁酒店。再加上“奇创”的业务，洪清华在旅游市场可谓“无孔不入”，用他的话来说，形成了一个“B2B2C金三角”。

洪清华一边通过“驴妈妈”为自助游游客提供服务，一边帮景区做营销和规划设计等服务。“当为景区做规划设计的时候，景区看到我们的服务很专业，可能就会把相应的资源嫁接过来。‘驴妈妈’获取门票等资源后，又可以为游客提供更好、更丰富的产品。所有好的商业价值，一定是实现二次、三次的价值。就像苹果手机，光卖硬件只能赚一部分钱，硬件使用后的服务又能赚大量的钱。”洪清华的道理很简单，不是单纯将“驴妈妈”

打造成电子商务公司，而是要将其打造成一家服务型公司。

洪清华首先通过网站把游客送到景区，提取佣金，输送完游客后，再通过旅游营销和规划产生二次价值，“卖服务的收入，已经超过了佣金收入”，这就是洪清华真正的商业模式。

2011年，洪清华明显感觉到了中国自助游市场的蓬勃发展。当时国家旅游局统计数据显示，中国全年出游人数约26亿，大概只有8.2%是跟团游，剩下的91.8%都是自助游。“今年的‘十一’黄金周，30%的游客选择自驾游，自助游旅客更多。”洪清华终于等到了“驴妈妈”业务的爆发。

2015年驴妈妈覆盖景区超过1万家，其中5A景区覆盖率达到92%，居OTA（在线旅行社）行业第一。艾瑞《2016中国景区旅游研究报告》显示，在受关注度较高的5A、4A景区市场份额中，驴妈妈以23.8%、24%的占有率位居行业第一。驴妈妈旅游网的用户满意度位居首位，达到88.2%。

2016年以来，“开心驴行”从国内游线路延展到门票、周边游领域，“品质一日游”也已被纳入“开心驴行”，四大保障措施“1人报名即成行”“若不满意就重玩”“突发情况随时退”“管家服务全程陪”开始推出。同时，公司的“全球直采战略”发展顺利，邮轮包船34艘，位列行业第一。

作为一个连续创业者，洪清华在“驴妈妈”旅游创立之日起，就提出了“诚信、激情、创新、多赢”的企业文化，同时强调“我们是一个家庭，和睦共处、互帮互助；是一支军队，纪律严明、作风硬朗；是一所学校，终身学习、永不毕业”。这种文化不但让“驴妈妈”成功地度过了初创期，而且让她在成长阶段克服重重困难，越走越稳，越走越强。

［资料来源：改编自《创业邦》第12期封面故事和2013—2017年“驴妈妈”经营年报、财报。］

思考：

1. 你认为洪清华的创业成功取决于哪些因素？

2. 洪清华的创业属于什么类型的创业？经历了哪些过程？

3. 洪清华的哪些精神值得你学习？

4. 洪清华的创业与传统的创业模式有哪些差异？

模块一　创业概述

什么是创业？创业包含哪些要素？创业能对社会发展产生哪些方面的影响？创业能为个人带来什么收益？创业需要个人付出多大努力和代价？创业有哪些类型？创业的过程是怎样的？这些都是我们在确定创业之前必须认真思考的问题，本模块正是从这些问题入手，为您打开创业之门，并为后续的创业学习奠定基础。

知识点梳理

创业是人类最基本的实践活动，从某种意义上说，人类社会发展的历史，就是一部不断创业的历史。通过各个时代人们不断地创业，人类不断地创造新的物质财富和精神财富，来满足自身物质和精神的需要，从而推动社会不断进步，使社会逐步走向文明、昌盛、富强。

一、创业的定义、要素与功能

（一）创业的定义

对于创业，不同的学者从不同的角度做出过各种解释。例如，有的学者从创业过程角度定义创业，有的学者从识别机会的能力角度去解释创业，有的学者从企业家个性与心理、创业机会、创建新组织等方面为创业下定义。综合上述定义和教育部大纲的要求，我们将创业定义为“不拘泥于当前资源，寻求机会，进行价值创造的行为过程”。该定义包括以下四个方面的内容：

（1）创业是一个创造新事物的过程。创业创造出某种有价值的新事物。这种新事物必须是有价值的，不仅对创业者本身而且对其开发的目标对象也是有价值的。

（2）创业需要消耗大量时间和付出极大的努力。创造新的、有价值的事物是一个艰巨的、复杂的过程，不付出大量的时间和极大的努力是不可能成功的。

（3）创业必须承担一定的风险。创业是一个充满不确定性的过程，在这个过程中，创业者可能会遇到各种各样的风险。因此，要想取得创业成功，就必须具备承担风险的勇气和能力。

（4）创业是一个实现价值增值的过程。创业成功会丰富社会的产品或服务，推动社会进步；同时，也会使创业者获得一定的物质方面和精神方面的回报。

（二）创业的要素

创业是一项艰苦的事业，也是一个复杂和复合的系统。创业需要很多前提、条件、资源和要素。有着“创业教育之父”美誉的杰弗里·蒂蒙斯（Jeffry A. Timmons）是创业教育的先驱，他在长期研究的基础上，提出了创业要素模型——蒂蒙斯模型，见图1-1。

蒂蒙斯模型在创业领域有着深远的影响。首先，该模型简洁明了，提炼出创业的关键要素：机会、创业者及其创业团队、资源。这三个要素是任何创业活动都不可或缺的。没有机会，创业活动就成了盲目的行动，根本谈不上创造价值；机会普遍存在，没有创业者识别和开发机会，创业活动也不可能发生；合适的创业者把握住合适的机会，还需要有资源，没有资源，机会就无法被开发和利用。

其次，该模型突出了要素之间匹配的思想，这对创业来说十分重要。蒂蒙斯认为，在创业活动中，不论是机会，还是团队，抑或是资源，都没有好和差之分，重要的是匹配和

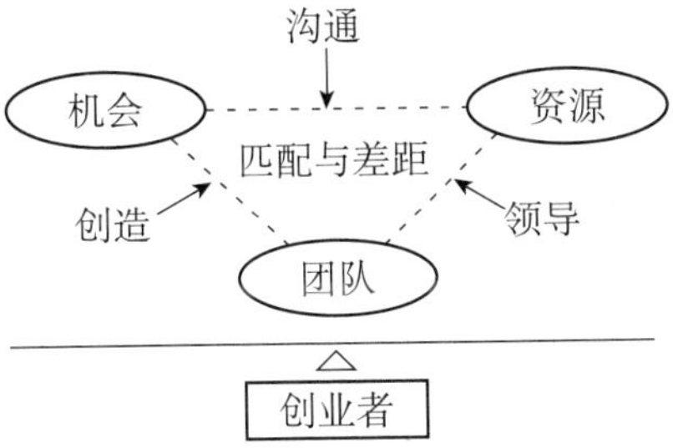

图 1-1　蒂蒙斯模型

资料来源：蒂蒙斯，斯皮内利．创业学．6 版．北京：人民邮电出版社，2005．

平衡。这里说的匹配，既包括机会与创业者之间的匹配，也包括机会与资源之间的匹配。机会、创业者、资源之间的平衡和协调，是创业成功的基本保证。蒂蒙斯说的这些道理虽然很简单，但对创业活动而言，却非常重要，而且要真正做到，也不是一件很容易的事情。

最后，该模型具有动态特征。创业的三要素很重要，但不是静止不变的。随着创业过程的展开，其重点也会相应地发生变化。创业过程实际上是创业的三个因素相互作用，由不平衡向平衡方向发展的过程。成功的创业活动，不但要将机会、创业者及其创业团队、资源三者做出最适当的搭配，而且要使其在事业发展过程中始终处于动态的平衡状态。

（三）创业的功能

创业对一个国家和地区的经济发展具有巨大的推动作用。创业一方面能够迅速催生大批新企业，另一方面能够造就快速发展的新行业。美国经济学家罗斯托的“经济成长阶段论”把人类社会的发展划分为六个依次更替的成长阶段，每个阶段都有与之相适应的、起主导作用的、带动经济起飞的部门，即“主导部门”，而企业家正是“富有创新精神”，“不怕冒风险”，能够完成主导部门创立过程的带头人。

企业家的创新、创业活动，既是对原有产业结构均衡的创造性破坏，又预示着产业结构演进发展的趋势。例如，在 20 世纪 30 年代，创业革命不但推动了美国经济的高速发展，而且改变了美国的经济结构。在今天的美国财富中，超过 95%的财富是由 1980 年以后，以比尔·盖茨为代表的 E-Generation 创造的。小企业承担美国税收总数的 54%，鼓励和扶持创业已经成为美国经济发展的动力源泉。

改革开放以来，人们的创业激情得到了充分的释放，全国中小企业蓬勃发展。中小企业在繁荣经济、推动创新、扩大出口、增加就业等方面发挥了重要的作用。而在我国的中小企业中，创业者的学历层次也在逐年提高，越来越多的大学生加入了创业的洪流，成为创办中小企业的主力军。

创业不但对社会经济发展有着巨大的推动和促进作用，而且对创业者个人发展也有重大的影响。创业可能给创业者带来比从事其他任何工作都多得多的物质财富，创业也能够使创业者更充分地实现自己的想法和更充分地发挥个人的创造力。但是，创业者也必须承担失败的风险，以及比一般人更大的责任和压力。在市场经济大潮中，机会与风险共存。只要从事创业活动，就必然会有某种风险伴随。事业的范围和规模越大，取得的成就越大，伴随的风险也越大，需要承受的心理负担也就越大。因此，在决定是否创业之前，既要看到创业成功可能带来的收益，又要看到创业失败可能带来的损失，不要凭无知形成的无畏去创业。

二、创业类型

随着创业活动的日益广泛，创业活动的类型也呈现出多样化的趋势。了解创业类型，比较不同类型创业活动的特点，有助于我们更好地理解和开展创业活动。创业类型的划分方式很多，例如，根据创业动机的不同，可以将创业划分为生存型创业、机会型创业和发展型创业。在这里，我们仅从有助于创业者选择以何种方式创业的角度出发，从方式和主体两个维度，对创业的类型进行划分。

（一）基于创业方式的分类

根据创业方式对创业进行分类，是一种比较常见的分类形式。这种分类有助于创业者了解不同创业方式的优势、劣势及对创业者的要求，关注创业活动的效果及其可能面临的风险，进而提升创业活动的效益和成功率。在这方面，芬兰经济学家克里斯琴·格罗路斯（Christian Gronroos）教授的分类颇具代表性。克里斯琴等人依照创业对市场和个人的影响程度，将创业分为四种基本类型，即复制型创业、模仿型创业、安定型创业和冒险型创业。

复制型创业

复制型创业是在现有经营模式的基础上进行简单复制的过程。例如，某人原本在一家化工品制造企业担任生产部经理，后来离职创立一家与原化工品制造企业相似的新企业，且生产的产品和销售渠道与离职前的那家企业相似。在现实生活中，复制型新创企业的比例较高，且由于前期经验的累积，这种类型创业的成功率也很高。但是，在这种类型的创业活动中，创新的贡献比较低，对创业精神的要求也比较低，因此，在以往的创业研究中，对这种类型的创业关注得比较少。

模仿型创业

模仿型创业是一种在借鉴现有成功企业经验基础上进行的重复性创业。这种创业虽然很少给顾客带来新创造的价值，创新的成分也很低，但对创业者自身命运的改变还是较大的。它与复制型创业的不同之处在于，其创业过程对于创业者而言，具有很大的冒险成分。例如，某软件工程师辞职后，模仿别人开一家饮食店。这种形式的创业具有较高的不确定性，学习过程长，犯错误的机会多，试错成本也较高。不过，创业者如果具备较高的素质，那么只要他得到专门的系统培训，注意把握市场进入契机，创业成功的可能性也比较大。

安定型创业

安定型创业是一种在比较熟悉的领域所进行的不确定因素较小的创业。这种创业虽然为市场创造了新的价值，但是对创业者而言，并没有太大的改变，其所从事的仍是比较熟悉的工作。这种创业类型强调的是创业精神的实现，也就是创新的活动，而不是新组织的创造。企业内部创业即属于这一类型。例如，企业内的研发团队在开发完成一项新产品之后，继续在该企业内开发另一款新的产品。这种创业形式强调的是个人创业精神的最大限度的实现，而不是对原有组织结构进行设计和调整。

冒险型创业

冒险型创业是一种在不熟悉的领域进行的不确定性较大的创业。这种创业除了对创业者具有较大的挑战，并会给其带来很大的改变外，其个人前途的不确定性也很高。通常情况下，那些以创新的方式为人们提供具有自主知识产权的新产品、新服务的创业活动，便属于这种类型的创业。冒险型创业是一种难度很高的创业类型，有较高的失败率。尽管如此，因为这种创业预期的回报较高，所以对那些充满创业精神的人来说，它仍极具诱惑力。这里需要提醒大家的是，创业者只有在具备超强的个人能力，拥有非常有竞争力的产品，恰逢适宜的创业时机，且制定了合理的创业方案，并能进行科学的创业管理的条件下，才有可能获得创业的成功。

（二）基于创业主体的分类

根据创业活动主体的不同，创业还可划分为个体创业和公司创业。个体创业主要指不依附于某一特定组织而开展的创业活动。公司创业主要指在已有组织内部发起的创业活动，这种创业活动可以由组织自上而下发动，也可以由员工自下而上推动，但无论推动者是谁，公司内的员工都有机会通过主观努力参与其中，并在这种创业中获得报酬和得到锻炼。从创业本质来看，个体创业与公司创业有许多共同点，但是由于创业主体在资源、禀赋、组织形态和战略目标等方面各不相同，因而两者在创业的风险承担、成果收获、创业环境、创业成长等方面存在较大的差异。两者的主要差异见表 1－1。

表 1－1　　个体创业和公司创业的主要差异

个体创业	公司创业
● 创业者承担风险	● 公司承担风险，而不是与个体相关的生涯风险
● 创业者拥有商业概念	● 公司拥有概念，特别是与商业概念有关的知识产权
● 创业者拥有全部或大部分事业	● 创业者或许拥有公司的权益，但可能只是很小一部分
● 从理论上说，创业者的潜在回报是无限的	● 在公司内，创业者所能获得的潜在回报是有限的
● 个体的一次失误可能意味着整个创业失败	● 公司拥有更多的容错空间，能够吸纳失败
● 受外部环境波动的影响较大	● 受外部环境波动的影响较小
● 创业者具有相对独立性	● 公司内部的创业者更多受团队的牵制
● 在过程、试验和方向的改变上具有灵活性	● 公司内部的规则、程序和官僚体系会阻碍创业者的策略调整

续前表

个体创业	公司创业
● 决策迅速	● 决策周期长
● 低保障	● 高保障
● 缺乏安全网	● 有一系列安全网
● 在创业主意上，可以沟通的人少	● 在创业主意上，可以沟通的人多
● 至少在创业初期，存在有限的规模经济和范围经济	● 能够很快实现规模经济和范围经济
● 严重的资源局限性	● 在各种资源的占有上都有优势

资料来源：Morris M H，Kuratko D F. Corporate entrepreneurship. Orlando，FL：Harcourt College Publishers，2002.

三、 创业过程的阶段划分

创业过程包括创业者从产生创业想法，到创办新企业或开创新事业并获取回报的整个过程。这个过程涉及的活动和行为较多，如寻找创业机会、组建创业团队、筹集创业资金、制订创业计划，等等。为了帮助大家更好地把握创业过程的关键环节，我们按照时间顺序，将创业过程划分为机会识别、资源整合、创办新企业、新企业生存和成长四个阶段。

（一）机会识别

识别创业机会是创业过程的核心，也是创业管理的关键环节。识别创业机会包含发现机会和评价机会的价值两个方面的活动，这其中有许多问题值得研究。

第一，创业机会来自哪里？或者说创业者应该从何处识别创业机会？

第二，为什么某些人能够发现创业机会而其他人却不能？或者说，哪些因素影响甚至决定了创业者识别机会？

第三，创业机会是通过什么形式和途径被识别的？是经过系统地搜集资料和周密地调查研究，还是偶然被发现的？

第四，是不是所有的机会都有助于创业者开展创业活动并创造价值？

通过这些问题，我们可以看到创业者在识别机会阶段经常要开展的活动。为了发现机会，创业者需要多交朋友，并经常与朋友沟通交流，这样做有助于创业者更广泛地获取信息。创业者还需要细心观察，从以往的工作和周边的事物中发现问题，看到机会。在发现机会之后，创业者还需要对机会进行评价，以判断机会的商业价值。

（二）资源整合

整合创业资源是创业者开发机会的重要手段。强调资源整合，是因为创业者可以直接控制的可用资源少，许多成功的创业者都有过白手起家的经历。对创业者来说，整合资源往往意味着整合外部的资源、别人掌握控制的资源，来实现自己的创业理想。

人、财、物是任何生产经营单位都要具备的基本生产要素，创业活动也是如此。对打算创业并识别了创业机会的创业者来说，要想成就一番事业，就要组建创业团队、筹集创业资金、搭建创业平台、建立销售渠道、理顺上下游关系，如果是创建生产性企业，还需要租用场地、建造厂房、购置设备、购买原材料等。

创业活动是创业者在资源匮乏的情况下开展的具有创造性的工作，势必面临很大的不确定性。在很多情况下，创业者自身对事业的未来发展也不清楚，所以外部组织和个体当然不敢轻易地将自己的资源投给创业者。因此，不少创业者在创业初期乃至新企业成长的很长一段时间里，都要把主要的精力投入到整合资源的努力中。

（二）创办新企业

新企业的创建和新事业的诞生，往往是衡量创业者创业行为的直接标志，有人甚至将是否创建了新企业作为个人是不是创业者的衡量标准。创建新企业有不少事情要做，包括公司制度的制订、企业注册、经营地址的选择、确定进入市场的途径，等等，有时甚至要在是创建新企业还是收购现有企业等进入市场的不同途径之间进行选择。

企业内创业可能没有公司制度设计问题，但同样要设计奖惩机制，甚至需要制定利益分配原则；可能没有企业注册问题，但同样要有资金投入及预算控制机制等问题。创业初期，迫于生存的压力，也由于对未来发展无法准确预期，创业者往往容易忽视制度和机制建设，结果给以后的发展带来许多问题。

（四）新企业生存和成长

从表面上看，新企业的运营与有多年经营历史的企业相比，没有什么本质的区别，都要做好生产销售等类似的工作。但真正创办过新企业的人都知道，它们之间的差异还是巨大的。对已经存在的企业来说，其销售工作的核心任务是注重品牌价值，维护好老顾客，提升顾客的忠诚度。而对新创建的企业来说，它虽然也要考虑品牌价值等问题，但首要的任务是争取到第一个顾客。这意味着新企业要为顾客创造更大的价值，意味着要为获得同样的收益付出更大的代价和成本。

确保新创建的企业生存，是创业者必须面对的挑战，从某种意义上说，只有活下来才能谈其他的问题。但是，强调生存的重要性，并不意味着不考虑成长和发展。“人无远虑，必有近忧”，不考虑成长就无法生存得更长远，在竞争激烈的环境中尤其如此。新企业的成长是有规律的，创业者需要了解企业成长的一般规律，预想企业不同成长阶段可能面临的问题，并采取有效的措施予以防范和解决，使机会价值得到充分实现；同时不断地开发新的机会，把企业做大、做强、做活、做长。

案例分析

案例一：从月亏 5 000 元到年赚 15 万元

渝北宝圣大道有一家不显眼的小店，进去后却别有一番洞天：成排的书架、精致的手工点心、鲜煮的咖啡……除了品书，这里还会定期举行电影欣赏活动。这家名为“豆芽咖啡馆”的小店，是由4名西南政法大学的本科生创办的，如今他们已经开设了另外两家分店。

25岁的徐涛算是4人中的引领者，当时，他发现学校周边没有特色咖啡馆，加之自己非常喜欢咖啡馆的氛围，于是决定在附近开一家咖啡馆。徐涛一进校就认识的其他3位合作伙伴，一听到徐涛的创业想法就一致赞同。

创业初期，徐涛等4人将平时积攒下来的零花钱、奖学金、生活费以及兼职挣的钱凑到一起，共筹集了10万元启动资金。2010年8月份，他们以接近4 000元的价格，在离学校不远的邻街，租了一个约150平方米的二层铺面。

在装修、购置设备上，他们想方设法节省开支。从二手市场淘桌椅、饰品，然后回来自己上漆改造，自己粉刷墙面。在装修店面的同时，他们还拜高级咖啡师为师，研习咖啡技术，以及经营咖啡店的相关知识和经验。经过差不多两个月时间的认真准备，咖啡馆终于正式开门营业。

自咖啡馆正式营业后，徐涛他们就开始忙不过来了，“为了经营好咖啡馆，常常是凌晨2点才睡觉，而早上7点又要起床上课”。尽管如此，大家还是觉得很值得。

每月亏损5 000元，他们转而将咖啡和图书相结合

在开店之前，他们4个人就做好了明确的分工，有负责做线上、线下宣传的，有负责运营的，有负责财务的。可店开了近一周的时间，来的顾客却并不多，除了来捧场的熟悉的同学外，不认识的客人屈指可数。

由于顾客少，又要缴纳房租、水电气费，每月店里基本亏损在5 000多元。同时，周边的KTV、茶吧、咖啡馆也多了起来，原本不好的生意雪上加霜。

在这期间，徐涛与其他3位合伙人想到把咖啡馆与书店结合起来，通过环境优势吸引顾客。于是，徐涛他们就把自己平时收藏的图书搬到店里，后期又与“青番茄”合作共建咖啡图书馆，向同学们提供免费借阅图书服务。

同时，徐涛又对咖啡馆的咖啡品质进行了提升，为此，徐涛还前往当时重庆唯一一家自家烘焙咖啡馆——“Mola咖啡”学习。通过升级改造，店里的生意也有了很大的起色。

赢利后开分店，欲打造重庆咖啡文化

在差不多亏损了3个月后，店里的生意逐渐好了起来，有的顾客来晚了，常常会没有位子。客人太多，麻烦事也来了，本来店里是要给顾客提供清静、舒适、放松的阅读环境，但人多后环境就会嘈杂，影响顾客的阅读质量。于是，开分店迫在眉睫。

2011年6月6日，徐涛与伙伴们的第一家分店“豆芽六月六号咖啡馆”开业；2012年4月，第二家分店“豆芽转角咖啡馆”也正式开业。如今，三个店加起来每月的盈利在15 000元左右，每年有15万元左右的收入。但是，大家并没有急于分红，而是将钱继续投资，提升咖啡馆的品质，努力打造重庆地区的校园品牌咖啡馆。

当初创业的4个人，有两人在西南政法大学继续读研究生，还有两人毕业后全职运营咖啡馆。徐涛与朋友们只有一个简单的想法——以咖啡馆为载体，真正做到咖啡与书香相融合，为重庆本地的咖啡文化贡献自己的力量。

[资料来源：http：//canyin.shang360.com/zixun/cgal/18653.html.]

分析

由徐涛带领的4名大学生在读书期间创办了一家名为“豆芽咖啡馆”的咖啡厅，在创业初始阶段，他们自筹资金、自学技术，耗费了大量的时间，付出了极大的努力，却连续三个月亏损5 000多元。由此可见，创业是一个充满不确定性的过程，创业者在创业的过程中需要具备承担各种风险的勇气和能力。然而，徐涛及其伙伴们并没有被创业所带来的困难吓倒，而停止继续创业的步伐。为了扭亏为盈，扭转局面，他们重新审视在创业过程中遇到的问题。结合问题，他们开始整合自身的优势资源，寻求新的机会。因此，他们在提升咖啡馆咖啡品质的同时，以咖啡馆为载体，将咖啡馆和书店结合起来，做到咖啡与书香相融合。这既符合校园品牌咖啡馆自身的优势，又打造出所创咖啡馆区别于周边其他咖啡馆的特色，使得徐涛及其伙伴们的创业得以实现价值的增值。

案例二：公益创业从校园出发

“绿手指”是北京林业大学校园里的一个学生公益社团。与同在学校公益社团的不少同学一样，负责人刘美辰是个典型的“90后”。她参加公益社团的动机很单纯——因为这个“好玩”。

新学年伊始，“绿手指”社团里几个环境工程专业的社员就提议能否利用学校食堂的残餐废油做手工皂。在一次北京环保协会的培训会议上，刘美辰认识了中国人民大学环保协会的同学，并且获知了联想青年公益创业计划。“绿手指”社团参加了这个计划，并且从初赛到复赛，“绿手指”的“地沟油变肥皂”项目从众多竞赛项目中脱颖而出，成功入围全国27强。

地沟油是近几年冒出的社会问题，一度令人闻之色变。就在各界为怎样解决问题不停争论时，攻读环境工程学专业的刘美辰等同学获悉，油可以做肥皂。她所在的环保社团便马上行动起来，先把学校食堂当作试点，获得肥皂制作的基本原料。同时，与北京一家专门从事社区公益事业的企业——北京爱思创新进行合作，后者在皂化反应等专业知识方面给予他们不小的帮助。刘美辰等人设想，社团的活动或许能在北京的高校中引起关注，继而以浪卷之势，层层推进。

而联想青年公益创业大赛的启动，让他们更加看到了这个项目的可操作性。“联想的介入能帮助我们解决不少困难，提高组织管理能力。”加上媒体的宣传报道、公益训练营以及可能获得资金支持等潜在因素，刘美辰对前景颇为乐观，“绿手指”公益创业的想法由此成型。

随着联想等大型企业的进入，公益创业活动正在社会上产生越来越大的影响，很多大学生也对此极为关注。与普通的商业创业不同，公益创业在启动之初并不需要那么多资源，关键是要有合适的创意与行动力。大学生从设计一个公益项目开始，通过组织化运作，可以学习和掌握公益项目的操作技能，成为具备专业知识、技能和实践经验的公益专门人才。同时，公益创业行动能帮助大学生提前完成职业选择和职业准备，解决大学生社会化不足和就业难的难题。

“绿手指”目前基本采用的是“内循环”和“外支援”互补的生存方式。“内循环”是从餐饮企业获得地沟油，制成的肥皂再返还回去，这样可以解决原料成本问题；“外支援”则是寻求可长期合作的肥皂厂商，通过他们的包装广告费用获取一定利润。刘美辰称，与肥皂厂商合作，还相当于得到了可靠的质量“背书”。制成的肥皂，除了返还餐饮企业的那部分，其他的则用于举办环保低碳宣传活动时进行派发。

［资料来源：摘自《创业邦》2010年第6期。］

分析

创业是一个创造新事物的过程，也是一个实现价值增值的过程。这意味着创业所创造出来的这种新事物，对创业者以及对其服务对象而言都是有价值的。地沟油是近几年社会中凸显的热点话题，它关系到人们的饮食安全，与人们的切身利益息息相关。如何更好地解决这一问题，已成为困扰人们多年的障碍，这就为在此领域能够另辟蹊径的创业者提供了发展的机会和空间。以刘美辰为代表的“绿手指”，正是看中了此项目的可操作性。他们立足于目前广受关注的地沟油问题，很好地抓住人们迫切想解决地沟油问题的机会，利用专业知识，组建专业团队，策划了废油做肥皂的创意。与此同时，他们还与北京爱思创新进行合作以获得专业支持，通过参加联想青年公益创业大赛来对创业项目进行推广，将废油制成肥皂，并对特殊肥皂进行包装、推广，从而实现社会效益。他们以公益为目的，以创业为理想，从源头上减少了地沟油的形成，实现了资源再利用，宣传了环保节能思想，关注了食品安全问题。

案例三：让优秀员工当老板

“金夫人”从1989年只有19名员工的婚纱摄影小店，变成重庆知名摄影企业。2008年其全国店面总数达350余家，年营业额10亿元人民币。并且，它使优秀员工拥有自己的店铺，培养出50多位百万富翁。

“这里空有一个头衔、一个称号，根本就拿不出什么东西来，对自己的内心是一种痛苦的折磨。”这是“金夫人”集团的艺术总监姚巍崴在2000年写的辞职信中的一段话。当时，看着辞职信，“金夫人”集团掌门周生俊长叹一声，感叹自己最得意的弟子就这样辞职了。

原来，婚纱摄影行业是非主流行业，难以留住人才。一个摄影师，刚入行做的事是设计一张照片怎么拍摄，并最终形成作品。就算他成为照相馆的艺术总监，做的事也和刚入行时差不多。由于行业特性的限制，婚纱摄影行业无法给予人才上升空间，员工无法体会到成就感。而层级化的企业制度，让很多在基层工作的优秀员工看不到自己未来的方向，最终他们会像姚巍崴一样选择辞职。

一个刚步入社会的青年，首先要满足的就是吃饱穿暖。随着能力的增强，他需要一定的薪酬来证明自己的能力。但工资到达一定水平之后，他就会要求实现自我的价值，满足自己成功的欲望。于是，一个改变公司制度的想法便在周生俊的脑海中萌生。

2001年，周生俊对希望自己独立创业的员工做了安排。只要在“金夫人”工作满7年，并且具备独立经营能力，员工就可以申请成为加盟商，参股“金夫人”分店，自己负责一个地区的摄影业务。为保证“金夫人”这个品牌，集团一般会占有分店的大部分股份，并在财务和各种大政方针上对分店实行监督。而进入分店成为加盟商的员工，则成为这个分店的老总。

“员工要有老板的心态，说不定哪一天你就成了老板。”周生俊称，这是他对每一个新员工第一次踏入“金夫人”大门时所说的话。

为了提高员工素质，“金夫人”还让员工每个月买一本书来读，读后在会上与大家分享自己的读后感，最后由公司出钱将这本书收入公司的图书馆中，供员工参阅。这样做不但使员工增长了知识，还将其知识拿到全公司分享，以提高员工整体素质。

创业20年来，为满足市场的需求，“金夫人”从最先只做婚纱摄影，到现在向艺术摄影、广告设计制作、婚庆旅游等14个行业延伸。而其市场拓展之所以能成功，就在于它有一个合理的人才培养机制。到2009年初，“金夫人”旗下已经培养了30多个员工当老板，而且他们都取得了成功，成了“金夫人”大厦的顶梁柱。

让员工当老板的员工加盟制度，乃周生俊企业用人机制的一大创新，实现了员工与老板的和谐共赢，公司发展也渐入良性循环的佳境，还为民营企业家破解企业人才危机给出了一个上佳的答案。

[资料来源：http：//news.163.com/09/1126/05/5P193LVK000120GR.html.]

分析

创业活动的类型随着创业活动的增多呈现出多样化的趋势。根据创业方式的不同，我们可以将创业分为复制型企业、模仿型企业、安定型企业和冒险型企业。根据创业主体的不同，我们将创业分为个体创业和公司创业。了解不同类型创业活动的特点，有助于我们更好地理解和开展创业活动。在本案例中，金夫人集团所鼓励的员工创业就属于创业方式中的安定型创业和创业主体中的公司创业。在金夫人集团，只要符合一定的条件，员工就可以申请成为加盟商，成为分公司的老总。对于创业员工而言，他们仍然是在自己所熟悉的领域进行创业，不确定因素较小，能够很好地满足其自我实现需要的因素，包括成就、认可、更加富有挑战性和成长机会的新工作等。同时，为了吸引和留住优秀人才，金夫人集团提供公司内部创业机会给员工，让公司内的员工都有机会通过主观努力参与其中，并在这种创业中获得报酬，得到锻炼。这种将员工事业和企业成长结合起来，以达到共同发展的目的的激励机制，既能满足员工的创业愿望，实现其个人价值，又能使公司的内、外部资源得到有效整合，推动企业成长。

实践训练

一、实训导航

“宁愿睡地板，也要做老板”“宁愿做生意一个月只赚 1 000 元，也不愿打工一个月赚 3 000 元”，这是温州人最喜欢挂在嘴边的话，也是众多温州人的职业理念与职业选择。关于创业与就业的话题，网络上众说纷纭。有人说就业是靠别人给自己的平台来展示能力，创业是靠自己的决心和眼光创造一个平台；有人说就业是碰到问题就解决问题，创业则是要想这个问题的根源是什么，怎么解决，还要想怎么预防；有人说就业的时候看着钟点，踩着钟点来感觉很心安，创业的时候时刻都得想怎么生存发展；有人说就业的时候到晚上 8 点就把电话关了，唯恐有人来麻烦，创业的时候三部电话放在床头 24 小时不关机，希望有人来关照生意；有人说就业的人把希望寄托给伯乐，创业的人把希望交给自己……那么，作为大学生的你，如何看待创业或是就业呢?

二、实训项目

进一步从网络或者其他途径查找关于“创业与就业”的相关信息，通过对众多信息的查阅，结合本模块对创业内容的描述，理解创业与就业的差异、创业的本质及内涵。

三、方法策略

1. 查阅所搜集到的相关创业信息与观点，分析创业者提出此观点的理由和依据，然后根据自己的情况做出选择和判断。

2. 结合本模块所学内容，以及有关创业与就业的讨论，深入理解创业的本质。

3. 通过对身边不同企业类型的考察，进一步理解本模块所学的创业类型与创业过程方面的知识，思考自己选择不同企业类型创业的优势和劣势。

模块二　创业精神与人生发展

著名管理学家德鲁克曾经指出，世界目前的经济已由“管理型经济”转变为“创业型经济”，企业唯有重视创新与创业精神，才能再创企业生机。创业的动因源于创业精神，因此创业精神对于个人、组织和社会变得日益重要，甚至不可或缺。

知识点梳理

创业精神是以创新、变革为核心的个性品质，也是推动社会经济变革、促进社会经济发展的重要力量。它既体现在创业者个体在创业实践活动中所表现出来的独特的市场判断能力、与众不同的行为方式，以及敢于冒险、敢于担当、百折不挠的意志品质等方面，也体现在一个国家或一个企业的技术创新、经营模式创新、管理制度创新、产业创新等方面。它既对个体的人生追求和事业发展具有重要影响，也对企业的发展、民族的兴旺和国家繁荣具有重要影响。

一、 创业精神的概念和主要特征

（一）创业精神的概念

创业精神这个概念最早出现于18世纪，其含义一直在不断变化。综合已有的创业精神定义，本书如此界定创业精神：创业精神是创业者在创业过程中的重要行为特征的高度凝结，主要表现为勇于创新、敢当风险、团结合作、坚持不懈等。创业精神的基本内涵可以从哲学层面、心理学层面、行为学层面三个方面加以理解。从哲学层面看，创业精神是人们对创业行为在思想上、观念上的理性认识；从心理学层面看，创业精神是人们在创业过程中体现的创业个性和创业意志的心理基础；从行为学层面看，创业精神是人们在创业行为中所表现的创业作风、创业品质的行为模式。

创业精神是创业者各种素质的综合体现，它集冒险精神、风险意识、效益观念和科学精神为一体，体现了创业者具有开创性的思想、观念和个性，以及积极进取、不畏失败和敢于担当等优秀品质。创业精神不但是一种抽象的品质，而且是推动创业者创业实践的重要力量。这具体表现在以下三个方面：第一，创业精神能让创业者发现别人注意不到的趋势和变化，看到别人看不到的市场前景；第二，创业精神能让创业者在新事物、新环境、新技术、新需求、新动向面前具有较强的吸纳力和转化力；第三，创业精神能让创业者不断地寻找机会，不断地创新，不断地推出新产品和新的经营方式。

（二）创业精神的主要特征

经济学家熊彼特专门研究了创业者创新和追求进步的积极性所导致的动荡和变化，将创业精神看作一股“创造性的破坏”力量。因为创业者采用的“新组合”使旧产业遭到淘汰，原有的经营方式被新的、更好的方式摧毁。管理学家德鲁克将这一理念更推进了一步，称创业者是主动寻求变化、对变化做出反应并将变化视为机会的人。

综观各个学派、各方人士对创业精神的理解，通过对古今中外创业者的创业活动和人格特征的深入分析，我们将创业精神的特征概括为以下几个方面。

（1）综合性。创业精神是由多种精神特质综合作用而成的。诸如创新精神、拼搏精神、进取精神、合作精神等，都是创业精神的重要特质。

（2）整体性。创业精神是由哲学层面的创业思想、创业观念，心理学层面的创业个性和行为学层面的创业作风构成的整体，缺少其中任何一个层面，都无法构成创业精神。

（3）先进性。创业精神的最终体现就是开创前无古人的事业，所以它必然具有超越历史的先进性，想前人之不敢想、做前人之不敢做。

（4）时代性。不同时代的人们面对着不同的物质生活和精神生活条件，创业精神的物质基础和精神营养也就各不相同，创业精神的具体内容也就不同。

（5）地域性。创业精神还明显地带有地域特色，例如，作为改革开放前沿的广东，其创业精神明显带有“敢为天下先”“务实求真”“开放兼容”和“独立自主”等特性。

二、创业精神对个人生涯发展的影响

创业精神不是与生俱来的，而是在后天的学习、思考和实践中逐渐形成的。创业精神一经形成，就会对人一生的发展产生重要影响。这种影响既体现在创业者创业准备和创业活动的始终，也体现在普通人的日常工作、学习和生活中。从某种意义上说，创业精神不但决定个人生涯发展的态度，而且决定个人生涯发展的高度和速度。

（一）创业精神决定个人生涯发展的态度

作为一个社会人，其生涯发展必然要受到各种社会因素的影响。但是，不同的人由于其生涯发展的态度不同，所以在面临各种各样的发展机遇时，其选择也不相同。而创业精神作为一种思想观念、个性心理特征和行为模式的综合体，必然会对其生涯发展态度具有重要影响。例如，创业精神中思想观念的开放性、开创性，容易让人接受新思想、新事物，形成开放的态度，敢于开风气之先，从而想他人未曾想，做他人不敢做，成为事业上的领跑者。再如，创业精神中的创新精神、拼搏精神、进取精神、合作精神等，能使人树立积极的生活态度，在顺境中居安思危、不懈奋进，在逆境中不消沉萎靡，排除万难、励精图治，重新找到生涯发展的方向。有道是“态度决定一切”，在相同的个人禀赋和社会条件下，有创业精神的人因为有更积极的人生态度，所以更有可能发现和把握机会，更有可能取得事业上的成功。

（二）创业精神决定个人生涯发展的高度

创业精神是一个人核心素质的集中体现，它不仅决定了一个人在机遇面前的选择，而且决定了一个人的生涯目标和事业追求。具有创业精神的人，无论是创办自己的企业，还是在各种各样的企事业单位就业，都会志存高远、目光远大、心胸宽广。这样的人不但在事业上会取得更大的成绩，在个人品德和修为上，也会达到更高的境界。

随着国家经济、政治、文化、社会、生态“五位一体”的深入改革，社会结构将发生重大调整，各行各业将在变革中重新达到利益均衡，这既为个人的发展提供了更多的机会，也给其带来了更大的挑战。在这种背景下，大学生如果能够有意识地培养自己的创业精神，让个人理想与社会发展的趋势和节奏相吻合，就有可能使自己事业的发展，达到计划经济时期无法想象的高度。但是，大学生如果在个人生涯发展上仍然沿袭计划经济时期的思维模式，不去主动规划自己的生涯发展，一切等着家长、学校和政府安排，一心想找个安稳、轻闲的“铁饭碗”，就很有可能一辈子也找不到理想的工作，甚至毕业就“失业”。

（三）创业精神决定个人生涯发展的速度

创业精神是一种主动精神和创造精神，这种精神能让人积极主动、优质、高效地做好自己承担的每一份工作，从而在平凡的岗位上做出不平凡的贡献。实践证明，具有创业精神的人，不管在什么岗位，不管从事什么职业，其强烈的成就动机，其追求增长、追求效益的欲望，都将转化为内心强劲的追求事业成功的动力。在这种动力驱使下，人们会将眼前的工作作为未来事业发展的起点，把握好生命中的每一个机会，做好自己从事的每一项工作。创业精神也是一种求真务实的精神。这种精神的本质，就是实事求是、讲求实效，就是实干苦干、反对浮夸、反对空谈。在人类社会的发展史上，许多企业家正是凭借这种精神，创造了从白手起家到富可敌国的财富神话；许多科学家、思想家、政治家、教育家和劳动模范，也正是凭借这种精神，从一个普通学子成长为举世瞩目的业界精英。当前，我国正处于改革开放的攻坚时期，改革是一条从来没有人走过的路，既不能在"本本"中找到现成的答案，也无法从前人的经验中寻找固有的模式，更不能靠幻想和争论来解决出路问题。在这种背景下，富于创业精神的人，敢于靠自己的实践探索，"摸着石头过河"，会接受更多的挑战，完成更多的任务，取得更大的业绩，因而会得到更快的发展。

三、 创业精神对社会发展的作用

创业是一个国家经济活力的象征，一个国家的经济越繁荣，它的创业活动就越频繁。西方发达国家的经济繁荣发展史，伴随着一轮又一轮的创业史。因此，创业被认为是一个国家经济发展和社会发展的推动力，创业精神被誉为人类最宝贵的精神。

（一）创业精神是经济发展的原动力

创业精神对一个国家和地区的经济发展，都具有非常大的推动作用。创业精神不但能够催生大批创业者和新企业，而且能够造就快速发展的新行业。美国是举世瞩目的经济强国，而它之所以能从一个新兴的以农业为主的移民国家，变成世界最先进的工业化国家，靠的就是美国人民的创业精神。据统计，在 20 世纪 30 年代，美国全国每年诞生新公司 20 万家；到了 20 世纪 70 年代中期，这个数字就翻了 3 倍；而至 1994 年，每年新增企业数达到了 110 万～120 万家，翻了 5 倍以上，大约平均每 250 个美国公民就有一个新公司。如今，美国经济的增长方式通过几代创业者的努力已经发生了巨大的转变。据统计，新兴的英特尔、微软和思科三个企业，其年销售额是通用、福特、戴姆勒-克莱斯勒这三大汽车公司的 2.7 倍，其 1 美元创造的年收入为 8.04 美元，是三大汽车公司的近 29 倍。改革开放三十多年来，中国经济的发展速度虽然很快，但随之带来的问题，比如食品安全、药品安全、环境污染、产品质量等问题，却令国人无比担忧。这些问题的产生虽然有多方面的原因，但缺少创业精神，缺少真正的企业家，却是其中最为重要的原因之一。因此，当下的中国特别需要创业精神，特别期望企业家承担起应尽的社会责任，自觉诚信经营，自觉维护生态环境，提供"绿色、节能、环保"产品，促进社会经济可持续发展。

（二）创业精神是解决就业问题最有效的措施

今天大多数经济学家认为，创业精神是刺激经济增长和创造就业机会的必要因素，倡导创业精神，营造有利于创业的环境和氛围，是解决就业问题最有效的措施。在发展中国家，成功的小企业是创造就业机会、增加收入和减少贫困的主要力量。因此，政府对创业的支持是促进经济发展的一项极为重要的策略。诚如经合组织商务产业咨询委员会2003年所指出的，“培育创业精神的政策是创造就业机会和促进经济增长的关键”。政府可以实施优惠措施，鼓励人们不畏风险创建新企业，这类措施包括实施保护产权的法律和鼓励竞争的市场机制等。美国麻省理工学院的戴维·伯齐教授对1969—1976年美国小企业的研究发现，雇员不到20人的小企业创造了美国66%的新工作机会。从1969年到1976年，新的较小型、成长型企业创造了美国经济中81.5%的新就业机会。1993年到1996年，诞生了800万个就业机会，而且占比仅5%的年轻、快速成长型公司，创造了77%的就业机会。这些数据足以说明，雇员少于100人的小企业创造了美国经济中大多数的就业机会。就业难是近年来我国面临的最大的社会问题之一。据统计，2018年我国普通高校毕业生人数已达820万人左右，还有大量农村剩余劳动力需要转移，大量的国有企业下岗工人和机关分流人员需要安置。在这种情况下，完全依靠政府和现有的企业，根本无法解决就业问题。因此，借鉴国外的成功经验，弘扬创业精神，鼓励和扶持创业者创业，也已经成为解决中国就业问题的根本性措施。

（三）创业精神是促进科技成果产生和转化的根本动力

科技是第一生产力，但要发挥出这一生产力的作用，一是要促进科技成果的产生，二是要促进科技成果快速、顺利地转化为现实的生产能力。而倡导创业精神，鼓励更多的有创业意愿的人去创业，则是实现上述两个促进的根本性措施。据美国国家科学基金会、商务部等机构统计，第二次世界大战以后，美国50%的创新、95%的根本性创新是由小型创业公司完成的。事实上，20世纪，60%的发明创造来自独立的发明者和小企业，复印机、胰岛素、真空管、青霉素、拉链、自动变速装置、喷气式发动机、直升机、彩色电视、圆珠笔等许多新产品，都是由小企业创造的。据测算，小企业的创新成本比大企业的更低，小于1 000人的小型企业的创新成本大约是大型企业（1 000～10 000人）的四分之一，是超大型企业（10 000人）的二十五分之一。小型公司在研究和开发上每花1美元，可以产生大型公司2倍以上的革新项目，产生员工数超过1万人的超大型公司24倍的革新项目。如果把创业比作经济发展的发动机，那么创新就是发动机的汽缸。据统计，美国无论是高新技术产品（如计算机软件）还是一般的民用产品（如食物），其新品种都是由个体企业发明的。日本的研究也表明，一半的企业创新是由小企业提供的。而且，新企业不仅创新效率高，创新的商品化效率也高，小企业可以在较短时间内使创新进入市场，平均只需2.2年，而大公司则需3.1年。

综上所述，倡导创业精神，加强知识创新和技术创新，发展高科技，实现产业化，是我国经济发展面临的深层次问题，是提高国民经济整体综合实力，实现跨越式发展的紧迫要求，也是应对国际竞争，确保中华民族在21世纪立于不败之地的战略抉择。

案例分析

案例一：技术创新让他成就事业

创新精神是创业精神的核心精神，是企业家追求增长、追求利润的不竭源泉。国家在政策方面鼓励企业创新，激励企业创新。国家特别在节能减排、绿色环保新技术产品方面给予惠民财政补贴，这能够大大节约企业进行技术创新与开发的成本。经济学理论告诉我们，进入市场有三样“法宝”：技术、资金、服务。大学生是特殊的年轻创业者，拥有扎实的专业理论基础和专业技能，以技术进入市场是一大优势。

高锐涛，汕头人，2006年毕业于中山大学，在水处理公司工作一年后进行创业，现为广州华淳水处理设备有限公司总经理。该公司现在是集研制、开发、生产、销售、维修为一体的新型纯水电去离子（EDI）技术产业，产品已获得三项国家专利。

谈起创业过程，高锐涛言谈得体，表情平静如水，对自己未来的事业充满信心。

高锐涛从小聪明好学，在水处理公司工作的一年中，便通过拆分设备、改装设备等工作，研制出许多新成果，服务于公司。在出来创业后，更是独创该行业拥有自主知识产权的、国际领先的双纯水电去离子技术，现已广泛应用于医院手术室、机构实验室等场所。

从最初开公司时一个人苦苦煎熬，到现在已有十几个正式员工；从最初三个月没有销售一台机器到现在年销售额达两百多万元；从最初缺乏经验，到现在已拥有三项国家专利。当被问到他为什么决定出来创业时，高锐涛道：“创业比较容易发挥自己的才能，实现自己的人生价值，同时能通过创业带动就业，为别人创造出更多的就业机会，实现双赢。”

他回忆了一个细节：创业的第三个月，公司还没有收到一笔订单，他心急如焚。有天，位于科学城的一家公司打来电话咨询，问华淳能否搞一套达标的高纯水设备，并声称之前五家公司均无法达到要求，如没能力，可不要前来。当时他丝毫没有考虑，立刻就去了，在拥有独创技术的基础上，他通过每天十多个小时加班加点地研发，终于解决了该公司的技术需求，在赢得名气的同时，也为他赢得了人生第一桶金。那一刻，他脸上露出了久违的激动之情。

在与记者谈及公司今后的发展方向时，他设想公司要往规范化和产业化方向发展。只有规范化，公司才能更加拥有活力，运转无阻；只有产业化，公司才能扩大规模，提高效益。他坦言，今后公司产品要做大、做精，需要往三个方向走：一是产品成品主要销售到医院手术室、机构实验室等场所；二是产品核心技术批发给同行厂家进行生产；三是在全国范围内招省级代理，扩大市场份额。

“商人是为了挣钱而挣钱，而企业家是要以服务社会为基础，要肩负一定的社会责任。我认为，办好一个企业，首先要把产品做好，实现产品服务社会的价值，再把这种价值转换成利润，才能真正实现个人与社会的统一。”高锐涛在跟记者聊天的过程中，阐述着他这几年的经营秘诀。

［资料来源：摘自《中山大学大学生创业项目汇编》（内部出版物）。］

分析

高锐涛大学毕业后并没有直接创业，而是在相关企业工作一年后进行创业。经过企业一年的锻炼，他了解了市场行情，熟悉了设备技术要领，于是决定自己创业。大学生创业的短板是缺乏资金，其优势是拥有专业知识和专业技术。从高锐涛的创业案例中，我们可以得到如下启示：第一，技术革新是企业的生命力，创新精神是创业者必备的素质。在创业之初，让高锐涛赢得人生第一桶金，在行业中树立声望，使得企业起死回生的就是技术革新满足了顾客的需求。第二，管理创新让企业发展壮大。赢得人生第一桶金也许不难，难就难在使企业持续发展壮大，不断赢得人生财富。对于这一点，作为创业者的高锐涛非常清楚，在谈及企业未来的发展时，他的思路非常清晰，定位也非常准确。第三，承担社会责任是企业家成长的动力。高度的社会责任感激励着企业家开发符合社会需求的产品和服务，把企业家个人的人生价值追求与社会的发展需求统一起来，协调发展，这是无数成功的创业者的共性。

案例二：君瑞立信获得数千万元投资，专注护航企业财富

君瑞立信成立于2016年12月，专注银行、互联网、金融科技等领域。2017年6月，荣获“番钛客2017金融科技双创大赛”2017金融科技最具投资价值奖。创始人王丽君拥有在运营商15年工作经验，在阿里巴巴集团工作期间，负责组建了阿里通信，参与缔造了阿里巴巴“实人认证”等多个大数据产品。

2018年1月26日，2017“阿里校友创业黄埔榜”在初橙资本主办的“阿里校友创业黄埔榜暨新年酒会”上发布。榜单对阿里系创业项目数量、融资情况、行业方向、地区等方面进行了统计和分析。

北京君瑞立信科技有限公司创始人王丽君现场披露，公司在2017年9月获得Ventech China数千万元Pre-A轮投资。目前资金已经到位，将用于大数据产品的研发和行业市场的拓展。

君瑞立信致力于为客户提供基于业务场景的定制化企业数据服务，以帮助各行业龙头企业提升业务安全能力，降低资产损失，为企业财富保驾护航。

Ventech China资本负责人表示，王丽君凭借其多年的运营商和网络安全经验，带领君瑞立信公司在技术上和合规性上都脱颖而出，因此相信它未来的发展空间将会非常巨大。

贷款人失联，让金融机构和个人都受伤

互联网金融的迅猛发展，确实给人们的消费升级、资金使用带来方便，但也要看到，由于社会信用体系尚不完善，这使得贷款人恶意骗贷、故意失联有机可乘。一位匿名网友自称，从55家网贷平台共贷出了18.7万元，“撸出在本地首付买了房”。这位网友不但失联赖账，还把亲戚和村里其他人都带上了这条歪路。

另外，公众普遍缺乏信用概念。长沙39名大学生的“校园贷”没有偿还完就更换了电话号码，并且不再还款；河南三峡多名大学生被人借身份贷款后，贷款人失联，导致20多个同学莫名背上债务；年轻小伙肖某为吴某提供连带担保，向银行贷款4万元，不料对方将贷款挥霍一空便人间蒸发，最终肖某被诉上法庭……贷款后失联、好心帮他人担保后

失联，这样的新闻时见报端，不仅给金融机构带来巨大经济损失，也使得当事人信用蒙上污点，更为严重的，它摧毁了人与人之间的信任，破坏了社会诚信的基础。

找到失联用户，找回丢失的资金

无论网贷还是银行本质都是金融，所有的金融产品都需要做好风控和催收，否则平台的坏账就会居高不下，最后只能倒闭。

统计显示，消费金融、互联网金融公司的坏账最高，而网贷行业整体不良率更是在10%左右。这其中，在逾期3个月以上的客户中，失联客户至少占到70%以上。

做过催收的都有这样的经验，只要找到贷款人，还款就成功了50%。那么怎么找到故意或无意失联的客户呢？君瑞立信的“失联用户找回产品”良好满足了金融机构查找及定位失联客户的需求。

基于企业提供的用户账号、通信信息、政府公开信息等多方数据，通过君瑞立信大数据分析平台的整合分析，形成统一数据，君瑞立信就能够有效定位到失联用户，为企业快速找到失联目标，良好满足信用卡贷后催收、消费贷催收、车企反欺诈防控、孤儿保单找回、话费催缴等需求。整个过程由于多维度加密，能有效防范隐私数据的外泄。

君瑞立信创始人王丽君表示，随着《网络安全法》的出台，针对大数据领域的监管力度持续加强，这就要求大数据领域有更高的合规性。君瑞立信通过对电信运营商、工商、政府公开信息等可信源数据的有效聚合、加工、挖掘，打造“可信的企业数据连接器”，从而为企业提供不同业务场景的定制化数据服务。“我们连接的是多个维度的可信源，因此能够有效保障用户隐私和企业贷款资金安全。”

除“失联用户找回产品”外，君瑞立信还提供“位置服务”“精准营销”“征信支撑”等产品，帮助金融机构有效防止银行卡盗刷，提升贷后监控、渠道管理等业务场景的管理水平。

[资料来源：http：//www.zylvl.com/detail/detail_1_109733.html.]

分析

创业的过程，实际上也是一个创造性整合资源的过程，包含丰富的多领域的创新元素，从而推动社会的宏观创新，实现生产力的发展。

君瑞立信针对企业业务场景，为其提供全生命周期的业务安全的解决方案，采集企业提供的用户账号、通信信息、政府公开信息等多方数据，再对这些可信源数据进行聚合、加工、挖掘，通过君瑞立信大数据分析平台的整合分析，形成统一数据，这样就能够帮助企业有效定位到失联用户，快速找到失联目标，帮助企业提升业务安全能力，降低资产损失。由于数据单向流动，君瑞立信可以确保客户间的数据隔离，数据不混用，这样可以有效保护企业自身数据权益，为企业财富保驾护航。

投资者们看中的是君瑞立信创造性的整合资源的能力，同时也看中了君瑞立信创始人王丽君，认为她能凭借其多年的运营商和网络安全工作经验，带领君瑞立信公司在技术上和合规性上都脱颖而出，未来的发展空间非常巨大。

案例三：张良伦出“阿里”记

对于“米折网”创始人张良伦来说，创业是在大学甚至更早之前就已经决定了的事，容不得半点妥协和改变。张良伦于2011年底创办了返利网站——米折网，主要通过收取返利商家的销售佣金提成获利，佣金一部分返给用户，一部分留给自己。这不是一个新模式，甚至一度被人诟病，这是一种边缘化的商业模式，成长空间有限。但是在解决用户以往的痛点后，张良伦用了仅仅一年的时间，就把这个网站做到了月平均销售额上亿元，“双十一”当天达到了5 000多万元，11月份从淘宝获得了上千万元的佣金。

张良伦，1986年生，吉林大学通信工程专业毕业，2009年于华中科技大学信息与通信工程专业获硕士学位，那一年他23岁。之前他在校园内创业多次，是许多知名数码品牌在吉林大学的校园代理。为了解决发传单传播低效的问题，他开始琢磨自己做网站，把代理的商品放上去，让同学们在网上选购商品。

张良伦大二时，出于赚点小钱的想法，无意间开始接触电商。为了积累更多的商业知识，他在本科时期辅修了工商管理学位。毕业之后，他被学校保送到了华中科技大学，并加入了以培养创新型人才著称的“Dian团队”，这个团队曾经参加过《小崔说事》的节目录制。借由这个团队，张良伦接触到了许多优秀的项目资源。

但是，随着学习的不断深入，他逐渐失去了在通信领域创业的信心，认为其门槛太高，创业机会太小。在硕士即将毕业之际，他考虑了三个创业方向：社交、搜索引擎、电商。在权衡了个人的优势之后，他将目光锁定在了电商上。

在“阿里”修炼的日子

谈到电商，就不得不提阿里巴巴，于是，张良伦决定在创业之前去阿里巴巴历练一下。2009年7月，张良伦研究生毕业，进入阿里巴巴任职，获得产品规划师职位。张良伦虽然名义上是个产品规划师，但其实只是个“打酱油”的小角色，给其他产品经理当当助理，打打杂。但这样也有一个好处：做了一圈助理，“阿里”核心的业务线，除了搜索，他都接触了一遍。随着不断的积累，张良伦终于迎来了自己第一个独立负责的项目——“阿波罗”。

这个与宇宙飞船同名的项目使他在阿里巴巴站稳了脚跟。“那个项目的进度控制得非常漂亮，资源协调得也不错。自此之后，技术团队、用户体验团队开始知道有我这么一号人存在。”张良伦说。很快，他从产品规划师上升为产品经理，在接连负责了几个项目之后，恰逢“阿里”组织结构调整，公司产品线需要一个负责人，张良伦在上级的赏识之下从一个产品经理上升到了产品线的负责人，并且在取得不错的成绩之后开始带“旺铺”这条阿里巴巴核心产品线之一。

“最好的时候整个公司三四条最核心的产品线都在我这里，包括整个‘阿里’的后台，还有整个‘旺铺’，包括信息的发布展示。”张良伦说，他个人成长最快的时期，也是在他负责“旺铺”这条线的时候。

张良伦在负责“旺铺”产品线时期做了一件大事。通常情况下，只有付费会员才能开通“旺铺”，这一度是阿里巴巴B2B付费产品的重要组成部分。张良伦坚持把这个收费项目变成免费项目，让普通会员不花钱也可以开通。这个改动一提出，就遭到了整个付费部门和总监级高层的反对。

张良伦没有因此退缩，反而使用迂回战术，在公司内部各方势力中斡旋。“付费部门是非常强势的部门，他们不同意我也不能强干。”张良伦说，这时候他觉得自己代表了整个网站和生态链的利益，一定要促成这件事。在网站顶不住付费部门的压力，险些放弃的时候，张良伦说服了网站的副总裁，将谈判再次提上了日程。双方僵持不下，作为网站一个产品线负责人，张良伦这时候是说不上话的。

最后，双方请来了搜索部门，共同参与决策。那次会议上，阿里巴巴各个部门的高层悉数到场，终于坐下来开始了对方案可行性的讨论，并最终通过了方案。该方案实施后，取得了不错的效果。付费部门不仅没有减少营收，反而增加了免费会员的活跃度，并通过一些收费功能增加了最终的营收。

公司员工开始谈论这个叫张良伦的“小人物”，他敢于在各方压力下坚持己见，促成了如此巨大的改变，的确具有一些传奇性。他开始被越来越多的人认可。“后来有很多项目比这个事难，但单从沟通难度上，这是我经历的项目中最难的。”回忆起当时的情况，张良伦如是说。

创业就是“赌一年”

张良伦在“阿里”内部名声大振，前途一片坦荡。到2010年，他已经连升两级，如果没有离开，到2011年底，连升三级已成定局。如果一直照这样的趋势发展，正常情况下，他很有机会进入“阿里”高层，但最终他放弃了这一切诱惑。

“这样升下去，我感觉离我所预期的一些东西越来越远。”张良伦说，进入“阿里”之前，他给自己两年时间进行沉淀。现在时间到了，到了该离开的时候了。“还是挺纠结的，我不是因为混得不好而走，而是因为混得好，我害怕在这种越来越安逸的环境下，内心创业的火花会熄灭。”张良伦说。

他打算创业。面对儿子的选择，张良伦的父亲只说了一句话：“别搞得一屁股债就行。”

让张良伦如此坚定出来创业还有另外一个原因。他和女朋友计划结婚，而他一直的想法是先立业后成家，他怕自己在结婚生子之后，创业的激情也被消磨殆尽。“即便创业失败也没什么，大不了在家待业呗。”张良伦这话不是说笑，他真的做好了破釜沉舟的打算。

张良伦希望第一项业务可以按效果付费，有现金流，便开始寻找离钱近的电商项目。经过自己的切身体验，他感觉现有的返利网站存在体验上的问题，比如省钱少、提钱难等，存在很大的提升空间。为了吸引用户，米折网在创办初期选择将商家返给网站的钱尽数返还给用户，并且以垫付的方式，实时地给用户返现，迅速树立了口碑。

“团队初期只有三四个人，几十万也就能干一年。如果一年内搞不出什么名堂，我们就散了。我们就赌这一年。”张良伦说，没想到这一赌就赌到了点儿上。对于返利网站这样的项目，10万用户就可以基本做到自负盈亏。公司从2011年8月注册，11月网站上线，不到3个月的时间就积累了10万用户，迈过了生死线。

2012年5月，米折网获得了IDG资本1 000万人民币的A轮融资，公司开始了跨越式发展。但是张良伦志不在导购类的返利网站，因为这是他的第一个项目，虽然大有可为，但始终存在瓶颈，之所以选择这个项目是出于成功率。张良伦一直有一个情结，即希望做一个独立的平台，具体的业务模式他还没有想好，有可能是移动互联网，面对消费领域。不管是什么，这将注定是一场真正的赌博。

[资料来源：摘自《创业邦》2013年第1期封面故事。]

分析

张良伦是一个与电商网站圈颇有渊源的人。他从大学二年级开始接触互联网，自学网页编程并开始成为个人站长。他早期曾做过一些校园服务类网站，后因做一些数码产品的校园代理，搭建了自己的第一个电商网站。虽然他对电子商务的概念远没现在理解得那么透彻，但他当时已借此平台销售自己代理的数码产品。毕业后，张良伦也利用业余时间做过“中国代销网”“网店之家”等网站。米折网的成功源于他定位于电商导购平台，以服务买家的心态去重新梳理返利模式，并对其中的很多环节进行突破和创新，进而从众多传统返利网站中脱颖而出。在张良伦看来，只要不被外围环境干扰，抓住自己想服务的对象，专注于为用户创造价值，就能获得成功，因为在信息化时代，电商的未来是属于买家的，导购将大有可为。

实践训练

一、 实训导航

松下幸之助是日本著名跨国公司松下电器的创始人。1894年11月26日出生在日本和歌山县海草郡。少年松下幸之助，受其父亲生意失败影响，只接受了4年小学教育就到大阪当学徒。他从一个3人的小作坊起步，经历了半个世纪的奋斗历程，发展成为拥有职工2.5万人的世界电器之王。在几次大的经济危机冲击下，许多企业倒闭，而他却稳稳地站住了脚跟。从他的一生可以看到日本现代工业发展的轨迹。请同学们通过百度搜索“松下幸之助”，阅读松下幸之助的有关生平及创业故事。

二、 实训项目

松下幸之助说：“经营的最终目的不是利益，而是将寄托在我们肩上的大众的希望通过数字表现出来，完成我们对社会的义务。企业的责任是，把大众需要的东西，变得像自来水一样便宜。”企业家的精神追求，体现了企业家的人生观、价值观和世界观。从松下幸之助的创业历程可以看出，创业者将个人的信仰及人生观融入了企业的经营与管理，充分体现了创业者的人生价值追求。创业者的创业精神是创业者的价值观、人生观、世界观的集中体现。同学们要加入创业大军，首先要树立正确的人生观、价值观和世界观，加强人生修养，提高思想道德素质、科学文化素质及人文心理素质。每个同学都去寻找自己身边最弱势的人，充分运用沟通的方法和技巧，走进他的内心世界，倾听他的苦衷，慰藉他的心灵，力所能及地帮助他。之后，开始思考自己的人生：有一天自己是否也会像他那样落魄？为什么？列举出自己性格中的优点、缺点。为了发挥你的性格优势，你可能选择的创业项目有哪些？选出自己最有优势的一项，并列出选择这个项目要克服的自身缺点有哪些。

三、 方法策略

几千年前，古希腊有一座著名的建筑，门楣上写着“认识你自己”。它提醒人们，最难认识的人就是自己。这句睿智的话至今仍然留在那里，成为警醒世人的一句箴言。要认识自己，就要认识自己的优点、缺点，长处、短处。要用客观公正的眼光评判自己，要用发展的眼光看待自己。认识自己，也要以社会现实为参照，不能脱离社会现实。

模块三　知识经济发展与创业

如今的经济是世界经济一体化条件下的经济，是以知识决策为导向的经济，它促使我们对身边发生的一切事物重新审视与认识。知识经济形态是科学技术与经济运行日益密切结合的必然结果，是经济形态更人性化的表现形式。

知识点梳理

知识经济的基本特征是知识型企业的大量出现，并在经济活动中起着越来越重要的作用。知识经济使人类的社会生活、产业组织形式、企业的组织与运行方式都发生了巨大变化。在知识经济时代，创业的概念已经不局限于创办一个企业。

一、 经济转型与创业热潮的关系

纵观全球创业发展的历史，大体经历过三次创业热潮。第一次创业热潮产生于资本主义的工业革命时期；第二次是二战后复苏的商业经济使大量的创业活动不断出现；第三次是 20 世纪 80 年代以来的新经济创业革命风暴，是以经济全球化扩张、信息技术高速发展以及知识时代的出现为背景的创业热潮。在经济转型下，创业热潮兴起的原因主要有以下几个方面。

（一）科学技术的革命引发创业热潮的兴起

20 世纪 50 年代末，计算机的出现和逐步普及，把信息对整个社会的影响逐步提高到一种绝对重要的地位，人类进入了信息化时代。20 世纪 80 年代，科学技术获得了前所未有的进步，以生物医药、光电子信息、航空航天技术、新材料等为代表的科技革命成为经济增长的技术基础，使资源优势日益让位于技术优势，推动了科技创业活动。传统企业注重生产要素的投入，科技创业型企业则将重心放在生产前端、技术项目转移和知识要素的配置上，即创业企业依托高技术创新成果实现对创业资源的重新配置，并孵化出新企业。同时，在软件开发和大规模信息产业发展的带动下，物业和通信费用的降低和便捷化使得中小企业经营成本骤降，创业变得愈加容易。在以计算机、信息技术发展为先导的现代制造业领域，最佳规模较小或者不存在规模经济，进入壁垒较少，创业门槛较低，为创业提供了大量的机会。新科技革命为创业热潮的发展提供了可能，推动了创业热潮的发展。

（二）生产方式的变革引领创业热潮的方向

经济全球化是指世界经济活动超越国界，通过对外贸易、资本流动、技术转移、提供服务、相互依存、相互联系而形成的全球范围的有机经济整体。经济合作与发展组织前首席经济学家奥斯特雷认为，经济全球化主要是指生产要素在全球范围内广泛流动，实现资源最佳配置的过程。经济全球化体现着一体化特征的世界经济增长关联和依存体系，世界经济正走向一个“增长条件共同体”，各国经济增长在很大程度上得益于全球化的程度。经济全球化不仅促进了生产要素的重新配置，还加剧了各国的竞争。产业阶梯式转移成为世界经济不断发展的重要机制。发达国家高科技产业化程度高、技术成果多，与发展中国家形成了“势差”，这种“发展势差”和“技术势差”往往存在着“互动机制”，发达国家的某些产业可能向发展中国家，特别是新兴发展中国家转移。伴随着发达国家的某些产业向发展中国家，特别是新兴发展中国家转移，发展中国家也会获得相对先进的技术和管理经验。另外，新兴技术的发明和发展，也使生产呈现分散化、小型化趋势。由于来自国外竞争对手的不断增加，发展中国家各自的市场行情更加不稳定，一些抓住机遇的创业企业会迅速成长起来。20 世纪 90 年代以后，新兴发展中国家在第三次创业浪潮中表现出色，随之，一批具有高速发展潜力、成长前景好的创业型企业脱颖而出。

（三）创业环境变化推动创业热潮的发展

创业环境在创业者创立企业的整个过程中有非常重要的影响。在垄断体制时代，中小企业的竞争优势与发展潜力受到了限制，其重要性得不到认可。二战后，垄断经济体制的崩溃为广大中小企业发展提供了广阔的空间，中小企业在吸纳社会就业、提高市场竞争性、培养企业家等方面都得到了各国政府的认可。近些年来，由于很多国家进一步放松了管制，市场体制和市场结构更加灵活和开放，生产要素的流动与配置更加自由，市场需求和供给也面临着更大的不确定性，这使得规模经济的优势逐渐让位于知识优势和信息优势。众多新兴创业型企业能把科技发展的前沿性与市场需求的前瞻性准确地对接起来，不仅满足了消费者的个性化需求，还开辟了许多新兴市场，催生了许多新兴产业。可以说，创业适应了科技时代市场价值发现和竞争机制由“生产导向，供给推动”向“服务导向，需求驱动”转变的发展趋势。知识和技术作为最重要的生产要素，只有与创业资本相结合，才能使创业成为一国经济发展的主导因素。创业需要社会风险资本和政府政策性融资的支持。20 世纪 80 年代，美国中小企业的成功，电子、信息等新兴产业的蓬勃发展，在很大程度上得益于风险资本和技术创新基金的资助。各国政府纷纷出台扶持政策，推动了创业活动的发展。

二、 知识经济时代赋予创业的重要意义

知识经济，是以知识为基础的经济，是与农业经济、工业经济相对应的一个概念，是一种新型的富有生命力的经济形态。知识经济时代是以知识运营为经济增长方式、知识产业为龙头产业、知识经济为新的经济形态的时代。

（一）创业是国家发展战略的需要

就业是民生之本，创业是富民之源。近年来，党中央、国务院高度重视创业工作，把全民创业摆在突出的位置。党的十八大明确提出，要统筹推进各类人才队伍建设，实施重大人才工程，加大创新创业人才培养支持力度。要关注青年、关爱青年，倾听青年心声，鼓励青年成长，支持青年创业。当前，我国正处于全面建成小康社会的关键时期和深化改革开放、加快转变经济发展方式的攻坚时期，鼓励创业，对于提高自主创新能力、建设创新型国家具有重要的战略意义。

（二）创业是社会就业的扩容器

创业是就业的基础和前提，就业离不开创业，以创业带动就业。任何一个社会，其创业者越多，其生产要素组合就越丰富、活跃，就业也就越容易。美国著名管理学家彼得·德鲁克在研究美国经济与就业关系时发现，创业型就业是美国经济发展的主要动力之一，也是美国就业政策成功的核心。在《创新与创业精神》一书中，德鲁克开宗明义，分析了 1965 年到 1985 年间美国的就业结构，发现美国年龄在 16～65 岁的人口从 1.29 亿增加到 1.8 亿多，增长了 38%，同期就业人数从 7 100 万增加到 1.06 亿，增加了约 50%。德鲁克指出，所有这些就业岗位，基本上都是由中小企业所提供的，由此我们可以看出创业对于促进就业的积极作用。

（三）创业是科技创新的加速器

知识经济的兴起，使知识上升到社会经济发展的基础地位。知识成了最重要的资源，“智能资本”成了最重要的资本，在知识基础上形成的科技实力成了最重要的竞争力，知识已成了时代发展的主流，尤其是以高科技信息为主体的知识经济体系，其迅速发展令世人瞩目。创业还可以使创新带来的高科技潜在的价值市场化，使创新成果转化为现实生产力。

（四）创业是解决社会问题的有效途径

当前，我国进入全面建成小康社会的关键时期，创业能够增加社会财富从而促进经

济发展和社会繁荣，提供就业岗位从而缓解社会就业压力，实现先进技术转化从而促进科技创新和生产力提高，充分发挥才干从而实现人生价值，积累财富从而满足个人对物质的追求欲望，回报社会、贡献社会等方面发挥重要作用，成为解决社会问题的有效途径之一。

三、知识经济时代创业方式的嬗变

创业是促使知识经济时代到来的决定性因素。经济的知识化和知识的资本化使创业行为发生在社会生活的各个角落，使创业成为更多有志者的生活选择。在知识经济时代，创业行为实现的价值以及实现其价值的机会几乎是无限的。计算机、通信等信息技术的发展，改变了人们对时间、空间、知识（智力）的认识，同时也改变了人们对需求、市场、管理、价值、财富等概念的基本认知。在知识经济时代，由于企业与社会界线模糊化，因而出现了许多创业的新模式，比如在公司内创业，公司鼓励与吸纳新创业的企业，公司支持员工在社会上创业等。

（一）团队创业比例日益增加

创业团队的概念将被普遍接受，创业团队是技术与管理、资金在创办人员方面的组合。一个根据市场需求分析形成创业构思的创业者，不管他是管理者还是技术掌握者，都可以去寻求技术的掌握者或者管理者而形成创业团体。高新技术产业的创业活动更多地采用团队创业的模式，有技术的创业者希望寻求有管理经验、市场经验的合伙人组成创业团队共同寻求资金创办企业；同样，有管理经验、了解市场、有创业构思的创业者希望寻求能支撑创新构思的核心技术人员加盟创业团队共同发展；有资金的个人投资者、风险投资家同样希望寻找到拥有核心产品或服务、有管理经验、有技术能力的创业团队作为其投资对象。利益共享、风险共担的经营理念不仅体现在企业内部，更加重要的是体现在企业外部，即体现与供应商、经销商的战略伙伴关系上。

（二）企业内创业日益普遍

企业内创业是企业的管理者及员工在企业内部进行的创业，是一种更广泛意义上的创业。这种创业的动机来源于市场经济条件下，企业谋求生存和发展的渴望。在激烈的市场竞争条件下，一方面，企业承受着“优胜劣汰”这一市场法则的压力；另一方面，又充满了创造财富、壮大力量、实现自我价值的强大动力。因此，企业会不断通过管理机制创新、技术创新、开拓新市场、采用新战略等手段，来改善和发展自己。这种创业与独立创业相比，显然会更安全和更具有普遍性。企业内创业，既包括通常意义上所理解的当企业面临困境时的革命性的战略改变，如我们常说“民营企业的第二次创业、第三次创业”等，也包括企业在正常甚至良好经营状态下，为维持现状及进一步改进所进行的创造性努力。企业一旦成立，企业内的创业就不会停止，否则，企业要么停滞不前，要么面临亏损倒闭的危险。

(三) 母体脱离型创业渐成风气

母体脱离型创业是公司或企业内部的管理者从母公司中脱离出来，新成立一个独立公司、子公司或业务部门。母体脱离创业现象也比较常见。例如，母体发展规模扩大，为追求生产专业化而分出新的业务部门或子公司；共同创业的团体在企业做大后出现意见不统一，因而把母体分割成若干部分各自经营；母体资本积累充足，为扩大经营规模及领域而投资建立新企业。相比之下，母体脱离型创业的成功率更高。因为分出来的新企业，创业者具备一定的经营管理经验，能够吸取母体的经验教训，少走弯路；分出来的新企业，在产品和服务上都不会脱离母体企业太远，多数都在一个行业，甚至只是一个产品的不同部分，因而在产品技术、管理团队的经验和客户资源上，都具备一定的基础；母体脱离企业多数在资金上要比独立创业企业充足，而且因为有过去稳定的客户资源，还可以通过赊原料等方式节省创业资金。

案例分析

案例一：金犁的“墨迹”火了

一个天气应用网站曾莫名其妙地被封，两个合伙人先后离开。创始人金犁是如何把这么一款工具类应用做到人所共知的？有人评价“墨迹天气”就是雷军眼里的“台风口上的那件事”，而金犁抢在别人之前抓住了这个机会。虽然这件事离大规模“变现”还有一段距离，但是庞大的用户数意味着无限可能。腾讯 QQ、360 在桌面上都附加了天气服务，而“墨迹天气”已经完成了三轮融资。

2008 年 12 月 30 日，金犁 26 岁生日那天，他决定创业。当时，金犁是塞班（Symbian）公司的一名工程师，技术过硬，闲时偶尔写代码玩，拿过国际编程大赛的奖项。他隐约觉得打工不是自己的终极目标，想创业，但是一时还在犹豫。金犁把创业的得失、优劣势列出清单进行分析，还不停地征求别人的意见。父母不同意他丢掉一份收入稳定的理想工作，朋友也持反对意见，只有他老婆愿意支持：“就算你失败了，我们也可以重新来。”

12 月 30 日生日那天，金犁突然觉得，“我得开始了”。他已经想好要做天气软件。第二天晚上，金犁开始窝在家里写程序，一直写到新年的凌晨 3 点。中间朋友的电话不断，有找他唱歌的，有拉他去酒吧的，他都以写程序的理由一一回绝。对方基本都是一个反应：“你有病吧，大元旦的写程序？”

友录在线的技术总监姜洋看了“墨迹天气”的演示，第一反应是，没想到天气能做得这么漂亮。但是金犁说：“我认为还不够好，很多东西还没做，过几个月再发布。”

2009 年 5 月，“墨迹天气”第一个版本发布。在用户普遍抱怨“塞班”的用户界面难看的时候，“墨迹”做出了第一个“塞班”版双重滑动版本，有动漫效果，跟后来的安卓系统很像，效果很炫，也很节省流量。同类的天气应用同步一次需要耗费 10K，“墨迹”只需要 1K～2K。还有一点，靠抓取天气数据，“墨迹”能同时支持 2 000 多个城市，而其他应用软件覆盖的数量是500个。

当时，还没有手机应用商店，用户通过论坛找到喜欢的应用，然后下载到手机安全数据卡上。金犁在“塞班”论坛的几个不同区里都发了同一个帖子，管理员怀疑它是软文，帖子发布没多久就将其删掉了。在帖子被封掉之前，论坛里一些俗称“大号”的用户识别出这是个好东西，经过这部分人的义务传播，第一天“墨迹天气”的下载量就达到了2 000。金犁很兴奋，这个数字超出了他的预期。

此时，金犁一直是兼职创业，利用休息时间打理“墨迹天气”。9月份，他向“塞班”公司提出辞职。老板很惊讶：“你想创业？公司对你挺好的呀，又派你到国外去学习。”金犁说：“我很感谢，但是我真的特别想创业。”

从塞班公司出来后，金犁如同一台裸机——没有办公室，只有两个大学同学当他的合伙人。因为是他发起的，所以金犁的股份稍多一些，担任首席行政官，每个月给自己开3 000元工资，天天在家，早上起来就写代码，一直写到半夜。

2010年5月，“墨迹天气”发布第一个安卓版本。这时候，整个团队只有5个人。“我们看好安卓，也看好iPhone，但是没有技术人员，只有安卓的人，所以我们才做安卓。后来实在是不能忍了，找不到做iPhone版本的人，我们就自己学吧。”金犁说，直到2011年5月，iPhone版“墨迹”才推出来。

“墨迹天气”火了。第一家找上门来合作的是“老虎地图”。很简单，只要在“墨迹天气”里推广“老虎地图”，用户每成功下载一次付费6元，每个月有八九千元进账。金犁笑称，他们是属于被动型的，在家埋头做产品，有了一定名气后，吸引对方来合作。到现在为止，通过“墨迹天气”推广的应用有100多个。阿迪达斯在“穿衣指数”功能投放了品牌广告。

投资人的雷达也出现了，一些大牌风投都纷纷找金犁聊“墨迹”。2011年，“墨迹天气”又拿到了“盛大”的千万元人民币投资，2012年则拿到了第三轮融资。

[资料来源：http：//finance. sina. com. cn/leadership/careerstory/20130114/150014279466. shtml.]

分析

在知识经济时代，我们看到了中国最具“折腾”精神的新一代年轻人，他们有梦想、有激情、有专业素养，借助新的产品、技术、模式来实现自我，并在这个过程中，影响别人。“墨迹”的成功，让我们更深刻地体会到知识经济使企业的组织与运行方式发生的巨大改变，知识型小企业已经成为经济运行中一种越来越重要的动力。

案例二：邵正兴的“触摸”创业历程

邵正兴在大学里学的是环境设计专业，毕业之后到了一家知名的装饰设计公司，成为一名室内装饰设计师。一次偶然的机会，他和朋友一起参加了一个智能化家居展览会，从展览会回来之后，邵正兴开始关注高科技产品。此时触摸产品正大行其道，微软的“多人多点触摸”技术让他大开眼界，而各类触摸手机越来越集中地应用触摸技术更让他觉得触摸已经开始改变人们的生活习惯，成为一种必然的趋势。此时，他结识了一个同样对触摸技术感兴趣的朋友杨先生，两个迷上触摸技术的年轻人在一次次的交流中碰撞出了很多的火花，最终他们下定决心，开始了自主产品研发的创业之路。

“触摸”产品定位

从智能化家居展览会回来后，邵正兴觉得触摸技术是一种必然趋势，有了自主研发产品的想法，说干就干，他邀请了杨先生担任技术总监。接下来，摆在眼前的就是产品定位问题。邵正兴首先通过软件功能来为客户提供硬件载体，以软件销售带动硬件销售，把目标市场定位在了“行业解决方案”上。比如，针对汽车行业，他们提供能够满足汽车销售中对于性能比较的需求的系列软件，以触摸屏作为硬件载体，配套销售，给客户提供一款电子展厅设备。又比如，针对婚纱影楼行业，他们开发客户所需要的选片系统，以触摸产品作为载体，给客户提供电子选片设备。再比如，他们开发的电子签名系统，以光学触摸屏为载体，可以进行现场签名、抽奖互动等活动。这一产品在会议营销、婚礼庆典等活动中获得了高度认可，使用率突破 10 万人次。

“触摸”价格策略

产品有了定位，在价格上同样需要策略。最开始代理光学触摸屏的时候，邵正兴基本上都是直接在成本上增加30%作为产品定价。统一的标准化定价虽然规范，但弊端也渐渐显现出来。一种是与心理价位出入大，无疾而终；另一种是中间人需要差价空间，统一价格无法操作。这两个问题普遍存在于市场中，一度让市场人员非常头疼。针对这一难题，邵正兴采用了客户细分的价格策略，统一价格不统一报，即在首次接触客户的时候严禁报具体价格，必须通过面谈确认身份后再使用价格策略。对于与其心理价格出入大的客户群，首先让他们了解产品，将最低档产品的价格模糊报价，然后通过面谈提供相应的软件展示，吸引客户的关注，并将产品的性能全方位介绍给客户，让他们认识到产品差异后，再进行报价。对于需要差价空间的中间人，直接给其底价，根据其需要进行报价。通过这两个策略，价格问题得到了解决。

在拓展市场的过程中，邵正兴越来越认识到产品定位和价格策略的重要性，因此他也更多地将产品进行定位细分，分为个性化定制软件（如针对不同企业需求的展示类软件）和针对触摸功能进行的功能性软件（如选片系统、点菜系统、电子签名系统、汽车销售系统等），而硬件设备作为这些功能演绎的载体进行配套销售，真正做到产品价值的充分挖掘，客户体验的充分享受。

“触摸”销售渠道

产品和价格定位好了，接下来就是如何销售好的问题了。做好销售的关键是找到客户，让这些客户知道自己的产品，让这些客户愿意花钱购买。

创业初期，邵正兴把自己的产品定得于高端科技产品，价格定得也很高，所以目标客户主要定位在一些政府机构或者大型地产公司等。为此，公司在销售中采用了渠道营销和媒体营销两种方式。渠道营销就是通过社会关系进行销售。为了能够更多地接触到这些高端目标客户群，邵正兴特别参加了清华总裁培训班、“狮子会”等社会活动，希望能够通过这些高端的社会活动积累人脉，打开市场局面。但事实上效果并不理想，真正购买的人不多。在媒体营销过程中，网络推广占据了相当大的比例。但关注的客户分散在全国各地，只在网络或电话中沟通，客户很难看到产品实质，最后也多半流失了。

高层次的客户不屑于与这种小公司合作，低端的客户可能没有足够的实力来购买其产品。到底应该怎样去找到目标客户，怎样和客户沟通成为又一个难题。

邵正兴带领自己的销售团队进行了深入的研讨，他们的最终决策是寻找一个中介点（第三方），通过第三方来肯定和宣传他们的产品，而这个第三方必须是能够游走于各层次、各行业中的。为此，他们针对电子签名系统使用人群的情况，将该产品以租赁的形式提供给各类公关礼仪公司，而公关礼仪公司就是所谓的中介点。由于公关礼仪公司的业务范围涵盖了各类产品企业的会议活动、庆典活动，因此可以把它们当作一个中介点，通过它们来宣传公司的产品，从而搭建与目标客户的沟通桥梁。

制定了这一渠道沟通策略后，他们将电子签名产品推荐给各大公关礼仪公司，并以最优惠的租赁价格与之合作。由于租赁价格低廉，因此客户很容易接受这种合作，在合作过程中，他们先后接触到了汽车新车发布会、楼盘启动仪式等活动，并通过这些活动，成功地将产品引荐给企业，并获得了认可。

邵正兴还为知名企业提供赞助，进而参与到行业活动中，比如房展会、汽车展等活动，通过企业在这类活动中的产品使用展示，让客户了解产品，进而获得与客户沟通的机会。邵正兴也正是这样，站在巨人的肩膀上，找到了更高的视觉点，获得了更多的市场资源。

［资料来源：杨华东．中国青年创业案例精选：第二辑．北京：清华大学出版社，2012.］

分析

知识经济决定了我们必然以知识决策为导向，对身边的事物进行重新审视与认识。学习环境设计专业的室内设计师邵正兴通过一次偶然的参加智能化家居展览会的机会，开始关注高科技产品。在接触到应用触摸技术之后，通过进一步的深入了解，他认识到触摸技术是一种必然趋势，并且有了自主研发产品的想法。而在当今以计算机、信息技术发展为先导的经济时代，创业门槛降低，新创企业进入壁垒减少，为高科技新创企业的发展提供了大量的机会。邵正兴在建立了同样对触摸技术感兴趣的创业团队之后，走上了自主研发产品的创业之路。

案例三：“一条”的二次转型：选题—选品—选址

2018年1月22日，“一条”宣布完成C+轮融资，由京东、东博资本领投，老股东挚信资本追投，估值从3.5亿美元上升至5亿美元。在此之前，“一条”还曾获得5轮融资。

“一条”由资深媒体人徐沪生创办，专注解决新兴中产阶层在生活美学方面的内容和电商消费需求。“一条”最早起步于微信公众号视频内容形态，现已转型做电商。截至2018年1月，“一条”全网有3 500万用户，电商年营收超10亿元。

此轮融资后，“一条”将发力线下新零售，徐沪生表示未来将打造100家线下门店，覆盖国内二三线城市的购物中心。

选题：按照杂志的审美做短视频

2013年，徐沪生还在《外滩画报》做总编，当时他已经是上海滩薪水最高的总编辑之一。一次和《南方周末》新媒体总监2个多小时的聊天，让他得出一个结论：纸媒要完了。

2014年，徐沪生从《外滩画报》离职筹备创业。离开纸媒，徐沪生看准了短视频的形态。在YouTube上浏览了众多视频后，徐沪生发现点击量较高的大部分是生活类视频，但是在国内，当时还是娱乐八卦类视频当道，于是在内容方向上徐沪生决定要做生活类视频。凭借这个想法，徐沪生获得了900万元的天使投资，租好办公室，招兵买马，一切开始。

徐沪生找来的核心创始成员都是艺术爱好者、电影发烧友，而他自己29岁就创办《上海壹周》，35岁创办《外滩画报》，在这个领域浸淫多年，有一整套审美，所以在生活美学方面做起来也得心应手。视频上线15天，“一条”微信公众号用户就突破100万。

除了内容，徐沪生也敢于砸钱推广。当时在账面上只有800万元的时候，徐沪生一周之内就投了200万元，因此也享受到了广点通第一波巨大的红利。

用户积累起来，团队逐渐壮大，“一条”在内容上也开始规模化生产，并形成一整套制作模板，比如在视频景别上，几个特写镜头、几个转接镜头、几个变焦镜头等等。

选品：满足中间人群

上线不到一年半，“一条”的微信公众号粉丝就突破了1 000万。此时，融资也已经走到B轮，徐沪生也开始想在商业上尝试更大的事情。

当时徐沪生有一个深切的感受，当自己在购买很多东西时，在大众化的购物网站很难找到符合自己审美的商品，往往需要翻到几十页之后，而这样的产品线下分布也很零散，且周围的朋友也存在这样的痛点。但与此同时，“一条”作为一个媒体，在世界各地采访了很多生活家、建筑师、独立设计师，他们的产品在美感、设计等方面都不错，却很难出现在大众化的购物网站，往往会被边缘化。此外，因为缺乏广告营销费用，他们的品牌宣传推广也很少。

“一旦把这个追求设计感的用户群体和这些分散的独立设计师品牌对接起来，就是巨大的市场。”基于以上判断，2016年5月，徐沪生带领“一条”开始转型做电商。

徐沪生认为，不可否认中国拥有最大的中产阶层群体，且这个人群正在不断崛起。过去爹妈没有给他们留下很好的家居产品，很多他们都需要重新购买，在消费需求增长的同时，新的设计品牌也在成长，一旦两端沟通起来，效能非常强。

在众多的细分品类，比如买把厨房菜刀等，大众消费者能想到的可能只是“双立人”“张小泉”，但是其实排在3～20位的供应商还有很多，而且它们各具特色，有些来自日本、北欧，也有些是中国原创的，且它们都是优质的。

在产品来源上，徐沪生就圈定了这些排在3～20位的设计品牌，由于设计师圈子垂直，关联度很高，“一条”在不断推荐优质商品的能力上也得以保证。对于很多设计师，和“一条”的合作也让他们很有成就感，同样的产品被大众电商网站边缘化，在“一条”上却能卖到上百万，甚至上千万。

越来越多的设计品牌找上门，“一条”也在选品上确立了自己的风格。徐沪生的选品原则是与生活方式相关，此外还会考虑设计、价格、性价比、日用性等因素。“下不碰大众消费，上不碰奢侈品消费，只满足中产阶层这个非常巨大的中间人群。”

截至2018年1月，在“一条”的电商平台，聚集了1 500多个设计品牌、10万件优质产品，覆盖生活、家居、电子、美妆、服饰、美食、图书等20多个领域。整个2017年，“一条”电商部分的营收已经接近10亿元，单月的营收破亿元，单日营收破千万元。加之推荐的品牌的一致性，一条电商平台的复购率也高。

选址：借助新零售获取线下用户

做到年营收10亿元，徐沪生确认电商的逻辑是能跑通的，而且越来越多的用户直接到“一条”App上实现目的地式的购买，而非通过文章阅读的发现式购买。

关于未来，徐沪生认为还有更大的市场空间。“目前一条的电商注册用户有几百万，但是中国的中产阶层群体至少有1个亿，所以一个中产阶层购物平台的想象力，可以达到几百亿甚至上千亿的规模。”

在“一条”，对核心的中产阶层群体有个粗略的划定：年龄30岁左右，对生活品质要求比较高，具备比较高的购买力，花1 000块钱不会特别焦虑。因此，对于徐沪生来说，接下来的目标就是起规模，走量。一方面不断增加商品的品类，另一方面不断获取新的用户流量。

在增加新商品品类上，“一条”早就可以做到单月上新1 000件；接下去还会大幅度扩大，因为线下的产品数量，已经极大丰富，扩到20万SKU（库存量单位），也足以保证优质产品的标准不会下滑。

在获取新用户流量上，“一条”在线上开始做分销，在线下计划开实体店。

从2017年下半年开始，“一条”开始在线上做分销体系，把自己的电商内容分销给其他的优质自媒体，根据销量给分销号一定的利润。

［资料来源：http：//www. cyzone. cn/a/20180127/323283. html.］

分析

知识经济时代的创业可实现先进技术转化，推动新发明、新产品或新服务的出现，创造新的市场需求，进而再推动和深化科技创新，形成良性循环。

徐沪生创业3年多，把一条从单纯的视频内容，转型到电商平台，再转型到线下生活方式门店，其形态和商业模式发生了数次巨大的变化。

但是，不管其形态和商业模式如何改变，一条服务的中产阶层人群一直没有变过。它专注解决新兴中产阶层在生活美学方面的内容和电商消费需求，坚持服务，从选题—选品—选址出发去发掘、创造新的市场需求。

关于未来，徐沪生的目标就是做像日本的茑屋书店一样更大的生活方式电商。但徐沪生强调，“一条”始终是一家生活美学公司。

实践训练

一、 实训导航

现实生活中，我们每个人每天都在跟不同的小企业打交道，只是我们似乎从来都没有从经营企业的角度去考察它们。企业与企业之间到底有什么不同？为什么做同样的生意企业的效益会大相径庭？为什么有的企业可以做大，有的却生意萧条？

二、 实训项目

走访你身边的小企业。对身边各类小企业进行观察，在充当顾客的体验过程中，总结企业的区别，认识企业的产品，理解服务的重要性。通过走访，加强对企业的了解，在比较中体会企业的不同。

三、 方法策略

从企业的服务质量、经济效益、经营环境等多个方面着手，自行编制企业走访调研表，并按照实训要求走访学校周边的企业。通过互动讨论，进一步加深对不同类型小企业的认识。

调研完成之后，根据实训要求对调研内容进行分组讨论。

1. 这些企业有什么不同？

2. 这些企业的服务哪个最好？它们生意如何？

3. 它们的经营环境和其他同类企业有什么异同？

4. 它们为顾客提供的产品有什么不同？哪个企业的盈利最多？

单元小结

本单元包含三个模块，分别介绍了创业是什么、创业精神与人生发展的密切联系、知识经济的发展与创业的关系。创业是一个创造新事物，实现价值增值的过程，需要付出极大的努力，也必须承担一定的风险。不同的创业类型有着不同的活动特点，机会、创业者及其创业团队、资源是任何创业活动都不可或缺的。创业过程按照时间顺序，可具体划分为机会识别、资源整合、创办新企业、新企业生存和成长四个阶段。创业精神是创业者在创业过程中的重要行为特征的高度凝结，是创业者各种素质的综合体现。创业精神一经形成就会对人一生的发展产生重要影响。它是经济发展的原动力，是解决就业问题最有效的措施，也是促进科技成果产生和转化的根本动力。在知识经济时代，创业活动呈现出新的变化，高科技公司的比例大幅度提高，小企业的数量明显增多，知识分子的创业热情日益高涨。与此同时也出现了许多新的模式，包括团队创业比例的增加、企业内创业的增多以及母体脱离型创业的壮大。

思考题

1. 结合本章介绍的创业分类思考，你还可以说出哪些创业类型？

2. 在众多的创业活动中，你喜欢哪种或哪些类型的创业？为什么？

3. 创业过程包括不少具体的活动，但创业者从识别创业机会到创建新企业的时间一般都很短，这是为什么？

4. 为什么创业精神对于创业成功与否起着至关重要的作用？

5. 经济转型对于创业方式的转变产生了哪些影响？

网络情境练习

推荐观看网上视频：《李开复的梦工厂》

（参考网址：http：//www.iqiyi.com/w_19rqq7fglt.html）

推荐理由：

李开复从担任苹果、微软、谷歌高管，到现在自己创业，只是因为在工作中找到了自己的方向，有梦想就去追求，有想法就去实践。他的创业精神值得学习，他的创业理念值得大家借鉴。他认为创业的最高境界是能引导社会发展趋势。未来是创业者的天下，支持创业，与李开复一起携手梦工厂，向世界证明，中国人也可以创新。

练习题：

1. 你认为，在知识经济时代，创业呈现出哪些新变化？

2. 结合本视频，谈谈创业精神对创业的意义。

真实情境练习

结合本单元所学内容，设计一份访谈提纲，找一位你身边的创业者进行访谈。在访谈时请注意如下几点：

1. 认真准备和设计访问提纲，问题可以来自本单元的主要知识点，可以是你对创业、创业活动以及创业精神的理解，也可以涉及你感兴趣的或者感到困惑的与创业相关的问题。设计访谈提纲时，对可能的答案进行预想。

2. 访谈形式可以多样化，注意控制访谈时间。

3. 访谈所要寻找的创业者类型不限。

4. 访谈时做好访谈记录，在对方允许的情况下，最好进行录音或者录像。

5. 访谈结束后要对访谈内容进行整理，对照访谈前你预想的答案，进行深入分析。

6. 再次回顾你所设计的访谈提纲，看看是否有需要修改的地方，修改并完善你的访谈提纲。

参考文献

Endres A M, Woods C R. Modern theories of entrepreneurial behavior: A comparison and appraisal. Small Business Economics, 2006 (26).

Morris M H, Kuratko D F. Corporate entrepreneurship. Orlando, FL: Harcourt College Publisher, 2002.

Stevenson H H, Gumpert D E. The heart of entrepreneurship. Harvard Business Review, 1985, 85 (2).

高建，姜彦福，李习保，等．全球创业观察中国报告：基于2005年数据的分析．北京：清华大学出版社，2006.

贺尊．创业学概论．北京：中国人民大学出版社，2011.

蒂蒙斯，斯皮内利．创业学．6版．北京：人民邮电出版社，2005.

刘沁玲，陈文华．创业学．北京：北京大学出版社，2012.

杨华东．中国青年创业案例精选：第二辑．北京：清华大学出版社，2012.

张昊民，马君．高校创业教育研究：全球视角与本土实践．北京：中国人民大学出版社，2012.

张玉利．创业管理．2版．北京：机械工业出版社，2011.

第二单元

创业者与创业团队

学习目标

学完本单元后，你应当能够达成以下目标：

1. 掌握广义与狭义的创业者概念，知晓什么样的人能成为创业者。

2. 了解创业成功者的知识和能力结构，掌握创业成功者的人格特征。

3. 了解创业团队的概念、作用和社会责任。

4. 了解创业团队的组建过程和组建原则，掌握创业团队的管理策略。

导入案例

凭冲动做出的创业选择

1984年出生于广东河源一个贫困家庭的黄镜鹏，2009年从广东金融学院一毕业，便选择了自主创业。在被问及是什么原因让他走上创业之路时，黄镜鹏出人意料地说："凭的是一时冲动！"黄镜鹏大学毕业的时候，正赶上金融危机带来的就业难。在这样的大背景下，他自认为凭自己的条件，很难找到理想的工作，还不如趁着年轻拼一下，说不定能实现做一番自己的事业的梦想。否则，年龄大了，拥有的多了，就很可能因为"输不起"，失去创业的激情。表面上十分内向的他坚定地认为："人生就是需要一些冲动，有了冲动你才有做决定的勇气。而很多事实也证明，冲动时做出的决定并不一定都是错误的，冷静时做出的决定也不一定都是正确的。"

有了创业的冲动后，黄镜鹏便开始思索创业的方向。回想在校时自己曾做过的各种兼职，如当家教、派传单、当麦当劳服务员、做物流服务推广、做校园旅游代理等，最后他把目光锁定在了从2006年开始在国内火起来的旅游市场。在做兼职的时候他发现，大学生是一个庞大的消费群体，大学生喜爱团体旅行，而在当时的广东省，还没有一家专门为大学生服务的旅游公司。于是，他选择了在旅游行业开创自己的事业，创建一家面向大学生的旅行社。

选择在旅游行业创业，他认为是一种幸运。2007年暑假，他曾到物流公司实习，该公司主要负责图书的发行。那时候他在26天之内跑遍了广东省省内的20多所高校，这使他对当地的地形、学校以及在校生人数有了大概的了解。8月份在回广州的路上，他遇到了和平国际旅游公司的经理，该经理竟主动询问他："要不要做兼职？"抱着好奇和试试看的态度，他给对方留下了联系方式。没想到，在2007年9月2日，那位经理竟亲自到学校找他谈兼职事宜，这让黄镜鹏感到受宠若惊，毫不犹豫地与这位经理签订了校园代理协议，成了这家旅游公司的业务员。

无巧不成书，几天后，也就是9月5日，他在同乡师姐口中听到她们班要组织“毕业旅游”，便大胆地毛遂自荐，承诺一定要以最高的性价比，让师兄师姐们玩得开心，玩得满意。当天晚上，他就开始上网查资料了解相关信息，持续忙碌到第二天早上6点，终于完成了师姐所在班的旅游方案设计。匆忙洗了把脸后，他就把方案发给了师姐。因为是新手，他那方案显然做得不够完善。于是，他又开始反复修改，且边改边与师姐进行短信沟通，结果终于做成了这笔生意。

第一笔生意的成功，不但给他带来了连连好运，也让他对自己做旅游代理充满了信心。在此后的4个月中，他的营业额达到了20万。期末考试结束后，他打算暂时休学，一心继续开拓大学生旅游市场。可是，带他入行的经理并不支持他休学的想法，要他再认真考虑考虑，最好不要影响学业。黄镜鹏思考再三，认为经理的劝阻很有道理，便放弃了休学从商的念头，仍然边读书边做旅游代理。两年的兼职代理，让他与旅游行业结下了不解之缘。2009年一毕业，他便创办了面向高校大学生的旅游公司。

在创业之初，黄镜鹏虽然信心爆棚、激情满腔，但是经验不足却使他屡屡碰壁。为此，他不但向书本、向同行前辈虚心学习专业知识，而且孜孜不倦地阅读各种名人传记以及励志、心理、管理与哲学等方面的书籍，锻炼自己坚强的意志，培养自己乐观的心态。他常对自己说：“只要我口袋里还有50元在，我就不算失败！”“我从未想过失败！”这就是他成功的秘诀。在他看来：“成功就是一路坚持下去，就是跌倒后再爬起来。跌倒并不可怕，站起来后又是一个新的开始。”

当被问及现在有没有觉得当初凭冲动做出的决定太过草率，是否想放弃创业重新选择就业时，他坚决地回答：如今在事业上，他不想回头，也已经不能回头了。因为，如果现在放弃，那已不仅仅是一个人的事，而是关乎整个团队了。作为企业发起人和团队负责人的这份责任感，绝不允许他这样做。在他看来，一个人单干不是真正的创业，一个团队一起干才叫创业，创业是一个团队整合思想以及价值观的过程。“一个人单干只是为了生存，而团体创业是为了更好地发展。”黄镜鹏在创业过程中深深体会到这句话的含义，因此，他始终把团队建设摆在创业的第一位。一个人的力量是有限的，而团队的力量是不可估量的。

作为企业的创办者和负责人，黄镜鹏的用人原则是，选用最适合的人，而不是最优秀的人。他说：“我希望自己是一名伯乐，能够发现更多的千里马，让千里马在职场上更好地驰骋，与我共同进退。”为了实践自己的这番话，他经常与团队的同事互相交流，交流各自的想法，再整合大家的思想。要想成功地担任一名伯乐，必须挖掘更多的千里马，同时为他们指明方向。伯乐与千里马互相促进，未来的路才能走得更好。因此，他常常给团队灌输共同的理念和目标，使团队共同为之奋斗。

创业需要冲动，但更需要持之以恒，需要过硬的专业本领，需要良好的心态及团队合作精神。回顾自己短暂的创业历程，黄镜鹏深感自己收获的不仅是事业，更是一种人生阅历和成长体验。他虽然知道自己未来的路还很长，但却非常愿意将自己毕业后的感受与师弟师妹们分享。2010年，黄镜鹏在百忙之中抽身，回到母校看望老师和师弟师妹，回馈这块曾经哺育过他的热土。他主动冠名赞助自己就读的劳动经济与人力资源管理系，开展劳动经济与人力资源管理系2010年“自强之星”评选大赛，资助那些自强自立、面对困难永不放弃的同学。他希望通过这样的一个大赛，让更多的大学生得到社会的帮助，自强自立，更加积极地面对生活。同时，他期待通过自己成功创业，爱心回馈母校的这份精神，给予广大学子更多的鼓舞，激励广大学子奋发前进。

［资料来源：吴晓义．凭冲动做出的创业选择．大社会，2018（8）．］

思考：

1. 黄镜鹏为什么大学毕业后直接选择了创业？
2. 他在大学学习期间为创业做了哪些准备？
3. 从黄镜鹏身上可以看到创业者的哪些人格特征？
4. 如何理解创业团队的作用？

模块一　创业者

创业者这个词最早是由法国经济学家坎迪伦于1755年引入经济学的。1880年，法国经济学家萨伊首次给出了创业者的定义，他将创业者界定为预见特定产品的需求以及生产手段，发现顾客，克服困难，将一切生产要素相结合的经济行为者。1934年，著名经济学家熊彼特专门研究了创业者创新和求进步的积极性所导致的动荡和变化，认为创业者应为创新者。

知识点梳理

一、什么样的人能成为创业者？

哈佛大学拉克教授说过这样一段话：“创业对大多数人而言是一件极具诱惑的事情，同时也是一件极具挑战的事。不是人人都能成功，也并非想象中那么困难。但任何一个梦想成功的人，倘若他知道创业需要策划、技术及创意的观念，那么成功已离他不远了。”创业没有想象的那么难，创业者不是完人也不是神人。在古今中外的创业史上，大多数创业者是普通人。

（一）狭义的创业者

西方早期的创业学者将创业狭义地理解为“创办企业等经济实体”，与此相联系，也将创业者狭义地定义为企业的创办者，即组织、管理一个公司或企业并承担其风险的人。创业者的英文对应词是“entrepreneur”。Entrepreneur有两种基本含义：一是指企业家，即在现有企业中负责经营和决策的领导人；二是指企业创始人，通常理解为即将创办新企业或者是刚刚创办新企业的领导人。我国对创业学的研究起步较晚，早期所用教材也多是从西方引进的，所以在大多数场合，我国有关创业者的概念也是在西方创业学的范围来理解和运用的。

关于狭义的创业者概念，目前有两个已被广泛接受的观点很值得注意。一是创业者并不等于企业家，因为大多数创业者并不具备企业家的眼界、格局和个人品质。从创业者转变为企业家，需要一个逐渐成长和完善的过程。二是狭义的创业者是指参与创业活动的核心人员，而不仅限于企业的法人代表或领导者、组织者。因为在当今的创业活动中，高新技术企业、合伙制企业所占的比例越来越大，离开了核心技术专家和主要合伙人，很多创业活动根本无法进行，所以核心技术专家与主要合伙人也应被视为创业者。

那么，什么样的人能成为狭义的创业者呢？在对古今中外创业者进行研究的基础上，我们从创业者所承担的责任、义务的角度，将成为狭义的创业者的基本条件概括为：愿意承担创业过程中的所有不确定性和风险，并有激情和勇气克服创业中的各种困难，持之以恒地为实现自己的创业目标努力奋斗的人。当然，在科学技术飞速发展、产品和技术老化周期日益缩短、社会分工日益细化的今天，创业者还应熟悉自己所从事的创业领域，并具有较强的创新意识、创新精神和创新能力。

（二）广义的创业者

关于广义的创业者概念，目前主要有两种界定方式。一种是从人们在工作中所扮演的角色的角度，将创业者界定为参与创业活动的全部人员。在这种界定方式下，创业活动的发起者、领导者与创业活动的跟随者，都被视为创业者。另一种界定方式是从人们所从事的工作的性质的角度，将创业者定义为主动寻求变化，对变化做出反应，并将变化视为机会的人。这种界定方式打破了传统的创业概念，将其外延扩大为所有主动寻求变化并对变化做出反应的活动，在这种界定方式下，企业创办者、企业内创业者、个体劳动者、自由职业者、项目合作者等以各种身份从事具有创新性活动的人，都可以称为创业者。

在我国普通高等学校的“创业基础”课教学中，虽然会对狭义创业活动、创业要素、创业过程，以及狭义的创业者将要面对的问题、应该具备的素质和能力等进行探讨，但在大多数情况下，我们说的创业者是广义的创业者，而且这个概念的外延包含了参与创业活动的全部人员，以及以各种身份从事具有创新性活动的所有人员。从这个概念的外延中可以看出，它整合了上述两种广义的创业者概念，具有极大的包容性。在这一概念下，普通高校的所有学生都可以成为创业者，都可以在“创业基础”课中找到课程内容与自己未来发展的结合点，都可以从课程学习中直接受益。

二、创业成功者的知识和能力结构

创业虽然没有想象的那么难，创业者虽然不是完人也不是神人，但创业也绝非易事，创业者不可能随随便便就能取得成功。有关研究表明，要想取得创业成功，创业者除要勇于创业，有所担当之外，还必须具备一定的相关知识和能力，必须具有与创业活动相适应的人格特征。

（一）创业成功者的知识结构

创业者的知识结构对创业起着举足轻重的作用。在商业竞争日益激烈的今天，单凭热情、勇气、经验或只有单一的专业知识，要想取得创业成功是很困难的。有关调查结果显示，各学历层次创业成功者所占比例从大到小排列分别是：高中学历者占39.7%，初中学历者占24.5%，专科学历者占22.3%，本科学历者占7.8%，研究生学历者占1.0%，其他占4.7%。这一调查结果虽然不一定具有普遍性，却至少说明如下两个问题：一是，即使最简单的创业，也需要一定的文化基础；二是，并非学历越高，取得创业成功的概率就越大。创业不是搞学术研究，它需要的知识是能解决实际问题的知识，这种知识从结构上说包括常识性知识、来自实践的经验性知识和创业活动所涉及的专业性知识。

常识性知识

常识性知识主要涉及商业常识、社会常识和管理常识。具体地说，商业常识有助于创业者了解经济发展的基本规律，遵守商业活动的基本规则，维护企业自身的正常运行。社会常识有助于创业者理解自身的社会角色，了解和满足消费者的个性化需求，理解和用好国家的政策，以及维护好自己的合法权益。管理常识有助于创业者理解人类的特性和行为方式，了解科学的经营管理知识和方法，提高管理水平。

经验性知识

经验性知识主要涉及商业经验、社会经验和管理经验。这里说的经验是指通过亲身实践所获得的经验，因为创业活动所需要的上述经验，只有通过自己亲身实践、亲身体验，才能真正领会。有些同学说，我看过很多创业成功者的故事，有很“丰富”的经验了。但是过来人都知道，不经过亲身实践，这些成功者的经验是没法变成个人经验的，书读得再多也没有用，因为创业的成功是不可直接复制的。

专业性知识

专业性知识主要涉及与创业活动密切相关的具有较强专业性的知识。创业是开创一番事业。这个事业不管规模如何，都需要从事它的人比其他人做得更好、更专业，而要做到这一点，创业者必须具备从事这个事业所需要的专业性知识。在创业界有个不成文的戒律——“不熟不做”。为什么“不熟不做”？因为各行各业都有一些特殊的地方，如果对它不熟悉，不具备从事这个行业所必须具备的专业知识，就很难把它做好。

（二）创业成功者的能力结构

对从事创业活动而言，能力比知识和素质更重要。因为知识和素质都是潜在的，它们只有转化为能力，才能变成从事创业活动和实现创业目标所必须具备的本领，才能在创业实践中真正发挥作用。创业者所需要的能力虽然是多种多样的，但从总体上说，它主要包括如下五个方面的能力，即机会捕捉能力、决策能力、执行能力、经营管理能力、交往协调能力。

机会捕捉能力

创业机会是创业的切入点和出发点，能否发现一个好的创业机会，是创业成功的关键因素。纵观古今中外的创业成功案例，可以发现，绝大多数创业成功者具有非常强的机会捕捉能力。他们能够看到日常生活中被人忽略的细节，并在看似平常的反常现象中抓住问题的关键；他们有爱问问题和重新界定问题的习惯，能够从不同角度看问题，并善于挖掘隐藏在偶然事件中的必然规律。

决策能力

决策能力是创业者根据主客观条件，正确地确定创业的发展方向、目标、战略以及具体选择实施方案的能力。创业者的决策能力，具体包括分析能力和判断能力，即创业者要能够在错综复杂的现象中，通过分析理清事物之间的联系，通过判断把握事物的发展方向。从某种意义上说，创业者的决策能力就是良好的分析能力加上果断的判断能力。

执行能力

好的决策必须有好的执行才能变成现实。创业者与梦想者的最大区别，就在于创业者不但有发现商业机会的眼光，而且能够果断地决策和坚定不移地执行。好的执行能力首先是一种行动能力，不能光想、光说，不去做，而是有了想法就马上去做，正所谓心动不如行动。好的执行能力还是一种能够克服重重困难执行到位的能力，遇到困难就放弃不是好的执行，执行不到位等于没有执行。

经营管理能力

成功的创业者不仅要眼光锐利、决策果断、执行到位，而且必须善于经营管理。经营管理能力是一种较高层次的综合能力，是运筹性的能力。它涉及人员的选择、使用、组合和优化，也涉及资金聚集、核算、分配和使用等。经营管理也是生产力，它不仅会影响创业活动的效率，甚至会决定创业的成败。

交往协调能力

在社会分工日益细化的今天，创业者很难靠个人的单打独斗取得成功，必须具备交往协调能力。交往协调能力既包括妥善处理与政府部门、新闻媒体和客户之间的关系的能力，也包括平等地与下属交往和善于协调下属部门各成员之间关系的能力。企业与外界的接触越多，企业的规模越大，对创业者交往协调能力的要求就越高。

拓展阅读

创业成功者的人格特征

所谓人格特征，是指一个人在先天遗传因素和后天环境影响下形成的个性心理特点的总和。因为每个人的先天遗传因素和后天环境影响都是不一样的，所以其人格特征也各不相同。创业是一项具有高风险性和不确定性的活动，虽然创业成功者的人格特征各不相同，但相关统计研究表明，大多数创业者喜欢冒险，有较高的承受不确定性生活的能力，其人格特征通常具有如下特点：积极、开放，独立、果断，友善、宽容，务实、坚韧，灵活、机警。

按照著名经济学家熊彼特对创业的理解，创业者应为创新者。在科学技术高度发达、商业竞争异常激烈的今天，创业者要想生存和发展，就必须具备一定的创新意识、创新精神和创新能力。而美国著名心理学家马斯洛的研究表明，创新者大多具有如下人格特征：远见卓识、冒险精神、奇思异想、批判精神、独辟蹊径、追求完美、关注细节。

当然，我们在这里归纳创业成功者的人格特征，并不是说只有具备上述特征的人，才能在创业中取得成功，更不是告诫大家只有具备上述特征的人，才能去创业。我们只是强调：第一，对于想创业的人来说，上述人格特征比较重要，它们有助于创业者成功；第二，上述人格特征大多数是后天形成的，而且只能在创新、创业的实践中才能逐渐形成；第三，创业过程也是一个自我完善的过程，要想成为一个成功的创业者，就要做一个终身学习者，就要不断地进行自我提升和自我改造。

三、 创业动机与创业者分类

创业动机是指引起和维持个体从事创业活动的内在原因和内部驱动因素，它是鼓励和引导个体为实现创业成功而行动的内在力量。通过对创业者的传记和访谈研究发现，不同的创业者有不同的创业动机。有的希望获得丰厚的物质报酬，有的希望拥有一份属于自己的事业，有的希望满足自己的兴趣，有的希望获得个人的独立和自主。根据创业动机的不同，可以将创业者分为以下四种类型。

（一）物质追求型

物质资料是人类赖以生存的基础，而生存是人类的第一需要。在物质资料极度短缺、劳动就业竞争十分激烈的情况下，许多人为了谋生混口饭吃，被“逼上梁山”，不得不自己创业。创业者中的城镇下岗工人、失去土地的农民、毕业后找不到工作的大学生，多数属于这种类型。另外，人们对物质追求的程度是有很大差异的，许多人在满足了基本的生存需要后，还会有很强的物质追求，甚至是对奢侈生活的追求。在今天的物质追求型创业者中，有相当一部分属于这种情况。

（二）事业追求型

在马斯洛看来，开创一番事业，实现人生价值，是人类最高层次的需要。任何社会都有一些具有崇高理想和远大抱负的人，这种人以事业追求、改造社会、造福人类为己任，把对社会的贡献作为实现自我人生价值的目标。这种人当自己的生存有了基本保障之后，就会谋求满足自我实现的需要。改革开放以来，在党、政、军、行政、事业单位或国有企业中，既有较好的工作，也有不菲的收入的人，有一些毅然选择辞职创业；一些科研人员、研究生、大学生放弃安稳的职业，带着自己的专利和梦想创业。他们都属于事业追求型创业者。

（三）尊重满足型

赢得尊重的需要也是人类的基本需要。在物质需要获得满足后，人们就会转向追求精神方面的需要，赢得尊重的需要就属于这种需要。赢得尊重的方式虽然多种多样，但最常见的还是获得让人羡慕的社会地位和做出让人佩服的事情。有关大学生的创业动机调查表明，有近30%的同学想创业，是因为在他们看来，通过创业致富是最有面子的事，钱来得光明正大，自己花着潇洒，还有能力去帮助亲友和社会，从而获得亲友和社会的尊重。

（四）独立自主型

如前所述，每个人由于遗传和环境影响的不同，都具有不同的人格特征。例如，在MBTI（迈尔斯布里格斯类型指标）性格测试中，具有P型（知觉型）倾向的人，便特别向往独立和自由，不愿意过受人控制的生活，喜欢自己当家做主。前述大学生创业动机调查表明，有近21%的同学说自己之所以选择走自主创业的路，就是想获得更大的独立和自由。他们不愿意到机关和其他企业就业，过朝九晚五的日子。他们喜欢自行决定自己的工作时间和工作内容。

当然，上述创业者的类型划分，仅仅是从创业动机的角度所进行的粗略分类，它不可能涵盖所有的创业者。另外，人们的创业动机是十分复杂的，有些人之所以选择创业，既考虑了物质方面的因素，也考虑了精神方面的因素，既有独立自主的需要，也有获得尊重的需要。我们在这里之所以从创业动机这个角度对创业者进行分类，就是要提醒同学们想清楚自己为什么要创业，想清楚自己到底想过一种什么样的生活。因为从某种意义上说，选择了一种工作方式，也意味着选择了一种生活方式。而且大多数选择会有利有弊，很难十全十美。例如，选择做独立创业者，虽然可以在一定条件下充分发挥自己的想象力、创造力，可以主宰自己的工作内容和工作节奏，并按照个人意愿追求自身价值，但是，独立创业的难度和风险很大，工作压力和挑战性也很大，在企业发展到一定规模之前，创业者会经常加班加点，很难过上正常人的生活。所以，同学们在选择是否创业和以什么方式创业之前，一定了解清楚各种创业方式对创业者的要求，并想明白自己到底想过一种什么样的生活。

案例分析

案例一：陈志列的创业准备

“CCTV 2007中国经济年度人物”给一个不为公众熟知的企业家戴上了“年度创新奖”的光环，也将他还有他苦心经营的年轻企业——研祥智能科技股份有限公司推进了公众视野。尽管研祥智能目前在国内市场规模已居行业第一，尽管人们在日常生活中会接触到很多研祥的产品——各行各业应用的一些自动化、智能化、信息化设备，它们的大脑和心脏就是由研祥来生产和制造的——但研祥智能并不为行业外人士所了解。用陈志列的话说，以前的英特尔在业内家喻户晓，在业外却无人知晓，而现在在不少电脑产品上都会标注“Intel Inside”。我们也在推进一个计划，争取在一些产品上打上“EVOC Inside”的标志。

陈志列，男，1963年6月出生，籍贯江苏，北京户籍。1987年考入西北工业大学计算机系攻读研究生，师从我国著名计算机专家康继昌教授，研究方向是并行超级计算机系统，1990 年以优异成绩获得工学硕士学位。

1989 年，陈志列从西北工业大学计算机专业毕业后，被分配到了一家国有科研机构下属的合资公司，这家公司不仅承接国家委派的相关电脑控制系统的开发工作，而且代理了一个我国台湾品牌的嵌入式产品销售。

1991 年，陈志列来到深圳工作。与以往不同的是，这一次他是被“借调”到与公司合作的台湾企业，巩固其刚刚设立在深圳的分公司。台湾企业要求公司提供最优秀的业务和技术人员前往，而符合这一要求的最佳人选就是陈志列。

独自来到深圳的陈志列，自己租了一个简陋的农民房住了下来，重新开始了艰难的打拼。一年多下来，一米八几的大汉被工作折磨得不足 130 斤。面对前去看望他的老领导，陈志列坚持说是自己锻炼“减肥”的结果，当领导提出要去他的“宿舍”参观一下时，陈志列坚决拒绝了。

一个人在深圳坚持了一年多的时间，陈志列终于病倒了。在病床上，陈志列开始对自己的未来进行思考：台湾企业待遇虽好，但是对于人才成长却有着太多的限制。陈志列总感觉到头顶有一块大石头压着，似乎怎么也长不高。但是，如果离开这家公司去其他企业发展，前景也不一定乐观。

不给自己留后路

经过这几年对用户的接触，陈志列已经熟悉了中国工控市场的状况。国内的工业自动化行业起步于 20 世纪 90 年代初，缺乏有竞争力的产品，市场基本上被海外品牌占据。而当时的海外产品，不但价格很高，而且适用领域不是很宽，品种也比较有限，市场上还有很多没被覆盖的空白点。

面对难得的创业机遇，经过多年市场打拼，已经积累了丰富的营销经验和技术实力的陈志列，开始有了通过自主创业摆脱中国工控产业落后现状的冲动。而地处改革开放前沿的深圳，在 1992 年邓小平同志南方谈话之后，有着非常浓郁的创业氛围，这使陈志列的创业冲动很快变成了创业行动。

但是，陈志列自主创业的想法却受到了来自父母和亲友的强烈反对。陈志列的父亲、母亲、岳父、岳母四位老人一起找他单位领导，恳求领导劝阻。爱才心切的老领导带着四位老人的厚望与陈志列展开了一次彻夜长谈。在了解了陈志列创业的决心后，老领导最后提出了一个折中的建议：“你如果愿意创业也可以，单位可以考虑在深圳成立一个分公司，创业收益你与公司分摊，风险算在公司的账上。即便你创业失败，也还可以继续做公司的业务骨干。”

老领导要陈志列回去再慎重考虑一下，如果真的下定决心，单位也不会强人所难。第二天一早，满眼血丝的陈志列敲开了老领导的房门：“我已经决定自己单独创业，不能给自己留下任何后路，没有破釜沉舟的勇气，就不可能取得成功！”就这样，陈志列于 1993 年在深圳注册成立了研祥机电实业有限公司，专营嵌入式产品的代理销售和技术开发。

“高手”招聘高手

凭借丰富的市场经验和技术出身的优势，陈志列稳扎稳打，通过做代理的方式，挣到了第一桶金。为了进一步扩大公司的经营规模，“研祥”开始通过在报纸上刊登招聘广告，来招揽公司发展所需的人才。

1994年2月，研祥智能公司的门口迎来了一个年轻人，他就是不远千里从宁波赶来公司应聘的朱军。公司的门开着，朱军走进去，房间里的人个个都在忙个不停，没有人注意到他，更不用说停下来和他打招呼了，朱军一下子有点不知所措。

过了一会，坐在角落里一直埋头处理仪器的高个子男人终于发现了他，他站起来，问明朱军的来意，便请朱军到另一个小房间里聊聊。一番攀谈之下，朱军才知道这个大个子就是陈志列，不由得对他产生了好感。原来，陈志列的技术和能力在业内已经小有名气，而他之前也正好代理过朱军所在单位的产品，两人曾经就产品的性能等问题通过书信。在这里意外碰到，两人都觉得特别有缘分，所以很快就消除了陌生感。

陈志列对朱军的到来充满好奇，因为他知道朱军技术过硬，在单位里很受重视，而且父亲还是宁波市的领导。他为什么放弃优越的条件，千里迢迢地来到他们小小的公司呢？“这是你们登的那则广告吗？”朱军说完，递了一份报纸给陈志列。陈志列一看，只见报纸的分类广告一栏登着他们公司的广告，但陈志列还是不明白，这则普通的广告有什么特别的地方能把朱军吸引过来呢？

可是，他仔细一看，不由得哈哈大笑。原来，由于打字员的疏忽，招聘广告上的“高薪诚聘高手”被打成了“高手诚聘高手”。本来就是高手的朱军，看到这则广告马上对这家公司产生了好感，觉得这家公司够胆量、有自信，于是决定过来会会高手。听完陈志列的解释，朱军也哈哈大笑起来。

陈志列问他：“你现在知道实情了，后悔吗？”朱军边笑边使劲摇头：“不，不会，你的确是高手！我没有来错！”朱军就这样留在了研祥智能公司，并且很快就和陈志列一起，成了公司下班最晚的人。但是，他觉得很快乐，和自己过去的单位相比，这里的工作强度大，时刻要面对挑战，解决问题，工资也不高，更没什么福利。顶多在周末或者不忙的时候，陈志列才会组织大家去路边的大排档吃饭聊天。可陈志列幽默风趣、口才了得，有他在的地方就有笑声，员工们都非常喜欢和他在一起。

当然，除了这些，朱军更喜欢这里的工作气氛。他注意到，即便是陈志列提出的方案，也经常遭到大家的否决。在这里，完全没有官本位思想，大家都可以畅所欲言，不需要去理会对方的级别是否在你之上。这种宽松民主的气氛，如同一块磁铁一样深深地吸引了朱军。对于这个世界上许多有理想、有抱负的人来说，能和一群志同道合的人在一起，享受那种思想上的碰撞、精神上的愉悦，比丰厚的物质享受更为重要。

从代工到开发自己的产品

“研祥”的创业是从做代工开始的，但陈志列并不满足于此。“当时很多企业都是从做代工开始的，因为没有很高的技术要求，仅仅满足生产条件就可以了。在刚‘下海’的时候，我也曾计划着赚钱之后和兄弟们一起开着越野车到西藏玩玩，但在创业过程中这个想法逐渐转变了。”陈志列说，一方面，代工始终是在为别人“打工”，没有形成自己的品牌；另一方面，代工产品的利润率非常低，不适合企业长期的发展需求。

经过仔细考虑，陈志列把投资自主研发的想法在公司集体会议上公布了出来，没想到的是，“研祥”领导团队全部举手通过。这可以说是“研祥”第一次的转变。1995年，“研祥”成立了产品研发部，开始挖掘新产品开发能力。这个阶段，“研祥”是一边卖自己开发的产品，一边继续做代工。之后，“研祥”相继成立成都、北京、上海分公司，初步形成了全国销售网络布局。

陈志列是个天生的演说家，他用富有感染力的话语，激发公司年轻人身上的冲劲。“中国制造应该成为过去，中国创造时代正在来临!”“我们立志，要做最好的产品，不久的将来，让每一个中国人可以对世界说，您要买最好的产品，还是用我们中国产的!”陈志列的这些话，如同一个准备出征的将军对士兵们的战前宣言一般掷地有声，在他的感染下，一股为民族品牌争光的社会责任感，在研发人员心中油然而生。

经过几年的努力，陈志列的理想终于变成了现实。“研祥”是做控制系统的，在深圳地铁一期的时候，因为地下潮，好多设备都是裸露的，用西门子的东西和“研祥”的东西一家一半。在许多人看来，西门子的东西一定比“研祥”可靠。可一期的试运行表明，如果有10次故障，9次是西门子出的。结果从二期开始到四期，深圳地铁不用西门子的东西了，只用“研祥”的。对此，陈志列自豪地说：“这个东西公关也没戏！这个责任谁能承担？两车要追尾了，这个是要枪毙人的。现在广州地铁从一期开始，北京地铁从五期开始只用一家——研祥。”

[资料来源：经济日报，2012-06-08.]

分析

陈志列是我国改革开放后知识分子创业成功的典型代表。陈志列出生在一个普通知识分子家庭，创业前既没有资金积累，也没有“过硬”的社会背景。他之所以走上创业的道路，一是因为他看到了自己专业领域的创业机会，并产生了通过创业改变我国在工控领域落后状态的冲动；二是因为当时我们国家，特别是他工作的城市深圳有非常好的创业氛围。但值得我们注意的是，当年下海创业的知识分子虽然很多，可成功者却是极少数。因此，我们有必要结合本案例思考如下问题：

(1) 陈志列的创业为什么会成功?

(2) 陈志列创业成功的内部因素和外部条件是什么?

(3) 作为创业者，陈志列在知识和能力的储备方面有哪些独特的优势?

(4) 在陈志列身上，有哪些典型的创业者必备的人格特征?

案例二：王潮歌的知能结构与人格特征

王潮歌，北京印象创意艺术发展有限公司创始人、行政总裁，1992 年毕业于中国传媒大学（原北京广播学院）导演专业，在校时就拍摄了电视剧《暑假里的故事》。1995 年导演的舞台剧《华夏民族魂》，在人民大会堂上演后获得巨大成功，从此奠定了她在舞台创作领域的江湖地位。2000 年，她不仅导演了令人耳目一新的中国国际服装服饰博览会大型服饰文艺晚会《为你而生》，还导演了大型现代舞剧《乘愿再来》，后来还出任了服装工业协会组织的《春天印象》的总导演及舞美设计。但这些都并未为世人尽知，充其量不过是行业性的知名度而已。

2004 年，王潮歌与张艺谋、樊跃合作开创了中国实景演出之先河。其相继推出的《印象刘三姐》《印象丽江》《印象西湖》《印象海南岛》《印象大红袍》《印象普陀》等“印象”系列大型山水实景演出，皆已成为当地文化创意产业的成功范本，此后三人又联合执导了在美国纽约大都会歌剧院成功上演的原创歌剧《秦始皇》，以及举世瞩目的北京奥运会的开幕式和闭幕式。但王潮歌的名字，始终被张艺谋的光环遮盖着，直到 2013 年由她领衔执导的我国第一部大型室内情境体验剧《又见平遥》在全国引起巨大轰动后，她才终于在张艺谋的光环之下显露出来。

每一次都是新的

“每一次都是新的”是王潮歌导演作品的一大特点，旺盛的、不枯竭的创作灵感，使她成为评论家笔下“最具创新精神的导演”。而在个人生活经营和商业运作上，她也同样不追随主流方式和传统套路，大胆地按照自己的方式去思考，去行动。她在一次答记者问时说：“我是一个另类企业家，特另类，我的思维方法和我对企业的认识都跟大家不太一样。”

王潮歌“万分不愿意”外界套用现有的商业模式去理解“印象”，她认为商业模式是一个个企业家自己独创的一种商业特点，一定要随着时间和人的变化而变化。作为一家文化创意企业，“印象”在走以及将走怎样的商业路径，王潮歌“自己也很好奇”。她说：“我是第一个吃螃蟹的，也许以后长得特好看，也许早早地就死了，不一定。”

作为一个创业者，王潮歌虽然始终保持一种“文化人”的自觉和对商业的“反感”，但却深知商业知识对企业经营的作用。她喜欢在机场买杂志、买书，原来都是买一些小说什么的，现在特自然地就走到经济类那块去了。她说：“我已经不是被动地学习，而是开始对这事感兴趣了。”另外，她还非常注意向投资人学习，经常向他们询问各种各样的问题。经过三轮融资，她已经从这些商业精英那里学到了很多商业知识。

长板理论

王潮歌是个非常直率的人。在做《开讲啦》的主讲嘉宾时，她一开场就坦言自己特别兴奋，一点都不紧张。她幽默地说：“等待这个跟大家见面的机会，等了好长时间，今天终于站在这儿了！挺高兴的！我是谁呢？我叫王潮歌，女，民族，汉，60 年代生于北京，已婚，括号，原配，育有一女。从大学毕业，一直到现在，做过的唯一职业就是导演。我认为我是谁这个问题，是大多数中国人现在每天在问的一个问题。但知道我是谁，特别不容易！”

在谈了自己的成长经历后，她与大家分享了自己的“长板理论”。她认为自己的所有板都短，只有一根长，那就是她的作文写得非常之好。她说：“因为我写得好，文学带给我的光荣，带给我的荣誉，足以消解我在物理、数学上的缺陷，所以我现在并不扭曲，只因为我有一个长板。这个长板，使我的性格是完美的，使我今天的生活充满阳光，这个长板也带给我名和利，以及生活的饭碗。”

接着，她又用一个简单的例子，进一步解释了她的理论。她说：“如果我非常想当一个歌唱家，我天天去练声，我可以唱歌吗？我不可以！为什么？因为我的声带没有长成那个样子，就是我苦死累死，我也不能成为一个歌唱家。这是我的短板，我为什么要练？所以，要知道自己是谁。知道自己是谁，才能够把自己的长板做得更长。短板，就暂且短着吧。”

“你才女强人呢”

身在一个基本上全是男人的圈子内，王潮歌凭什么跟他们平起平坐，甚至让他们相信女人的肩膀也是可以“挑重担”的？王潮歌坦言，“说”是不行的，你得“干”出来。因此，她在零下十几度的室外工作长达十几个小时，从不叫苦叫累，可以在必要时每天只睡三四个小时，而且每一次做决定都果断强势，并且最后证明这些决定是对的。王潮歌习惯用这种“刚性”的方式去赢得尊重，原因是她极度自信。

王潮歌还是个“场面人”，她在任何公开场合都能迅速成为焦点。不仅是因为她爱穿色彩鲜艳的衣服，更是因为她有能做“青年导师”的口才。任志强戏称她为“语言有特点”的“人民艺术家”，马云则送给她“女马云”的绰号。而她在事业上的成功和工作中的干练风格，也使人们很自然地将她划入了“女强人”的行列。

但对“女强人”这个称呼，她却很讨厌。“你才女强人呢，我就想干干净净靠自己双手挣钱，加上吃相好看点儿，怎么就女强人了，不靠男人吃饭就一定是女强人吗？”为什么口若悬河能指挥“三军”的女人就不是男人心目中的好妻子？“他们愿意看到我们坚毅隐忍，以及甜美可爱，但当看到修饰漂亮的女人征战商场，他们就从心里嗤的一声：女强人吧，你们？他们就是脑子里有一个对女性固定的标准，因为你不符合，他们就会不喜欢。”

王潮歌说，自己其实跟媒体所宣传的“孙二娘”架势完全不一样，她会把父母、女儿和丈夫一块带着出差，会在适当的时候“示弱”，这种“示弱”并不仅仅是恰当而巧妙地让身边的男士拧开矿泉水的瓶盖，而是“真弱”。“我有时候会冲樊跃大喊大叫，把我所有的火都冲他发。但我会跟他说，你得原谅我，我是女人，我这时候就是受不了了，我得减压。”

一个曾经采访过她的媒体人如此评价：“你可能以为王潮歌以这种以刚克刚的方式去跟男搭档合作工作，家庭会不幸福，实际上却相反，她是深谙男性世界规则并且知道什么时候该对抗，什么时候该妥协的人。”而另外一名她的同行则评价：“她是真正的强女人，善于驾驭各种男人，就连张艺谋这种个性极强的男人她也能合作十年，足见其情商。”

《又见平遥》

2013年春节期间，大型情境体验剧《又见平遥》正式公演。这一次，王潮歌肩挑了从策划到导演的所有角色，而张艺谋不再出现在剧目单上，以往他总是担任总导演或者总策划头衔。十年来他们基本上都是这么分工的，张艺谋和樊跃负责整体艺术风格的把握，她负责具体执行。而十年后，张艺谋"隐退"了，"印象"系列和王潮歌却一起成熟了。

"情境体验剧"是一个全新的剧种，表演方式显得奇特。王潮歌说："我们很少有机会这样去看一个演出，这更像一个博物馆，或者说，更像一回穿越。我们有时像一个看客，有时又像亲历者。在一个又一个互不关联的场景中，我们捡拾祖先生活的片段：清末的平遥城，镖局、赵家大院、街市、南门广场……"

有观众含着眼泪看完《又见平遥》整场演出，称这是近十年来看过的最好的作品。有的观众在看完演出后，还要再次游览平遥古城，因为他对平遥古城有了新的认识，认为只有先看了《又见平遥》，了解了平遥精神，才能更进一步了解这座古城的精髓所在。

为了保证这场大型情境体验剧的演出效果，王潮歌与樊跃共同参与设计了"又见平遥"剧场。这个剧场是专为这个演出设计、建造的，它以黄土和瓦作为主要语汇，集传统与现代于一体，与两千多年的平遥古城遥相呼应。为了表达对平遥古城的尊敬，不夺其风采，在设计上整个演出基地向下深挖6米空间。

据欣赏过此剧的人们称，情境体验剧《又见平遥》的剧场内部，有着繁复和奇特的空间分割，完全不同于传统剧场。它没有前厅，没有主入场口，没有观众席，没有传统舞台。观众从不同的门进入剧场，在90分钟的时间里，步行穿过几个不同形态的主题空间。而表演者更深入观众中间，在观剧人群中往来穿梭，甚至与观众对话，让观众有机会成为戏剧的一部分，一起互动。

[资料来源：王乐然．王潮歌："我的眼睛紧紧地盯着观众"．环球人物，2013（6）.]

分析

王潮歌是一个另类创业者。之所以说她另类，一是因为她的创业想法与众不同，她很少去想怎么挣钱，她每天大多数时间在想怎么创作出有新意的作品，二是因为她的创业方式与众不同，她提供给人的不是衣食住行，而是一种艺术享受，但这种艺术享受所拉动的衣食住行产业，却都会使她赢利。王潮歌的创业虽然另类，却揭示了中国当代社会创业活动的许多新质。一是从事文化工作的人也能创业。文化也可以用企业的方式运作，创意也可以赢利。这在西方发达国家，已经是非常普遍的现象。大名鼎鼎的好莱坞、迪士尼，不但大挣本国人的钱，而且能赚全世界人民的钱。二是通过整合资源赢利。"印象"不但充分挖掘了阳朔等风景名胜区的自然资源、人文资源和文化历史资源，而且巧妙地借助了风险投资和地方政府的资源。三是通过形成产业链赢利。"印象"系列也好，《又见平遥》也好，门票收入都只占王潮歌创业收入的一小部分。王潮歌的贡献是通过演出拉动了当地旅游、住宿、餐饮和地方名优特产的整体发展，形成了一个良性循环的产业链。当然，作为文化创意产业的创业者，她需要有自己独特的艺术风格、独到的商业眼光，需要用持之以恒的努力去打造自己的艺术产品，需要通过不断的学习去提升自己的商业知识和经营管理能力。

案例三：蒲易的商业眼光与“roseonly”的市场定位

在微博上搜索“roseonly专爱花店”，会发现，几乎都是女孩子幸福洋溢地晒玫瑰花的记录。其实她们晒的不是花，而是爱情唯一的承诺——在roseonly买花，提交的收花人将会成为永久的收花人，不得更改，也就是说，这个花店只允许一辈子送花给一个人。roseonly专爱花店的创始人蒲易表示，roseonly的品牌价值是，用顶级的玫瑰和服务，承载专一的爱情。他认为，一旦这个品牌内涵在用户心中树立起来，他的生意就离成功不远了。

蒲易在互联网领域投资过大众点评网、梦芭莎和机锋网，并创立了安沃移动广告、实名制医生学术社交平台“白天使”等。在一次飞行旅程中，蒲易看了哈佛大学教授迈克尔·桑德尔写作的《金钱不能买什么》，里面讲到了“幸福”，也提到2010年美国礼品市场有几百亿规模。蒲易开始考察国内的礼品市场。

蒲易的创业导师——乐百氏创始人何伯权认为，中国的鲜花市场有几百亿的规模，虽然从业者很多，但没有品牌。蒲易决定尝试高端鲜花定制电商业务，打造一个鲜花礼品类的高端品牌。他迅速召集团队，并得到了包括何伯权、时尚传媒集团董事长刘江等的天使投资。

roseonly专爱花店在2013年2月14日情人节当天正式推出，送花需要绑定送花人邮箱等信息，收花人信息则不可更改。在roseonly买花，将生成一个由送花人和收花人共有的唯一码，并为二人产生一个独立的页面，以此机制保证“一生只送一人”。

2012年，杨幂、李小璐等明星在微博上高调展示roseonly鲜花和它一生只能送给一个人的理念，roseonly成了微博热点。蒲易认为，这得益于他从大众点评上学到的用户体验，以及发展意见领袖、做口碑营销的经验。

roseonly在推出当天仅限售99束单价为999元的玫瑰，该玫瑰为12支一盒，从厄瓜多尔直运，使用海外设计师所设计的“会呼吸的”盒子。

与线上鲜花礼品市场鼻祖、目前美国最大的线上鲜花礼品销售商1800Flowers不同的是，前者是淘宝式的鲜花礼品平台，而roseonly的产品全部由自己采购、包装设计和发货。蒲易认为，1800Flowers的模式在中国行不通。况且，做像淘宝、京东这样的电商流量平台在国内已经没有机会了，而小米的方式更可借鉴。

蒲易表示，roseonly专爱花店的品牌定位是做鲜花品牌中的Tiffany。

[资料来源：http：//magazine. cyzone. cn/article/99833. html.]

分析

总结roseonly成功的原因，主要有以下三大关键亮点。

其一，精准的品牌定位。roseonly花店定位为中国高端品牌花店，其玫瑰花悉数从国外运送，并用顶级包装礼盒送达。roseonly认为：“花是情感消费类产品，应该被认真地对待。”作为故事中的男女主角，送花人与收花人看重的是寻常生活中有趣的细节，由此获得了一种买花之外的附加值，而它的附加价值则远远大于商品本身的价值，即使是来自国外顶级产区的高端玫瑰，售价 999 元，也依然拥有相当可观的用户群体。送花者追求的是那种真爱无价的品位，收花人享受的是专一自尊的服务，玫瑰传情，唯我独享，无限爱意岂不值得永久珍藏？roseonly 花店希望通过鲜花以及其“唯一”的理念打破用户原来的习惯，以品牌立身。

其二，独特的营销理念。该花店定制的规则是“一生只送一人”。通过微博以及其网站的公告可知，在 roseonly 购买玫瑰，只能给“唯一的 TA”送达爱。注册者在填写 TA 的资料时，会被提醒：roseonly 的玫瑰，一辈子只能送一位佳人。所以，落笔为证，收花人的姓名将烙在 roseonly，无法更改。roseonly 传递的信息是：roseonly 见证，TA 是你此生唯一的爱。此花店的营销理念确实十分有创意，能够触动人心，特别是女性，所以可以在层出不穷的网络花店中脱颖而出。

其三，有力的营销手段。小米手机通过社交媒体成功实现互联网营销的案例印证了，在社会化媒体时代，通过口碑传播，树立品牌的可行性以及创新性。roseonly 花店在情人节的漂亮亮相，通过微博以及微信的运营传播，使得定位“高端”人群的品牌更具有公信力和号召力。roseonly 新创立时，知名度不高，利用微博和微信这个信息流通迅速、互动性强的平台来营销，效果较其他方式明显会更好。

实践训练

一、 实训导航

许多大学生对创业者的了解是从文艺作品和新闻报道中获得的。文艺作品的艺术加工，财经记者的“拔高”和“包装”，使得我们看到的不是真实的创业者，而是被“美化”，甚至是“神化”了的创业者。其实，创业没有想象的那么难，创业者不是完人也不是神人。在古今中外的创业史上，大多数创业者是普通人。

二、 实训项目

创业人物访谈。

具体要求：

1. 访谈以小组为单位进行，每组人数为 5～9 人。

2. 自行确定访谈对象 2～3 名。

3. 自行拟定访谈提纲。

4. 访谈结束后实行小组分享。

5. 分工撰写访谈报告、制作用于课堂汇报的 PPT。

6. 在课堂上以小组为单位进行交流汇报，每组时间为 15 分钟。

三、方法策略

注意追踪创业者的成长足迹，分析其为什么会成为创业者。在选择访谈对象时，不仅要找创业成功者的典型，而且要找创业失败者的典型。看看他们为什么会成功，为什么会失败，从他们身上我们能了解到什么，能学到什么。

在访谈中，还要注意了解访谈对象的成长环境、教育背景，以及对其成长具有重要影响的人物和事件，分析这些创业者的成长与其所在环境、教育背景、重要他人及重要事件之间的关系，并感悟其中的道理，思考自己的成长之路。

模块二　创业团队

21 世纪以来，企业面临的外部竞争环境更加复杂多变，越来越多的新创企业采用团队创业的模式，传统的大公司为了应对日趋激烈和复杂多变的竞争形势，增强自身抵御风险的能力，也非常强调用团队管理的方式管理企业。当今世界充斥着丰富的技术、大量的创业者和充裕的风险资本，而真正缺乏的是出色的团队，如何创建优秀的团队将会是未来创业者面临的最大挑战。那么，什么是创业团队？创业团队与群体有何区别？创业团队又应该担负怎样的社会责任？

知识点梳理

一、创业团队的概念、作用与社会责任

（一）创业团队的概念

创业团队是指由两个或两个以上具有一定利益关系的，共同承担创建新企业责任的人组成的工作团队。创业团队是团队而不是群体。团队与群体的差别，在于团队成员具有共同的目标，相互之间有利益关系，并且遵守共同的行为准则和规范，而群体则没有这些特征。例如，军队是团队，而火车上的旅客是群体。军队有保卫祖国的共同目标和使命，有严明的纪律，军队中的每个成员都将密切合作，分别担任哨兵、侦察兵、狙击手等不同的角色，某个军事任务成功与否取决于所有成员的共同努力。而同在一列火车上的旅客们，则没有共同的目标，相互之间也没有利益关系，更不需要密切合作去完成特定的任务。

创业团队按其成员构成的不同，可以分为狭义的创业团队和广义的创业团队。狭义的创业团队是指有着共同的奋斗目标，共同承担责任与风险，并共同分享创业收益的新创企业的合伙人团队。合伙人团队是由创业初期就投资并参与创业的多个个体组成的，是创业团队的核心部分。合伙人团队的技术、知识、经验、社会关系网络等资源是新创企业最有价值

的资源。是否拥有较高的受教育程度、前期的创业经历和相关的产业经验与广泛的社会关系网络等是合伙人团队日后能否取得成功的重要决定因素。广义的创业团队不仅包括合伙人，还包括与创业过程相关的各种利益相关者，如风险投资机构、董事会成员和专家顾问等。

（二）创业团队的作用

创业分为个体创业和团队创业两种形式。当今创业，由于外部环境复杂多变、竞争程度加剧，已经不再是单打独斗、个人逞英雄创业的时代，而是群狼作战、团队创业的时代了，越来越多的创业活动是以团队形式开展的。国内的有关研究表明，60%以上的创业活动都是以团队形式开展的。国外研究表明，高成长企业中，高达80%的初创企业是以团队创业的形式开展的。为什么团队创业的比例越来越大？这是因为相比个体创业来说，团队创业具有整合资源能力强、抵抗风险能力强和发展后劲大等优势，能在创业过程中发挥关键作用。具体表现在如下几点。

（1）有助于初创企业打破创业过程中的资源约束。一个企业刚诞生的时候，往往面临着众多的资源约束，处于“无钱、无人、无客户”的“三无”境地，破除这些资源约束是新创企业必须解决的问题。由于一个人的能力、资金、关系网络毕竟有限，所以解决这一问题的过程往往漫长而艰辛。相比个体创业来说，团队创业由于创业团队成员具有不同的经验、能力和关系网络，其整合资源的能力会成倍增加，这无疑有助于初创企业突破创业过程中的资源限制，实现快速成长。

（2）有助于提升初创企业的决策质量。创业活动面临高度的不确定性，美国小企业局1999年的调查研究显示，创业失败的比率高达89%。据不完全统计，我国大学生创业成功的比率仅为2%～3%。而在导致创业失败的诸多因素中，决策失误高居榜首。创业团队由于其成员具有不同的教育背景、知识经验和个性特征，决策的速度会比个人慢，看问题的角度也会更加多元，这不但会降低决策失误的概率，而且会有助于用创新的方式解决复杂问题，从而提高新创企业的决策质量，降低新创企业的失败概率。

（3）有助于获取风险投资和银行贷款。风险投资商对于新创企业的发展具有重要的推动作用。风险投资商不仅能够带给新创企业其发展所需要的资金，还能够带来具有国际视野的管理经验、渠道和网络。美国的研究表明，风险投资商投资的新创企业的存活率，高于美国全国的平均水平。对风险投资商来说，投资新创企业的最大风险来自创业者和创业团队的管理。由于团队创业在决策质量和工作绩效方面往往优于个人创业，所以风险投资商投资的大多数是拥有良好创业团队的项目。

（三）创业团队的社会责任

企业的社会责任，是指企业在商业运作中对其利害关系人应负的责任。企业的社会责任包括企业环境保护、社会道德以及公共利益等方面，由经济责任、持续发展责任、法律责任和道德责任等构成。企业的社会责任要求企业必须超越把利润作为唯一目标的传统理念，强调在生产过程中对人的价值的关注，强调对消费者、对环境、对社会的责任和贡献，从而获得在社会、经济、环境等领域的可持续发展能力。这意味着企业不仅要实现经济利益，还需要兼顾社会和环境的因素，实现可持续发展。

中国社会科学院2011年的《中国企业社会责任报告》，从责任管理、市场责任、社会责任和环境责任等四个方面，对中国创业的社会责任发展水平进行了评价。这里的责任管理是指，企业所制定的企业社会责任发展规划、反商业贿赂制度与措施等；市场责任是指，企业的成长性、收益性以及产品合格率等指标；社会责任包括社保覆盖率、安全健康培训以及评估运营对企业的影响；环境责任则包含了企业的环境管理和节能减排方面的指标。

强调企业的社会责任不仅是社会对企业的要求，也是企业自身发展的需要。阿里巴巴创始人马云指出："生意人是唯利是图，有钱就赚；商人有所为，有所不为；而企业家必须承担社会责任，创造价值。""每一个企业都要承担社会责任，并把这个社会责任贯穿于企业的工作中。这种使命感不仅仅是统一思想、凝聚人心、统一行动、提高效率、减少交流成本、激发员工斗志的力量，更是企业的血液、基因和品格。"而要真正做到这一点，创业团队在一开始创业时就要有这种社会责任意识，即使遇到再大的困难，也不能忘记自己的社会责任。

二、创业团队的组建

（一）组建创业团队的步骤

评估人才需求

创业者选择好创业项目，并下决心要创业之后，就需要根据创业项目和创业者个人的情况，来确定创业团队的人才选择标准。对任何新创企业而言，资源都是稀缺的，未来都是不确定的。在这种情况下，创业者必须在对个人的优势和劣势进行分析的基础上，根据创业项目运营的实际需要，缺少什么资源和能力，就选择拥有这种资源和能力的人才。比如，运作创业项目需要市场营销方面的资源和能力，而创业者本人恰恰又缺乏这方面的资源和能力，那就需要寻找拥有市场营销方面资源和能力的人才共同创业。

寻找合作伙伴

在评估完人才需求之后，创业者就可以通过亲戚朋友介绍、媒体广告、互联网、各种招商洽谈会等形式，寻找创业合作伙伴。为了使创业合作伙伴了解创业项目和新创企业的未来发展，创业者应该认真准备一份周详的创业计划书。一份周详的创业计划书不但有助于吸引创业合作伙伴，而且能够帮助创业者更好地理清创业思路、个人已有的资源以及迫切需要的资源。另外，在寻找创业合作伙伴过程中，创业者既需要考虑创业团队成员间的资源和能力互补，更需要考虑创业合作伙伴的人品，因为人品是创业团队成员相互信任的基础。

落实合作方式

在寻找到有创业意愿的合伙人后，双方还需就具体的创业计划、股份分配等合作事项进行全面深入的沟通，以确定创业团队成员之间的正式合作方式。具体来说，首先要妥善处理创业团队各成员之间的利益分配关系，注重用与长期绩效有关的利益分配方式，激励团队创业成员为了团队的共同的目标而持续努力。其次要制定创业团队的决策机制和冲突处理机制，该机制需具有可操作性和前瞻性，不仅考虑到创业初期团队管理的实际需要，也要兼顾未来企业壮大后的情况。

拓展阅读

创业团队的五个组成要素（5P）

创业团队由以下五个要素组成。

目标（purpose）

创业团队应该有一个既定的共同目标，为团队成员导航，知道要向何处去。如果没有这个共同的目标，创业团队就没有存在的价值。在创业企业管理中，创业团队的目标通常体现为创业企业的远景和发展战略。

人（people）

人是构成创业团队最核心的力量。三个及三个以上的人就形成一个群体，当群体有了共同奋斗的目标就形成了团队。在创业团队中，人力资源是所有创业资源中最活跃、最重要的资源。应充分调动创业者的各种资源和能力，将人力资源进一步转化为人力资本。

定位（place）

创业团队的定位包含两层意思：一是创业团队在企业中处于什么位置，由谁选择和决定团队的成员，创业团队最终应对谁负责，创业团队采取什么方式激励下属。二是创业者的定位，即作为成员在创业团队中扮演什么角色，是发起人、合伙人，还是仅仅为出资人。

权限（power）

创业团队当中领导人的权力大小与其团队的发展阶段和创业实体所在行业相关。一般来说，创业团队越成熟，领导者所拥有的权力相应会越小，在创业团队发展的初期，领导权相对比较集中。高科技实体多数实行民主的管理方式。

计划（plan）

计划有两层含义：一是目标的最终实现，需要一系列具体的行动方案，可以把计划理解为达到目标的具体行动方案。二是只有按计划行动才能保证创业团队目标的达成，即强调创业团队工作的计划性，将计划作为最终实现创业团队目标的手段。

（二）组建创业团队的原则

组建创业团队有以下四大原则。

适配性原则

这里的适配性是指新建企业的目标要与创业项目和创业者的现实情况相匹配，创业团队的人才选择标准要与新建企业的目标相匹配。因为目标只有合理、切实可行，才能真正达到激励的目的；只有让创业团队的人才选择标准与新建企业的目标相匹配，才能不但选到合适的人，而且能够保证创业团队的相对稳定。

互补性原则

这里的互补性是指创业团队成员之间在资源、能力、知识、经验和个性等方面具有互补性。创业者之所以寻求团队合作，其中最为重要的原因就在于弥补创业目标与自身资源和能力间的差距。只有当创业团队成员之间在知识、技能、经验等方面具有互补性时，双方才有可能通过相互协作发挥出“1+1>2”的协同效应。

高效性原则

这里的高效性是指新创企业运营的高效性。创业团队不同于一般团队，它的每一个成员都对公司的大政方针和重大事情的处理拥有表决权。为了减少创业初期的运营成本，为了使新建公司在面对变化多端的市场时始终保持快速反应的能力，创业团队成员在数量够用的前提下应尽量精简，且各创业团队成员应具有相同的价值观。

动态性原则

这里的动态性是指为适应新建企业的发展变化，创业团队成员的构成也要具有动态性。创业过程是一个充满不确定性的过程，创业团队中因为能力、观念等多种原因，会不断有人离开，也不断有人要求加入，在这种情况下要想保持创业团队成员始终不变是不现实的。另外，企业在不同发展阶段，对人才的需求和吸引力也是不一样的，只有保持一定的动态性和开放性，才能使真正适合企业发展需要的人才被吸纳到创业团队中来。

（三）组建创业团队的策略

无论在创业管理理论界，还是在创业管理实践中，组建创业团队的策略都有很多。在这里，我们从选择创业伙伴或创业合伙人过程中的“理性-情感”维度，将组建创业团队的策略分为两种，即理性组建策略与非理性组建策略。

理性组建策略是指在选择创业伙伴时，创业者首先要理性分析创业所需的资源和能力，然后选择能力和资源能够弥补创业者自身能力缺陷的创业伙伴。这种组建策略是将创业伙伴的加入作为弥补创业者自身能力缺陷的一种方式，目的是通过整合更多的资源和人才以推动创业活动的开展。比如，携程创业团队的季琦和梁建章最初提出了创办一家旅游网站的概念，接着他们找了融资专家沈南鹏和酒店管理专家范敏，共同组成了携程的“梦幻四人组合”。

非理性组建策略是指在选择创业伙伴时，更多的是考虑创业者之间的人际吸引力，比如，双方是否有共同的兴趣、是否有共同的创业梦想和愿景、是否有相似的工作经历、是否信任等，而不是团队成员拥有哪些资源和能力。这种非理性策略强调的是团队成员之间的信任和直觉，因为在大多数情况下，志趣相投、工作经历相似的创业者之间信任感更强，团队更有凝聚力和合作精神，能够避免团队的内耗，从而取得成功。比如，微软公司的比尔·盖茨和童年的伙伴保罗·艾伦、阿里巴巴的“十八罗汉”团队、希望集团的刘氏兄弟，等等。

在创业实践中，没有明显的证据说明哪种逻辑组成的创业团队更加优秀。一个创业团队到底适用哪种组建逻辑，创业者可根据创业机会的特征来决定。如果创业机会所包含的不确定性高，价值创造潜力大，也就意味着创业过程中面临的挑战多，此时采用理性逻辑组建的创业团队可能会更好地完成创业过程中的复杂任务，从而有助于创业成功。如果创业机会所包含的不确定性较低、价值创造潜力一般，那么创业团队成员之间的信任和通力合作会更加重要，采用非理性逻辑组建的团队更有可能成功。

三、 创业团队的管理

不同逻辑组建的团队各有优劣，在日后的团队管理方面的侧重点也不一样。对于理性逻辑组建的创业团队，团队管理的重点在于经常沟通和协调，整合团队成员的技能，强化相互之间的信任感，具体的措施包括明确分工及透明的决策机制，以信任为中心的团队沟通管理，等等。针对非理性逻辑组建的创业团队，管理重点在于信任感的维持、外部资源的整合、避免决策一致性倾向等，具体可采用招募核心员工，聘请外部专业顾问，以利益分配为中心的团队凝聚力管理等。但是，无论哪种类型的创业团队，都有必要借鉴以下方式加强对创业团队的管理。

（一）建立以团队理念为核心的公司愿景

真正有效的管理是能够激发人的内在动机，靠人的主观能动性进行自我管理。创业者要带领创业团队取得成功，最有效的办法是建立以团队理念为核心的公司愿景，通过愿景的力量激发创业团队成员发挥自身潜能去实现创业目标。有关研究表明，优秀的创业团队理念一般有以下几个共同点。

（1）凝聚力。凝聚力是优秀团队的基石，优秀创业团队的成员都会认为，团队的成功离不开每一位成员的共同努力，“一荣俱荣，一损俱损”。

（2）合作精神。团队合作精神深深根植于优秀团队成员的心中，他们相互合作，“别人的事就是自己的事”，通过互相补位提高团队整体的效率。

（3）完整性。完整性要求团队成员完成任务的时候，不能够忽略工作质量、员工健康和其他相关利益者的利益，做到不“以邻为壑”。

（4）长远目标。优秀团队着眼于企业的长远目标，并做好了长期奋战的准备，不会指望通过创业达到一夜暴富。

（5）收获的观念。在优秀创业团队看来，企业的成功是最终的成功，而不是他们个人的薪水、工作待遇和生活待遇等内容。

（6）致力于价值创造。创业团队成员都致力于价值创造，通过努力把“蛋糕”做大，不断创新产品和服务，满足客户的需求，让客户、供应商等相关利益者能够获得更大的价值和利润。

（7）平等中的不平等。在成功的初创企业中，每个团队成员由于能力不同和分工不同，应承担不同的职责和拥有相应的权利，这样才能更好地激励团队成员。因此，不能追求简单的平等。

(8) 公正性。在激励机制上，优秀团队会在设计员工的各种奖励机制的时候，将奖励与个人在一段时期内的贡献和工作成绩挂钩，并随时根据实际情况做出调整。

(9) 共享收获。企业的成功是每一位成员共同努力的结果，当企业发展到一定程度的时候，优秀创业团队会根据关键员工的贡献分配企业收益给关键员工。

(二) 建立合理的企业所有权分配机制

在创业团队组建之后，建立合理的企业所有权分配机制，是创业团队必须解决的关键问题。合理的企业所有权分配机制，能增强创业团队的凝聚力，激励创业团队成员更好地为实现企业目标而奋斗，有利于企业的长远发展。在确定企业所有权分配机制过程中，需要注意以下几个原则。

(1) 树立共享财富的理念。在企业所有权分配问题中，要做到兼顾公平和激励并不容易，但创业者拥有宽广的心胸和“与帮助你创造价值和财富的人一起分享财富”的理念，这将使之能不再纠结于持股的百分比问题，而关注如何把企业做大。毕竟，零的51%还是零。只有把企业做大，创业者才能分得更多。蒙牛的创始人牛根生曾在多个场合提到的“财聚人散，财散人聚”，说的也是这个道理。

(2) 重视契约精神。契约精神是西方文明社会的主流精神，强调自由、平等、守信。在创业之初，应重视契约精神，及早把确定的所有权分配方案以公司章程形式写入法律文件，以契约形式明确创业团队成员之间的利益分配机制，这样有助于创业团队的长期稳定，避免创业后续的争端和纠纷。

(3) 按照贡献分配所有权。所有权应按照团队成员对企业的长期贡献来分配。在现实中，按照出资额的多少来分配是常见的做法，但不应该忽略没有出资但有关键技术的成员对企业的贡献，应该在分配中予以考虑。

(4) 控制权与决策权统一。初创时期，应实现控制权与决策权的统一。股份大的成员在不拥有公司控制权的条件下，其内心可能比其他成员更看重新创企业，更容易去挑战其他成员的决策错误，甚至决策者的权威，从而引起团队冲突和矛盾。

(三) 建立责、权、利统一的团队管理机制

绝大多数新创企业创业团队的核心成员很少，一般是三四人，多的也不过十几个人。如此少的团队成员从企业管理角度来看，实在是“小儿科”，几乎每个从事管理工作的人都觉得能够轻易驾驭。但实际上，创业团队成员虽少，但是都有自己的想法、自己的观点，其管理难度大大超过一般团队。因此，对创业团队的管理，比较有效的策略是靠规则和制度管理，而不是靠人管理。

制定创业团队的管理规则

要处理好团队成员之间的权利和利益关系，创业团队必须制定相关的管理规则。团队

创业管理规则的制订，要有前瞻性和可操作性，要遵循先粗后细、由近及远、逐步细化、逐次到位的原则。这样有利于维持管理规则的相对稳定，而规则的稳定有利于团队的稳定。企业的管理规则大致可以分为三个方面：（1）治理层面的规则，主要解决剩余索取权和剩余控制权问题。治理层面的规则大致可以分为合伙关系与雇佣关系。在合伙关系下，大家都是老板，大家说了算；而在雇佣关系下，只有一个老板，一个人说了算。（2）文化层面的管理规则，主要解决企业的价值认同问题。它包括很多内容，但也可以用“公理”和“天条”这两个词简要地概括。所谓“公理”，就是团队成员共同的终极行为依据。所谓“天条”，就是团队内部任何人都碰不得的东西，它对所有团队成员都构成一种约束。（3）管理层面的规则，主要解决指挥管理权问题。管理层面的规则最基本的有三条：一是平等原则，制度面前人人平等，不能有例外现象；二是服从原则，下级服从上级，行动要听指挥；三是等级原则，不能随意越级指挥，也不能随意越级请示。这三条原则是秩序的源泉，而秩序是效率的源泉。当然，仅有这三条原则是不够的，但它们是最基本的，是建立其他管理制度的基础。

妥善处理创业团队内部的权力关系

在创业团队运行过程中，团队要确定谁适合从事何种关键任务和谁对关键任务承担什么责任，以使能力和责任的重复最小化。为了保证团队成员执行创业计划、顺利开展各项工作，必须预先在团队内部进行职权的划分。创业团队的职权划分就是根据执行创业计划的需要，具体确定每个团队成员所要担负的职责以及相应所享有的权限。团队成员间职权的划分必须明确，既要避免职权的重叠和交叉，也要避免无人承担造成工作上的疏漏。此外，由于还处于创业过程中，面临的创业环境又是动态复杂的，会不断出现新的问题，团队成员可能不断更换，因此创业团队成员的职权也应根据需要不断地进行调整。

构建创业团队的制度体系

创业团队制度体系体现了创业团队对成员的激励和控制能力，主要包括团队的各种激励制度、约束制度和沟通制度。首先，创业团队要通过利益分配方案、考核标准和奖励制度等激励制度，使团队成员看到随着创业目标的实现，其自身利益将会得到怎样的改变，从而达到充分调动创业团队成员积极性、最大限度发挥团队成员作用的目的。其次，创业团队要通过组织条例、财务条例、纪律条例、保密条例等各种约束制度，指导其成员避免做出不利于团队发展的行为，对其行为进行有效的约束，保证团队的稳定秩序。最后，创业团队要通过各种积极、高效的沟通制度，来维护创业团队成员间的互信与合作关系。创业团队成员朝夕相处，出现矛盾和摩擦是难免的。但是，如果对这些矛盾和摩擦不及时处理，就很有可能导致创业团队成员之间的冲突，甚至是创业团队的解体。因此，必须建立有利于创业团队成员之间自由沟通的制度，使团队成员间保持相互理解、相互信任的合作关系。

案例分析

案例一：阿里巴巴的“十八罗汉”

2001 年 12 月，中国加入世界贸易组织，国门打开，互联网开始风行，众多网络先驱加入互联网的大潮中，创造了一个又一个奇迹，如雅虎的杨致远、搜狐的张朝阳、网易的丁磊，等等。在这股浪潮中，杭州师范学院的英语教师马云带领他的创业团队，先是在杭州创办了中国黄页网站，然后到北京的外经贸 EDI 办公室组建外经贸部网站，再返回杭州的湖畔花园创立了阿里巴巴公司。如今，阿里巴巴公司已经成为世界上最大的 B2B 和 B2C 电子商务平台。阿里巴巴今天的成功，与阿里巴巴这支"十八罗汉"创业团队的努力是分不开的。这支"十八罗汉"团队被称为"天下最难挖的团队" "一群平凡人做着不平凡事的团队"。

"十八罗汉"团队的核心领导者是马云，团队中的成员大多数是马云的学生和朋友，因此，"十八罗汉"的故事还得从马云说起。马云，其貌不扬，身材瘦小，两次高考失败，第三年才考上了专科的杭州师范学院英语系。在大学期间，马云热衷于社会活动，是学生会的干部，毕业后留校当了英语老师。马云的教学很不错，全英文授课，课堂生动有趣，学生都很爱听。马云也创办了杭州有名的英语角，许多学生和办公室白领慕名而来，其中许多人成了马云的学生，后来还有些人加入了阿里巴巴。

1995 年，马云下海了，创办了海博翻译社，这是杭州的第一家专业翻译社。刚开始的时候，翻译社的生意并不好，在翻译社入不敷出快要解散的情况下，马云背着麻袋在街头贩卖小商品贴补经营费用，硬是成功把公司支撑下来。后来，该翻译社发展成为杭州最大的翻译社。在一次到美国西雅图出差的过程中，经朋友介绍，马云第一次与互联网有了"亲密的接触"，马云认识到，"将来这个东西可能有戏"。回国后，马云兴冲冲地邀请 24 位朋友到家中，滔滔不绝地向大家介绍互联网，并宣布自己要办互联网公司。在马云激情演讲后，24 人中有 23 人反对："马云你又不学计算机，不懂网络，这不是马云你搞的东西。"但是，想了一晚，马云第二天还是决定去做，凑钱创办了中国黄页网站。接下来，马云进行疯狂的销售，在各家公司、街头巷尾，马云激情四溢地向听众介绍当时大家都不知道究竟为何物的互联网，那时的马云被大家称为"疯子"。然而，正是这个疯子的激情感染了他的朋友和学生，一群对互联网同样有梦想的志同道合的年轻人聚集在"疯子"的周围，使得中国黄页在短短两年内取得了很大的市场份额，在 1997 年营业额高达 700 万美元。

随后，马云带着他的团队，受邀到外经贸部开发官方网站，在北京外经贸部的两年时间里，尽管马云的创业激情再次感染了那里所有的同事，但是由于与外经贸部领导层存在意见分歧，最终马云决定离开外经贸部，重回杭州创业。在做出回杭州重新创业决定的当天晚上，马云约齐了所有团队成员到他办公室开会，宣布了他的决定。马云告诉这些从杭州一路来北京奋斗的战友们："我给你们三个选择权：第一，你们可以去雅虎，有我推荐，雅虎一定会录用你们的，而且工资会很高；第二，去新浪、搜狐等国内的公司，有我推荐，工资也会很高；第三，跟我回家，只能分 800 块钱，你们住的地方离我五分钟以内，你们自己租房子，不能打出租车，而且必须在我家里上班。做什么我不清楚，我只知道我要做一个最大的全世界商人的网站。如何抉择？给你们三天时间自己做决定。"沉默、安静，接着大家陆陆续续走了出去。三分钟过后，团队的所有人几乎在一瞬间全部折回，站在马云面前："我们一起回家吧！"

于是，1999年，马云带着他的创业团队又回到了杭州，在湖畔花园的家里创立了阿里巴巴。公司成立所需的50万元是团队成员凑齐的，马云要求不能向亲戚朋友借钱，必须是pocket money。而且，马云对所有团队成员说："你们只能做排长、连长，至于军长，我要另请高明。"但团队成员都毫不在乎，跟着他干了。

阿里巴巴刚成立的时候，工作非常辛苦，每天工作十几个小时是家常便饭，从早到晚，困了就回去睡觉，睡醒了再回来上班。工程师常常工作到半夜，累了也不回家，就随便铺张席子席地而睡。同时，创业资金非常紧张，大家恨不得每一分钱都掰成两半来用。那时候，担任出纳的彭蕾和财务的谢世煌两人常常会为了添置一两件小办公用品而满大街地转。当看中某样办公用品时，一个看价钱，一个按计算器，先算出性价比。如果超支，再好的东西彭蕾也只能摇头，这与当时人人羡慕的IT公司相比，简直是有天壤之别。在阿里巴巴最困难的时候，马云甚至向团队成员"借钱"发工资，以度过暂时的困难，团队成员竟然答应了。

阿里巴巴团队在湖畔花园那段时间的最大娱乐，就是听马云讲互联网的故事。马云时不时会给大家分析互联网的形势，"ebay上去了，又下去了，阿里巴巴……"就是在这样艰苦的环境中，阿里巴巴创业团队痛并快乐着，为"将全世界商人联合起来"的伟大目标而奋斗。团队成员目标高度一致，但是成员之间也避免不了对未来发展方向的种种争论，甚至争吵。这种争论有时候过了头，容易造成团队成员之间的不信任。为了平息团队之间的矛盾和冲突，马云提出了"简易"的原则。"比如，你对我有意见，当面说出来，闹一场或打一场，直至把问题解决掉。如果你不找我，找其他人说，那么你就应该退出这个团队。"这个简易原则，迅速平息了团队成员之间的矛盾，把阿里巴巴带回到正常的发展轨道。

2000年，成功拿到500万元高盛风投后，阿里巴巴从湖畔花园拥挤的居民楼搬到了华星大厦宽敞明亮的办公楼里。随着公司规范化建设的开始，阿里巴巴需要划分部门以及确定部门负责人。在"十八罗汉"中，第一批当部门负责人的是孙彤宇、张英、彭蕾。那么原来的"十八罗汉"就变成了"4个官"和"14个兵"两拨人了。从北京外经贸部创业时候开始，创业团队就习惯了只有马云一个领导人，其他都是普通的团队成员，在湖畔花园的创业时期也是如此。但是，到了华星时代，习惯的一切都变了。不久后的一天晚上，14个兵来到一家名流咖啡馆聚餐。大家刚开始说好不谈工作，但聊着聊着就谈到工作，所有的不解、疑惑、怨气都一股脑儿发泄出来了，一直聊到半夜。楼文胜建议："说了这么多，屁股一拍就走，于事无补，不如写出来送给马云。"大家纷纷响应，于是，楼文胜执笔，大伙儿补充，写了满满一张纸，由楼文胜回家整理成一封长信后发给了马云。第二天傍晚，马云收到信后立刻召集所有的团队成员聚在一起："今天大家不用回去了。既然你们有那么多怨恨，那么多委屈，当事人都在，就都说出来，一个个骂过来，想哭就哭，所有都摊在桌面上，不谈完就别走！"那天的会从晚上9点多一直开到凌晨5点多。在会上，很多人情绪激动，很多人痛哭失声。这些与马云共患难的战友们在哭过、喊过、闹过后，一切疑虑、误解、疙瘩都消散开去。事后，吴咏铭说："我们能写出来告诉马云，说明我们是一支很好的团队。"

阿里巴巴发展到今天，已经成为世界上最大的电子商务网站，连续五次被美国权威财经杂志《福布斯》评为全球最佳B2B站点之一。在此期间，除了马云的妻子张英外，“十八罗汉”团队没有一个成员离开阿里巴巴公司。这个团队被誉为“天下最难挖的团队”。团队能有如此强的凝聚力和战斗力，与团队的核心人物、领导者马云是分不开的。“十八罗汉”之一的阿里巴巴副总裁戴珊这样评价他：“无论什么时候看到他，你在他眼中看到的都是自信，我一定能赢的信心。你跟他在一起就充满了活力。”“十八罗汉”之一的金建杭说：“马云对团队的领导更多的是在公司的战略层面上。”中央电视台生活栏目主持人樊馨蔓这样评价：“马云是这样和他的手下配合的。他知道要干什么，但不知道怎么干。他的手下知道怎么干，但不知道要干什么。”

［资料来源：刘晓航，赵文．马云：我的团队永不言败——商业史上最成功的创业团队．武汉：华中科技大学出版社，2010.］

分析

毫无疑问，阿里巴巴“十八罗汉”创业团队是一支优秀的创业团队。

首先，他们有伟大的创业愿景和共同的目标，即建立一个全世界中小企业的电子商务网站。这个目标他们一直在坚持，不管是在北京外经贸部时代，还是在初创时期的湖畔花园时代，抑或是在互联网寒冬的时候，他们都不曾放弃过，最终取得了成功。

其次，这支团队有极强的凝聚力。他们都是马云的朋友、学生，都很年轻，有冲劲，都有着互联网的梦想，都是为马云的魅力、激情所吸引加入这个创业团队中的。“平凡人干着不平凡的事”，容易拧成一股绳。当成员之间发生矛盾的时候，他们有良好的矛盾解决机制，进一步增强了团队的凝聚力。

最后，团队的领导者马云具有极强的领导能力。他有清晰的创业目标，有创业的激情，能够为创业舍弃其他一切，能够激励团队不断沿着既定的目标前进。他虽然不懂互联网技术，却能够把握公司的发展方向。

案例二：复星集团“五虎将”

在《福布斯》公布的2005年中国富豪榜中，有74位浙商上榜，而在这74位浙商中，有4位来自复星集团早期创业的团队。38岁的复星集团董事长郭广昌位列第7位，37岁的副董事长梁信军位列第25位，36岁的汪群斌和范伟同列第115位（5人创业团队中，35岁的谈剑未进入富豪榜）。

当年创办广信科技（源于郭广昌和梁信军的名字，1993年更名为复星科技）时，郭广昌是复旦大学团委干部，梁信军是校团委调研部部长，汪群斌是生命学院团总支书记，范伟是学校誊印社的经理，谈剑还在读书。如今，在复星多元化的产业链条中，郭广昌成了整个企业集团的灵魂；梁信军是副董事长兼副总裁，成为复星投资和信息产业的领军人物；汪群斌是复星实业总经理，专攻生物医药；范伟掌管房地产；谈剑负责体育及文化产业。

在梁信军眼中，郭广昌是个极有魄力的领导者。21年前，郭广昌带着一帮刚走出校门的年轻人靠38 000元开始创业，如今已经坐拥200多亿元资产，复星集团也成为中国民营企业前三甲，并在医药、房地产、钢铁、商业四个领域都有出色表现。虽然涉及的行业不少，但郭广昌有其原则：能买的不租，能租的不建。他选择扩张对象的底线是：非要行业龙头不可。2005年，复星董事会的人数已由最初的5人增加到7人，新增的是财务、法律、人力资源等方面的专家。“做重大决策我们从来不举手表决，遇到矛盾时通过充分沟通以达成共识，没有形成共识的就放弃，以做到科学决策。”梁信军说。

在2004年5月复星投资的宁波建龙项目被曝光后，作为领军人物的郭广昌更是在风口浪尖上展现了一个领军人物的魄力。舆论一度猜测宁波建龙可能成为“铁本第二”，同时坊间对复星集团的资金链也一度产生疑问。面对这次危机，郭广昌果断地采取了两条应对措施：聘请著名国际会计师事务所安永对复星集团（包括非上市部分）进行了全面的财务审计，把有关的报告提供给利益关系人；对战略进行了调整，提出适度的多元化，但要坚决贯彻经营的专业化，同时请权威的国务院发展研究中心对复星集团的竞争力作评估。后来，郭广昌把这一场风波看成是对复星的“体检”：检查民营企业的心态是否健康，体质是否健康。事实证明，复星集团经受住了宏观调控的考验，宁波建龙也没有成为“铁本第二”。

当年推举郭广昌做领头人时，梁信军这样表述他的理由：郭广昌情商高，能很好地整合与协调团队。另外，在战略思考上，每次当一件事达到一个水准，我们觉得可以歇一口气的时候，他都能提出一个新的像大山一样的目标。他善思辨，新奇的想法从来不断。2004年，在王均瑶去世后，浙江东阳人郭广昌接任上海浙江商会会长。“在我和郭广昌身上表现出来的更多是浙商的共性。”梁信军说。

梁信军坦言，浙商以“四千精神”（走遍千山万水，道尽千言万语，想尽千方百计，吃尽千辛万苦）著称，台州商人有浙商的共性，也有差异，比如低调，比如喜欢单打独斗（很多在外地的台州商人，当年都是背着修鞋机、挑着货郎担白手起家的），但在复星集团，他们把企业文化与团队精神放在一个战略高度。

梁信军的口才好、反应快、精力充沛、善于沟通交流，这些特点几乎是复星创业团队公认的，所以他做了集团的党委书记和新闻发言人。梁信军称，自己其实也是性情中人，坦言今天很多人都看到了复星成功的一面。“其实是‘一将功成万骨枯’，”梁信军慨叹，“复星走过的13年中，民营企业面临的难题，我们都经历过，只是在大的成功面前，外界都习惯于把小的失败淡化。”

当年“五虎将”里的另外3个，如今都在复星多元化产业里独当一面，“当年分工时就考虑到汪群斌、范伟和谈剑可能更适合做产业，做具体事情。”梁信军说，“如果没有汪群斌、范伟和谈剑他们兢兢业业地去操劳，再好的战略也等于零。”在复星的五人团队中，英俊的范伟略显沉默，也极少在媒体露面，不过他麾下的复地集团在房地产业界倒是让人刮目相看。“他做的比说的要多。”梁信军评价道。

在五人之中，梁信军、汪群斌、范伟均为复旦遗传学专业毕业，这样的一个团队注定会与医药行业结下不解之缘。汪群斌最早和研究部门的技术人员成功开发了复星第一个核酸试剂——乙肝DNA核酸试剂盒，为复星进军医药行业打下了坚实基础，后来他提出的“生物医药新经济”概念也引起了业界的广泛关注。1995年，PCR乙型肝炎诊断试剂的成功为复星的“五剑客”赚到了第一个1亿元。

而五人中唯一的女性谈剑的特殊优势则在政府公关等事务上，同时她还是上海星之健身俱乐部总经理。从2000年复地房产在开发楼盘时，为了制造卖点，在小区内建设了一个足球场的无心插柳开始，至今，“星之”已有了12家门店，她的身影出现在很多住宅小区的会所中。这样的选址，既避开了市中心商务楼昂贵的租金压力，也让健身与普通市民走得更近，这样一举多得的策略是谈剑成功的秘籍之一。

对此，梁信军称，他们五个人就像五根手指，哪根也少不得。五根手指攥紧，就是一只拳头。复星强调的是团队管理。梁信军认为，创业团队要经得起成功、失败的考验，仅靠友谊是不够的。除了他们几个人在学校就建立起来的良好关系之外，浙商的精神也在他们身上有所体现，由这种共同的文化演绎而成的企业文化，是五人同心的最大基础。

[资料来源：魏宗凯．复星集团的五人创业团队．浙江商业周刊，2005-12-28.]

分析

从以上案例可以看出，复星集团的初始创业团队之所以能取得如此辉煌的成绩，有以下两个重要原因。

(1) 团队成员有共同的价值观，在这种价值观基础上形成了企业文化。复星五位创始人除了在学校时建立起来的良好个人友情外，都崇尚“走遍千山万水，道尽千言万语，想尽千方百计，吃尽千辛万苦”的浙商精神，这种价值观形成的企业文化将他们的团队紧紧凝聚在一起，从而取得企业成功。

(2) 具有优秀的核心领导者、明确合理的分工和决策机制。核心领导者郭广昌具有领军人物的魅力，善于战略思考和引领企业，善于整合和协调团队。其他成员各有所长，各司其职，发挥了各自的优势。当遇到重大决策时，团队各成员能充分进行沟通，以达到科学决策的目的。

案例三：希望集团“分家”之路

1983年，刘永言、刘永行、陈育新、刘永好四兄弟凑了1 000元开始创业。在1995年，他们已坐拥数亿资产，被《福布斯》评为中国民营企业家首富。

1994年，他们成立了中国第一家民营企业集团——希望集团。此后，希望集团曾先后荣获中国饲料工业百强第一名、中国500家最大私营企业第一名和中国民营科技企业技工贸总收入第一名。

1992年和1995年，刘氏四兄弟先后两次划分产权。他们为什么要进行“分家”？众多家族企业因产权问题而分崩离析，他们为何能“好聚好散”？四兄弟分立后，他们又沿着什么路径续写各自的传奇？

1983年3月，陈育新（即刘永美，从小过继给陈家，故更名为陈育新）在四川新津县古家村办起了“育新良种厂”。启动资金是他和其他三兄弟一起凑起来的，一共1 000元。

当时，四兄弟都拥有令人羡慕的“铁饭碗”：老大刘永言毕业于成都电子科技大学，就职于国营大厂的电子计算机室；老二刘永行有师范专科文凭，在县教育局供职；老三陈育新毕业于四川农学院，在县农业局当技术员；老四刘永好毕业于四川省广播电视大学，在成都当中专教师。虽然生活稳定，但四兄弟苦于才华和抱负无法施展。他们商量好了，为了稳妥一些，陈育新先出来干，另外三人再陆续辞职。

1983年，刘氏兄弟通过卖鸡苗挣得了第一笔钱，一共720元，每人分得180元。随后，刘氏兄弟通过科学养殖和吃苦耐劳的精神，逐渐成为“鹌鹑大王”，从此打开了财富之门。当初投入的1 000元像滚雪球一样，第一年变成了3 000元，第二年变成1万元，到第七年即1989年就变成了1 000万元。1986年，刘氏兄弟转做猪饲料。他们把聪明才智和勤劳精神发挥得淋漓尽致，研发出了具有国际水准的饲料，凭借先进的技术和成本优势，饲料厂的销售额呈跳跃式上升。在1994年，希望集团登上了中国饲料行业百强企业之首。

俗话说：“打虎亲兄弟，上阵父子兵。”从创业的第一天起，刘氏兄弟就配合默契。新希望集团董事长刘永好回忆道：“又负责财务，又负责销售，又负责生产，又负责运输，又负责加工，反正就是我们四个人。”随着企业规模的扩大，四兄弟根据性格和特长进行了分工：刘永言负责技术设备；刘永行和陈育新负责技术管理和生产管理；刘永好则负责对外，处理和政府部门、供货商、分销商等的关系。

创业阶段，刘氏兄弟很少有不可调和的矛盾，偶尔有几次矛盾，也会由他们的母亲最终决断；母亲去世后，老大刘永言说话比较有分量，兄弟们的性格都是尊重真理，有事就坐下来谈，谁有理听谁的。刘家有四个媳妇和一个女儿，创业之初，四兄弟便开了一个“大男子主义和霸权主义味道十足”的会，一致通过了“让各自媳妇回家看孩子，今后不得参政议政”的决策，因此，刘氏兄弟避免了家族的内部争斗，“家和万事兴”，这为以后的成功奠定了基础。

在创业阶段，四兄弟都不计较地位和名利。除了刘永行把卖鸡苗赚的第一笔钱用于治病，四兄弟再也没有分过赚来的钱，而是把资金用于扩大生产，四人只在良种厂领取一些微薄的生活费。

直到今天，四兄弟没有一个人能说清楚，当初凑1 000元时各自出了多少，大家都表示“凑钱时没想到怎么分钱”。在那个商业知识极为贫乏的年代，刘氏兄弟根本没有听说过“产权”这个词。后来，考虑到在创业初期，老三陈育新和老二刘永行付出最多——陈育新率先创业，刘氏产业就诞生在他的家中；刘永行出资较多，在初期也付出了很多——因此，四兄弟曾口头约定“老三与老二占大股”，但产权上仍然处于模糊状态。

1991年成立希望集团时，为了体现兄弟间的权利均衡，他们做出了“精心安排”：老大刘永言担任集团董事局主席，老二刘永行担任集团董事长，老三陈育新担任集团总经理，老四刘永好担任集团总裁，都是“一把手”。亿万家产并不属于个人，而是四人“共有”。共同的理想、血浓于水的亲情让个人利益显得微不足道。

1991年，希望集团已成为西南地区最大的饲料企业，拥有上亿资金。在具备对外扩张的实力后，刘氏兄弟在发展方向上产生了分歧。刘永言认为应该按照各自的价值观和特长进行发展——他是个“电子迷”，在那时已经是一个电子行业的专家，准备投身于高科技产业；刘永行和刘永好认为应该复制饲料厂的成功模式，到各地办分公司，拓展市场；陈育新则认为应该稳固现有的饲料业务。

在发展方向上，谁也说服不了谁。于是，四兄弟做出了“分开发展”的决定：老大刘永言向高科技领域进军；老三陈育新负责现有产业运转，并开拓房地产；老四刘永好跟随二哥刘永行到各地发展分公司，建饲料厂。陈育新和刘永行商量，财富是大家共同创造的，就不分谁多谁少了，放弃他俩“占大股”的最初约定，平均划分资产，兄弟四人各占25%的股份。由于老三陈育新和老二刘永行的谦让，划分资产进行得非常顺利。紧接着，陈育新主动提出不担任希望集团法定代表人，由擅长外交的刘永好出任。随后，刘永好当选为全国工商联的副主席。从此，刘永好成为希望集团的“形象代言人”，活跃于各种社交场合，其公关天赋得以充分展现。

1992年，刘永行和刘永好开始携手在各地发展分公司。两兄弟分工明确，配合默契。刘永行“主内”，负责对目标企业作评价；刘永好“主外”，负责接下来的谈判。在禀赋上两人也极为互补：刘永行擅长内部经营管理，刘永好则擅长对外周旋、开拓。1994年底，希望集团在各地的分公司已发展到26家。这样的发展速度已经很快了，但对照刘永行在董事会上提出的跨世纪规划（必须在2000年以前建成100个饲料厂）还是嫌慢。

通过三年合作，刘永行和刘永好互相学习，互相影响，均已具备了独立运营企业的能力。经过慎重考虑，刘永行又一次提出了“分家”。刘永行认为：“时至1995年，我们已经建立了26个分厂，市场提供给我们高速发展的机会不会太多了，至多四五年。我和四弟一起重复操作工作很多，发展思路、点子也不尽相同。与其浪费头脑思维，不如人各一块，分头布点，抢夺发展佳机。”于是，1995年3月，希望集团在“绝密状态”下召开了董事会。经董事会通过，以1995年4月13日为界，根据“资产基本平分”的原则，将各地的26家分公司一分为二，以长江为界划分为东北与西南两个区域，刘永好选择西南区域，刘永行得到东北区域。

自此，四兄弟的分家完成。分家没有使得企业分崩离析，各兄弟根据自己的个性和价值取向发展企业，在各自领域取得了成功，使得希望集团获得了裂变式的发展，在中国民营企业史上成为一段传奇故事。

［资料来源：江远．裂变：中国企业创始人分手调查第1期——希望集团“分家”之路．管理学家（实践版），2010（2）．］

分析

俗话说“血浓于水”，亲情使得家族创业团队内部更容易建立信任关系并凝聚起来，能够在初创时期同甘共苦，取得创业的成功。但是，亲兄弟需明算账，在创业团队后期的管理中，由亲情组建的创业团队需在血缘关系和企业利益之间寻找平衡，建立合情合理的决策机制和利益分配机制，以保证企业的快速发展。当企业发展到一定规模的时候，创业团队的成员之间由于个性和价值观的不同，或许将面临“分家”的选择。如何分家，使得传统的家族企业变成具有现代企业管理制度的企业，是每一个家族创业团队的难题。希望集团的刘氏兄弟，两次分家，都是好聚好散，都让企业进入了快速发展阶段，在这方面堪称典范，值得我们学习和借鉴。

实践训练

一、实训导航

团队组建过程遵循理性逻辑与非理性逻辑两种，根据不同逻辑组建的创业团队后期管理的重点不同。通过实地调查、组建团队参加创业竞赛和创业立项，将所学知识与实际体验和实战演练有机结合起来，在实践中加深对所学知识的理解，在实践中提升创业能力。

二、实训项目

请根据本章内容，以小组为单位，实地调研两个校内外的中小企业创业团队，了解其团队的组建过程、团队决策机制、企业所有权分配机制以及处理创业团队成员之间矛盾冲突的策略。

三、方法策略

1. 注意通过访谈获得的真实情况，加深对创业团队组建原则和组建策略的理解。

2. 注意了解创业团队管理与一般团队管理之间的差异。

3. 最好选择不同行业领域的两个创业团队进行实地调查。

4. 做实地调查前要做好充分的相关创业人物访谈工作。

单元小结

本单元包括创业者与创业团队两个模块。在创业者模块，主要介绍了广义与狭义的创业者的区别，什么样的人能成为创业者；创业成功者的知识结构、能力结构和人格特征；创业者的创业动机，以及基于创业动机的创业者分类。在创业团队模块，探讨了创业团队的概念、作用和社会责任，组建创业团队的步骤、原则和策略，以及创业团队管理应该注意的主要问题。本单元的重点是创业者的知识和能力结构及组建创业团队的原则与策略，本单元的难点是什么样的人能成为创业者。

思考题

1. 什么样的人能成为创业者？

2. 创业成功者通常具备什么样的人格特征、知识和能力结构？

3. 根据创业动机可将创业者划分为多少种类型？

4. 组建创业团队通常需要经过哪些步骤？应该遵循哪些原则？可以采用哪些策略？

5. 创业团队有什么作用？

6. 管理创业团队需要注意哪些问题？

网络情境练习

推荐观看影视作品：美国电影《华尔街》(*Wall Street*)

推荐理由：

这既是一部商战影片，也是一部关于“商场”中人性与诚信的启示录。影片以有“全球金融中心”之称的美国华尔街为背景，讲述了翻云覆雨的股市大亨戈登·盖柯贪婪成性，不择手段地在幕后操纵股票行情，结果却败在一位依然具有良知的年轻股票交易员手上的故事。剧中对创业者人格的揭示，值得每一位准创业者深思。

练习题：

1. 观看影片并思考什么样的人能成为成功的创业者。

2. 分组交流影片观后感。

真实情境练习

项目：组建创业团队开展创业活动或参加创业竞赛，申请创业立项。

请在下列项目中选择一个：

1. 校内创业实践。

2. 校外创业实践。

3. “挑战杯”创业大赛或其他创业竞赛。

4. 各级“创新、创业计划”立项中的创业项目。

根据项目要求组建创业团队。注意在保证团队成员拥有共同的创业目标的前提下，尽量选择在教育背景、社会关系网络、个人经历之间存在差异性的团队成员；注意团队成员的专业背景与创业项目之间的关联性。

参考文献

Morris M H，Kuratko D F. Corporate entrepreneurship. Orlando，FL：Harcourt College Publisher，2002.

Shane S, Ventakaraman S. The promise of entrepreneurship as a field of research. Academy of Management Review, 2000, 25 (1).

高振强．大学生创业管理教程．北京：科学出版社，2009.

李家华，郑旭红，张志宏．创业有道：大学生创业指导．北京：高等教育出版社，2011.

李时椿．创业管理．2版．北京：清华大学出版社，2010.

刘平，李坚．创业学：理论与实践．北京：清华大学出版社，2009.

刘沁玲，陈文华．创业学．北京：北京大学出版社，2012.

刘晓航，赵文．马云：我的团队永不言败——商业史上最成功的创业团队．武汉：华中科技大学出版社，2010.

夏清华．创业管理．武汉：武汉大学出版社，2007.

杨安．创业管理：大学生创新创业基础．北京：清华大学出版社，2011.

杨华东．中国青年创业案例精选：第二辑．北京：清华大学出版社，2012.

张耀辉，朱锋．创业基础．广州：暨南大学出版社，2013.

张玉利．创业管理．北京：机械工业出版社，2008.

第三单元

创业机会与创业风险

学习目标

学完本单元后，你应当能够达成以下目标：

1. 了解创业机会的特征及主要类型。
2. 掌握识别创业机会的一般过程和行为技巧。
3. 掌握创业机会的评价方法。
4. 了解创业风险的特征及主要类型。
5. 掌握创业风险管理的方法和策略。

导入案例

做旧书也有好“薪”情

李红梅，大学毕业后进入一家工厂上班，工作没到一年就下岗了。之后，她索性做起旧书生意。李红梅读大学时就发现，目前正规的二手书店不但数量不多，而且大多数是将人家卖不出去的书籍抱到店里来销售，很少考虑顾客究竟需要什么书。随着近年来纸张价格的飞涨，新书的价格往往让人望而却步，这无疑给二手书市场留下了巨大的空间。

李红梅认为，时下做什么生意都要讲定位，而做旧书生意的定位就在于——业精于专！根据现实情况，她打算主营人文社科类图书，从而形成自己的特色。换言之，面对五花八门的图书市场，经营者绝对不能“贪”，面面俱到是经营旧书的致命弱点。有了定位，李红梅收购旧书时就心中有数了。她首先看书的内容，其次是出版社。

但是，要做到“业精于专”，对书店老板却是一种挑战。首先，经营者要有较高的文化素质和品位，这样才能收购到质量又高又好卖的旧书，才不会使一本绝版好书总是被压在箱底。今年春节过后，李红梅收购到100多本财富类书籍，新学期开学没有几天，就被大学生们抢购一空。

为增加有效的交易渠道，李红梅还开设了网上交易平台，现在网上交易量已占到书店业务总量的15%。此外，李红梅还增设了“寄销”业务，这一招既充分考虑了顾客的需求，也宣扬了书店的诚信之本。此项业务主要面对那些有书却不愿贱卖的顾客，他们希望手上有价值的旧书能像字画一样寄在店里由老板“代销”。“代销”成功，老板收点“代劳费”。小小的二手书屋如此经营一年，每月的纯利已经有3 000多元。

[资料来源：http：//www.shang360.com/news/428.html.]

思考：

1. 试分析本案例中二手书市场的特点及其潜在的商机。

2. 你认为发现商机需要创业者具备哪些素质和能力？

3. 你认为二手书市场存在哪些风险？

模块一　创业机会

创业机会识别是创业过程的起点，也是创业过程中的一个重要阶段。许多好的创业机会并不是突然出现的，而是对“一个有准备的头脑”的一种“回报”。成功的创业者能及时捕捉创业机会，并在众多的创业机会中选择适合自己的进行创业。在创业机会识别和评价阶段，创业者需要弄清楚如下问题：创业机会在哪里？如何识别？如何评价？

知识点梳理

一、创业机会的特征、来源与类型

“创业研究之父”蒂蒙斯教授认为，创业机会是指尚不明确的市场需求或者未被利用的资源和能力。巴朗和施恩则认为，创业机会是一个人能够开发具有利润潜力的新商业创意的情境，在该情境中技术、经济、政治、社会和人口等条件的变化产生了创造新事物的潜力。上述概念不但揭示了创业机会的来源，而且将创业机会归纳为技术机会、政策机会、社会和人口机会、市场机会四种类型（见图3-1）。

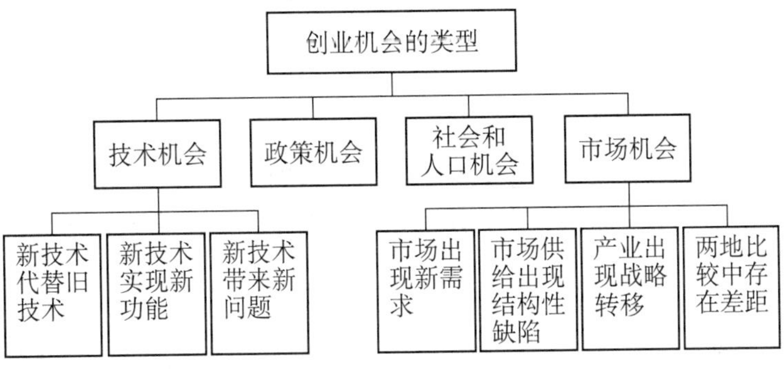

图3-1　创业机会的类型

资料来源：张玉利．创业管理．2版．北京：机械工业出版社，2011.

（一）技术机会

技术机会即技术变化带来的创业机会，它主要源自新的科技突破和社会进步。通常，技术上的任何变化或多种技术的组合，都可能给创业者带来某种创业机会。这具体表现在以下三个方面。

（1）新技术替代旧技术。当某一领域出现了新的技术突破，并且它们足以替代旧技术时，创业的机会就出现了。

（2）新技术实现新功能。实现新功能、创造新产品的新技术的出现，无疑也会给创业者带来新的商机。

（3）新技术带来新问题。多数技术的出现，对人类都具备既有利又有弊的两面性。这会迫使人们为消除新技术的弊端，再去开发新技术并使其商业化，从而带来新的创业机会。

（二）政策机会

政策机会，即政府政策变化为创业者带来的商业机会。随着经济发展和科技进步，政府必然也要不断调整自己的政策，而政府政策的变化，就可能给创业者带来新的商业机会。事实上，从政策中寻找商机并不仅仅表现在政策条文所规定的层面，随着社会分工的不断细化和专业化，政策变化所提供的商机还可以延伸，创业者可以通过产业链分析，在商机催生的产品或服务的上下游延伸中寻找商机。

（三）社会和人口机会

不同时期的社会和人口因素变化，会产生不同的需求。随着现代社会发展的加快，这种变化中的需求更加明显。社会和人口是紧密联系在一起的，有时候社会文化的变革也是创业机会产生的引擎。例如：计划生育政策使得教育市场高速发展；单身贵族的产生，促进了小户型商品房的热销；人口寿命延长创造了老龄用品市场；等等。可见，当社会和人口因素的变化改变了人们对产品和服务的需求时，就会产生新的创业机会。

（四）市场机会

市场机会就是市场上存在的未被满足的需求。有时人们称它为潜在的市场，亦即客观上已经存在或即将形成而尚未被人们认识的市场。对于创业者来说，适合创业的市场机会往往有以下四种。

市场出现新需求

如果市场上出现了与经济发展阶段有关的新需求，相应地，就需要有企业去满足这些新的需求。在这种情况下，新创建企业与已有企业几乎是站在同一起跑线上竞争的，创业者可以利用这种机会开创自己的事业。表 3－1 列出了不同年龄阶段的消费需求倾向。

市场供给出现结构性缺陷

市场是不可能达到真正的供求平衡的，总有一些供给不能满足消费者的需要。因此，创业者如果能发现这些供给的结构性缺陷，同样可以找到可创业的商业机会。

产业出现战略转移

世界各国各地的发展进程有快有慢，在先进国家（或地区）与落后国家（或地区）之间，存在着较大的劳动力“成本差异”，这就可能导致发达国家（或地区）将某些产业向外转移，为落后国家（或地区）的创业者提供创业机会。

两地比较中存在差距

两个国家（或地区）的市场进行比较，存在的差距就是隐藏的商机。例如，与先进国家相比，看看别人已有的哪些好东西国内市场上还没有，这“没有的”就是差距，从中同样可能会发现某种商业机会。

表 3-1　不同年龄阶段的消费需求倾向

时期	年龄阶段	优先考虑的因素	主要消费
幼稚期	20 岁以下	自己、兴趣活动、教育	服装、汽车、娱乐、旅行、爱好等
求偶期	20 多岁	自己及他人、结婚、职业	家具、装修、娱乐及其用品、储蓄
筑巢期	20 多岁到 30 多岁	孩子及职业	家具、幼儿护理用品、保险、DIY 用品
满巢期	30 多岁到 50 多岁	孩子及他人、职业、中年危机	儿童食品、服装、教育、交通、牙齿护理、职业及生活咨询
空巢期	50 多岁到 70 多岁	自己及他人、亲戚	家具、装修、娱乐、旅行、爱好、豪华汽车、船、投资
鳏居或寡居期	70 多岁至 90 多岁	自己、健康、孤独	健康护理服务、饮食、安全舒适的产品、电视、书籍、长途电话

资料来源：Kuratko D F，Hodgetts R M. 创业学：理论、流程与实践 . 6 版 . 北京：清华大学出版社，2006.

二、创业机会的识别

马克·吐温曾说过：“我极少能看到机会，往往在我看到机会的时候，它已经不再是机会了。”作为创业者，难能可贵之处就在于能发现其他人看不到的机会，并迅速采取行动，把握创业机会创造价值。掌握识别创业机会的知识，虽不能保证人们一定能够发现创业机会，但确实能给人们的行动提供思路和指导。

（一）识别创业机会的一般过程

创业机会识别是创业者与外部环境（机会来源）互动的过程，在这个过程中，创业者利用各种渠道和各种方式掌握并获取有关环境变化的信息，从而发现在现实世界中产品、服务、原材料和组织方式等方面存在的差距或缺陷，找出改进或创造目的-手段关系的可能性，最终识别出可能带来新产品、新服务、新原材料和新组织方式的创业机会（见图 3-2）。

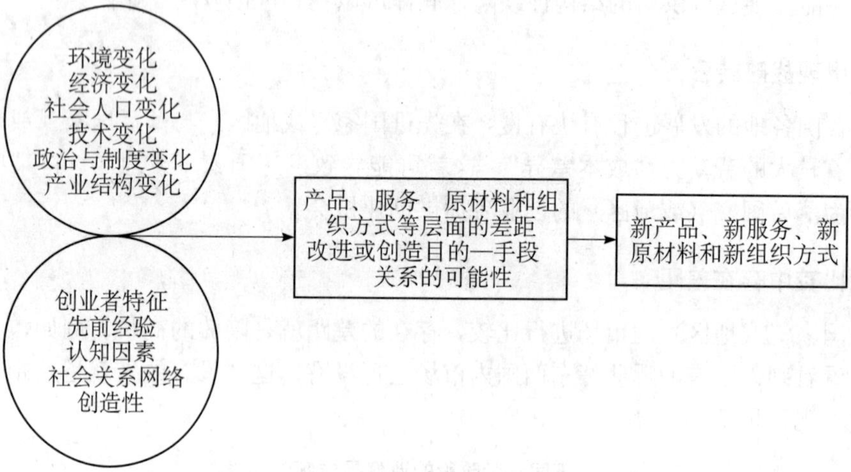

图 3-2 创业机会的识别过程

资料来源：张玉利．创业管理．2 版．北京：机械工业出版社，2011.

（二）影响创业机会识别的主要因素

影响创业机会识别的因素主要有以下四类。

先前经验

特定产业中的先前经验有助于创业者识别机会。同时，创业经验也非常重要，一旦有过创业经验，创业者就很容易发现新的创业机会，这被称为“走廊原理”，指创业者一旦创建企业，他就开始了一段旅程，在这段旅程中，通向创业机会的“走廊”将变得清晰可见。也就是说，某个人一旦投身于某产业创业，他就将比那些从产业外观察的人更容易看到产业内的新机会。

认知因素

机会识别可能是一项先天技能或一种认知过程。多数创业者以这种观点看待自己，即认为自己比别人更警觉。警觉很大程度上是一种习得的技能，拥有某个领域更多知识的人，往往比其他人对该领域内的机会更警觉。例如，一位计算机工程师就比一位律师对计算机产业内的机会和需求更警觉。

社会关系网络

个人社会关系网络的深度和广度影响着机会识别。建立了大量社会性与专家联系网络的人，比那些拥有少量网络的人容易得到更多的机会和创意。在社会关系网络中，按关系的亲疏远近，我们可以大致将各种关系划分为强关系与弱关系。强关系以频繁相互作用为特征，形成于亲戚、密友和配偶之间；弱关系以不频繁相互作用为特色，形成于同事、同学和一般朋友之间。研究显示，创业者通过弱关系比通过强关系更可能获得新的商业创意。

创造性

创造性是产生新奇或有用的创意的过程。从某种程度上讲，机会识别是一个创造过程，是一个连续的创造性思维过程。在听到更多趣闻逸事的基础上，你会很容易看到创造性包含在许多产品、服务和业务的形成过程中。图 3－3 列出了产生创造性创意的五个阶段。

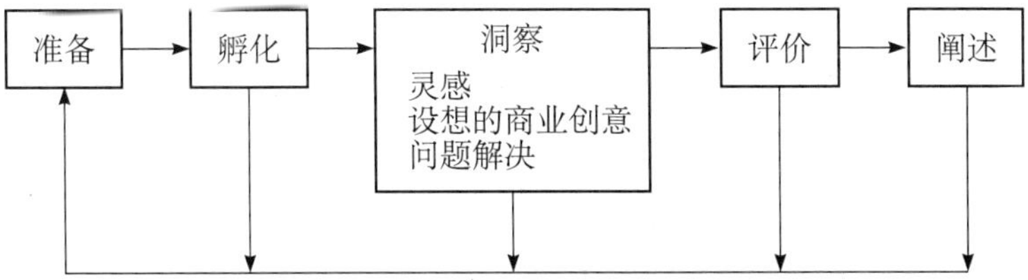

图 3－3　产生创造性创意的五个阶段

资料来源：巴林格，爱尔兰．创业管理：成功创建新企业．北京：机械工业出版社，2006.

（三）识别创业机会的行为技巧

“新眼光”调查

“新眼光”调查注重二级调查：阅读某人的发现及其出版的作品、利用互联网搜索数据、浏览寻找包含你所需要信息的报纸文章等，都是二级调查的形式。在通过二级调查对顾客、供应商和竞争对手有了基本的了解之后，你就可以开始进行初级调查了。与人交谈，不要假设，学会问问题，如：希望在本地的书店买什么？会选择网上购物吗？这样的业务需要什么样的广告？什么产品比较热销？……

通过市场调研发现机会

借助市场调研，从环境变化中发现机会，是机会发现的一般规律。人们可以从企业的宏观环境（政治、法律、技术、人口等）和微观环境（顾客、竞争对手、供应商等）的变化中发现机会。如社会老龄化产生的老年需求热、独生子女产生的校外特长教育需求热、环境污染产生的优良环境需求热、食品安全问题产生的绿色食品需求热、下岗失业问题产生的就业需求热、网络时代的到来产生的网络游戏热等。类似的还有单亲家庭问题、城市扩大与农民转入城市问题、个体创业现象等。创业者可结合新热点和新需求，寻找和识别创业机会。

通过问题分析和顾客建议发现机会

问题分析从一开始就要找出个人或组织的需求及其面临的问题（表 3－2 列出了一些问题分析项目），这些需求和问题可能很明确，也可能很含蓄。一个有效并有回报的解决方法对创业者来说是识别创业机会的基础。这个分析需要全面了解顾客的需求，以及可以用来满足这些需求的手段。一个新的机会可能会由顾客识别出来，因为他们知道自己究竟需要什么。顾客们会提出一些诸如“如果那样的话不是会很棒吗”这样的非正式建议，留意这些，有助于发现创业机会。

表 3-2　　奥斯本的问题分析项目表

问题项目	是	否
1. 是否能改变它？如功能、形状、颜色、气味、速度、成本等		
2. 是否能替代它？如采用其他材料、零部件、能源、色彩等		
3. 是否能改进它？如更方便、更正确、更完美、更便宜等		
4. 是否能放大它？如增加、加重、加厚、加长、加大等		
5. 是否能缩小它？如省去、减轻、减薄、缩短、缩小等		
6. 是否能颠倒它？如上下、左右、正反、里外、前后颠倒等		
7. 是否能以某种方式重组它？如叠加、复合、化合、混合、综合等		

资料来源：刘平，李坚．创业学：理论与实践．北京：清华大学出版社，2009.

通过创造获得机会

这种方法在新技术行业中最为常见，它可能始于明确拟满足的市场需求，从而积极探索相应的新技术和新知识，也可能始于一项新技术发明，进而积极探索新技术的商业价值。通过创造获得机会比其他任何方式的难度都大，风险也更高，然而，如果能够成功，其回报也更大。如当当网、亚马逊等成功地将互联网技术引入图书销售业，艺龙旅行网和携程网等成功地将互联网技术引入旅游咨询服务业，形成了广阔的应用和开发前景。今天，互联网已深入人们的生活，极大地改变了人们的生活方式和消费观念。

三、 创业机会的评价

机会评价是创造过程中仔细审查创业并分析其可行性的阶段。评价是创造过程中特别具有挑战性的阶段，因为它要求创业者对创意的可行性采取一种公正的看法。创意需要符合一定的标准，才是真正的创业机会，而且创业机会只有符合创业者的能力和目标才是有价值的。

（一）有价值的创业机会的基本特征

价值性

创业机会是指能够带来商业价值的机会，它能使创业产生盈利，这是创业机会区别于其他机会的本质特征，也是创业机会受到创业者与投资者的追寻与青睐的根本原因。当然，这里说的价值性并不是说创业机会本身一定就具有直接价值，可以在市场进行交换，而是说它是可以带来价值增值的创业活动的极好的切入点，在这样的时空条件下创业，获得价值增值的可能性大，有利因素多。

时效性

创业机会产生于市场变化，存在于一定的市场环境之中。虽然从总体上看市场变化是持久的，但市场的每一次变化以及变化所带来的创业机会却是有时效性的。换言之，创业机会产生于一定条件下，随着环境的变化、消费者需求的转移，创业机会也会改变。因此，创业者必须及时地捕捉机会和适时地利用机会，否则时过境迁，只能落得个悔之晚矣。

客观性

创业机会的发现虽然是主观的，但创业机会的存在却是客观的，是不以人的主观意志转移的。无论人们是否意识到，创业机会总是客观地存在于一定的市场环境之中。从某种意义上说，创业机会就像一个等待人们去发现的宝藏，谁找到就是谁的，所不同的只是它过期不候。创业机会没有专属性，一个企业未能发现的机会，很可能会被另一个企业捕捉和利用。因此，无论是创业者还是创业的准备者，都应积极地从市场环境变化的规律中寻找机会。

拓展阅读

较好商业机会的特征

较好的商业机会具备以下几个特征。

第一，在前景市场中，前5年的市场需求稳步且快速增长。不难设想，如果某个商业机会的市场需求不能稳步而快速增长，新创企业将不可能驻足于足够大的盈利空间之中，也就不可能迅速成长起来。在激烈的市场竞争中，新创企业无疑会纷纷落马，这对创业者是极为不利的。

第二，创业者能够获得利用特定商业机会所需的关键资源。这里所称的资源，包括利用特定商业机会所需的技术资源、资本资源、财力资源、资信资源、公共关系资源等。

第二，创业者不会被锁定在“刚性的创业路径”上，而是可以中途校正自己的创业路径。市场千变万化，科技日新月异，政府政策不断调整，创业者需要根据这些变化不断调整自己的“创业路径”。创业路径，即创业的战略思路、组织结构、运营策略、市场技巧、技术路线等。如果创业者利用特定商业机会的创业路径是不可调整的，无论是因为主观的原因，还是客观的原因，创业者都不可能真正抓住和利用相应的商业机会。

第四，创业者可以通过创造市场需求来创造新的利润空间，谋取额外的企业利润。市场是可创造的；企业要占领市场、获取利润，往往需要靠自己去创造新的市场需求。

第五，特定商业机会的风险是明朗的，至少有部分创业者能够承受该机会带来的风险。在风险面前无所作为，是创业的大忌之一。然而，如果某一商业机会的风险不明朗，创业者无法搞清风险的具体来源及其结构，那么他就无法把握风险、规避风险或抑制风险，就无法降低风险损失、提高风险收益。

[资料来源：李家华，郑旭红，张志宏．创业有道：大学生创业指导．北京：高等教育出版社，2011.]

（二）创业机会的评价标准

“创业研究之父”蒂蒙斯非常重视创业机会的作用，为了帮助创业者识别创业机会，他提出了一个创业机会评价框架。这个评价框架涉及行业和市场、经济因素、收获条件、竞争优势、进入障碍、管理团队、个人标准、理想与现实的战略性差异等八个方面指标，其具体内容如表 3-3 所示。

表 3-3　蒂蒙斯创业机会评价框架

指标	具体内容	吸引力	
		最高潜力	最低潜力
		改变人们生活和工作的方式	只有不断提高
	市场	市场驱动、市场识别、收入夹缝市场的不断再现	不集中，一次性收入
	顾客	可以达到、订单	对其他品牌忠诚或者无法达到
	用户利益	小于 1 年的回收期	3 年以上的回收期
	增值	高，提前支付	低，对市场的影响力极小
	产品生命	长久	不长久
行业和市场	市场结构	不完美的、分散的竞争或新兴的行业	高度集中，成熟或衰退的行业
	市场规模	1 亿～10 亿美元的销售能力	不可知，不低于 2 000 万美元的销售潜力
	成长率	以 30%～50%的速度成长	收缩的或少于 10%
	市场容量	达到或接近全容量	容量不足
	可达的市场份额（5 年内）	20%或更多，市场领导者	少于 5%
	成本结构	低成本的提供者，成本优势	不断下降的成本
	投资报酬潜力	每年 25%以上，高价值	少于 20%，低价值
	资本要求	低等到中等，有资金基础	很高，没有资金基础
	内部收益率潜力	每年 25%以上	每年少于 15%
	自有现金流的特征	有利，持久；占销售额的 20%～30%，或更多	少于销售额的 10%
	销售额增长率	中等到高等（15%～20%）	少于 10%
经济因素	资产密集度	在销售额中所占比例低	在销售额中所占比例高
	正常运营资本	要求低，渐进性的要求	要求高
	研发或资本开支	要求低	要求高
	毛利	超过 40%，可持久	低于 20%
	税后利润	高，超过 10%；持久	低
	达到盈亏平衡点所需的时间	少于 2 年，盈亏平衡点不会缓慢上升	多于 4 年，盈亏平衡点缓慢上升

续前表

<table>
<tr><th rowspan="2">指标</th><th rowspan="2">具体内容</th><th colspan="2">吸引力</th></tr>
<tr><th>最高潜力</th><th>最低潜力</th></tr>
<tr><td rowspan="4">收获条件</td><td>附加值潜力</td><td>高战略价值</td><td>低战略价值</td></tr>
<tr><td>多重评估和比较评估</td><td>20 倍的收益本金比，8～10 倍的息前税前收入，1.5～2 倍的收入，8～10 倍的自由现金流</td><td>小于 5 倍的收益本金比，3～4 倍的息前税前收入，小于 4 倍的收入</td></tr>
<tr><td>退出机制和战略</td><td>当前和未来的期权</td><td>未确定的，非流动投资</td></tr>
<tr><td>资本市场内容</td><td>有利的估价、时机、可获资本，可实现流动性</td><td>不利，信贷紧缩</td></tr>
<tr><td rowspan="2">竞争优势</td><td>固定和可变成本</td><td>最低，高运营杠杆化</td><td>最高</td></tr>
<tr><td>对成本、价格和分销的控制力</td><td>适度到很高</td><td>弱</td></tr>
<tr><td rowspan="4">进入障碍</td><td>产权保护</td><td>拥有或能够得到</td><td>没有</td></tr>
<tr><td>反应/领导时间</td><td>竞争迟缓</td><td>不能到得优势</td></tr>
<tr><td>法律、契约优势</td><td>产权所有或排他性的</td><td>没有</td></tr>
<tr><td>契约和网络</td><td>很发达，可进入</td><td>初级的，有限的</td></tr>
<tr><td rowspan="6">管理团队</td><td>关键人物</td><td>最具才能的人物，一流团队</td><td>二流或三流团队</td></tr>
<tr><td>创业团队</td><td>全明星组合，自由经纪人</td><td>弱的或单个创业者</td></tr>
<tr><td>产业和技术经验</td><td>领域内顶尖的，有极佳的商业记录</td><td>不发达的</td></tr>
<tr><td>整合</td><td>高标准</td><td>有问题的</td></tr>
<tr><td>理性诚实</td><td>知道他们不知道什么</td><td>不知道他们不知道什么</td></tr>
<tr><td>致命缺陷</td><td>不存在</td><td>一个或更多</td></tr>
<tr><td rowspan="6">个人标准</td><td>目标和适配性</td><td>得到你想要得到的，但要想到你已经得到的</td><td>出人意料，如同在惊叫游戏中一样</td></tr>
<tr><td>上升/下降趋势问题</td><td>可实现的成功，有限的风险</td><td>线性的，在同一个连续体上</td></tr>
<tr><td>机会成本</td><td>可接受的工资缩减等</td><td>安于现状</td></tr>
<tr><td>愿望</td><td>与生活方式相适应</td><td>仅仅追求挣大钱</td></tr>
<tr><td>风险/回报容忍度</td><td>周密计算的风险，低风险、低回报率</td><td>风险规避或赌博者</td></tr>
<tr><td>压力承受力</td><td>在压力下茁壮成长</td><td>在压力下崩溃</td></tr>
<tr><td rowspan="2">理想与现实的战略性差异</td><td>适合程度</td><td>高</td><td>低</td></tr>
<tr><td>团队</td><td>一流团队，优秀的免费经纪人</td><td>二流团队，无免费经纪人</td></tr>
</table>

续前表

指标	具体内容	吸引力	
		最高潜力	最低潜力
理想与现实的战略性差异	服务管理	优异的服务理念	认为不重要
	时机	顺势而为	逆流而行
	技术	突破性的	有很多替代品或竞争者
	灵活性	能够适应，能迅速执行或停止	缓慢，顽固
	机会导向	总是寻找机会	动作不考虑环境，对商机浑然不知
	定价	处于或接近领先地位	存在低价出售产品竞争者，低价
	分销渠道	可得到，有分销网	未知，不可获得
	错误容忍空间	宽容战略	不宽容，刚性战略

资料来源：姜彦福，邱琼．创业机会评价重要指标序列的实证研究．科学学研究，2004，22（1）．

（三）评估创业机会价值的方法

评估创业机会的价值，有定性和定量两种评估方法。

定性评估

定性评估创业机会的流程包括五个步骤：（1）判断新产品或新服务将如何使购买者创造价值，判断新产品或新服务使用的潜在障碍，思考如何克服这些障碍，根据对产品和市场认可度的分析，得出新产品的潜在需求、早期使用者的行为特征、产品达到创造收益的预期时间；（2）分析产品在目标市场投放的技术风险、财务风险和竞争风险，进行机会分析；（3）在产品的制造过程中是否能保证足够的生产批量和可以接受的产品质量；（4）估算新产品项目的原始投资额，思考使用何种融资渠道；（5）在更大范围内考虑风险的程度，以及如何控制和管理那些风险因素。

定量评估

定量评估主要是进行商业分析中的经济效益分析，其任务是在初步拟订营销规划的基础上，从财务上进一步判断选定机会是否符合创业目标，一般是通过量、本、利分析法进行。其具体方法包括以下几个方面：（1）市场需求量的预测。通过市场需求量的预测，可以了解该机会所面临的市场状况及市场潜力，也是进行经济效益分析的基础。市场需求量的预测可以运用一定的数学方法来进行，主要方法有趋势预测法、因果预测分析法、市场调查分析法、判断分析法等。（2）成本分析。主要研究利用该机会所需付出的代价。成本分析应从投资成本、生产成本、营销成本等三个方面分析，可采用专门的成本预测方法，如直线回归法、趋势预测法。（3）利润分析。在市场需求量预测、成本分析的基础上，进行利润测算，一般可采用损益平衡模型、现金流量模型、简单市场营销组合模型、投资收益率等方法进行分析。

案例分析

案例一：半年做到6 000万元营收，凯叔要在内容付费红海中“讲故事”

“凯叔讲故事”，是一个在2～10岁的孩子以及他们的妈妈中间，非常有影响力的公众号。“凯叔”王凯是原央视主持人，很善于讲故事。2014年4月，王凯正式把启动半年来大受欢迎的“凯叔讲故事”当成事业来做，不到2年，这个公众号就有了400多万用户，坐拥庞大用户的王凯发展出了丰富的产品和赢利模式。2017年5月27日，“凯叔讲故事”品牌获得了来自新东方领投，挚信资本、浙数文化、艾瑞资本跟投的B轮融资，融资金额达9 000万人民币；2018年3月，“凯叔讲故事”正式对外宣布完成B+轮1.56亿人民币融资。

从财经主持人到教育创业者，跨度如此之大，王凯为何会选择投身教育行业？当前内容付费领域渐成“红海”，王凯怎样带领“凯叔讲故事”团队在其中扬旗沙场，搏出一条血路？我们可以从“凯叔讲故事”的发展历程中获得丰富的启示。

确认一个未被满足的“刚需”

讲故事是王凯从小养成的爱好，也是他和孩子相处的一个最重要和最有效率的方式。故事讲多了以后，孩子给“惯出毛病了”，每天都得讲三四个故事，而且不许重复。从孩子2岁讲到7岁，5年下来王凯就积累了海量的故事录音。

“付出这么多，只服务我家闺女好像有点亏了，不如和别人分享分享。”于是王凯就在大女儿的幼儿园家长群里分享了两个故事录音，这28个家庭的28个孩子就成了他的第一批用户，马上就有孩子听上瘾了，想听更多故事。王凯觉得这事有点意思，又把故事发到微博上，他的微博粉丝以男性为主，即使是这样，一个故事平均也有几百次转发。这两次尝试让王凯确认了一件事，很多家长和孩子需要这样的故事形式。

2013年9月30日，王凯开通了“凯叔讲故事”微信公众号，也没有刻意运营，就是让助手隔一天发一个故事录音。当用户积累到八九千的时候，王凯明显感觉这个社群的力量非常大，在微信后台每天会有一群孩子跟他语音聊天，而且频度非常高。

孩子跟王凯聊的东西，让他很受触动。有的孩子说，我在看书，一听爸爸妈妈又吵架了，凯叔你说我怎么办？有的孩子说，凯叔今天在幼儿园有谁欺负我了……有些话孩子可能未必会跟自己的爸爸妈妈说，但是他愿意跟凯叔说。有时候家长有一些育儿的困惑，也会和王凯聊聊。这些无保留的沟通对王凯的触动特别大，他开始有一种使命感。

2013年12月22日，王凯搞了一个互动活动，在公众号上发免费票，说活动现场只能容纳30个家庭，大家愿意来就来，结果30张票2分钟就被抢光了。王凯到了现场之后，这些孩子给他的感触是特别深的，没有人要求孩子们带礼物，但他们带着各种各样的礼物，大多数是画作，还有一个从天津来的小孩，拿着一个小雕塑，是他亲手用泡沫塑料给凯叔做的。那一瞬间王凯心中就有一个声音冒出来：“哥们儿这辈子就干这个了。”他果断把之前的创业项目全部清盘，过完年，2014 年 4 月 21 日，他带着两个小伙伴，租了一个两居室，正式开始运营“凯叔讲故事”。

后来公众号的发展进一步证明了孩子听故事这个“刚需”未被满足。王凯发现，很多幼儿园在主动播放他讲的故事，一个老师就能影响二三十个孩子，孩子听习惯后，回家一定会让爸爸妈妈给他放，而且他也会跟其他孩子去说。这种口碑的传播是非常快的，2015 年“凯叔讲故事”的用户数从六七十万增长到 400 万，现在每天新增用户仍有 6 000 多。

产品设计要高度场景化

在互联网时代，很可能一个好产品本身，就会带来用户量的激增，所以好产品本身就是一个最大的广告。经过各种实验，王凯认为好产品是需要高度场景化的。

王凯当了十几年的配音演员，曾是中国最年轻的小说演播艺术家、中央电视台最会讲故事的主持人，给孩子做这种讲故事的产品，对他而言是太轻松了。但一开始他却收到了很多家长的投诉，而且声音非常一致，批评他讲故事太生动，孩子都听上瘾了，听了一遍又一遍，一个又一个，结果耽误孩子睡觉了。

讲故事太生动反倒成了“罪状”，这让王凯领悟到，一个没有场景的产品，和垃圾无异。就像一个喜欢讲道理的人在大学是个好学者，但在家还是成天讲道理就不是个好伴侣，产品的好或坏也不是绝对的，而是取决于场景的。王凯在早期从没想过用户在什么时候听故事，听之前在做什么事情，听完之后会做什么事情，听故事的人有什么样的需求，放故事的人又有什么样的需求。王凯自己觉得这已经是好产品了，但是真正推到市场上就发现，有时候这个“好产品”反而给用户增添了麻烦。从那以后，王凯会不停地想象他的产品的各种适用场景，然后把一个产品分成不同适用场景来满足用户的需求。

结合这两种方法，王凯开发出了“睡前诗”：在讲完故事后，把一首考试会用到的诗按篇幅读个 7 遍到 15 遍，每一遍都会比上遍声音小那么一点点，到最后似有似无的时候孩子早就睡着了。一周之后，王凯得到了用户的热烈反馈：我的孩子早早就睡了，而且这么长的诗歌给背下来了，以后不用再逼着孩子背诗了。这样听个两三年，孩子就能积累起人生最底层的文化代码。因为用户的拥护，现在但凡有故事的产品，基本上都有睡前诗，这是王凯对产品做的一次大幅升级。

根据产品场景化原理，王凯团队还开发了一个收费产品，叫“《凯叔西游记》随手听”。这是一个非常简单的故事机，简单到里面只有《凯叔西游记》第一部 26 集的故事，你不能把这 26 集的故事拷到别的地方去，也不能把其他故事拷到这个故事机里，这个故事机就是为了这 26 集故事而生的。

有人说天底下不可能有这种产品，谁不是买一故事机里面存着成百上千个故事啊，市面上的故事机都是这么卖的，不但能听故事、听儿歌，还可以当复读机学英语，甚至可以连接用户的微信。但是凯叔团队通过市场调研发现，这些多功能故事机 80%的用户主要还是听故事，而且听的主要还是“凯叔讲故事”。于是，王凯就推出了这样一个“奇怪的”产品。虽然孩子们在微信公众号里听《凯叔西游记》一分钱不用，但这得在手机上听，而手机不可能一直跟着孩子，大人也不能允许，所以用户还是有购买这个产品的需求。这是典型的场景化产品。

王凯在设计产品（微信公众号）组合时，也很好地运用了场景化原理。

“凯叔讲故事”在2014年4月正式运营时，用户数是2万左右。尽管用户的回应度很高，但是同样重要的用户增长速度还不够快。原因是故事这个产品本身没有转发需求，也没有转发场景：孩子听故事时，妈妈爸爸也许把手机一开就去做别的事了，听故事的是孩子，孩子是不懂转发的，微信朋友圈都是父母的朋友，孩子也没有转发的欲望；再来看父母这边，他们做完事回来拿起手机退出“凯叔讲故事”，他们并没有听故事，也就没有转发的欲望。而微信公众号转发率越高，用户增长才会越快，王凯团队琢磨该怎么办？

他们思考了用户使用微信的场景，发现微信公众号主要是为文字阅读而生的媒体，所以文章的转发率高。王凯就开始精选育儿文章放在公众号推送的第二条，因为他们自己的公众号主要是讲故事的，故事是真正的产品，因此故事放在第一条。这样做他们发现转发量上去了，用户增长了，但增长速度还是不够快。于是他们就尝试着把育儿文章放在第一条，转发率一下子就上去了，用户增长速度也明显起来了。与此同时，放在第二条的故事的阅读量并没有下降，反而还在增加，这说明故事是“刚需”，不管放在第几条，孩子们都会听。至此，王凯团队终于深度理解了父母和孩子这两类用户对自己公众号的使用场景。

凯叔从讲故事这么窄的一个点出发，衍生出“凯叔盒子”“妈妈微课”以及未来的“凯叔任务”商城，产品越做越多，越做越宽泛，自然生长出一个比较复杂的商业生态。王凯说：“未来希望我们能成为一个儿童品牌。”

对于孩子们来说，凯叔还在讲故事就是最幸福的事儿。

[资料来源：http：//blog. sina. com. cn/s/blog _ 49b0c43c0102wdp9. html.]

分析

本案例带给我们启发主要有以下两点。

(1) 创业者要练就“捕捉商机”的火眼金睛。事实上，好的创意和商业想法并不等同于好的市场机会。商机就是市场释放和扩展的前奏，也代表着市场发展的水平、规模、质量和走向。商机最初的外在表现就是“未被满足的市场需求”，正如本案例中的凯叔，结合自身的兴趣和专长，一个好的“故事”让他“嗅”到了其中的市场，从未被满足的“刚需”切入，从最简单的讲故事开始，渐渐扩展到其他产品线。

(2) 创业者不仅要善于发现商机，还要善于将抽象的用户还原为生活在具体场景中的活生生的人。场是指时间和空间，用户在这个时空停留和消费；景指的是情景和互动。场景，意味着用户停留在这个时空里，要有情景和互动来触发用户的情绪。在不同的场景里，设计出最适合用户的产品和服务，给用户带来满意的体验。此外，不关起门来琢磨产品，而是积极与用户交互，是精准把握需求、降低产品多元化风险的高效方法。

案例二："90后"创办Keep，凭什么15个月用户3 000万

从0到1 000万用户，Keep用了289天；从1 000万到2 000万，Keep用了110天；从2 000万到3 000万，Keep用了68天。

467天获取3 000万用户，月活跃用户超过1 100万，Keep这款具有社交属性的健身工具类产品2016年5月刚完成C轮3 200万美元融资；2018年7月Keep完成1.27亿美元D轮融资，由高盛领投，腾讯、GGV（纪源资本）、晨兴资本、贝塔斯曼亚洲投资基金老股东跟投。

Keep创始人兼CEO王宁长着张娃娃脸，戴着黑框眼镜，穿着叶绿色冲锋衣、卡其色裤子，挽着裤脚。1990年出生的他，常被新员工当作实习生。"我们在获取用户上，到今天为止，都没有怎么花过钱，全是靠口碑走到今天。"王宁说。

2013年10月，身高1.76米、体重180斤的王宁意识到形象不利于找工作和女朋友，走路也喘得厉害，就开始减肥，他没钱去健身房请专业教练，就在知乎、贴吧等地方搜集健身"干货"，摸索着练习，10个月减肥50斤。

他发现，有关减肥的视频、文章更新很慢，而且要找到优质内容如大海捞针，也缺乏系统性。知乎、豆瓣、贴吧里的各种减肥组中的人也有这种困惑，如果有App聚合各种减肥信息就好了。王宁决定试试这件事。

2015年2月，Keep上线。

"埋雷"＋内测，积累第一批用户

上线109天，Keep获取100万用户。

在冷启动阶段，如何把用户从0做到数万甚至数十万，王宁团队采取"埋雷"的做法。

2015年1月，当时Keep针对的目标用户集中，就是运动或者减肥爱好者。王宁团队发现，这些目标用户分散在知乎（运动健身相关问答）、豆瓣小组、减肥吧、健身吧、微信群和QQ群里。这些渠道里的用户对健身方面话题关注热度很高，王宁就带着两三个运营人员深挖这些渠道，写一些健身、减肥的帖子。

这些帖子丝毫不提Keep，就是专注于运动健身的"干货"。当时互联网上相关的高质量的内容不多，因此在社会化媒体里聚集了很多粉丝关注。做了两三周，王宁团队拥有了一定话语权和影响力，Keep也上线了，Keep运营团队再在帖子里提到Keep，推荐这款"新上线的、挺不错的、几乎解决了所有事情"的App。尽管有广告色彩，但运营团队埋了很长时间的"雷"，分享了很多"干货"，获得了大家的信任，因此在Keep上线初期，所有目标论坛和群里的人都在讨论它，在Keep用户的核心群体里一下子火了。

从2015年1月Keep运营团队开始"埋雷"，2月上线点燃之前埋的"雷"，几乎每天新增上万用户。这样，Keep获得了第一批用户。

除了“埋雷”，王宁他们还做了另一手准备：组织内测活动。他们在新媒体上招募了一些内测用户，原计划是想邀请四百人参加内测活动。出乎意料的是，内测包发出去之后，这近四百人迅速把它推广给了好几千人。产品还未上线前，Keep 已经有四千多个注册用户了。

“这四千多个注册用户，像核武器一样，迅速爆发推广。这四千内测核心用户加上我们在新媒体里面埋的雷，两股力量一起往前推进就走到了今天。”王宁说。

除了运营，还要产品本身的力量。积累 20 万用户后，Keep 在商店分类榜 5~10 名的位置上下波动。苹果的编辑注意到了 Keep，在商店首页做了推荐，一下子用户量就上来了。Keep 是 2015 年苹果 App 商店年度精选，在大中华区苹果零售店摆的 iPhone 里全部预装了 Keep。

在产品设计上，Keep 鼓励分享，训练完的人也愿意在朋友圈、微博、QQ 空间这样的社交媒体里面秀一下，这个时候又会回流很多的用户进来，这是滚雪球效应，用户基数越来越大，滚的速度就会越来越快，辐射到的用户也越来越多。Keep 市场总监赵茜和她的同事每天会在微博上搜索跟 Keep 相关的内容，点赞、转发，用户得到鼓励，会更加积极地在微博上分享 Keep。

王宁认为 Keep 能走到今天，是因为：第一，产品足够简单。Keep 1.0 就只做一个功能——简单的运动视频，让用户动起来。第二，产品保持足够好的调性，不管是用户界面的调性，还是运营的调性，王宁希望年轻人使用 Keep 是给自己贴上年轻时尚标签。

Keep 用户中，按性别划分，女性用户占 55%左右。按年龄划分，“90 后”用户占 50%，“80 后”和“00 后”各占 20%。

雪球要滚得大，需要雪下得大、下得厚。王宁站在了消费升级、注重健康运动的大势上。中产阶层起来了，大家对运动对身材有了追求，现在很少有人认为你买了一个路易威登的包在朋友圈、微博里秀，就觉得你非常厉害，反而是在微博里面秀马甲线，别人才会觉得这个人是真的厉害。

在猿题库实习时结识合伙人

2012 年，王宁加入猿题库实习，见证了猿题库从 0 到 1 的过程，他带着 150 个实习生团队做新项目猿题库高考，从找房子、装修、招聘到管理这 150 个人的衣食住行，王宁积累了管理经验：“你可以理解为在运营一家迷你公司，除了技术部门没有接触，其他都做了。”

在猿题库实习时，王宁也不断摸索出一些技巧，小到 CEO 怎么给员工写邮件，大到公司如何做战略决策，他会去分析为什么 CEO 这么做。创业之后，王宁认识到猿题库踏实、有魄力，项目不好的时候快速转型。

猿题库的实习经历也让王宁收获了他的合伙人彭唯。

彭唯是猿题库产品经理，王宁觉得他和彭唯价值观相似，性格、做事风格又能互补：

“我的优势在团队整合、市场、运营上，彭唯的强项是产品、技术。”早期创业公司，技术、市场运营做好了，就能把产品做出来。

除了彭唯，还有王宁的一位大学同学、一位朋友加入技术团队，4个人的草台班子就开始做 Keep 1.0，花了两三个月时间、二三十万元开发出来，靠着朋友推荐获得了泽厚资本天使轮300万元投资。

2015年2月4日，Keep 正式上线。

在前期，王宁花费了更多时间在找团队上。他阅读了大量与创业相关的书，意识到团队最重要，需要他信任团队，团队也信任他。他不断筛选身边的人，与他们深度接触，像沙漏一样，一层层筛选，确定一两个人，合作一段时间。

做 Keep 过程中，王宁对团队管理最大的感悟是，彼此的信任非常重要，就像夫妻之间的信任一样。早期，王宁与彭唯分工不同，王宁负责市场运营，彭唯负责产品技术，两人在前期会进行充分的讨论，达成一致后，王宁就充分信任彭唯可以把这件事情做好。他觉得只要方向是对的，没有必要在细节上干涉合伙人特别多。

王宁是充分放权的人，他信任自己选择的人会做好事情。

做一个伟大的品牌

自2014年创立至今，Keep 瞄准中国健身群体中最庞大的年轻白领展开，在用户数量上持续保持增长，最新用户数量达到1.4亿。并且其运动内容当前已经涵盖了健身、跑步、瑜伽、骑行、足球、社区和饮食等领域，2018年也开始尝试与漫威作品、《环太平洋》、《热血街舞团》等进行合作。现在看来，围绕着这个生态，Keep 在尽可能纳入更多的内容，一方面是持续创造和保持目前的优势，另一方也在寻求更多变现的内容和渠道。

王宁喜欢 Airbnb（爱彼迎），认为那不仅仅是一款帮助人们找到房子的 App，也是分享精神的传道者。他认为每个伟大的公司一定传递着某种价值观，他希望把 Keep 做成一家伟大的公司。

［资料来源：http：//doc.okbase.net/lyb0924/archive/235723.html.］

分析

本案例中的王宁能创业成功，主要有以下几方面原因。

（1）善于发现机会和抓住机会。当发现机会后，他能够快速反应，并用果断的决策和大胆的行动开始了自己的创业之旅。

（2）选择了自己熟悉的市场，选择了与自己专业领域相关的创业项目。他在选择项目时，充分考虑了自己的专业优势和自身兴趣。这种学以致用的创业，具有更强的竞争优势。

（3）具有“不抛弃不放弃，坚持就是胜利”的韧劲。他在创业遇到挫折，大多数创业伙伴选择放弃的时候，仍然坚持。

（4）善于总结经验教训。王宁有很强的危机意识，即使项目飞速发展，他同样能够静下心来反思，并在认真总结经验教训的基础上，重新定位和规划自己的创业项目。

案例三：一站式服务引4 000万元风投

当越来越多人的信息开始来源于网络，越来越多的人在上下班途中翻看的是手机而不是报纸时，传统媒体意识到了向新媒体转型的紧迫。但庞大的人力、物力投入，加之网络技术的瓶颈，却成了阻碍传统媒体转型的门槛。“90后”女孩张稔梅从中看到商机，做起了“纸媒转型管家”，目前已与十几家传统媒体达成了合作意向，还引来了4 000万元风投。

张稔梅，1990年出生，四川美术学院美术学系的大四学生，重庆搜索科技发展有限公司的首席执行官，也是该公司创始人之一。

重庆搜索科技发展有限公司是一家从事互联网应用系统集成服务和计算机软硬件产品研发、生产、销售的企业。其主要产品涉及CmsSou全媒体网站管理系统、新媒体采编发系统、智能云存储、办公自动化系统等。该公司旗下有3家子公司：易媒广告联盟、靠谱广告联盟、北京智媒网络科技有限公司。目前正在运作千寻新媒体孵化项目。

大学期间，这位“90后”女孩曾在《经济日报》中国经济信息杂志社做编辑助理，在北京保利集团当过策划，大二、大三时就曾创办过一家研究炒股软件的科技信息公司……因在微博上向偶像马云叫板开始被关注，被媒体称为“重庆90后美女总裁”。在成立搜索科技后，她抛出“宝马车＋万元薪资＋项目抽成＋深造机会＋创业基金”的待遇，引发热议。

一站式服务帮传统媒体转型

“越来越多的人通过网络碎片式阅读来获取信息，这是必然的趋势。”坐在《重庆商报》记者面前的张稔梅轻声细语地说。

张稔梅介绍，她曾在北京一家国家级媒体实习，刚好经历了该媒体向新媒体业务的转型。在这一过程中，她看到了传统媒体在转型过程中面临的缺乏专业运营团队、前期投入大等难题。虽然有部分IT公司提供建站、软件开发、托管等服务，但很少有公司能做到一站式服务。

回到重庆后，张稔梅与合作伙伴吴雅琪一起，正式成立了重庆搜索科技发展有限公司，张稔梅任公司行政总裁，吴雅琪任营运总监。公司主攻新媒体项目，开发出CmsSou全媒体网站管理系统、新媒体采编发系统等。

如今，她们除了免费帮传统媒体建站/升级网站、生成App等新媒体类产品外，还可提供数据采集、内容发布、组织、传播、维护、运营等一站式全免费托管服务。“我们要把媒体从业人员从网络技术和运营中解放出来，让他们专注于做好内容，专业的人做专业的事。”张稔梅笑着说。

前期免费服务，后期分成

“对传统媒体来说，它们在转型过程中享受的是零投入和零风险。”吴雅琪介绍，与其他提供网站建设服务的企业相比，她们采用的运营模式最大的不同在于，前期提供的是全免费服务。无论是为媒体建立或升级网站，还是转型软件的开发以及全部技术投入，都由她们的团队承担，免去了传统媒体在资金、技术、运营上的所有风险。据估计，这一模式最少每年可以为传统媒体节约近80万元费用。

在这样的运营模式下，公司靠什么方式赢利？张稔梅的回答是："我们参与的是后期盈利分成。"现在很多传统媒体都在向新媒体转型，但受传统观念影响，它们并没有很好地利用新媒体的价值。而她们的团队就是要在传统媒体向新媒体转型期间，提升潜在的互联网赢利能力。后期广告投放、网站产品销售等都可以实现利润分成。

为在达成合作意向后能够吸引更多网络广告，张稔梅和吴雅琪还收购了两家专业的互联网广告公司。"我们有上万家广告主，收入方面应该不成问题。"张稔梅信心满满地说。艾瑞最新发布的2013年第一季度中国互联网络广告核心数据显示，国内网络广告市场规模已达到198.4亿元，比去年一季度上升38.9%。"未来，新媒体平台成熟后，将打造一个航母级广告平台，通过它为广大中小企业和创业者免费做产品推广。我们希望能帮助他们，将好的产品推出去，实现价值。"张稔梅说。

新项目引来4 000万元风投

张稔梅和吴雅琪的理念迅速得到了国内传统媒体的认同。

吴雅琪透露，公司已与十几家传统媒体达成合作意向，其中包括国内数一数二的文摘类期刊。该新媒体项目还引起了国内多家投资公司的关注，经过慎重选择，她们接受了其中两家抛出的橄榄枝，获得了4 000万元风险投资。

重庆市电子商务协会副秘书长王蜀生表示，张稔梅和吴雅琪抓住传统纸媒转型契机，与之形成合作关系，这一全新的运营方式发展前景很不错。

据了解，目前国内注册的传统纸媒有上万家，但在向新媒体转型的过程中，很多网站由于没有专业团队经营最终沦为摆设，能够实现新媒体业务赢利的不足十分之一。

不过，王蜀生也提醒，如今网络市场同样面临激烈竞争，部分大型网络媒体已经处于绝对优势地位，为传统媒体新建立起来的新媒体平台，要利用好原有传统媒体的资源，否则存在亏损风险。

[资料来源：http：//www.studentboss.com/html/news/2013-05-18/132876.htm.]

分析

张稔梅及其创业团队的成功，可以得出以下几点原因。

(1) 行业和市场定位准确。成功的创业者能够灵敏地捕捉到顾客的需求和愿望，以及市场的变化，并能快速对需求的变化和新的发展趋势做出反应。张稔梅在实习时看到传统媒体在转型过程中面临的种种问题和现状，敏锐的她看到了开发新媒体的商机和发展趋势，回到重庆后，与合作伙伴吴雅琪一起正式成立了重庆搜索科技发展有限公司，主攻新媒体项目，开发出 CmsSou 全媒体网站管理系统、新媒体采编发系统等，占领了市场先机。

（2）竞争优势明显。根据蒂蒙斯的创业机会评价框架，竞争优势的特征表现为对成本、价格和销售的控制较高，竞争对手尚未觉醒，竞争较弱等。张稔梅采取的运营模式主要是前期提供全免费服务，包括媒体建立或升级网站、转型软件的开发等，这对传统媒体来说极具诱惑力，而她们公司主要参与的是后期盈利分成，包括广告投放、网站产品销售等，这样的运营模式可以大大提升互联网潜在的赢利能力。此外，目前国内注册的传统纸媒有上万家，但在向新媒体转型过程中，很多网站由于没有专业团队经营最终沦为摆设，能够实现新媒体业务赢利的不足十分之一。张稔梅和吴雅琪的专业团队及时抓住了传统纸媒转型的契机，一站式全免费托管服务竞争优势明显，因而与十几家传统媒体达成合作意向，发展前景不错。

实践训练

一、 实训导航

蒂蒙斯教授提出的创业机会评价框架已经成为创业者进行自我评价以及风险投资人甄选创业项目的重要标准。阅读这些标准后，选择一两位身边认识的从事创业活动的亲友，做实地调查，看看他们是如何理解创业机会的特点的，并与蒂蒙斯教授提出的标准进行对比，看他们理解的创业机会是否有差异。

二、 实训项目

根据蒂蒙斯教授的创业机会评价框架，实地评估创业机会。建议项目 1～3 可在课堂上先由小组讨论，再集体讨论；项目 4 可作为课后个人作业或小组作业，在下一次课时再上交或汇报。

1. 有价值的创业机会的特征有哪些？

2. 影响创业机会识别的因素有哪些？

3. 如果你要对某个创业机会进行识别，需要做出哪些方面的分析？

4. 搜集一些失败的创业案例，并用机会识别和选择中的框架分析这些创业者失败的主要原因，分析是否存在致命缺陷，并提出改进方法。

三、 方法策略

1. 项目 1～2 可通过小组讨论方式，根据蒂蒙斯教授的创业机会评价框架，写出有价值的创业机会的特征和识别创业机会的影响因素。

2. 项目 3 可通过个人或小组头脑风暴方式，以书面形式把所想到的都列出，再一一识别、分析，根据问题进行思考，并写下答案。

3. 项目 4 可通过实地调查、访谈身边的创业人物和搜集书面材料进行，总结他们的创业历程，对有价值的创业机会识别进行思考和分析，写下总结。

模块二　创业风险

创业是不拘泥于当前资源条件的限制对机会的追寻，将不同资源组合以利用和开发机会并创造价值的过程。风险与机会同在，并伴随创业的全过程，是创业活动的固有属性。对创业者而言，除了风险外，没有什么是确定的。在创业过程中，创业者必须清晰地了解以下问题：创业需要面对哪些风险？如何有效地识别风险？如何有效地管理风险？

知识点梳理

在通常意义上，风险是指导致各种损失事件发生的可能性或不确定性。创业风险则特指在创业过程中，由创业环境的不确定性、商业机会的模糊性、创业者和创业团队能力的有限性、创业企业整体实力的有限性以及创业企业管理的复杂性，导致创业活动偏离预期目标，导致创业失败或给创业者和创业企业带来损失的可能性。

一、 创业风险的特征与分类

（一）创业风险的特征

客观性

在创业过程中，由于内外部事物发展具有不确定性和不平衡性，创业风险必然会出现，这是一种不以人的意志为转移的客观存在。迄今为止，国内外所有的创业统计研究均表明，创业是一种高风险的活动，以 3 年为限，创业企业的成活率不足 30%。即使那些能够顺利生存和发展的创业企业，也需要面对各种各样的风险。创业风险的客观性要求我们采取客观的、正确的态度正视风险，并积极地对待风险。

不确定性

不确定性是指创业风险的发生是不确定的，风险何时发生、在什么地方发生、程度有多大均是不确定的。由于对客观世界的认识受到各种条件的限制，人们不可能准确预测风险的发生。在创业过程中，创业者面临着各种各样的不确定性，如新技术难以产业化、创业资金筹集不足、市场需求预测过于乐观、竞争对手采取狙击行动、政府政策出现调整等，均可能导致创业失败。

可测量性

尽管创业风险具有不确定性，但任何事物的发生都是有其必然性的，都是有规律可循的。随着科学技术的进步和创业者自身素质的不断提高，随着创业研究的不断深入和人们对创业活动的认知不断提升，创业风险的规律性是可以被认识和掌握的。创业者可以通过定性或定量的方法，对创业风险进行测量和评估，并在此基础上推断创业风险的分布、强度及发生的概率。

相对性

创业风险是相对的、变化的。不同的对象有不同的风险，而且随着时间、空间的改变，创业风险也会发生变化。不同的创业主体，面对同一风险事件，会产生不同的风险体验和风险结果，因为他们对风险的认知是有差异的，所拥有的创业资源的数量、质量和结构不一样，风险承受能力各不相同，所采取的风险管理决策也不尽一致。

双重性

与自然灾害、意外事故等带来的风险只会产生损失不同，创业活动所面临的主要风险是和创业的潜在收益共生的。对创业者而言，为了获得潜在的创业收益，必须要承担相应的创业风险。如果能够很好地防范和化解创业风险，创业收益就会有很大程度的增加，即风险是收益的代价，收益是风险的报酬。

（二）创业风险的分类

要对创业风险进行有效的管理，首先需要对创业风险按照多个标准进行分类（见图 3-4），以便对其有全面的了解。

按创业风险的内容划分

（1）项目风险。项目风险是指由各种主客观因素导致的项目选择错误和项目运行失败。在商业机会的识别与评估过程中，由于各种主客观因素的影响，如信息获取不足、逻辑推理偏误、项目评估不科学、高估商机可行性、低估风险与难度等，错误地选择创业项目，或错误地放弃原本有价值的创业项目，使创业面临一开始就出现方向错误的风险。另外，即使选择了合适的项目，也并不意味着创业就一定会成功。因为在项目运行过程中，还会有很多风险，如创业者没有能力整合足够的资源运行项目，市场上忽然出现了更有竞争力的同类产品或服务，等等。这些风险一旦出现，就有可能使创业活动无法继续进行下去。

（2）市场风险。市场风险是指由于市场情况具有不确定性，导致创业企业收益或损失也具有不确定性。市场风险包括市场对新产品的接受时间与接受能力的不确定性、产品扩散速度的不确定性、售后服务的不确定性、新企业市场竞争能力的不确定性等。例如，贝尔实验室在 20 世纪 50 年代就推出了图像电话，但 20 年之后该技术才被市场接受。又如，摩托罗拉公司耗资 50 亿美元所开发的“铱星”通信系统，在技术上很先进，但当其在 1998 年底投入商业应用后，却一直无法形成稳定的客户群体，最终铱星公司不得不关门大吉。

（3）管理风险。管理风险是指在创业过程中因管理不善而导致创业失败的风险。创业者并不一定是出色的企业家，也并不一定具备出色的管理才能，当创业企业发展到一定规模，原来松散的管理方式很容易导致风险事件的发生。创业企业的管理风险主要包括人力资源管理风险、营销管理风险、管理制度风险等。其中，人力资源管理风险主要包括创业团队分裂、员工招募不当、关键员工流失、人员配置不科学等风险；营销管理风险包括新产品市场定位不准、营销策略失误、营销人员管理松懈、营销执行力不足等风险；管理制度风险包括管理制度缺失、制度制订不科学、制度执行不力等风险。

（4）财务风险。财务风险是指由于企业财务结构不合理、融资不当，使企业丧失偿债能力而导致投资收益下降或破产的风险。创业企业的财务风险主要包括筹资风险、投资风险、现金流风险。其中，筹资风险是指筹资不足、筹资形式不当、筹资结构不合理、筹资时机选择不恰当等风险；投资风险是指投资项目不能达到预期收益，影响企业赢利水平和资金回收的风险；现金流风险是指由现金流入不确定造成的风险，鉴于权责发生制原则，确定的收入并不一定能够带来确定的现金流量。

（5）技术风险。技术风险是指由于拟采用技术的不确定性，以及技术与经济互动过程的不确定性，导致创业活动达不到预期目标的风险。技术的不确定性既包括企业现在拥有的技术本身功能与成长的不确定性，如新技术本身不成功、技术无法向新产品有效转化、新技术的市场前景不明朗等，也包括与之相关的配套技术和替代技术的变动所带来的不确定性。特别是对于高新技术企业而言，企业之间的技术竞争十分激烈，技术的生命周期越来越短，现有技术很容易被更新的技术替代。

按创业风险的来源划分

（1）系统风险。系统风险源于企业之外，是微观决策主体无法左右、无法影响的与宏观的政治、经济、社会等方面相联系的风险。系统风险由共同的宏观因素引发，一旦发生，通常对所有的行为主体均产生影响，因此又称不可分散风险。政治方面，如政权更迭、战争冲突等；经济方面，如利率上升、汇率调整、通货膨胀、能源危机、宏观经济政策与货币政策等；社会方面，如体制变革、所有制改造等。需要指出的是，虽然微观决策主体无法左右系统风险的发生，但我们仍然可以采取各种各样的措施来防范、规避、转移和化解各种系统风险，以免它给企业带来损失。

（2）非系统风险。非系统风险则源自企业内部，是微观决策主体本身的商业活动和财务活动所引发的风险。非系统风险跟外部宏观环境无关，只由某一企业自身的特殊因素引发，往往也只对个体企业产生影响。创业企业的非系统风险包括创业团队风险、创业融资风险、投资风险、技术风险、市场风险、新创企业管理风险等。

按是否可通过保险转嫁划分

（1）可保风险。可保风险是指可以通过购买保单、支付保险费向保险公司进行转嫁的风险，如员工医疗保险、养老保险、失业保险、工伤保险、生育保险、交通车辆的第三者责任险、建筑物的火灾保险等。可保风险建立在大数法则和统计规律的基础上，当有众多同类标的处于相同的风险之中时，保险公司就可以通过收取保险费的方式使风险在众多标的之间进行分摊。某一个保险对象一旦发生损失事故，就可以从保险公司获得补偿以减少损失。

（2）不可保风险。不可保风险是指由于风险发生的概率不确定，或处于相同风险中的标的数量不够多，导致相应的保险品种缺失而不能使风险在风险标的之间进行分摊。可保风险与不可保风险的分类为创业企业提供了一种基本的风险管理方法：对于可保风险，创业企业应该向保险公司转嫁；对于不可保风险，创业企业应采取防范、避免、自留、抑制等方式降低风险事故发生的危害。

- 创业风险
  - 按创业风险的内容划分
    - 项目风险
    - 市场风险
    - 管理风险
    - 财务风险
    - 技术风险
  - 按创业风险的来源划分
    - 系统风险
    - 非系统风险
  - 按是否可通过保险转嫁划分
    - 可保风险
    - 不可保风险

图 3－4　创业风险分类

拓展阅读

大学生创业的七大风险

上海向阳生涯管理咨询有限公司首席职业规划师洪向阳认为，大学生创业的风险主要有以下七个方面。

(1) 管理风险。创业失败者，基本上都是管理方面出了问题，其中包括决策随意、信息不通、理念不清、患得患失、用人不当、忽视创新、急功近利、盲目跟风、意志薄弱等。特别是大学生知识单一、经验不足、资金实力和心理素质明显不足，更会增加管理上的风险。

(2) 资金风险。资金风险在创业初期会一直伴随在创业者的左右。是否有足够的资金创办企业是创业者遇到的第一个问题。企业创办起来后，创业者就必须考虑是否有足够的资金支持企业的日常运作。对于初创企业来说，如果连续几个月入不敷出或者因为其他原因导致企业的现金流中断，都会给企业带来极大的威胁。相当多的企业在创办初期因资金紧缺而严重影响业务的拓展，甚至错失商机而不得不宣布倒闭。

(3) 竞争风险。寻找蓝海是创业的良好开端，但并非所有的新创企业都能找到蓝海。更何况，蓝海也只是暂时的，所以，竞争是必然的。如何面对竞争是每个企业都要随时考虑的事情，而对新创企业更是如此。如果创业者选择的行业是一个竞争非常激烈的领域，那么在创业之初极有可能受到同行的强烈排挤。一些大企业为了把小企业吞并或挤垮，常会采用低价销售的手段。对于大企业来说，由于规模效益或实力雄厚，短时间的降价并不会对它造成致命的伤害，而对初创企业来说则可能意味着彻底毁灭的危险。因此，考虑好如何应对来自同行的残酷竞争是创业企业生存的必要准备。

(4) 团队分歧的风险。现代企业越来越重视团队的力量。创业企业在诞生或成长过程中最主要的力量来源一般都是创业团队，一个优秀的创业团队能使创业企业迅速地发展起来。但与此同时，风险也就蕴含在其中，团队的力量越大，产生的风险也就越大。一旦创业团队的核心成员在某些问题上产生分歧不能达到统一，就极有可能会对企业造成强烈的冲击。事实上，做好团队的协作并非易事。特别是与股权、利益相关联时，很多初创时合作良好的伙伴会闹得不欢而散。

（5）核心竞争力缺乏的风险。对于具有长远发展目标的创业者来说，他们的目标是不断地发展壮大企业，因此，企业是否具有自己的核心竞争力就是最主要的风险。一个依赖别人的产品或市场来打天下的企业是永远不会成长为优秀企业的。核心竞争力在创业之初可能不是最重要的问题，但要谋求长远的发展，它就是最不可忽视的问题。没有核心竞争力的企业终究会被淘汰出局。

（6）人力资源流失风险。一些研发、生产或经营性企业需要面向市场，大量的高素质专业人才或业务队伍是这类企业成长的重要基础。防止专业人才及业务骨干流失应当是创业者时刻注意的问题，在那些依靠某种技术或专利创业的企业中，拥有或掌握这一关键技术的业务骨干的流失是创业失败的最主要风险源。

（7）意识上的风险。意识上的风险是创业团队最内在的风险。这种风险是无形的，却有强大的毁灭力。风险性较大的意识有投机心态、侥幸心理、试试看的心态、过分依赖他人、回避责任的心理等。

洪向阳认为，大学生创业过程中所遇到阻碍并非仅此七点，企业在发展过程中，随时都可能有灭顶之灾的风险。保持积极的心态，多学习，多汲取优秀经验，结合大学生既有的特长优势，我们相信，大学生创业的脚步，会越走越远，越走越稳。

［资料来源：李黄珍．大学生创业的七大风险．职业，2008（6）.］

二、 创业风险的管理流程与管理方法

创业风险管理是指创业者对创业风险进行识别、衡量、分析、评价，并在此基础上有效地处置风险，以最低成本实现最大安全保障的科学管理方法和管理过程。创业风险客观存在，不可避免，但有规律可循。这就要求创业者主动地认识风险，积极地管理风险，有效地控制风险，以保障创业企业的生存和健康成长。但和成熟企业往往有一个专门部门和高级经理主管企业所面临的风险不同，创业企业由于规模较小，其风险管理的任务主要落在创业者身上。

（一）创业风险的管理流程

在长期的生产实践中，人们已经形成了风险管理的基本原则和基本程序，企业通常依此来管理其所面临的风险。风险管理的程序一般包括风险识别、风险评估、风险管理方法的选择、实施效果的评价，而上述程序实施的目的，就是要使风险始终处于受监控状态，即通过跟踪已识别的风险、监视残余风险和识别新的风险，保证创业活动按既定的计划不断推进（见图3-5）。

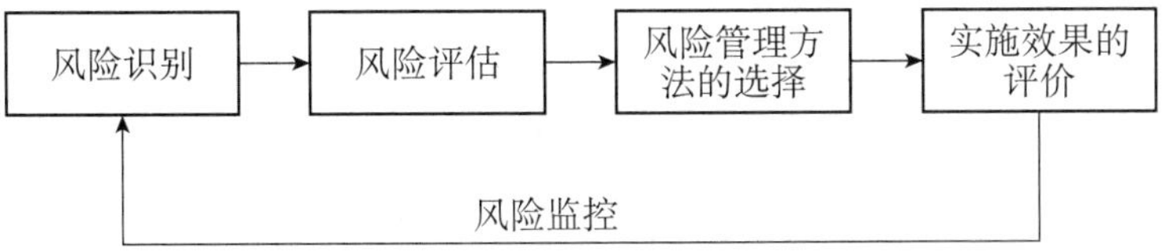

图 3-5　风险管理的流程

风险识别

风险识别是指在风险事件发生之前，风险管理人员在搜集资料和调查研究的基础上，运用各种方法对尚未发生的潜在风险进行系统归类和全面识别。风险识别是风险管理的基础，其任务是查明各种不确定性因素和风险来源，辨析各种风险之间的关系，预估各种风险事件的可能后果，确定哪些因素对创业构成威胁，哪些因素可能带来机会，为风险管理做好准备。风险识别的主要内容包括识别风险存在的主要领域、识别引发风险的主要因素、识别风险性质、识别风险概率和识别风险后果。常用的风险识别方法有以下四种。

（1）环境分析法。环境分析法是指通过对企业内外部环境的分析，明确机会和威胁，对比企业的优势和劣势，找出该环境可能引发的风险和损失。环境分析法的重点是分析环境的不确定性及其变动趋势可能给企业经营带来的风险。

（2）财务状况分析法。财务状况分析法是根据企业的资产负债表、损益表、现金流量表等财务报表，对企业总体的和局部的财务状况进行分析，以便从财务的角度发现企业所面临的潜在经营风险的一种分析方法。

（3）流程图法。流程图法是将企业经营全过程，按其内在的逻辑关系制成流程图，针对流程中的关键环节和薄弱环节进行调查分析，找出可能存在的潜在风险，并分析该风险存在的原因和可能造成的损失程度。

（4）保险调查法。保险调查法是指委托保险公司或保险咨询机构，对潜在损失和由于风险事件的出现可能造成的消极影响、赔偿责任进行调查分析，提出预防风险损失出现的措施，并向企业建议可自留的项目和应向保险公司投保的项目。

风险评估

风险评估是指在风险识别的基础上，对可能发生的某类风险的预计、度量和后果估计等工作，也可以对企业总体的风险水平进行测量和评估。在这一阶段，可按照相关风险发生的概率进行分类，进行风险概率的评估，同时对风险事件带来的损失规模与幅度进行分析，从而使风险分析科学化。把风险事件发生的概率、损失的程度与其他综合因素结合起来考虑，确定风险发生的可能性及其危害程度，通过比较管理风险所支付的费用，决定是否需要采取风险控制措施以及控制措施采取到什么程度，从而为管理者进行风险决策、选择最佳风险管理方法提供可靠的依据。

风险管理方法的选择

在风险评估的基础上，为实现风险管理的目标，选择最佳的风险管理方法是风险管理的实质性内容。风险管理方法分为控制型和财务型两大类。控制型方法的目标是降低风险事件发生的频率和减少风险事件造成的损失的程度，重点在于改变引发风险事件发生的各种条件，同时创造防止损失扩大的各种条件。财务型方法的目的是以提供专项资金的方式，消化发生损失的成本，即对无法控制的风险进行财务安排。

实施效果的评价

风险管理是一个持续的过程，对风险管理方法的实施效果进行评价无疑是必要的。新的风险暴露出来，或者预期的损失概率或损失幅度发生了显著的变化，需要对原有决策进行重新评价。风险管理的效果评价是指对风险管理技术的适用性及其收益情况进行分析、检查、评估和修正。通过效果评价，企业可以保证具体的管理方法与风险管理目标相一致，并使具体的方法具有可操作性和有效性。

（二）创业风险的管理方法

创业风险的管理方法，是指通过不同的手段和措施，使因创业风险而发生的损失最小化，以达到最大安全保障的过程。创业风险的管理方法有很多，但最常见的有风险回避、风险预防、损失抑制、风险转嫁和风险自留等几种。

风险回避

风险回避是指放弃某一计划或方案，以中断风险来源，从而避免由此带来的损失后果。风险回避是一种从根本上消除特定风险的办法，但也是一种消极的处理方法。因为除了只有“损失”一种结果的纯粹风险外，多数风险都和收益相连，没有风险就没有收益，因此，回避风险虽然简单易行，但它往往意味着收益机会的流失。风险回避通常在两种情况下采用：一是在某种特定风险所导致的损失概率和损失幅度相当高时，二是在用其他方法处理风险得不偿失时。

风险预防

风险预防是指在风险事件发生前，为了降低风险发生的概率和控制风险发生带来的损失幅度，采取各种具体措施以消除或减少可能引发风险的各种因素。风险预防是风险管理的最常规方式，其具体措施可分为“工程物理法”和“人类行为法”两种。“工程物理法”就是损失预防措施侧重于风险预防的物质因素的一种方法，如防火结构的设计、防盗装置的安装等；“人类行为法”是指损失预防侧重于人们行为教育的一种方法，如职业安全教育、消防教育等。

损失抑制

损失抑制是指在风险发生时或风险发生后，为缩小损失幅度或损失强度而采取的各种措施。它也是处理风险的有效技术。损失抑制的一种特殊形态是割离，这是指将风险单位割离成独立的小单位而达到缩小损失幅度的一种方法。损失抑制法通常在损失幅度高且又无法避免和转嫁的情况下采用，如损失发生后的各种自救措施和损失处理等。

风险转嫁

风险转嫁是指为了避免承担风险损失，利用合法的交易方式和业务手段，有意识地将风险全部或部分地转移给他人的一种风险管理方式。转嫁风险的方式主要有两种：保险转嫁和非保险转嫁。保险转嫁是指向保险公司缴纳保险费的同时将风险全部或部分地转嫁给保险公司。非保险转嫁又细分为两种方式，一是转让转嫁，二是合同转嫁。转让转嫁一般适用于投机风险，如当股市行情下跌时卖出手中的股票。合同转嫁是指将具有风险的生产经营活动外包给他人，并在合同中规定由对方承担风险损失，如通过承包合同将某些高风险的研发活动外包给合作单位。

风险自留

风险自留是指行为主体对风险的自我承担。风险自留有主动自留和被动自留两种。主动自留是指在风险所导致的损失概率和幅度较低、损失较好预测，以及最大损失不影响企业财务稳定的情况下，企业主动将风险自留下来。在这样的情况下采用风险自留的成本要比其他风险处理方式的成本低，而且方便有效。被动自留是指风险无法回避，无法排除，也无法将风险转嫁给第三方，只能采取自留的方式。

风险管理者通常会尽可能地回避并排除风险，把不能回避或排除的风险转嫁给第三方，不能转嫁的或损失幅度小的风险则可采取自留的方式。对于创业企业而言，究竟选择哪种风险管理方式更合理，需要根据风险评估的结果和具体的环境进行选择。对于损失金额很小的风险适宜采取自留的方式；对于那些出现概率大，损失金额高的风险，如财产责任风险，则宜采取转嫁的方式；而对诸如项目选择风险、人力资源风险、财务风险、环境风险等则宜采取预防和抑制的方法来处理。

三、 创业风险的管理策略

创业企业是风险集中的组织，在创业过程中，创业者和新创企业主要面临着创业项目选择风险、人力资源风险、市场风险、财务风险和技术风险等，下面将对这些主要创业风险的管理策略逐一进行解读。

（一）创业项目选择风险的管理策略

项目选择是创业活动的开端，选择一个好的创业项目，是防范创业风险的第一步和关键所在，也就是说，风险回避是创业风险管理的第一策略。尽管在创业项目的选择上多数创业者都经过了一段相对较长时间的考虑，或者按照相应的标准进行了认真筛选，但由于各种主客观因素的影响，不少创业者选错了创业项目，使创业一开始就出现了方向性的错误。在我们分析很多创业失败的案例时就会发现，由于项目选择不当，失败的命运在创业之初就已经注定，让人扼腕叹息。该如何规避创业项目选择的风险？以下策略值得关注。

掌握创业规律，强化商业认知

要选择好的创业项目，从源头上防范和规避创业风险，关键是要提高创业者发现、分析、选择创业项目的能力。很多人创业失败，是因为其对商业的本质缺乏认知，不懂创业规律，也不具有创业的相关知识和技能。这样的创业者，实际上是缺乏历练的创业者，是没有创业基础的创业者，是盲目的创业者。在选择创业项目选择时，这样的创业者往往只有一腔热情，没有理性的思考能力，也没有成熟的商业眼光，无法选择好的创业项目是必然的，选择到了好的创业项目反而是偶然的。因此，要规避创业项目的选择风险，首先要提高创业者自身的素质，做一个合格的创业者。

充分调查研究，深刻理解创业项目

当创业者初步选定某一创业项目后，要对该项目进行全面细致的调查研究。每一个行业都有不同于其他行业的内在规律，俗话说“隔行如隔山”，就是说一个行业独特的内在规律，行外人是很难了解的。创业者必须成为“内行人”，成功的概率才能变大，这也就是人们所说的“不熟不做”。当然，要做到充分的调查研究和深刻的审视所选的创业项目并不容易，因为这不仅要创业者花费大量的精力和付出艰苦的劳动，还要创业者抛掉类似“某某项目很有前景”的先入为主的看法，冷静客观地做出判断。例如，著名企业家、软银集团总裁孙正义当初从美国毕业后回到日本，选择了40个可能的创业目标，花了整整一年的时间逐个进行考察，写出了几尺厚的资料，经过反复论证，最后选择了做软件，成为他商业传奇的起点。

知己知彼，实现与商机的相互匹配

商业机会是一种客观的存在，好的创业项目是创业者和商业机会良性互动的起点，而成功则是两者相互匹配的必然结果。创业者是一个充满个性的群体，创业者之间在性格、能力、经验、财富、社会资源等方面有着巨大的差异。而商业机会也各不相同，有的机会大，有的机会小，有的机会长久，有的机会短暂，有的机会需要的投入大，有的机会需要的投入小，有的机会回报快，有的机会回报慢，等等。但有一点很清楚，即创业者只有做到“知己知彼”，选择自身可以掌控和驾驭的商业机会，创业才能有迈向成功的基础。因此，创业选项目，其实选择的是自己，是让创业者自己的优势和资源与商机的特点和要求相互匹配，并形成良性互动，共同成长。

遵守基本原则，谨慎进行项目选择

学者们根据众多的创业实践，总结了不少有关创业项目风险防范的基本原则和基本经验，值得创业者借鉴。

(1) 遵循优势利用原则，不盲目追求热门生意。要选择创业者自己熟悉并拥有资源优势的项目，充分利用当地的资源优势和创业者自身的优势来创业，做到“人无我有”“人有我优”，而不盲目追求社会经济热点，看到别人做什么生意赚了钱，就盲目仿效跟风，以避免决策失误。

(2) 遵循市场导向原则，不盲目追求技术的先进性。要以满足市场需求为导向，来评估某项新技术是否真正具有市场前景，也即不仅要考虑技术的技术性，更要考虑技术的市场性，把重点放到需求可观、发展前景广阔的创业项目上。

(3) 遵循趋利避害原则，不违背政策潮流。创业者要有宽广的视野，对国家政策和社会经济的发展趋势一定要有掌握，才能顺势而为，趋利避害。所选择的创业项目要符合技术创新、区域经济发展、产业结构升级、制度变革、社会发展的大趋势，要符合国家和地区的产业政策，坚决回避政府产业投资明确限制的项目。

(4) 遵循找准切入口原则，不贪大求全。创业和一般的项目投资不一样，面临很强的资源约束，在创业初期绝不能贪大求全，四处出击，总想一口吃成个大胖子，到头来反而要吃大亏，而是要聚焦，要资源集中，要找准一个市场切入口，平顺地切入市场。虽然这样看起来好像发展比较慢，但实际是稳打稳扎，可以完全掌控和驾驭，不用为亏本担惊受怕，还能积累商业经验，等到在市场站稳脚跟后，创业者再根据实际情况逐步拓展自己的创业版图。

(5) 遵循量力而行原则，不大量借贷投资。创业者往往资金并不多，需要白手起家。由于创业者经济相对比较拮据，又希望手中有限的资本能够增值，只能赢，不能亏，因此，开始创业时，要根据自身的情况量力而行，不能借贷太多。因为大量借贷风险大，心理压力很大，极不利于创业者经营能力的正常发挥。如果创业项目所需的投资远远超出创业者自有资本，如果不能找到适合的合伙人来分担投资，也不能获得天使投资的话，创业者应当等待或放弃。

(二) 人力资源风险的管理策略

创业人力资源风险是指在创业初期和成长期，由人力资源原因而导致的经营风险，主要包括创业团队风险和关键员工流失风险。创业团队风险主要是指团队成员的素质、团队的组织协作能力、团队的稳定性、团队的环境适应能力等方面的风险。关键员工流失风险是指那些具有特殊才能、负责核心业务、控制关键资源的员工离开创业企业而导致的风险。下面我们分别对这两类风险的管理策略进行阐述。

创业团队风险的管理策略

(1) 谨慎选择创业团队成员。就像选择人生伴侣一样，选择创业团队成员，就是选择了一生事业的合作伙伴。选择正确，能够促使事业蒸蒸日上；选择错误，可能让事业毁于一旦。因此，谨慎选择创业团队成员，是创业团队风险管理的关键。现实世界不能保证所有人都是高素质、高品德的人，而且哪怕是德才兼备的人，也并不一定在价值观、性格、能力等方面适合开发这个商业机会的需要。因此，创业团队的主要成员，尤其是团队领导，应该以足够的理性来选择团队成员，而不能因为是兄弟姐妹、亲朋好友、同学同事、战友老乡等就草率决定。

(2) 形成团队的共同价值观和愿景。在谨慎选择团队成员的基础上，创业团队还需要形成团队的共同价值观和愿景。要让所有的团队成员对于“我们是谁”“我们要做什么”“我们为什么要创业”“我们创业的使命是什么”“我们的共同目标是什么”这些关键命题达成一个清晰的共识，并用这些共识去指导整个团队和每个成员的行为。有了共同的价值观和愿景，团队成员才会形成长远的凝聚力和战斗力，为完成团队的共同目标而不懈努力，而不是在个人利益上斤斤计较或缺乏持续的工作热情。

(3) 明确团队成员的权利和责任。除了共同的价值观和愿景外，创业团队必须明确团队成员之间的角色分工，明确每个成员在团队中的权利、利益和责任，并建立良好的利益协调机制，以达成权责利的统一。创业团队的领导人要责无旁贷地对团队成员的角色分工、工作职责、持股比例、工资奖金等做出公平的决定。需要指出的是，这里所说的公平并不是指创业团队成员在权责利方面的分工和分配人人平等，而是有差异的公平，是根据各个成员的投入多少、能力强弱、责任轻重、贡献大小等来进行公平合理的分工和分配。这样既有利于团队的决策和管理，也有利于团队的长期稳定。

（4）制定并遵守团队规范和团队纪律。创业团队必须是一个有战斗力的团队，要有良好的团队规范和严明的团队纪律，而不能松松垮垮，一团和气。不少创业团队在团队建设过程中，过于追求团队的亲和力和人情味，认为“团队之内皆兄弟”，因而导致管理制度不完善或有制度却形同虚设，带来无穷的后患。美国通用电气公司的前行政总监杰克·韦尔奇说：“指出谁是团队里最差的成员并不残忍，真正的残忍是对成员存在的问题视而不见，文过饰非，一味充当好人。”对于这一点，每一个创业团队都要有清晰的认识。

（5）建立创业团队的动态调整机制。因为企业的创建与发展是一个动态的过程，创业团队应该具有动态的发展观念。随着时间的推移，创业团队最初的很多安排会变得不合时宜，不再合理，不再适用，不能反映团队成员的实际贡献，创业团队的组成也往往会发生变化，有成员离开，有成员补充进来。具有发展观念的创业团队要建立一套相对完善的调整机制，进行团队内部调节，这样既有利于成员体面地离开，也有利于新成员的顺利加入。创业团队的动态调整机制包括公平的业绩衡量机制、合理的股份转让机制、良好的晋升机制、科学的股票期权机制等。

关键员工流失风险的管理策略

（1）识别关键岗位和关键员工。关键员工是指那些拥有专门技术、具有特殊经营才能、掌握核心业务、控制关键资源、其替代性较弱、会对企业的经营与发展产生重大影响的员工。关键员工可能是创业团队的核心成员，也可能不是创业团队的核心成员。每一个企业都有关键员工的存在，而且一定和关键岗位相匹配，但在不同的企业，关键岗位和关键员工的数量是不同的，需要根据企业自身的特点将这些关键岗位和关键员工识别出来，给予重点关注。

（2）利用关键员工流失风险表识别风险。创业者可以根据关键员工流失风险表（见表3-4），定期或不定期地认真了解关键员工的情况，并对情况进行分析，对其中可能存在的风险进行有效识别，进而采取应对措施。

表3-4　　关键员工流失风险表

风险类别	风险分析内容	拟采取措施	备注
待遇	是否对自己的待遇满意？		
成就感	是否有工作成就感？		
公平感	是否感到公司对他与别人是公平的？		
人际关系	在公司是否具有良好的人际关系？		

续前表

风险类别	风险分析内容	拟采取措施	备注
自我发展	是否在工作中提高了自己的能力？		
地位	是否认为自己在公司的地位和对公司的贡献成正比？		
信心	是否对公司的发展充满信心？ 是否对个人在公司的发展充满信心？		
沟通	是否与领导和同事之间沟通顺畅？		
关心	是否能够得到公司领导和同事的关心？		
认同	是否认同公司的发展思路和发展战略？ 是否认同公司的管理制度和管理方式？		
其他	是否会因为结婚、生子等家庭原因离职？ 是否会因为出国留学、继续深造等原因离职？		

（3）采取措施激励和留住关键员工。根据关键员工流失风险表的调查和评估，可以采取多种多样的措施来激励和留住关键员工。这些措施既有短期的，也有长期的，既有公司层面的，也有针对员工个人的。如提供有竞争力的薪酬待遇，提供良好的进修与培训机会，规划良好的职业上升通道，弘扬正确的企业价值观，制定并传递公司发展战略和发展愿景，改进公司的管理机制和管理制度，塑造良好的企业文化，等等。

（4）用契约约束关键员工流失可能带来的损失。虽然创业企业可能在关键员工管理方面采取了多种多样的方法，但关键员工的流失现象依然存在。为了防止关键员工流失给企业带来更大的损失，企业可以采取防范措施，与关键员工在合同中明确阐明双方的权利、责任和义务，一旦出现问题可以诉诸法律。如双方事先签订“竞业避止”协定，要求员工在离开公司后的一段时间内不得从事与本企业有竞争关系的工作，并要为本企业保守商业秘密和技术秘密等。

（三）市场风险的管理策略

市场风险是指由市场情况的不确定性导致的创业失败或创业企业收益不确定的风险。从广义上说，市场风险也涵盖创业项目的选择风险，但我们这里是从狭义的角度来看的，主要包括市场营销风险和市场竞争风险，是指由于新创企业制定、实施的营销策略与市场营销环境的发展变化不协调，从而导致目标市场难以开发，产品难以顺利销售，赢利目标无法实现，在竞争中无法取胜的风险。创业企业防范市场风险的主要策略如下。

（1）充分的市场调研和严谨的市场分析。所谓“没有调查就没有发言权”，充分的市场调研和严谨的市场分析是防范市场风险的基本策略。市场调研和市场分析包括市场营销环境分析、市场机会分析、行业结构分析、竞争对手分析、消费者需求分析和消费者行为分析等。在市场调研和市场分析的基础上，要对潜在市场风险进行全面客观的评价，以便在接下来的营销规划的制订过程中，明确要抓住的市场机会和要防范的市场风险，做到有的放矢。

(2) 市场细分和选择适合的目标市场。创业企业一般都比较弱小，暂时打不开大市场，也经不起大的挫折，因此创业营销尤其强调精细和准确。这就要求创业者在市场调研和市场分析的基础上，精确地做好市场细分，并考虑自身和竞争对手的规模实力、优势劣势、竞争策略等，合理地选择目标市场，并准确地进行市场定位。对目标市场的选择和定位是创业营销规划的关键，一旦选择错误，所有未来的营销努力都将付诸东流，也很可能意味着创业失败。一般来说，创业者多选择自己最熟悉的、有吸引力的那个细分市场作为创业初期的市场切入口，站稳脚跟后再采取措施逐步地、有计划地向其他市场扩展。

(3) 制定可行的市场营销方案和营销策略。在明确目标市场选择和市场定位的基础上，创业企业必须科学地制订可行的营销方案，也就是说要解决进入新市场的产品 (Product)、价格 (Price)、渠道 (Place)、促销 (Promotion) 四大基本问题，即4P营销策略组合。创业者需要不断地思考要以什么样的产品、什么样的价格、什么样的分销渠道、什么样的促销方式来进入目标市场，从而引发目标客户的购买行为。营销策略组合中的四个要素相互依存，相互影响。在开展营销活动时，不能孤立地考虑某一要素，因为任何一个要素的特殊优越性，并不能保证营销目标的实现，只有四个要素优化组合，才能创造最佳的市场营销效果。与此同时，创业企业所制定的营销方案一定要切合实际，注重细节，注重方案的可行性、可操作性和经济性，切不可好高骛远，脱离实际。

(4) 建立市场监控和营销策略调整机制。市场环境具有动态性，随着时间的推移，市场环境会连续不断地发生或快或慢的变化，如果企业的市场营销策略没有适应市场环境的变化就会带来风险。建立市场监控及营销策略调整机制是指在企业运营过程中，定期重复市场分析过程，保持对关键市场信号的敏感度，结合产品的试销推广和大规模投放，不断调整先前制定的市场营销策略，以保证营销策略对市场环境的适应性（见图3-6）。

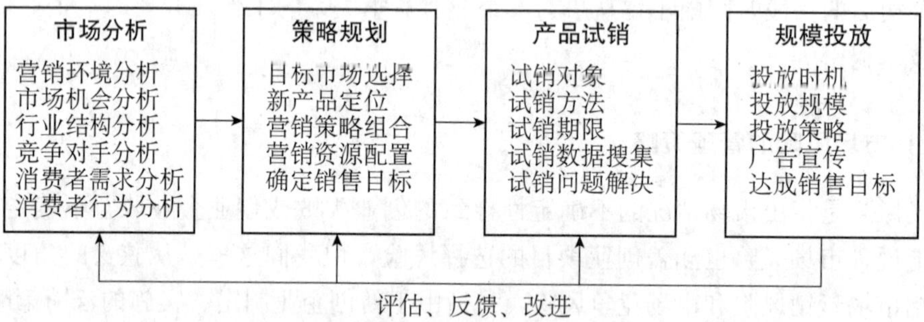

图3-6 市场监控和营销策略调整机制

(5) 加强营销合作，分担市场风险。在创业初期，消费者对新创企业所提供的产品或服务不够了解，缺乏品牌信任，而创业企业往往受制于资源条件，无法做大规模的营销推广，哪怕新创企业的产品或服务有独特的卖点，也很难快速地唤起消费者的需求，迅速占领市场。因此，创业者要以开放、合作、共赢的心态，不断链接和整合各种营销资源，加强与经销商、零售商、广告商等的合作，尤其是要借助目标市场区域内优势企业的渠道优势和营销能力，借船出海，在快速启动市场的同时，也将相应的市场风险在合作伙伴之间进行合理转移和分担。

（四）财务风险的管理策略

财务风险是指由于企业财务结构不合理、融资不当，使企业丧失偿债能力而导致收益下降或破产的风险。对创业企业而言，除了创业项目本身的投资风险外，其财务风险主要表现为融资风险和现金流风险。下面我们分别就这两种风险的管理策略进行论述。

融资风险的管理策略

（1）要高度重视融资工作，但绝不可忽视经营工作。创业需要资金，企业的创立、生存和发展，必须有一定数量的资金来支撑。对于创业者而言，融资问题的解决，特别是创业启动资金的落实，是关系到创业能否成功的关键因素之一，必须高度重视。但融资只不过是创业的众多关键工作之一，并不是创业的全部工作，为了寻找资金而投入大量精力，忽视甚至放弃了手头的经营工作，是危险的，也是得不偿失的。经营工作是根本，是源头，如果忽视或放弃了经营工作，融资将是无本之木，无源之水，对融资对象不可能具有吸引力。因此，对于创业者而言，经营工作和融资工作必须两手抓，两手都要硬，不可偏废。

（2）确定合理的融资规模，防止过大或过小融资。在制订融资战略时，应紧密结合创业企业的实际情况确定合理的融资规模，既不能太少，也不能太多，否则都会给企业的发展带来不确定性，甚至会使企业濒临破产。尤其是在创业初期，企业往往没有稳定的客户基础和现金流量，但创业企业又要追求成长，对资金的需求比较大，所以需要相对充足的资金保证，而且通常不能采用大量负债的融资方式。在进行股权融资时，融资规模过小，可能导致创业失败或需要频繁地再融资；融资规模过大，则可能导致股权让渡过大，导致创业团队丧失对创业企业的控制权。因此，要根据创业企业的实际情况，确定合理的融资规模，既要保证创业资金的持续供给，又要保证控制权牢牢掌握在创业团队手中。

（3）把握合理的融资时机，防止过晚或过早融资。创业者要把握好合理的融资时机，既不能过早，也不能过晚，过早融资和过晚融资都会通过增加成本、放弃控制权、丧失机会等形式给企业带来不确定性。创业者应未雨绸缪，及早考虑融资问题，而不要等到出现严重的资金短缺时才开始寻找资金。创业股权融资通常要花费 8 个月或更长的时间，过晚融资不仅会导致现金短缺，而且会带来一系列的负面影响，如削弱创业团队与投资对象的谈判能力，贱卖股权，丧失成长机会，破坏管理团队的可信度，导致员工队伍的不稳定等。但也要避免另外一种极端，即过早融资。过早获得股权融资，创业团队的股权不可避免地要被大幅度稀释，甚至可能导致控制权的丧失，另外还可能造成企业灵活性下降，与投资人的协调成本大幅增加，偏离原定的创业战略，盲目扩大投资，抛弃保持节俭的财务纪律等一系列问题。

（4）既要融资也要融智，选择最佳的融资对象。创业企业在发展的过程中，除了创业资金外，还有一系列的创业管理服务需求，如战略规划、管理制度、人力资源、市场营销、品牌提升、公共关系等。因此，在面对以天使投资、创业投资、战略投资为核心的潜在投资人时，除了要考虑潜在投资人能够提供的资本支持外，还需要考察它能否为本企业提供更多的创业管理服务，既要“融资”也要“融智”，要综合考虑这两方面的因素来选择最佳的融资对象。例如，对于在IT领域的创业企业而言，当它面对英特尔这样的创业投资机构时就面临一个选择，在转让的股份数量一定的情况下，该机构可能不是出价最高的投资机构，是该接受英特尔的投资，还是接受其他机构的投资？实际情况是，该企业往往可能接受英特尔的投资，因为它在IT技术领域有其他很多投资机构无可比拟的优势，创业企业如果能够站在英特尔这样的巨人的肩膀上，创业成功并快速成长的可能性会大大增加。

（5）因时因地制宜，选择最有利的融资方式及其组合。尽管创业融资的核心往往是股权融资，但银行贷款、民间借贷、政府创业基金、供应商的信贷支持等也都是创业融资的重要形式，但各种融资方式的适用条件不同，成本各异，难易有别。创业企业要因时制宜，因地制宜，选择最有利的融资方式，并将各种融资方式结合，形成最有利的融资组合。例如，在创业初期要多采用自有资金、部分民间借贷等来启动创业，之后向天使投资人寻求股权投资或向政府部门申请创业支持基金，进入快速成长期后则可向创业投资机构寻求股权投资，并开始申请银行贷款。另外，各种融资方式之间也能够相互支持，有利于创业企业形成良好的融资组合。例如，成立于1994年的深圳同洲电子，于2001年接受了深圳达晨、深圳创新投等4家创业投资机构的联合投资2 000万元，这一行为让同洲电子的身份大变，不再受银行冷落，信贷额度骤然从2000年的300万元提升到2004年的6 000万元，并于2003年获得了2 000万元的贷款。

（6）创业投融资市场不完善，要谨防融资陷阱。创业投融资市场是一个信息高度不对称的市场，由于我国总体市场经济环境不完善，信用体系不健全，创业投融资市场在呈现蓬勃发展态势的同时，也存在鱼龙混杂的情况。一些不法分子和非法投资机构正是看准了许多创业者年轻、商业经验不足、渴求创业资金而疏于防范的心理，针对创业者进行融资欺诈。这些不法分子利用网络、小报、传单、手机短信等媒体开展宣传，等到与创业者接触后，夸口自己公司实力强大、资金充裕以博取信任，然后假借投资、合作及考察项目的名义骗取考察费、公关费，或者以协助融资的名义收取包装费、保证金、佣金等，进行融资诈骗，骗取钱款后销声匿迹。因此，创业者一定要端正心态，小心谨慎，充分核实潜在投资方的信息和信用水平，谨防融资陷阱。

现金流风险的管理策略

（1）确立现金流在企业财务管理中的核心地位。现金流是维系企业正常生产运作所需的基本资金循环，是企业价值评估和财务风险判断的重要指标和依据。现金流如果出现了问题，容易导致企业资金链条的断裂，中断正常的生产经营活动，因此，要确立现金流在企业财务管理中的核心地位，构建起利润和现金流双核心的财务管理体系，以避免将利润作为唯一的核心指标所带来的种种经营风险，切实提高现金流的周转速度，实施现金流预算管理，掌握现金流风险的预警方法，建立完善的现金流控制系统。

（2）利用现金流量表分析现金流短缺的原因。现金流量表（见表3-5）是现金流管理的核心工具，也是分析和防范现金流风险的有效手段。企业的现金流包括经营活动产生的现金流、投资活动产生的现金流和融资活动产生的现金流等。通过对现金流量表的分析，可以清晰地知道企业现金流的短缺到底出在什么地方，并分析其产生的原因。

表 3-5 现金流量表

项　目	行次	金 额	备注
一、经营活动产生的现金流	1		
销售商品、提供劳务收到的现金	2		
收到的税费返还	3		
收到的其他与经营活动有关的现金	4		
现金流入小计	5		
购买商品、接受劳务支付的现金	6		
支付给职工以及为职工支付的现金	7		
支付的各项税费	8		
支付的其他与经营活动有关的现金	9		
现金流出小计	10		
经营活动产生的现金流净额	11		
二、投资活动产生的现金流	12		
收回投资所收到的现金	13		
取得投资收益所收到的现金	14		
处置固定资产、无形资产和其他长期资产收回的现金净额	15		
收到的其他与投资活动有关的现金	16		
现金流入小计	17		
购建固定资产、无形资产和其他长期资产所支付的现金	18		
投资所支付的现金	19		
支付的其他与投资活动有关的现金	20		
现金流出小计	21		
投资活动产生的现金流净额	22		
三、融资活动产生的现金流	23		
吸收权益投资所收到的现金	24		
借款所收到的现金	25		
收到的其他与筹资活动有关的现金	26		
现金流入小计	27		
偿还债务所支付的现金	28		
分配股利、利润或偿付利息所支付现金	29		
支付的其他与筹资活动有关的现金	30		
现金流出小计	31		
筹资活动产生的现金流净额	32		
四、汇率变动对现金的影响	33		
五、现金及现金等价物净增加额	34		

（3）强化经营活动的现金流管理。在经营活动产生的现金流中，销售产品或服务获得

的现金是最主要的现金流入来源。新创企业在市场开拓上遇到的困难，包括需求不稳定、销售低迷等都会直接影响现金流入。这就要求企业采取加强研究与开发、提升产品市场竞争力、增强赢利能力等措施。另外，应收账款居高不下、人员开支过大、外包服务过多、采购付款期限提前等，都可能导致经营现金流的不稳定和不平衡。这就要通过调整营销政策、加强应收账款管理、强化员工的长期激励、节约运营开支、向供应商争取更宽松的付款条件等方式来强化经营现金流的管理。

（4）合理规划投资，防止盲目投资占用过多资金。新创企业在创业构想短期实现的激励下，往往有扩大投资的冲动。如曾经轰动一时的三株、巨人等企业都因为过度关注规模扩张，忽视现金流入与投资支出的匹配，导致资金链断裂而走向失败。因此，创业者在经历创业初步成功的喜悦后，一定要保持清醒的头脑，确定适合的发展战略，战略目标要远大，要有前瞻性，但更要有可行性和现实性，不要因头脑发热而盲目扩大投资，最终不是被“饿死”而是被“胀死”。

（5）科学规划融资，确保合理的财务结构。要根据创业企业经营活动的实际需要，合理规划债务融资和股权融资，确保整体财务结构的科学合理，以及融资结构和投资结构的相互匹配。要确定适度的负债额度，保持合理的负债比率，既要发挥财务杠杆的作用，又要防止出现财务风险。要合理安排债务的期限结构，既要确保企业的短期偿债能力，又要兼顾企业长期资金的运营健康。

（五）技术风险的管理策略

技术风险是指由技术的不确定性以及技术与经济互动过程的不确定性所带来的风险。技术成功的不确定性、技术前景的不确定性、技术寿命的不确定性、技术保护的不确定性等都可能带来巨大的风险，需要加以防范。我们主要通过以下四种策略来管理技术风险。

强化论证以减少技术开发的盲目性

要根据企业技术能力的强弱和综合实力的高低来开发新技术，总体而言，由于创业企业的资金实力较弱，研发能力不强，在技术研发上要以应用型开发和模仿性创新为主。同时，要以满足市场需求为导向，紧紧围绕消费者的需求来选择合适的技术，并将新技术转化为消费者喜欢的新产品，减少技术开发和技术选择的盲目性。这就要高度重视技术创新的前期市场调研，从目标顾客认为重要性程度较高的产品特性入手进行研发，使研发瞄准、响应和满足顾客的需求。

建立技术发展趋势的监测系统

要建立技术发展趋势的监测系统，加强情报信息的搜集，实时追踪国内外相关技术的发展状况和发展前沿，并判断其未来的发展趋势。要客观评估自己企业在技术创新体系中的坐标，分析本企业面临的机会和威胁，并明确下一步的创新方向和可能采取的创新策略。要监测竞争对手的研发投入、研发方向、研发进展及其产业化进展，并关注市场对不同技术产品的种种反应。

高度重视本企业的专利技术保护

创业企业要树立专利、技术、生产工艺等知识产权的保护意识，适时向政府部门申请专利保护，防止技术外流和技术侵权，最大限度地将技术创新的优势转化为市场竞争优势，以保障企业自身利益。

建立技术创新联盟

增强企业自身研发能力的建设可降低技术风险，而建立或加入技术创新联盟，则可以降低研发投入，分散技术投资风险，形成协同创新效应等，是新创企业以开放的心态进行联合技术创新的有效途径。

案例分析

案例一：经营彩色钥匙，小本生意的失败教训

随着经济的发展和人们生活水平的提高，如今时尚的装饰品遍及生活的方方面面。钥匙也成为时尚大做文章的载体。彩色钥匙，既保留了传统钥匙的使用功能，又具有时尚绚丽的外表，还成为彰显个性的绝好方式，那它是不是一个绝好的商业机会呢？

与此同时，特许经营作为一种快速扩张的商业模式，逐步为国内企业界所认识，越来越多的企业开始采用特许经营的方式拓展市场。广大中小投资者也对加盟创业这样一种创业方式越来越熟悉，越来越认同。那么，在特许经营体系统一经营培训、统一品牌形象、统一采购、统一配送、统一宣传推广的模式下，加盟创业者是不是就没有风险了呢？

2004 年 8 月，小李看准了彩色钥匙这个小本经营项目，经过认真的考察和细致的分析，他选择了一个叫千色的彩色钥匙品牌，成为千色彩色钥匙的加盟商。千色彩匙使用超强硬度的合金材质，采用韩国新型的高分子喷涂技术生产，与其他同类产品相比不易折断，喷涂层不易脱落，不易磨损，进出锁孔 200 次以上仅有轻微划痕。虽然千色彩匙成本较高，但它贵在质量值得信赖。小李认为，作为主要卖点的彩色涂层是每个消费者首先关心的问题，在图案花色相差不大的情况下，相对于选择那些甚至可以用指甲刮脱表层图案的产品，选择一个质量有保证的品牌，对于消费者在接受这个产品的过程中建立起他们的消费信心是至关重要的。

千色公司的加盟费是 3 000 元，配送卧式和立式配匙机各 1 台，工作服 2 套，小饰品展架 4 个，以及名片和宣传画等物品，首次进货必须在 3 000 条匙胚以上，而普通匙胚单价加上运费和损耗相当于 2.1 元。小李走访了一些配匙点，找好常用的匙型订了货，又向千色公司进了一些钥匙包、钥匙扣等小精品，付了加盟费和货款共计 12 000 元，接下来又在市中心最旺的商业步行街租下了一间约 6 平方米的小店面，月租 2 800 元，押金是 2 个月租金，租期为半年。小李预计每天的营业额在 400 元左右，产品成本和销售费用约 230 元，净利润可达每月 5 000 元，5 个月即可收回全部投资。

在开业之前，小李请人到各大学校、商业旺区有目的地派发了宣传单，每张宣传单上

都标明了店铺地址和开业日期，因此开业那一天，店里人气很旺，可是配了一些钥匙出去以后，出现了顾客回家开不了锁的情况，小李请人检查了2台配匙机才知道，其中那台卧式配匙机的精度不准，需要调校，而另一台立式配匙机更是需要修理后才能使用。原来千色公司为了压缩成本，采购的是价格低廉的劣质配匙机器，精度差到了无法使用的程度。而且为了保守所谓的商业机密，删除了生产配匙机厂家的地址和联系方式，想请求厂家维修或者是调换能够正常使用的机器根本就不可能。万般无奈之下，小李只得花了800多元重新购买了2台配匙机。

小李原来预计每天销售彩色钥匙40条左右，但实际上每天只能销出10余条。其实许多顾客进店后有消费的意向，但最终都放弃了购买。一方面彩色钥匙有数百种图案，50余种匙型，上万种搭配，有喜欢的图案吧，匙型却对不上，有合适的匙型吧，却不喜欢那些现有的图案。另一方面，各地的钥匙型号千差万别，不同的型号之间往往有非常细微的差别就会对不上，于是有的顾客在一大串钥匙里只能配上一两条的情况下放弃了消费，也不再问津。在配制钥匙的过程中，开齿位表面必须磨去一层作修整，虽然这是正常现象，不影响匙柄的公仔图案，但是有很挑剔的顾客却以此为由拒绝付款，小李只能先收款再配钥匙。更多的顾客则是觉得价格偏高，配一条彩色钥匙需要10元，而配一条普通钥匙只要1～2元，两相比较，看一看也就走了。

经过一番思考，小李把单品价格从10元降到了8元，又请那些没有找到合适匙型的顾客留下联系方式，跟千色彩匙公司定制了以后再通知顾客购买，但效果还是不理想。

顾客对于单价从10元到8元的价格降幅并不敏感，当时没有找到合适匙型的顾客消费欲念只是一闪而过，事后很少愿意专程回去购买，只有极个别顾客抱着千金难买心头爱的心理接受了定制的货品，可是以每盒50条为单位的进货方式也使小李的积货越来越严重。

最令小李头疼的是他没有专业技术，没办法做到以相似的匙型改制成所需的匙型。而且彩色钥匙的材质是超强硬度的合金，不但对配匙机有相当严重的磨损，而且对于加工者的技术要求也更高，即使是请熟练的配匙师父也无法避免配出的钥匙开不了锁的情况。特别是使用立式配匙机配制的电脑匙、防盗电脑匙以及特种电脑匙等20余种匙型经常会出现这种情况，修整和重配都不能解决就只好退款给顾客，蒙受了不少损失。

小李想到一些精品店和配匙点做彩色钥匙的批发业务，但在推销过程中发现，精品店没有配匙服务根本无法销售，而配匙点又兼营修单车、补皮鞋等业务，彩色钥匙陈列在那样简陋的摊点上也无法以精品的价格销售。批发的利润每条只有约0.6元，每个月能批出去600条左右，这笔300多元的收入还不够支付交通和通信费，更不用说广告费用了。

虽然使出浑身解数，小李每天的营业额仍然只有100余元，可是营业开支却需要近200元，在苦苦支撑了3个月之后，小李最终放弃了彩色钥匙的经营。

［资料来源：http：//www.studentboss.com/html/news/2011-12-14/97863_1.htm.］

分析

从小李加盟千色彩色钥匙创业失败的案例，我们可以得到以下启示。

(1) 创业前必须做好详尽的市场调查。从表面看，小李在创业前已经做了一些市场调查，而且对市场容量、开店成本等进行了核算，觉得有利可图，但实际上，小李的市场调查还远远不够。例如他对目标客户的消费心理不够了解，对产品销售方向和定价太过主观；又如他只是觉得项目有新意，但对产品真实的市场前景缺乏正确的评估。

(2) 对于所采用的新技术要充分评估。从案例看，彩色钥匙加工技术并不成熟，还有很多工艺问题没有解决，而且对加工者的技术要求很高，但创业者小李显然高估了技术的成熟度，也高估了自己的配匙技术。另外，由于原材料和现有技术的原因，产品成本还保持在一个较高的水平，与顾客的消费信心和经济承受能力存在一定的差距。

(3) 创业者要准备相对充裕的创业启动资金。虽然这是一个小本创业的加盟项目，但这个本没有小到只需投入几千元就可以开展，算上加盟费和货款、店租、押金、装修费、人工费和广告费等，其实这是一个需要 5 万元左右的创业项目。显然，小李的创业资金不够充裕，直接导致他货品的花色品种无法满足大部分顾客的消费需求，也只能经得起 3 个月的亏损。

(4) 加盟创业不是毫无风险。尽管相对于独立创业，加盟创业的风险要小不少，但仍然有很多创业风险需要防范。案例中，千色公司显然不是一个有商业诚信的特许人，更不是什么著名品牌，甚至还有欺诈的嫌疑，但创业者小李在加盟之前，缺乏对特许人的了解和评估，也为后来的创业失败埋下了伏笔。

案例二：慎重选择投资人和创业伙伴

在目前国内的市场条件和金融环境下，创业企业融资是比较困难的。银行等传统的融资渠道因为风险控制日趋严格而很少给创业企业贷款，而风险投资等现代资本市场的融资手段能惠及创业企业的比例也不高，市场上普遍存在的民间借贷往往利息高昂，让创业企业难以承受。因此，除了创业者自有资金和亲朋好友借款外，寻找一个或多个资金充足的投资人联合创业，就成了创业融资的一种常用方法。

急于创业，草率融资

身材高挑、容貌秀丽的美丽女孩杨柳，从小多才多艺，热爱表演，中学毕业后父母送她到艺术学校学习音乐舞蹈专业。在校期间，她参加了本地电视台举办的一个选秀节目，并获得了二等奖。为了获得更多的舞台表演经验，杨柳和艺校的几个同学自编自导了一台节目，有歌曲、舞蹈、乐器表演、小品等。在这台节目里，杨柳不仅是主力演员，也是导演兼主持人。在朋友的推荐下，杨柳和自己的同学经常到本地的一些娱乐场所演出，她们的节目获得了合作单位和观众的一致好评，她们不但得到了丰富的舞台经验，也获得了相应的经济收入。

从艺校毕业后，杨柳和这些同学几乎都没有找到与本专业有关的工作。但杨柳不想放弃自己的专业，她又把这些同学召集起来，利用业余时间编排节目，并继续兼职到本地的娱乐场所演出。这支演出团队由于表演专业，不断创新，很受欢迎，名气越来越大，得到的出场机会也越来越多。这时杨柳有了创业的想法，决定辞去公司的文秘工作，专门负责联系和组织演出，因为她意识到想要让自己的团队在本地演出市场长期稳定地发展，仅靠目前临时性的草台班子是不行的，必须成立一家演艺公司，这样才能建立稳定的团队，做好持续的艺术创新，形成真正的市场竞争力。

但杨柳手头并没有开办公司所需的资金，她想了很多办法，找了很多亲戚朋友借钱，和演出团队的伙伴们一起凑，但天不遂人愿，杨柳最终还是没有凑齐所需的启动资金。就在这时，一个多次合作过的专职演出经纪人老余找到了杨柳，老余提出要和杨柳合作开一家演艺公司，他负责出资并联系客户，杨柳负责组织演员和演出。当时杨柳对老余的为人并没有足够的了解，但由于她正急于解决开办公司的资金问题，所以几乎想也没想就答应了老余的提议。

于是，杨柳和老余正式合作了，老余出资办理了公司的相关手续，租赁办公场所，并出任公司的总经理，杨柳任公司的艺术总监，杨柳原来演出团队的几个骨干也加入了公司。杨柳和老余约定，并在公司章程中明确，杨柳以技术入股，拥有公司40%的股份。

缺乏经验，合作破裂

公司开业后，因为老余是本地的老演出经纪人，拥有很多客户资源，再加上杨柳在节目编排、演员组织和演出实施上精益求精，故而公司的业务发展得很好，收益也相当可观。公司运营了一年多时间，正当大家为公司的快速发展而高兴的时候，杨柳却发现了严重的问题。

第一，在公司管理上，老余只让杨柳专门负责专业领域这一块，公司的财务和市场营销从来不让杨柳插手。杨柳除了工资和演出应得的劳务收入外，老余再没有给她一分钱。年底的时候，杨柳曾向老余提出，作为拥有公司40%股份的股东，自己应当获得当年的收益分红，可老余却拿出了一大堆发票和杨柳看不懂的账簿，并解释说公司开销很大，一年下来并没有挣多少钱。可杨柳对公司一年来的收益大致还是有数的，她不相信老余的话，更何况她知道并没有其他收入的老余前不久刚买了一辆价格不菲的高档轿车。虽然杨柳对老余的解释很不满意，但经验不足的她无法有效反驳，只好默不作声地忍了下来。

第二，老余经常以和客户联络感情为名，请客户到高档餐厅吃饭，到高级娱乐场所消费，花的都是公司的钱，老余甚至还多次要求公司的女演员跟他一起去陪客户。杨柳知道这些事情后，多次非常严肃地向老余提出了自己的反对意见，可每次都被老余以市场惯例、业务需要、行业通行的潜规则等借口给顶了回来。

多次沟通无效后，杨柳终于清醒了，她认识到老余并不是和自己真诚地合作，而是在利用自己的演出专长和演出团队资源，自己继续和老余合作下去是没有前途的。杨柳和公司的几个演出骨干沟通后，大家一致认同她的看法，于是杨柳正式向老余提出了终止合作的要求。老余非常生气，他要求杨柳把名下的股份转让给他，但不给她任何补偿。虽然老余的要求很无理，但对和老余合作已经彻底绝望的杨柳还是无偿地放弃了自己的股份，离开了公司。杨柳原来演出团队的成员也相继离开了公司。

吸取教训，二次创业

那一段时间杨柳非常沮丧，不仅是因为自己辛辛苦苦忙碌了一年多没有什么收益，倾心倾力创办起来的公司也不再属于自己，更令她难过的是，公司的骨干演员当初都是出于对她的信任才加入团队的，现在大家也跟着自己倒了霉。连续一个多月，杨柳躲在家里，连门都不愿意出。

正当杨柳处于人生低谷而难以自拔的时候，演出团队的伙伴们主动来家里找杨柳，鼓励她重新振作起来，希望她重新把大家组织起来再闯出一条新路来。他们都对老余的奸诈和无信很气愤，知道这并不是杨柳的错，并没有责怪她，相反大家都仍然信任杨柳，也不甘于在失败面前低头。

在大家的鼓励和支持下，杨柳终于鼓起了信心和斗志，下决心从头再来——要把这些演出团队的伙伴召集起来，集合大家的力量，再创办一家新的演艺公司，而且一定要把事业做得更好！

对于如何筹集公司启动资金的问题，杨柳找大伙商量，大家一致同意集资来凑齐启动资金，但杨柳却说，大家集资她不反对，但启动资金的大部分要由她一个人来出。其实，当时杨柳的积蓄并不多，她之所以这样决定，一是因为她不想让大家的压力太大，更重要的是，杨柳为了不辜负大家的支持和信任，她希望自己在公司承担更多的责任。经过大家同意，杨柳不但拿出了自己的全部积蓄，还向父母借了一部分钱，终于和大家凑齐了启动资金，开始了第二次创业。

新公司成立后，杨柳召集了演出团队的原班人马，大家一起编排新的节目，一起开拓市场，联系客户。杨柳的新公司不但承接一般的商业演出，还把业务拓展到了商业活动策划实施、各种庆典的策划实施、礼仪模特经纪等相关领域。由于公司的专业水平高、服务认真细致、收费公平合理，慢慢地有了起色。杨柳和她的团队成员凭借着自己的专业、勤奋和真诚，终于再次在本地市场赢得了一席之地。

[资料来源：杨华东．中国青年创业案例精选：第二辑．北京：清华大学出版社，2012.]

分析

通过杨柳两次的创业经历，我们可以得到以下启示。

(1) 合伙创业或团队创业有明显的优势。就像本案例中的杨柳和老余，一人有艺术专长和演出团队，另一人有资金和市场资源，非常有利于业务的开展。

(2) 合伙创业需要慎重选择合伙人。如果处理不好，就很容易产生矛盾，为团队将来的分裂种下祸根。要形成一个良好的创业团队，合伙人之间要相互认同，要有良好的沟通，要有共同的创业理念和一致的行为规范。在本案例中，杨柳选择老余做投资人和合作伙伴是草率的，也是失败的，但杨柳和她的演艺团队成员却是很好的创业伙伴。

(3) 创业者要掌握创业融资的主动权。创业融资要未雨绸缪，但不能没有原则，创业者不能在融资过程中迷失了方向。本案例中，杨柳第一次创业，过于着急，草率融资，结果失去了企业的控制权，导致创业失败；第二次创业，她采用团队集资的方式，掌握了主导权，创业成功。

(4) 创业融资要明确双方的权责利和合作细节。除了出资、股权分配、业务分工等大的合作框架外，还需要对公司的组织架构、决策程序、议事规则、分配机制、争议解决等细节进行约定，并用契约的形式固定下来。在本案例中，如果杨柳在第一次创业的时候就考虑到这些细节，也许就不会受老谋奸诈的老余的欺骗了。

案例三：史玉柱的创业人生

1980 年，史玉柱以全县总分第一的成绩考入浙江大学数学系，毕业后被分配到安徽省统计局，时年 24 岁。由于工作出类拔萃，史玉柱被作为第三梯队，送往深圳大学进修。可是，读完研究生之后，史玉柱决心辞职创业，当时他身上全部的家当就是东挪西借的 4 000 元钱，以及他耗费 9 个月心血开发出来的 M-6401 桌面排版印刷系统。

1989 年 8 月 2 日，他利用报纸《计算机世界》先打广告后收钱的时间差，用全部的 4 000元做了一个 8 400 元的广告："M-6401，历史性的突破。" 13 天后，史玉柱即获 15 820元；1 个月后，4 000 元广告已换来 10 万元回报；4 个月后，新的广告投入又为他赚回 100 万元。这一年，史玉柱产生了创办公司的念头，他想："IBM 是国际公认的蓝色巨人，我办的公司也要成为中国的 IBM，不如就用'巨人'这个词来命名公司。"

1991 年 7 月，"巨人"实施战略转移，总部由深圳迁往珠海，"珠海巨人新技术公司"迅速升格为"珠海巨人高科技集团公司"，下设 8 个分公司。这一年，M-6403 桌面印刷系统共卖出 2.8 万套，赢利 3 500 万元。到 1993 年 7 月，"巨人集团"下属全资子公司已经发展到 38 个，是仅次于四通集团的全国第二大民办高科技企业，拥有 M-6405 汉卡、中文笔记本电脑、手写电脑等 5 个拳头产品。史玉柱本人也被罩上各种各样的光环，迎来第一个事业高峰。

狂热失误

1994 年初，巨人大厦动土。这座最初计划建 18 层的大厦，在众人热捧和领导鼓励中被不断加高，从 18 层到 38 层、54 层、64 层，最后升为 70 层，号称当时中国第一高楼，投资也从 2 亿元增加到 12 亿元。史玉柱基本上以集资和卖楼花的方式筹款，集资超过 1 亿元。

同样是 1994 年，史玉柱发现，计算机发展日新月异，汉卡早已失去了存在的必要，如果继续从事软件行业，他们扛不过猖獗的盗版，于是把一部分注意力转向了保健品，"脑黄金"项目开始起步。

1995 年，巨人发动"三大战役"，把 12 种保健品、10 种药品、10 多款软件一起推向市场，投放广告 1 个亿。同年，史玉柱被《福布斯》列在中国内地富豪榜第 8 位。

1996 年巨人大厦资金告急，史玉柱决定将保健品方面的全部资金调往巨人大厦，保健品业务因资金"抽血"过量，再加上管理不善，迅速盛极而衰。巨人集团危机四伏，脑黄金的销售额达到过 5.6 亿元，但烂账有 3 亿多元。

1997 年初巨人大厦未按期完工，各方债主纷纷上门，巨人现金流彻底断裂，媒体"地毯式"报道巨人的财务危机。不久，只完成了相当于三层楼高的首层大堂的巨人大厦停工，巨人集团名存实亡。随着“巨人倒下”，负债2.5亿元的史玉柱黯然离开广东“北上”，隐姓埋名了。

痛定思痛

史玉柱陷入苦苦的思索：我究竟错在哪里？他怕自己想不彻底，把报纸上骂他的文章一篇篇接着读，越骂得狠越要读，看看别人对他失败的“诊断”，还专门组织“内部批斗会”，让身边的人一起向他开火。

在各种猛药的“外敷内服”下，史玉柱终于输了个坦然，输了个明白。这个背着2.5亿元巨债的“中国首负”，在1997年完成了一生中最重大的转变。这个转变进而成了他的再度崛起。“这10年来，我一直都在吃老本。如果老本吃光了，我肯定又危险了。”

那么，史玉柱的“老本”是什么？就是史玉柱为自己制定的三项“铁律”：(1) 必须时时刻刻保持危机意识，每时每刻提防公司明天会突然垮掉，随时防备最坏的结果；(2) 不得盲目冒进，草率进行多元化经营；(3) 让企业永远保持充足的现金流。

除此之外，史玉柱还有一个最大的收获，那就是懂得了研究消费者。在这方面，史玉柱有切肤之痛。

“1995年2月10日，我下达‘三大战役’的‘总动员令’。广告攻势是我亲自主持的，第一个星期就在全国砸了5 000万元广告费，把整个中国都轰动了，风光无限。”“可后来一评估，知名度和关注度都有，但广告效果是零，因为我们根本不知道消费者需要什么。”在史玉柱看来，这正是他走下坡路的起点。

“自从‘三大战役’失败后，我就养成一个习惯，谁消费我的产品，我就要把他研究透。一天不研究透，我就痛苦一天。”正是这种能耐，让史玉柱奇迹般地起死回生。

东山再起

幸运的是，受到重创的史玉柱，除了缺钱外，似乎什么都不缺：公司20多人的管理团队，在最困难的时候依然不离不弃，没有一个人离开；他依然有两个项目在手——软件和保健品。

1998年，山穷水尽的史玉柱找朋友借了50万元，开始运作脑白金。区区50万元，已容不得史玉柱再像以往那样高举高打，最终他把县级市江阴作为东山再起的根据地。这几乎是最后的机会，他必须一击中的。

启动江阴市场之前，史玉柱首先做了一次“江阴调查”。他戴着墨镜走村串镇，挨家挨户寻访在家的老年人。经过与300位潜在消费者的深入交流，史玉柱对市场营销中可能遇到的各种问题摸了个通透。他信心十足地在公司对大家说：“行，我们有救了，脑白金这个产品年销售额很快就能做到十个亿。”

在充分调查的基础上，史玉柱推出了广告：“今年过节不收礼，收礼只收脑白金。”这则广告无疑已经成了中国广告史上的一个传奇，尽管无数次被人诟病为功利和俗气，但它至今已被播放了10多年，累积带来了100多亿元的销售额，这两点的任何一个都足以让它难觅敌手。

脑白金在江阴市场启动后，星星之火，开始燎原。到1998年底，史玉柱已经拿下了全国三分之一的市场，月销售额近千万元。2000年，公司创造了13亿元的销售奇迹，成为保健品的状元，并在全国拥有200多个销售点的庞大销售网络，规模超过了鼎盛时期的巨人。

3年不到，史玉柱又重新站了起来。2000年秋天，他做了一个轰动一时的决定，悄悄还了所欠的全部债务。2001年2月3日晚上，史玉柱因还债“义举”接受采访，他终于堂堂正正地递出了自己的名片——从1997年“巨人倒下”后他一直没用过名片，他也终于可以摘下自己的墨镜，昂首挺胸在大街上行走了。

重新布局

“脑白金”的一炮走红并没有让史玉柱满足，最终史玉柱决心力推维生素和矿物质的混合物类产品——“黄金搭档”。2001年“黄金搭档”上市，在史玉柱纯熟的广告策略和成熟的通路推动下，“黄金搭档”很快走红全国市场。

除了保健品外，史玉柱重新开始了布局。2001年，史玉柱的新巨人公司在上海注册成立。2004年11月，上海征途网络科技有限公司正式成立。2007年6月，上海征途网络科技有限公司正式更名为上海巨人网络科技有限公司。2007年11月，史玉柱旗下的巨人网络集团成功登陆美国纳斯达克，总市值达到42亿美元，史玉柱的个人身价突破500亿元。

2003年，史玉柱接盘了华夏银行发起人北京华资银团公司和首钢总公司持有的1.4亿股华夏银行的法人股，又接手了地产商冯仑持有的1.43亿股民生银行股票。当年史玉柱花3亿元买入的这两家银行的股票，如今价值已经超过了130亿元，史玉柱已经是一个身家百亿元的金融资本家。

2008年10月，史玉柱的巨人投资公司宣布，正式开辟在保健品、银行投资、网游之后的第四战场——保健酒市场，推出了五粮液黄金酒。巨人投资与酒业巨头五粮液签署了长达30年的战略合作，由巨人投资担任黄金酒的全球总经销。

［资料来源：根据百度百科及相关书籍资料编写。］

分析

史玉柱两次的创业经历，给我们带来以下启示。

(1) 创业者必须时刻保持危机意识，不可盲目冒进。史玉柱在创业初步成功之后，自信心极度膨胀，盲目扩大投资，急切追求企业的快速成长，大搞多元化经营，这是他第一次创业失败的根本原因。

(2) 要时刻关注财务风险，保持充足的现金流。客观而言，史玉柱第一次创业所选择的投资项目均有很好的市场前景，但公司的整体财务管理却出了大问题，投资规模过大，而经营现金流入不足，同时却拒绝银行贷款，筹资不力，最终导致资金链断裂。

（3）进行充分的市场调研，防范市场风险。史玉柱是一个市场直觉很好的创业者，但第一次创业时他是在“赌市场”，有很大的盲目性，他二次创业时却不一样，不管是做脑白金，还是做网络游戏，都对市场怀着敬畏的心态，潜心研究消费者，最终把市场做得风生水起。

实践训练

一、实训导航

在本模块中，我们学习了创业风险的概念、特征和分类，创业风险的管理流程和管理方法，以及主要创业风险的具体管理策略。学习完本模块的内容后，同学们需要重点掌握并培养对各种创业风险的识别能力、分析能力和管理能力，以便为今后的创业行为埋下风险防范的种子。

二、实训项目

1. 访谈一个创业者或企业家，了解他在创业和企业经营过程中遇到过哪些风险，他采取了哪些措施来防范和化解风险。

2. 选择你喜欢的某一特许经营品牌，结合自身条件，思考如果通过加盟该品牌的方式来创业，需要注意哪些方面的风险。

三、方法策略

1. 充分掌握本模块所学的理论知识，为实训项目的实施提供理论准备。

2. 访谈创业者或企业家前，一定要做好准备工作，如礼貌约见访谈对象，做好访谈提纲设计，提前对受访企业及其所在行业有更多的了解等。在访谈过程中，要注意把握访谈进程，提有针对性的问题，并做好记录。

3. 做加盟创业评估时，先要对特许经营模式有更多的了解，系统梳理特许经营加盟创业的各个环节可能出现的风险，包括加盟前的风险、加盟过程中的风险、加盟后的风险，同时客观评估自身的实际情况。

单元小结

本单元主要阐述了创业机会的特征、来源与类型，识别创业机会的一般过程、影响因素与行为技巧，创业机会评价的方法，分析了创业风险的识别与管理等内容。创业者应当能够辨识、评价创业机会，并在整合资源满足不断变化的市场需求的过程中，逐渐形成科学、有效的风险管理机制。

思考题

1. 如何理解创业机会？

2. 市场机会有什么作用？如何及时抓住市场机会？

3. 为什么有的人看到创业机会，而另一些人却看不到？

4. 如何评价创业机会？

5. 大学生创业有哪些风险？如何规避和控制这些风险？

网络情境练习

推荐观看网上视频：《马云与“80后”面对面》

（参考网址：http：//www. iqiyi. com/w _ 19rsnwwuch. html）

推荐理由：

1999年，马云创办阿里巴巴，建造了世界一流的网络王国，持续书写着互联网时代的商业神话。2010年12月，阿里巴巴集团主席、首席执行官——“60后”的马云颠覆了往日“创业教父”的形象，与富有创业梦想的“80后”激情互动，现身说法，与青年人分享了面对创业机会时的执著坚定，回顾和探讨了自身的创业历程与经验。

练习题：

1. 你认为创业机会对创业有什么意义？

2. 马云是如何看待创业机会的？

真实情境练习

创业项目选择

以创业团队（或5～9人的小组）为单位，举行一次头脑风暴活动。方法是针对某一领域，让大家从各自的专业出发，分析一下自己身边的创业机会。创业机会来源可以考虑取自以下几个方面：

1. 个人生活经历和工作经历。

2. 偶然发现（在日常生活中、参加活动、旅行中……）。

3. 有目的的深入调查研究（阅读相关报刊、资料、书籍、访谈等）。

4. 教育影响（学校教育）。

5. 个人兴趣爱好。

6. 个人的家庭环境、家庭成员从事的职业及相关的行业背景等。

在通过头脑风暴法发现的创业机会的基础上，用做减法的方式砍掉不靠谱的项目，再用“有市场需求”和“有竞争优势”两把尺子，选出适合本团队做的项目。然后，运用本单元所学知识，分析公司运营中面临的风险，以及可能会遇到的困难。

参考文献

Eckhardt J T, Shane S A. Opportunities and entrepreneurship. Journal of Management, 2003, 29 (3).

Shane S A. Finding fertile ground: Identifying extraordinary opportunities for new ventures. Upper Saddle River, NJ: Wharton School Publishing, 2004.

高振强．大学生创业管理教程．北京：科学出版社，2009.

韩国文．创业学．湖北：武汉大学出版社，2007.

李家华，郑旭红，张志宏．创业有道：大学生创业指导．北京：高等教育出版社，2011.

李时椿．创业管理．2 版．北京：清华大学出版社，2010.

刘平，李坚．创业学：理论与实践．北京：清华大学出版社，2009.

刘沁玲，陈文华．创业学．北京：北京大学出版社，2012.

刘亚娟．创业风险管理．北京：中国劳动社会保障出版社，2011.

夏清华．创业管理．湖北：武汉大学出版社，2007.

杨安．创业管理：大学生创新创业基础．北京：清华大学出版社，2011.

杨华东．中国青年创业案例精选：第二辑．北京：清华大学出版社，2012.

张涛，熊晓云．创业管理．北京：清华大学出版社，2007.

张耀辉，朱锋．创业基础．广州：暨南大学出版社，2013.

张玉利．创业管理．2 版．北京：机械工业出版社，2011.

第四单元

商业模式

学习目标

学完本单元后，你应当能够达成以下目标：

1. 理解商业模式的含义和构成要素。
2. 掌握商业模式的设计框架与设计流程。
3. 熟悉三种常见的商业模式。
4. 掌握商业模式创新的逻辑与方法。

导入案例

VIPKID：全球资本最想入局的教育公司

2017年，在艾瑞年度峰会上，VIPKID从数百家参选企业中脱颖而出，荣获金瑞奖——最具投资价值企业，成为唯一上榜的在线教育品牌。其实从2013年创立以来，这家用全球化共享经济理念打造的在线教育企业，吸引了众多中外资本的入局，真格基金创始人徐小平感慨与VIPKID“相见恨晚”，科比甚至直言“只用5分钟做出投资决定”。那么，VIPKID这家投资人眼中的“香饽饽”公司是怎么炼成的呢？

用全球化共享经济“搞定”投资人

在中产阶层崛起与消费升级的大背景下，在线英语成了近两年的投资风口。而在风口之下，早期的投资人可能会采用广撒网的形式来“赌赛道”，而随着赛道格局的日趋明朗，投资人更加会倾向赛道头部企业，无论是商业模式、产品服务还是用户口碑，头部企业都具有明显的优势。

在线少儿英语教育行业的众多玩家中，前有51Talk赴美上市，后有哒哒英语广告铺街，VIPKID如何形成差异化竞争是关键。而拥有近20年教育从业经验的米雯娟从创立之初就开始在塑造企业独特的竞争力壁垒，那就是建立高效对接中美教育供需的全球化共享经济模式。

首先，VIPKID将全球最好的英语外教——北美外教为中国孩子所用，VIPKID不仅仅是筛选北美外教，更重要的是让北美外教跟平台一起成长，这就极大增加了外教的忠诚度和热情，使VIPKID迅速与以菲律宾外教起家的51Talk、以欧美外教为主的哒哒英语等竞品形成区隔；其次，根据美国教学大纲进行教材本土化创新，而不是直接引进原版教材，这样既能让孩子享受到原汁原味的“美国小学课堂”，又能根据中国孩子的学习特点进行优化。

同时，VIPKID还先后跟Coursera、TESOL国际联盟达成战略合作，与Learn Capital成立北美教育研究院，其国际化教育战略在整个行业中也是超前的。VIPKID就是靠着这样创新的商业模式赢得了投资人的关注。伴随着教育领域迎来消费升级，教育品质成为用户最为关注的重点，使得这条通道还有很大的想象空间。

因此，自2013年创新工场的天使轮开始，VIPKID的融资之路走得很顺利，最重要的是投资方足够“亮眼”，2014年10月完成A轮融资，2015年10月完成近2 000万美元B轮融资，2016年8月完成C轮1亿美金融资。此外，VIPKID还吸引了科比基金、Learn Capital等海外资本的注资……

用营收和口碑说话

从投资人的角度来讲，对创业公司的每笔投资都是有着相应的回报期望的，在实现赢利之前，用户以及营收数据等成为他们衡量公司成长前景以及决定是否继续投资的关键性指标。从吸引投资人关注到“拿下”投资人，VIPKID真正靠的是好模式下的数据和口碑。好口碑让VIPKID在2017年4月宣布北美外教数量已超过1万人，付费学员超过10万人。作为一家创立没多久的公司，它只用了线下机构一半的时间，就取得了数倍于线下机构的成长规模。

同时，国内权威的数据机构艾瑞也对中国在线少儿英语教育行业给出了分析指南，艾瑞发布的《2017中国在线少儿英语行业研究报告》显示，2016年国内在线少儿英语行业市场规模达19.7亿元，而VIPKID一家就占据了行业营收50%以上。而艾瑞对国内在线少儿英语企业的梯队划分也进一步印证了这一点，报告指出VIPKID独居第一梯队，并与其他第二梯队品牌在营收与用户规模上拉开了一定差距。

估值持续走高，行业持续看好

根据国内领先的投研媒体爱分析公布的中国市场语言教育企业估值榜单，VIPKID以79亿元的估值高居榜首，tutorABC、网易有道紧随其后。爱分析认为，在线上少儿语言教育领域，VIPKID已经建立起了明显的品牌优势，青少年语言教育赛道在未来几年想象空间巨大，作为头部公司，未来的成长将令人拭目以待。

[资料来源：http：//www.chinanews.com/business/2017/06－14/8250587.shtml.]

思考：

1. 试分析VIPKID的商业模式。

2. 投资人为什么会看好VIPKID?

3. VIPKID的商业模式与传统的创业模式有哪些差异？

4. 米雯娟的创业成功对你有哪些启示？

模块一　商业模式概述

许多创业企业的成功，并不是因为产品创新性有多强，而是因为开发出了一套切实可行的商业模式。一个好的商业模式不仅能使初始创业资源得到最好的利用和整合，还能使投资者读懂初创企业的商业逻辑并对是否投资做出快速决策。如上述案例中谈到的VIPKID，它是用全球化共享经济理念打造的在线教育企业，吸引了众多中外资本的入局，成为投资人眼中的“香饽饽”教育公司。在现代商业竞争中，商业模式的作用如此重要和独特，那么，商业模式的内涵是什么？商业模式如何创造独特价值？如何设计出有竞争力的商业模式？

知识点梳理

管理大师德鲁克曾说过，当今企业之间的竞争，不是产品之间的竞争，而是商业模式之间的竞争。一个创新的商业模式可以化腐朽为神奇，让产品的价值熠熠生辉，使企业发展走上良性循环之路。不同的商业模式决定了企业不同的发展路径，如何设计合理的商业模式是每个初创企业必须面对的问题。

一、　商业模式的内涵

（一）商业模式的含义

商业模式是企业为做到有效赢利并持续赢利，将内外部各种资源合理调配和利用，向购买者或消费者提供准确的受用价值而建立的一种系统结构。作为一个系统和整体解决方案，单从某一个层面出发分析其内涵，难以触及其本质，需从三个层面进行系统分析。商业模式三个层面的内涵是相互关联的，并逐步由经济、运营层面向战略层面递进（见图4-1）。

创业初期，从企业自身出发关注产品、营销、利润和流程，逐步转向关注顾客关系、价值提供甚至市场细分、战略目标、价值主张等。商业模式一开始就强调收益模式，利润驱动导致组成要素扩展，而对收益来源的追溯使商业模式指向创业者创业的本质，即抓住市场机会为顾客创造更多价值，只有满足了消费者尚未满足的需求或解决了市场上有待解决的问题，才能创造真正的价值。

（二）商业模式的构成要素

迈克尔·莫里斯（Michael Morris）等通过对30多个商业模式定义的关键词分析，把商业模式的定义分成了经济、营运、战略三种类型，然后分别对三种类型的商业模式定义中所包括的构成要素进行了归纳和总结。

（1）经济类定义中商业模式的构成要素。经济类定义将商业模式视为企业的经济模式，指“如何赚钱”的利润产生逻辑，其中包括：收益来源、定价方法、成本结构和

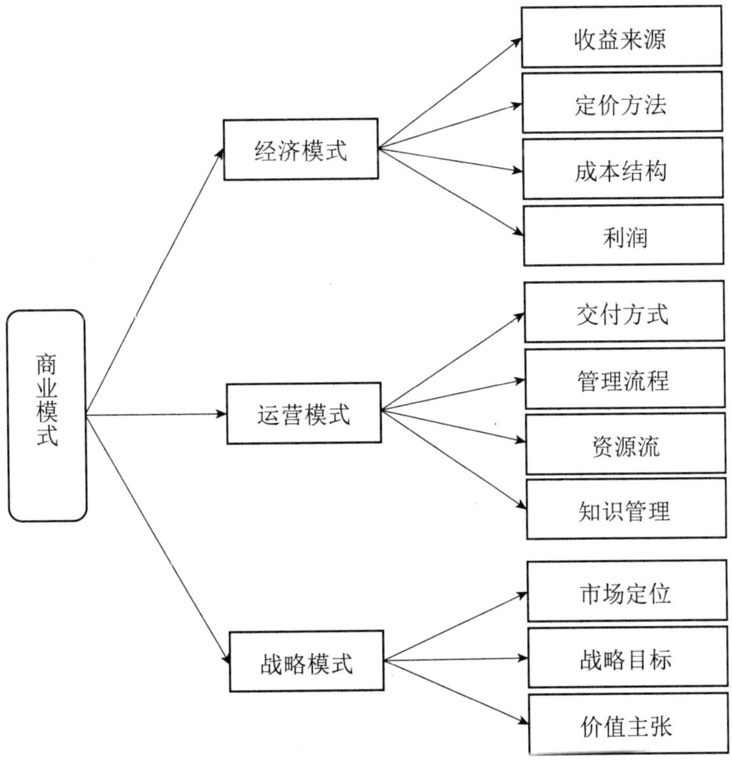

图 4-1 商业模式内涵的多层次分解

资料来源：Morris M，Schindehutte M，Allen J. The entrepreneur's business model：Toward a unified perspective. Journal of Business Research，2005，58（6）.

利润。

（2）运营类定义中商业模式的构成要素。运营类定义关注企业内部流程及构造问题，相关变量包括：产品和服务交付方式、管理流程、资源流、知识管理等。

（3）战略类定义中商业模式的构成要素。战略类定义涉及企业的市场定位、组织边界、竞争优势及其可持续性，相关变量包括：市场定位、战略目标和价值主张等。

二、 商业模式的设计框架

商业模式的本质是可持续赢利的交易结构。它的关键要素共分为 9 个：客户细分、价值主张、渠道通路、客户关系、收入来源、核心资源、关键业务、重要伙伴以及成本结构（见图 4-2），参照这九大要素可以描绘分析你的企业的商业模式。

（一）客户细分

客户细分是商业模式其他要素的起点和基础，主要用来描述一个企业想要接触和服务的不同人群或组织，主要回答这些问题：我们正在为谁创造价值？谁是我们最重要的顾客？一般来说，可以将客户细分为以下 5 种类型。一是大众市场：价值主张、分销渠道、

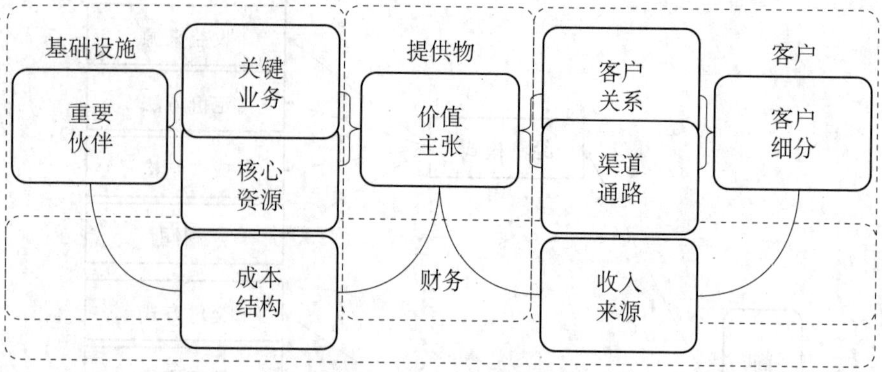

图 4-2　商业模式画布

资料来源：奥斯特瓦德，皮尼厄．商业模式新生代．经典重译版．北京：机械工业出版社，2016.

客户关系聚集于一个庞大的、有着广泛的相似需求和问题的客户群。二是利基市场：价值主张、分销渠道和客户关系皆是根据某一利基市场的具体需求量身打造的。三是区隔化市场：客户需求略有不同，细分群体之间的市场区隔有所不同，所提供的价值主张也略有不同。三是多元化市场：经营业务多样化，以完全不同的价值主张迎合完全不同需求的客户细分群体。五是多边平台或多边市场：服务于两个或更多的相互依存的客户细分群体。

(二) 价值主张

价值主张用来描绘为特定客户细分创造价值的系列产品和服务，主要回答这些问题：我们该向客户传递什么样的价值？我们正在帮助我们的客户解决哪一类难题？我们正在满足哪些客户需求？我们正在提供给客户细分群体哪些系列的产品和服务？价值主张的简要要素主要包括新颖、性能、定制化、把事情做好、设计、品牌或身份、价格、成本消减、风险抑制、可达性、便利性和可用性。

(三) 渠道通路

渠道通路用来描绘公司是如何沟通接触其客户细分而传递其价值主张的，主要回答这些问题：通过哪些渠道可以接触我们的客户细分群体？我们如何接触他们？我们的渠道如何整合？哪些渠道最有效？哪些渠道成本效益最好？如何把我们的渠道与客户的例行程序进行整合？类型分为自有渠道、合作伙伴渠道或两者混合来接触客户。其中，自有渠道包括自建销售队伍、在线销售以及自有店铺，合作伙伴渠道包括合作伙伴店铺和批发商。

(四) 客户关系

客户关系用来描绘公司与特定客户细分群体建立的关系类型，主要回答这些问题：我们每个客户细分群体希望我们与之建立和保持何种关系？哪些关系我们已经建立了？这些关系成本如何？如何把它们与商业模式的其余部分进行整合？一般来说，客户关系分为以下 6 种类型。一是个人助理：基于人与人之间的互动，可以通过呼叫中心、电子邮件或其他销售方式等个人助理手段进行。二是自助服务：为客户提供自助服务所需要的全部条件。三是专用个人助理：为单一客户安排专门的客户代表，通常是向高净值个人客户提供服务。四是自助化服务：整合了更加精细的自动化过程，可以识别不同客户及其特点，并提供与客户订单或交易相关的服务。五是社区：利用用户社区与客户或潜在客户建立更为深入的联系，如建立在线社区。六是共同创作：与客户共同创造价值，鼓励客户参与到全新和创新产品的设计和创作之中。

（五）收入来源

收入来源用来描绘公司从每个客户群体中获取的现金收入（需要从创收中扣除成本），主要回答这些问题：什么样的价值能让客户愿意付费？他们现在付费买什么？他们是如何支付费用的？他们更愿意如何支付费用？每个收入来源占总收入的比例是多少？一般来说，收入来源可分为以下 7 种类型：资产销售、使用收费、订阅收费、租赁收费、授权收费、经济收费以及广告收费。

（六）核心资源

核心资源用来描绘让商业模式有效运转所必需的最重要的因素，主要回答这些问题：我们的价值主张需要什么样的核心资源？我们的渠道通路需要什么样的核心资源？我们的客户关系需要什么样的核心资源？我们的收入来源需要什么样的核心资源？一般来说，核心资源可以分为以下 4 种类型。一是实体资产：销售实体产品的所有权。二是知识资产：包括如品牌、专营权、专利权、版权、合作关系以及客户数据库等。三是人力资源：在知识密集型产业和创新产业中，人力资源就是最关键的。四是金融资源或财务担保：包括现金、信贷额度或股票期权池等。

（七）关键业务

关键业务用来描绘为了确保其商业模式可行，企业必须做的最重要的事情，主要回答这些问题：我们的价值主张需要哪些关键业务？我们的渠道通道需要哪些关键业务？我们的客户关系需要哪些关键业务？我们的收入来源需要哪些关键业务？一般来说，关键业务可以分为以下 3 种类型。一是制造产品：与设计、制造及发送产品有关，是企业商业模式的核心。二是平台/网络：网络服务、交易平台、软件甚至品牌都可看成平台，与平台管理、服务提供和平台推广相关。三是问题解决：为客户提供新的解决方案，需要知识管理和持续培训等业务。

（八）重要伙伴

重要伙伴指让商业模式有效运作所需的供应商与合作伙伴的网络，主要回答这些问题：谁是我们的重要伙伴？谁是我们的重要供应商？我们正在从伙伴哪里获取哪些核心资源？合作伙伴都执行哪些关键业务？一般来说，重要伙伴可以分为以下 4 种类型：在非竞争者之间的战略联盟关系；在竞争者之间的战略合作关系；为开发新业务而构建的合资关系；为确保可靠供应的购买方-供应商关系。

（九）成本结构

成本结构指运营一个商业模式所引发的所有成本，主要回答这些问题：什么是我们商业模式中最重要的固有成本？哪些核心资源花费最多？哪些关键业务花费最多？一般来说，成本结构可以分为以下 2 种类型：一是成本驱动，创造和维持最经济的成本结构，采用低价的价值主张、最大程度自动化和广泛外包；二是价值驱动，专注于创造价值，增值型的价值主张和高度个性化服务通常是以价值驱动型商业模式为特征。

三、 商业模式的设计思路与流程

（一）商业模式的设计思路

商业模式设计基于企业战略产生，从内外部环境、市场、资源、产品（服务）、价值主张等开始，是基于企业的产品/服务能力、价值网络关系、价值要素等的一种资源整合和价值匹配，是企业的一系列价值活动过程，是从价值发现到价值实现的过程。商业模式设计过程包括价值定位、价值创造和价值实现，具体的设计思路如图 4－3 所示。

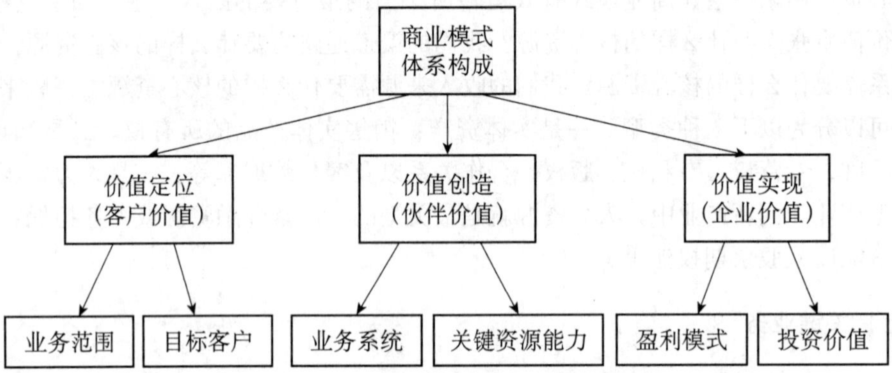

图 4－3 商业模式的设计思路

资料来源：张耀辉，朱锋．创业基础．广州：暨南大学出版社，2013.

（1）价值定位。一个企业要想在市场中赢得胜利，首先必须明确自身的定位。定位就是企业应该做什么，它决定了企业应该提供什么特征的产品和服务来满足客户的需求，实现客户的价值。

（2）价值创造。即价值的源泉是什么。商业模式的价值创造主要在于便捷性、成本低廉、新颖性、用户黏性、锁定、创新性。众多电子商务企业——如亚马逊——能脱颖而出正是凭借网络销售的方便快捷和成本低廉。

（3）价值实现。价值实现是指企业创造的价值被市场认可并接受，完成从要素投入到要素产出的转化。价值实现这一活动中，涉及最多的就是赢利模式，即企业自身如何获得利润。

（二）商业模式的设计流程

商业模式的设计流程主要有以下六步。

一是确定业务范围并寻求产品在市场中的最佳定位。对企业业务范围的定义是成功进行价值定位的最重要一步，首先得清楚“业务是什么”。通过定义业务范围，企业可以界定出自己的客户、竞争者和合作伙伴这些利益相关者及应该拥有的资源和能力等。

二是分析和把握客户需求以锁定目标客户。企业锁定目标客户意味着企业必须考虑服务于哪个地区以及如何对客户进行细分。通常可以根据人口统计、地理、心理和行为等因素进行划分。在客户细分的过程中，分析和把握客户需求是最重要、最关键的。如国内知名连锁酒店如家就是因为准确地进行了市场定位——介于二级和三级酒店之间的标准，锁定了目标客户——对价格敏感的中小商务人士和自助游、休闲游客，取得了巨大的成功。

三是构建打造企业独特的业务系统，提高对手模仿的难度。业务系统反映的是企业与其内外部各种利益相关者之间的交易关系，因此业务系统的构建首先需要确定的就是企业与其利益相关者各自分别应该占据、从事价值网中的哪些业务活动。业务系统主要有两个选择供企业参考：打造强有力的利润杠杆和构筑商业模式内部动作价值链。

四是发掘企业的关键资源能力以形成核心竞争优势。支撑业务系统所要完成的活动，企业需要掌握和使用一整套复杂的有形和无形资产、技术和能力。关键资源能力，即让商业模式运转所需要的相对重要的资源和能力，包括金融资源、食物资源、人力资源、信息、无形资源、客户关系和公司网络。

五是构建独特的赢利模式。赢利模式指企业利润来源及方式，它关乎企业价值的实现，通俗来说是企业赚钱的渠道或方法。各种客户怎样支付、支付多少，所创造的价值应当在企业、客户、供应商、合作伙伴之间如何分配，是企业收入结构所要回答的问题。如电视台是通过广告费用而不是向观众收费来赢利的。

六是提高企业价值（即投资价值）以获得资本市场的号召力。企业价值是商业模式的落脚点，评判商业模式优劣的最终标准就是企业价值的高低。企业的投资价值由其成长空间、成长能力、成长效率和成长速度决定。好的商业模式可以做到事半功倍，即投入产出效率高、效果好，包括投资少、运营成本低、收入的持续成长能力强等。

案例分析

案例一：你睡前的 5 分钟，却是“二更”1 000 万元的生意

1987 出生的李明是江西人，2014 年他注册了一个微信公众号——深夜食堂，这个名字源于他爱看的一部日剧。“深夜食堂”曾尝试了很多方向，包括职场、美食、宠物甚至讲鬼故事，但都不太成功。

会熬“鸡汤”，更要卖好“鸡汤”

一段时间下来，李明比较了每篇短文的阅读量，发现还是年轻女性追捧的“鸡汤文”数据最好。后来李明来到杭州工作，因为不适应这座“一到晚上 10 点就空空荡荡的城市”，便在“深夜食堂”上推送《世上总有一人为你而生》《好姑娘不需要在爱情里委曲求

全》等暖心短文，每晚一篇，为孤独的城市人写故事。

“深夜食堂”的粉丝大多是一、二线城市的女白领，出生在一座小城市，要融入另一座城市的生活，很多人都有过孤独和彷徨，“深夜食堂”便成了她们感情的发泄口。在这一点上，出生在江西小城、在大城市创业的李明也有共鸣。

也有人问李明，做公众号是出于爱好吗？他回答得很坦然：“其实我没那么喜欢写作。这样做，一半是因为兴趣，另一半从数据出发。如果跟商业离得太远，就不是做产品。”

与产品内容相比，李明更看重运营。在当时热热闹闹的微信公众号领域，有许多标榜“内容为王”的自媒体人，而“深夜食堂”只有60%的成功来自内容，每天更新一篇，通过朋友圈的分享，每次增加1%的粉丝，整个过程是平稳增长的曲线；剩下的40%，则是运营带来的爆发。在李明看来，自媒体人与创业者的区别之一在于，你到底专注内容还是运营。比起“鸡汤”熬制者，他更愿意被看作经营者、根正苗红的互联网创业人。

“管理作者”成了“深夜食堂”练手运营的第一件事。李明玩豆瓣时认识了一群同样喜欢写作和分享的朋友，便将这些文字放在“深夜食堂”调整优化，让自己从每天憋稿子的内容创作中彻底解放出来。

联手扩张，“深夜食堂”变“二更”

到2015年3月，“深夜食堂”的粉丝量高达120万，有了一些影响力。这时，李明认识了合伙人丁丰，对方有20年从事传统媒体的工作经历，认为“移动新媒体视频，更符合用户的传播需求”，2014年，他们打造了6人团队的“二更视频”，每晚发布一条片长三五分钟的原创短视频，定位是“讲述杭州人的故事”。在古代时间表述里，二更是晚上9点到11点，正是人们吃完晚饭休闲娱乐的时间，也是微信用户活跃度最高的时间段。

一年运营下来，“二更视频”的微信粉丝为600万，平台70%的受众是30岁左右的男性。这与“深夜食堂”70%的用户为18至30岁的姑娘，形成了对照。

2015年5月，“深夜食堂”与“二更”合并，李明出任CEO，负责公司的整体运营。7月，“深夜食堂”更名为“二更食堂”，在每晚9点至11点的固定时段推送一篇短文，延续“深夜食堂”的文风，比如《生命要有裂缝，阳光才能照进来》，看标题仍是“鸡汤”满满，但粉丝却像滚雪球般涨个不停。

短视频，成了公司的主要发力点。“二更视频”用纪实手法，呈现出几分钟的影视短片。比起“深夜食堂”的文字，这是一个更多元的世界。他们拍“国民妹妹”南笙、植物玩家周小林、基宗巴舞者安吉丽娜、正在消失的手艺人等等，口号是“发现身边不知道的美”。从市场来看，这种纪实片更受男性粉丝的欢迎，受众多是爱生活、爱艺术的一、二线城市文艺青年。

凭借视频与短文，“二更”很快就在自媒体圈子里打响了招牌，2015年8月开始商业化运作后，逐渐为上百家广告客户提供服务，其中包括很多一线品牌，到年底赢利600多万元！广告收入数倍增长，让李明欣喜不已。

与此同时，李明也意识到，微信公众号的格局发生着巨大变化：各种由传统媒体转型的内容创业正规军开始入场，单兵作战的草根自媒体开始溃败。于是，他不再满足于立足杭州“小打小闹”地玩自媒体，而是要把“二更”扩张成带有互联网基因的传媒集团！

在全国走了一圈后，李明发现“二更”在杭州的成功，是基于原有的积累，比如团队、客户、媒体资源甚至政府资源的积累，但是在其他城市没有这样的积累，所以直接复制困难重重。

虽然不能直接复制在杭州的成功，但是李明发现在全国各个城市都有内容创作团队，比如纪录片爱好者、前电视台工作者组成的视频工作室等，他们有丰富的传统媒体经验，同时也面临着转型的压力。于是，他就把这些团队纳入“二更”的体系当中，他们既可以生产自己的内容，也可以承接“二更”外包的内容。通过跟这些城市团队的合作，他拥有了在别的城市“落地”的能力。

2016 年初，“二更”与全国二三十个城市的上百个团队建立了合作关系，有 30%的内容是各地合作团队提供的。

你的睡前故事，他的千万生意

2016 年 3 月 18 日，“二更”宣布完成 5 000 多万元 A 轮融资，要“打造新媒体原创精品视频平台”。

2016 年 6 月，“二更”在一个月之内上线五大视频新号——“更北京”“更上海”“更成都”“更杭州”“更财经”；8 月 15 日，“二更”宣布正式进军之前一直谨慎对待的电商，试水内容电商；8 月 18 日，“二更”制定出高校导演扶持计划，投入 1 000 万元资金，对全国高校的优秀学生视频项目给予全方位的扶持和支持；9 月 6 日，“二更”成立“商业视频研究院”，搭建平台聚合行业资源，推动新媒体领域商业视频的创作和推广。

同样是“鸡汤文”以及三五分钟的小短片，为什么“二更”发布的作品往往会刷遍朋友圈？这得益于公司里人才济济，大家具有不同的“基因”：有人擅长内容策划，有人具有丰富的互联网经验，有人具备“无坚不摧”的采访本领，有人拍摄技术过硬……

在“二更”视频中，影响力比较大的作品主要有以下几类：

第一类，身边人。这是一档关注社会现象、社会话题的节目。譬如 2016 年 4 月推出短视频《鱼丸》，受到了社会的广泛关注。

第二类，公益类。公益类本来就自带传播属性，譬如《天梯上的孩子》，这个片子在全网的播放量是最大的，获得了很多奖。片子播出之后，很多公益组织去帮助当地的村民和孩子，而当地政府也改善了他们的出行方式。“二更”的品牌知名度，也因此大幅提升。

第三类，生活方式类。比如《一对日本夫妻在云南自给自足的生活》，旨在通过纪录片，向大众介绍耳目一新的生活方式以及生活观念。

第四类，在固定的节日和时间点，推出一些策划性的、有创意的内容，比如春节、情人节、妇女节，会有相关的文章和视频推送。

"二更"的价值主张在于关注人性，关注社会中美好的东西。李明拿《发现身边不知道的美》这一栏目举例，所拍内容一定是社会背景下蕴含正能量的美，而不是令人惊艳的美女、网红的个人秀之类肤浅的题材。

或许正因为这股文艺情怀，"二更"的拥趸越积越多。发展到2017年3月，其粉丝总数超过2 000万，所发布的1 000多条短视频，因在自媒体平台和腾讯、今日头条等同步播放，总点击量突破30亿！

如今，"二更"在全国乃至日本和北美地区，都设立了分公司和合作站，快速发展的脚步令人震惊。李明笑着说："三五分钟的短视频，正好迎合了现代人时间碎片化的阅读爱好，我们成功地让一些人解决了睡前无聊的空闲时间。"

现在，"二更"的盈利点不止是广告收入，还包括将公众号上的文章结集出版，比如《陪你说一世晚安》一书的热销，就是不错的衍生作品。2017年，"二更"将利用自己精良的视频制作优势，拍摄100部微电影，将音乐、文学网站的内容转化成短视频，目前的合作对象有大名鼎鼎的阅文集团等。如今，该公司拥有300多名员工，年盈利高达2 000多万元。

开放多元的新媒体时代永远欢迎敢想敢做的人，除了社会、美食、时尚、艺术、公益领域外，"二更"目前还做旅游、体育、汽车、游戏、健康等栏目。正如李明所说："我们的团队成员，大部分由传统媒体人转型而来。我认为，在新媒体时代，传统媒体人的价值不会削弱，只要愿意创新，他们的能力一定会得到更大的释放！"

[资料来源：王丽.85后"二更"CEO：你的睡前小故事，他的千万财富.职工法律天地，2017（21）.]

分析

"二更"在短短的几年间成长迅速。在两年半前，"二更"还是一个普通的微信公众号，而如今这个充满新鲜血液和创造力的团队，早已变成了覆盖全国甚至海外、拥有多家分公司及30多个城市站的原创精品短视频内容平台。

经过了微信公众号发展的红利期后，"二更"在短视频营销的道路上不断寻找新的发展方向。从2015年6月起，"二更"就开始尝试商业化，深耕商业视频的定制。两年的时间里，"二更"与客户、内容发布平台、公关公司、营销机构都打过交道。根据不完全的统计，目前"二更"服务的客户包括快消品品牌（星巴克、肯德基、农夫山泉等）、汽车品牌（路虎、雷克萨斯、奔驰等）、地产商（绿地、凯德、银泰）以及政府机构（G20峰会、公安部）等。这两年间，"二更"始终坚持"以短视频链接一切"，秉承专业、贴近的营销理念，搭建起覆盖全国的营销服务体系，为品牌企业提供了多样化的营销传播解决方案。

2017年1月，"二更"还完成了金额达1.5亿人民币的B轮融资，这是全国短视频内容创业公司里最大的一笔。之所以能获得资本青睐，是因为从"二更"在全面进行平台转型后，除了在内容上更加注重数量和质量外，在商业模式的运作上，也逐渐探索出了自己独特的合作方式。正如"二更"执行总裁林冠朝所说，视频营销在未来仍旧是品牌们热衷的广告形式，在这个领域，从自媒体大号成功转型的“二更”还会有更大的发展空间和机遇。

案例二：网易严选的成功之道

2017 年“京东 618”网易严选抛出了“精致主义”主题，继续深耕品质。可以说，网易严选作为品质生活电商的代表以及引领者，已是行业“带头大哥”，受到业内的广泛关注。

网易严选孵化于邮箱部门，从最初的家纺家居，再到厨卫、洗护、箱包、母婴、食品等产品，网易严选已经发展出九大品类，SKU（库存量单位）也已经从试运营时的 30 多个增长到 5 000 多个。2017 年初，丁磊更是给网易严选定下了 70 亿元 GMV（成交总额）的小目标，一旦实现，就赶超了无印良品在中国的销售额。

易观智库发布的《中国网络零售 B2C 综合年报 2017》指出，品质化升级、深度挖掘电商存量市场价值等推动了 2016 年电商行业的发展。报告显示：“在国内消费升级的市场环境下，以网易严选为代表，通过 ODM（原始设计制造商）、C2M（顾客对工厂）等制造方式向上游制造商渗透的品质化电商，将成为网上零售业升级的一个重要趋势。”

在网易严选的带动下，品质生活电商的跟进者及竞争者也慢慢变多，引发了“网易严选模式”“××版的网易严选”现象。而网易严选结合自己的优势，正不断拉开与未来可能出现的竞争者之间的距离，已处于遥遥领先的位置。

从用户角度出发，以 ODM 及自有品牌模式切入

市场上流传着这样一句话：有一个好的商业模式，成功就有了一半的保证。对网易来说，最好的商业模式就是为用户创造价值。网易给外人更多的感觉是，通过观望让出一定的时间窗口，做出一款款让用户满意的精品，网易严选就是如此。在电商已经进入红海的阶段，网易从品质生活角度着手，以 ODM 模式切入，创造出自有品牌网易严选，提前占位。

（1）现金流作支撑，以 ODM 模式切入。制造业采购模式主要分为 OEM 和 ODM。OEM 也叫代工，品牌方找制造商下单，制造商负责最末端的制造、品控等少数环节，相关知识产权属于品牌方。

ODM（original design manufacturer）即原始设计制造商模式，是指由制造商设计出某产品后，被品牌方选中，配上品牌名称或稍作改良来生产。若无特殊协议，在 ODM 模式中，制造商可将其方案和产品一并售于多个品牌方。

网易严选发现了 ODM 这一秘密，并付之商业化。网易严选采用 ODM 模式，筛选来自国际一线品牌制造商的商品，按照中国消费者生活需求重新改良设计产品，最后以远低于大品牌的定价销售给消费者。

与传统品牌相比，网易严选可以剔除品牌溢价，去除因各级经销商、商场专柜产生的中间环节。“好的生活，没那么贵”，网易严选一度被人认为是“中国版的无印良品”。但

实际情况是，由网易严选合作制造商曾经供货的企业，不乏蔻驰、无印良品、双立人、李维斯等各类知名海外中高端品牌。网易严选能给出五折，甚至一折的低价，自然深受消费者喜欢。

网易 CEO 丁磊前不久接受采访说："对企业来说，有资金的确能让你去做很多尝试，金钱对创业是非常重要的。"体现在网易严选上，网易集团强大的现金流让网易严选很难被模仿。网易严选的定价策略一开始就把利润压得低，一推出就没有给想跟进的公司太多空间。

(2) 自有品牌很难被模仿。目前，一些跟随者也在模仿网易严选，页面风格、产品品质以及平价路线看似相似，但学得都不像，容易陷入"学我者生，似我者死"的困境。究其原因，网易严选自有品牌自营模式，才是产品品质及性价比的保证。

品控方面，虽然平台和自营电商都会有商品质量监控的系统，但自有品牌的方式，可以有更多的维度来进行监控，监控更加精准。比如质检这一部分，在选品进入流水线生产前，网易严选会要求制造商先行打样。

网易严选自费将样品送往全球权威的第三方检测机构——Intertek（天祥）、Bureau Veritas（必维）、SGS 其中一家进行质检，更有产中检测、产后检测、入库检测、巡检、抽检等诸多环节。业内人士还透露，检测标准方面，网易严选正聚力打造企业质检的最高标准。

定价方面，采取自营模式的电商更偏重于零售业态，基础设施建设以及相关固定资产的投入，尤其对仓储和 IT 系统的专注，能有效提升系统效率和用户体验。这容易形成规模，在供应商采购时获得议价空间，从而更好地回馈顾客，形成良性循环。

网易严选自有品牌的优势在于从供应链到销售前端整个过程是闭环式的，自己来管理和运营，效果和品控会更好。自营模式其他公司很难玩得起，这样的模式需要网易这样赚钱的公司进行持续投入，更好发挥供应链的价值。

(3) 原创设计布局。面对友商们的追赶，网易严选更进一步，希望通过设计实力的加强来将对手拉开一条街。

网易严选上有些商品已经开始体现自己的设计理念。网易严选和江苏卫视合作，推出的原创设计系列产品"黑凤梨"，除了在产品品质方面深耕外，在设计上寻求突破，高颜值、高品质成为特点。

目前，网易严选配备国内一流的设计团队，网易严选设计团队的人数已达百人，设计中心根据消费者的需求和严选本身的风格，提供日式、北欧、新古典、新中式等不同的设计方案，再由供应商进行生产。

除此之外，网易严选拥有将近 400 人的外包团队，而且这个数字还在不断扩大。其中包括很多国内、国外优秀的设计师，比如像日本、韩国、丹麦、法国、意大利以及国内的各大高校非常有名的个人设计师。

这些设计元素的加入，将是未来网易严选巩固品牌壁垒的关键一步。

丁磊的情怀及网易的先天优势

《浪潮之巅》是很多科技圈人士的必读书，里面提到的企业基因论给理解企业的沉浮提供了一个角度。从这个角度看，在“消费升级”的大背景下，网易来引领这一轮的零售创新是必然趋势。

(1) 丁磊的情怀及工匠精神。讨论一家企业的发展不能脱离掌舵者。丁磊 32 岁成为首富，已拥有大量财富。在这样的心态下，丁磊做电商也是源于一种情怀，这种情怀在他多次为网易严选站台后，逐渐清晰起来。

丁磊在谈及电商业务时曾表示：“如果今天我卖出去的商品，评论下面所有人都在骂，我睡也睡不好，我为什么要干这件事情，让别人每天在我背后指指戳戳的？我今天又不是有生存问题，要么就不做，做了就要做好，不停地打磨，做到极致，这是我们做企业的一个想法。”正是由于这种情怀，网易从品质生活角度着手，让跟进者只有追赶的份儿。网易做到了电商服务新标准，物流通过顺丰，30 天无忧退货。

在丁磊看来，一个企业长寿的原因不止在机遇。一个公司和产品想要长寿，靠的是精益求精的工匠精神。这几年来网易的成功似乎也在印证着这一点。网易邮箱、网易音乐、有道云笔记，还有网易游戏旗下的《阴阳师》等产品，都树立起了良好的口碑。“网易出品，必属精品”的流传，也让网易的企业形象更加与“品质”这两个字联系起来。

网易严选就是在这一背景下出现的。为了寻访一床真正符合手工要求（丝长、蓬松度等都达到一定要求）的蚕丝被，网易严选将足迹遍布四川、浙江等地，走访了全国十多家机织蚕丝供应商的原材料的基地，最终才将湖州的一家工厂作为供应商。纵观国内，除了网易之外，其他公司也很难有这样深入骨髓、沉下心来做事的精神。

(2) 网易邮箱背后的流量支持。网易严选主要是由网易的邮箱部门发起，成立之初大部分流量也是来自网易的自有流量。

电子邮件业务是网易公司最早开展的业务之一，已经发展成为网易的核心战略级业务，截至 2016 年四季度，网易邮箱总有效用户数达到 9.1 亿。网易新闻，受众知名度、行业口碑遥遥领先同类软件，下载量长期保持 App Store 新闻软件排名第一。

口碑和影响力俱佳的网易新闻，以及拥有海量用户的网易邮箱，都成为网易严选免费的流量入口。海量流量作为一种先天优势，使得网易严选前期的发展相对较易。而背靠邮箱，网易严选之后的发展也会如虎添翼，在流量支持、商务合作以及营销推广等各方面，有更多更大的空间。

对于丁磊个人来说，电商无疑是一次重新出发，网易的格局与能力已让人惊艳。电商战场里，网易严选通过 ODM 模式，让高品质商品平价化，带动了品质生活电商的崛起。有人曾评价：“丁磊从不被世界和金钱改变。”从这个角度看，网易严选成为品质生活电商的引领者和带头大哥之后，依旧能不忘初心，通过不断努力和创新，让用户享受更好的商品和服务。

[资料来源：http：//36kr.com/p/5102959.html.]

分析

网易严选瞄准的是35岁以内，对商品品质有一定要求的顾客群。这个群体已经跨过低价的需求，开始愿意为生活质量、健康、品味买单，他们愿意为高品质生活支付一定的溢价。毫无疑问，网易严选瞄准的便是这一群体。

从品类结构来看，网易严选聚焦在居家、餐厨、配件、服装、洗护、婴童、杂货以及食品等少数品类，这与京东、天猫等大而全的品类布局截然不同。在商品包装设计和用户界面来看，网易严选力求简洁、风格统一，也满足这些群体的审美偏好。

易观智库发布的《中国网络零售B2C综合年报2017》指出，在用户规模、市场渗透率无法实现进一步快速增长的背景下，通过创新能力在现有规模下提升效率、实现差异化竞争就显得尤为重要。因此，以网易严选为代表的严选模式电商又被冠以新的称呼：品质电商。

一个好产品诞生背后的原因会很复杂。除了市场需求，产品诞生时的形态，轻重模式的切入、运营方法的选择、战术策略、流量来源、企业基因等都会影响产品的发展。这些因素也都体现在了网易严选这个产品身上。但这些因素的背后，是网易追求基业长青，做事情的落脚点在于让用户和客户满意。这使得网易在互联网行业的布局看起来很慢，但却恰恰是网易严选的成功之道。

案例三：小罐茶背后的商业逻辑

2017年，小罐茶火了。

7月，央视播出了一个三分钟长的茶叶广告，“小罐茶，大师作”的口号和大师们共同出镜，引起大量关注；12月，正式上市不满两年，小罐茶实现零售额破10亿元，投资15亿元的现代化智能工厂也在黄山破土动工。

作为国内唯一一个全品类高端中国茶品牌，小罐茶何以能在如此短的时间内取得如此巨大的成绩？其背后到底蕴含着什么样的商业逻辑和秘密？

小罐茶创始人杜国楹说：“小罐茶不仅仅是茶，而是我们基于对茶叶的消费场景的洞察，锁定了一个人群，给出了茶的解决方案。”整个大逻辑就是基于对用户、需求的洞察，基于对问题的发现，重新设计了进入茶行业的策略和整个产品体系。基于初步的市场验证，快速地进行产业链布局。

怀揣理想，生而不凡

茶叶在中国的年销售额达3 600亿元，销售量230万吨，市场庞大！但前100名份额合计不到行业10%，品牌集中度非常之低。“有品类无品牌”长久制约着传统茶行业的发展。在传统消费三大件“烟酒茶”中，只有茶不受政策限制。但是烟有中华，酒有茅台，茶呢？茶行业缺少的就是一个品牌！而小罐茶，自从诞生的那一天起，就注定了它的不平凡。

在小罐茶诞生之前，大家印象中的传统茶行业早已被烙印上“土，奢，繁，没价，无标准”的标签。茶与消费者，与采购商、渠道商甚至和茶农的关系往往模糊不清。信息的不对称背后是农产品和文化产品落后的思维逻辑！“小罐茶，大师作。”杜国楹领着一群由“门外汉”组成的团队，竟然花费不到一年时间，在全国开了300余家店，又不知不觉把业绩冲到茶品牌的年销售额前三！这不得不让人惊叹，秉承着“做好中国茶，做中国好茶”的企业愿景，小罐茶披荆斩棘，在行业内掀起了一场风暴。

做茶必定就是好茶

教师出身的杜国楹，自20世纪90年代下海经商以来，白手起家成为最年轻的亿万富翁。成就数个著名品牌、无数个经典营销案例给他带来了“营销奇才”的美誉，但这背后折射的却是杜国楹对产品创新的专注和坚持！小罐茶是杜国楹再一次创业的成果，不同于20多岁时的他敢于拿着300元就猛冲直撞，如今洞察市场特别牛的他却更疯狂。“茶行业，是我的终极梦想!”他敢于这么说，也是这么做的。为了这个梦想，杜国楹走遍了中国茶叶所有的核心产区。为了做好小罐茶，他用了四年，找到了8位大师，寻到好茶，做好设计，还没卖就烧掉了7 000万。

为了探寻茶的真谛，他亲自带领团队遍访茶园，带着问号去寻找大师。作为茶行业的门外汉，杜国楹充分发挥教师职业的学习本性，由不懂茶到略懂花费了一年半时间，但是团队的进步显而易见，如今的小罐茶团队早已不能被称为“门外汉”！因为带着目标前进，团队很快就吸收融汇了不同的茶文化知识，真正好茶的标准也逐渐浮出水面。那什么是好茶?

在小罐茶团队看来，好茶无外乎三点：茶源稀有；标准采摘；工艺出彩。在此基础上，杜国楹虚心拜师，放下企业家身段对非物质文化遗产传承人表现出足够的求贤若渴，因为他们代表国家乃至世界对他们茶艺的高度认可。从这个角度来说，这就是好茶的标准之一!

突破传统茶行业的惯性

有了好茶就该谈到茶的生产！杜国楹试图用现代派的方法突破传统茶行业的惯性。通过对价值链条的重新设计，茶农能种好茶、生态茶，因而获得高价值高收益，这样茶农的生产积极性就得到了提高，而消费者也可以获得更高品质和更安全的茶产品。“如果茶农迟迟得不到更好的收入，他们怎么可能不喷农药、不上化肥？今年，小罐茶收购原料的成本，比去年上浮了30%以上。”毫不夸张地说，如今的小罐茶在产业化、市场化和工业化方面都有了一个严格的标准。放眼整个茶行业，小罐茶堪称是推动行业发展的“设计师”！因为敢于重新构建产业链，才能在市场上蹚出一条光明大道!

无论什么市场，最终都要落到终端消费者身上。于茶产业市场的消费者而言，有三大痛点：买茶、喝茶、送茶没有标准。买，不知好坏；喝，麻烦复杂；送礼品，又没有明确价值。

这样没有标准没有品牌的茶市场，使杜国楹心中有了变革的使命感！于是他带领团队对产品进行全方位的设计创新，将传统八大名茶的认知标准化。

创新的小罐包装，实现了茶叶保鲜、保存的标准化；所有产品统一定价，把均衡成本的责任留给自己；创新充氮保鲜技术，将中国茶的色、香、味、形充分发散到消费者的味蕾；创新设计茶叶零售体验店，使得传统的中国茶形象也能焕然一新，变得时尚。而创新带来的是小罐茶品牌业绩犹如火箭般的上升速度！消费者所喜爱的是产品本身，这种尊重用户体验的创新，从产品到思维的配合，都是互为表里、锦上添花！

多渠道助市场齐开花

产品有了创新，产业链得到分配保障，在开拓市场时更是如鱼得水。杜国楹在创造优秀产品的同时，敏锐洞察市场需求。在没有任何广告投放的情况下，盲测店开店仅三个月，就达到单店消费 30 万元的出色业绩。在验证了好产品自己有力量之后，再通过权威平台广告传递到更大范围精准的消费人群，小罐茶很快征服了一批又一批的消费者。

目前，小罐茶的渠道以线上线下两种业态互为补充：线下以高端商场例如北京 SKP、翠微百货等形象店和旗舰店为主，已经有 240 余家；线上以天猫店、京东店为主，也已布局。不同于线下消费者以中年男性为主，线上的消费人群中 19 岁到 35 岁的人占到了将近 70%，而且令人吃惊的是，女性消费者居然多出男性！

这证明，线上的消费者喜好反映了这一代年轻人的消费诉求。殊不知当网红“喜茶”北京开店，门外竟排起了长龙！而小罐茶拓宽渠道的做法无疑是顺应了这个时代——原来年轻人也愿意去尝试茶饮，这个庞大的潜在市场正隐隐向茶行业招手！

走向世界的茶品牌

一个有社会责任感的企业家，必定有着广阔的视野和追求。在这方面，杜国楹不甘于寂寞，不愿意服输的性格再一次占据了他的内心。小罐茶的成功并没有让他因此满足，反而激发了他勇于探索的激情！

一直以来，国外品牌都占据着金字塔的高端，而国内品牌只能靠廉价的优势取胜。而在国际化之路上，无论是 8848 钛金手机，还是小罐茶，从科技产品到高端消费品，杜国楹独辟蹊径，基于他丰富的创业经验带来的对消费者惊人的洞察力，通过对产品和用户体验的全面创新，在中国高端品牌之路上是愈战愈勇，成为中国品牌高端化升级的探路者！

杜国楹改革了原本只是农产品标签的茶行业，从产业链的重新分配，到大师的精心参与，每一个环节都体现了他作为开路者的雄心壮志。杜国楹表示：“希望小罐茶通过创新和努力，能让中国茶重新走向世界。不是廉价的原料，而是高附加值的品牌，不只是产品，还有新时代的中国文化。”而他和他的小罐茶团队将会一如既往地创新，相信未来会交给我们一份满意的答卷！我们拭目以待，也期盼着中国的茶品牌能真的走向世界！

[资料来源：http：//bj. news. 163. com/17/0907/11/CTNQCTV8043897TC. html.]

分析

小罐茶，这个小铝罐包装的茶品牌，一年多的时间，悄无声息地在全国开了 300 余家店，又将悄无声息地冲到茶品牌的年销售额前三的位置。被市场证明的傲人销量背后，是精打细造的好产品。

我们知道，茶行业的品牌集中度极低，大多是作为农产品或文化产品的茶而存在，而作为消费品存在的茶品牌，是一个巨大的空白，小罐茶正是瞄准了此处空白，抓住了先机。茶的产业链长且复杂：上游是农业，中游是工业，下游是商业。要实现对茶的真正创新，最终必然是对整个产业链进行升级改造。深谙此道的杜国楹首先做的是制订茶的标准，八大名茶由八位制茶大师代言和制作，大师专门做茶，有人负责包装，有人负责营销，互有分工，各司其职，正所谓集约化在上游，进行规范化种植，中游是进行标准化的生产，下游则是品牌创建。杜国楹在一个最难标准化的行业，巧妙完成了标准化的动作。此外，杜国楹还对所有产品做了统一定价，进一步构建了产品的“标准化”。站在消费者的角度，只有全部同价，才能让产品更简单、减少消费者的选择困扰。正是如此，杜国楹满足了消费者的心理，化繁为简，最终造就产品是统一重量、统一等级、统一品质、统一价格。而消费者最终记住的，也是这个“统一”。能在标准混乱的茶行业，给消费者标准化、安全的选择，这就是从农产品到现代化消费品的升级。

实践训练

一、实训导航

竞争是商业活动中永恒的话题。20 年前比产品力，谁有好的产品，谁就能成功；10 年前比渠道和品牌力，谁的品牌影响大，谁的渠道终端广而有力，谁就能成功。那么今天的企业比拼什么呢？如今是一个营销的 4P（产品、价格、渠道、促销）已经激烈竞争、高度同质化的时代，企业要想在这 4P 中的某一项中脱颖而出已经变得很难，现在企业的竞争已经超越了营销这一层级，发展到更高层面——商业活动的全系统。而商业活动的系统结构，正是商业模式。今天，谁的商业模式更好，谁的成功概率就更大。

二、实训项目

根据商业模式的核心三要素，对以下在美国纳斯达克成功上市的中国企业的商业模式进行具体分析（见表 4－1）。

表 4－1　近年在纳斯达克上市的中国企业商业模式

公司名	上市时间	商业模式
搜房网	2010 年	中国房地产信息平台
诺亚财富	2010 年	综合金融服务
唯品会	2012 年	互联网在线销售品牌折扣商品
58 同城	2013 年	本地社区及免费分类信息服务
瑞思学科英语	2017 年	3～18 岁英语学习服务
搜狗	2017 年	搜索、输入法等互联网产品及服务

续前表

公司名	上市时间	商业模式
信而富	2017年	国内消费信贷服务
百世物流	2017年	物流快递服务
趣店	2017年	互联网金融借贷
寺库	2017年	奢侈品售卖

三、方法策略

1. 使用搜索工具，在网上寻找一些相关商业电子杂志进行阅读，提炼这些成功企业的商业模式，做成文档加以积累和交流。

2. 选择近年来成功的一个典型创业企业案例进行分析，探讨其在商业模式设计上的成功，并分析其成功的原因。

模块二　商业模式的选择与创新

商业模式本质上是利益相关者的交易结构。企业的利益相关者包括外部利益相关者和内部利益相关者两类：外部利益相关者指企业的客户、供应商、其他各种合作伙伴等；内部利益相关者指企业的股东、企业家、员工等。商业模式解决的是企业战略制定前的战略问题，同时也是连接客户价值和企业价值的桥梁。商业模式为企业的各种利益相关者，如供应商、客户、其他合作伙伴、企业内的部门和员工等提供了一个将各方交易活动相互联结的纽带。一个好的商业模式最终总是能够体现为获得资本和产品市场认同的独特企业价值。

知识点梳理

在竞争日益激烈的市场环境下，新创公司要想生存下来并持续发展壮大，创业者就必须善于发现、识别、提炼出企业经营管理中的各个生产要素，并进行合理的搭配组合，形成一种清晰的、可持续发展的个性化商业模式，以便开拓新的市场。商业模式涉及的要素不止一个，因此商业模式的创新一定是丰富而多维的。每个企业在价值链的不同环节都有所在环节的特点和商业模式的特点。新创公司在构建和选择自己的商业模式时，需要基于市场需求、坚持以客户为导向，这样才能满足和超越客户的期待，建立自己的持续竞争优势，在激烈的市场竞争中立于不败之地。

一、商业模式的选择

随着市场经济的发展，每一个行业中都存在大量同质化的竞争，新创公司能否建立自己的核心竞争优势，往往取决于选择怎样的商业模式。以下是三种常见的商业模式。

（一）以客户为中心的商业模式

以客户为中心的商业模式是较常见的商业模式特色类型之一，它主要是围绕客户价值进行创新。它要求产品具有强烈的独特性，能在竞争中脱颖而出，才能在赢利模式上做文章。

吉列是大家熟知的男性剃须刀品牌，之前的剃须刀大都是由一个刀头和一枚刀片构成，吉列公司当时在商业模式上别出心裁：将刀头以很便宜的价格卖给客户，通过客户对刀头的喜爱从而产生对配套刀片的重复购买，利用刀片赢利。刀片虽然单价低，但客户购买频次高，属于易耗品。这种通过刀头吸引客户，刀片赚钱的模式就是著名的“刀头刀片模式”。它的核心是你的主设备必须给客户提供优质的价值，才有可能带动耗材的出售。

美国著名的“Keurig 绿山”公司走的也是类似的路线。Keurig 原本是美国一家贩卖精致咖啡的小咖啡馆。它靠着精准抓住消费者口味，紧紧围绕用户的一些极端痛点和用户的一些终极需求，快速成长为美国第三大饮料集团。Keurig 胶囊咖啡因主打美式咖啡口味，在美国的市占率高达 90% 以上。

Keurig 胶囊咖啡的成功，除了口味取胜以外，主要还在于其商业模式。它先以极低价格吸引消费者，甚至牺牲利润，向一般餐厅、饭店，以及办公场所等咖啡用量大的地方以成本价促销咖啡机。而上班族在公司用惯了 Keurig，下班后也会想买台 Keurig 咖啡机在家使用。等到这些地方都买了 Keurig 胶囊咖啡机后，Keurig 就能从客户对咖啡胶囊的源源不绝消费中，持续不断地获取收益。

还有公司把“刀头刀片模式”做了调整，依靠提供配套产品的丰富性和完善性，使客户愿意花费高价购买主设备。典型产品之一就是苹果的音乐播放器 iPod。之前，人们听音乐需要购买整张 CD 唱片，哪怕你只是喜欢专辑里其中的一首歌！

苹果公司围绕客户痛点，开创性地做了一件事：在自己的 iTunes 平台上将唱片的曲目拆开来一首一首地卖，通过和唱片公司的合作打造了一个极其丰富和庞大的音乐库，客户可以完全根据自己的喜好购买单曲，而音乐下载的方式也极其方便快捷。正是由于这样的配套产品的独特性和丰富性，人们才愿意为苹果的 iPod 设备付出高价。

小米的雷军曾说过，当一切以用户为中心的时候，其他一切都纷至沓来，当你的颠覆式体验为用户创造了巨大价值的时候，你的其他一切，包括你自己能够从中间所获取的价值，都会自然到来，这些在上述提及的公司身上体现得非常具体。

（二）以上下游资源为中心的商业模式

商业模式的另一类突破是围绕上下游资源整合的创新。当你销售的商品量越来越大时，你可以越过经销商直接找上一级代理商甚至厂家进货，跨越中间环节，这种砍掉产业链中间环节的模式因为互联网的出现被发挥到极致。瓜子二手车在 O2O（线上到线下）领域专注于二手车和汽车后服务市场，在创立之初，瓜子二手车宣称：省去了中间环节（中介、车商等），充分利用互联网无缝对接的优势，建立二手车领域卖家直接面对买家的商业模式，以互联网连接买家和卖家，给买卖双方更多利益空间。

这种整合上下游资源的模式极大地提高了效率、削减了成本，被形象地称为“跨越式商业模式”。如苏宁电器，它以家电连锁的方式加强对市场后端的控制力，并以此为基础加强对上游制造环节的渗透，使零售与制造以业务伙伴方式合作提高整个供应链的效率，进而打通整个产业价值链以谋求更高价值回报。

采取此种模式的还有2011年12月1日正式上线的途家网。作为中国民宅分享的引领者，途家网致力于为房客提供丰富优质的家庭氛围住宿选择，又为房东提供高收益且有保障的闲置房屋分享平台。途家网目前已覆盖国内288个目的地和海外353个目的地，在线房源逾40万套。

在短租行业里，同时具备房地产开发商资源、IT技术资源、网络流量资源的，目前也就只有途家网一家。有些创业公司是从大的互联网公司分拆出来的，或者也和大网站合作，有流量资源，但却没有上游的房地产行业资源；而一些房屋中介公司的短租平台，虽然有一些本地的二房东资源，但IT技术和网络流量则较弱。途家网商业模式的核心在于上游和下游，因此，途家网是B2B2C。而途家网做的事情，上游是B2B的，直接和房地产开发商合作，或者和当地那些有房源的机构合作，而不是单独和每个房东或二房东合作；在下游，途家网则主攻互联网平台，以做好营销和用户体验。

中国是世界上最大的房地产市场，有大量的闲置房源，全国各地都有机构和自然人专门做这些空置房的租赁中介业务。但是，这些机构又太过零散，很难形成规模。途家网充分利用互联网平台，整合上下游的资源，让这两种需求连接了起来。

（三）平台型商业模式

平台型商业模式是一种交易结构的创新模式，在平台上的利益相关体相互依存并深度影响。如Facebook、Groupon、京东、滴滴打车等。平台型商业模式一般前期投资期限长，投入资金巨大，不过一旦突破一定的规模，平台方的价值会变得巨大且很难被超越。平台型商业模式的精髓，在于打造一个完善的、成长潜能强大的生态圈。它拥有独树一帜的精密规范和机制系统，能有效激励多方群体之间的互动，达成平台企业的愿景。

平台型商业模式最重要的特征是处于中心的平台扮演着中介的角色，连接不同的但又相互依赖的参与群体。平台生态圈里的一方群体，一旦因为需求增加而壮大，另一方群体的需求也会随之增长，如此一来，一个良性循环的机制便建立了。如滴滴打车，是受用户喜欢的一款免费打车平台，它最终的战略目标是搭建一套完整的生态体系，在其强大的大数据分析和应用能力的支持下，成为一个巨型的O2O平台，旨在链接一切与出行相关的资源，满足多个应用场景需求。

滴滴总裁柳青表示，平台有其规模效应：随着平台上乘客和订单的增长，司机的接单率和收入也会随之增长，同时降低了乘客的等待时间和单次出行成本，这会形成一个正循环，促使提高司机效率和运力以及多样化的服务供给，从而进一步缩短乘客等待时间和成本，提高服务可靠性和提升体验，更重要的是，平台化的商业模式将会产生显著的协同效应，能够提供给乘客全套的出行解决方案、更短的出行等待时间和更低的成本，最终保证一个较高的乘客留在率；而对司机而言，平台提供了跨业务转换的选择，提供给他们高黏性的乘客和更高的收入。

我们熟知的苹果 App Store 就是一个典型的平台。苹果因产品的极大吸引力，汇聚了数量庞大的消费者，App 应用软件开发者乐于将软件放至平台上被更多的消费者使用，而 App Store 里的应用程序完全由开发者自由定价，再由消费者在线支付购买，开发者可以拿到软件售出所得利润的 70%，而苹果只拿 30%，这样极大地鼓励了苹果的程序开发者；随着平台上的应用软件越来越丰富，也会吸引更多的消费者使用苹果手机，苹果公司作为中间平台靠收费应用软件的提成坐收渔利。

一种商业模式是否成功，其最核心的特征在于是否能够满足市场的需求，是否能给客户创造更多的价值。通俗地说，就是这种商业模式能否改善客户或消费者的生产、生活方式，能否赢得他们的欢迎和青睐。不同的商业模式决定了企业不同的发展路径。初创企业进入市场就是一个根据市场变化不断试错、不断调整和修正商业模式的过程，一个初创企业只有在商业模式经过市场的历练后，达到可复制和升级的状态，才能在赢得客户、创造利润以及吸引资本上形成良性循环。

二、 商业模式因果关系链条分解

商业模式的本质决定了我们必须从整体上用系统的思考方法来理解其结构和行为特征。由于商业模式既涉及产品市场，又涉及要素市场，因此我们首先要找到产品市场主要的因果关系和产品-要素市场的因果关系，在此基础上得到企业商业模式的因果关系链条。商业模式因果关系链条为商业模式的选择与创新提供了底层逻辑。

对于产品市场中交易的主要产品，企业通过加大研发投入、开发潜在需求可以提高产品的吸引力，满足客户的需求。这一方面可以带动新客户的加入，另一方面由于企业为客户提供了较高的产品价值，增强了产品的溢价能力，使企业利润不断增加。

产品-要素市场中交易的不仅有产品，还包括生产要素。企业为了使客户满意，不仅要满足其对产品功能的需求，还要尽可能地在产品成本、质量和交货期上形成比较优势。因此，企业需要根据自己的核心资源来整合外部资源。

企业商业模式的因果关系链条就是将企业、客户、供应商和外部环境结合起来，形成一个完整的商业生态系统。从图 4－4 可以看出，商业模式系统包括 7 个循环的回路链条，其中 R1～R5 为增强链条，R6、R7 为调节链条。

R1：净利润→可用资金→运营规模和能力→单位产品成本→净利润；

R2：净利润→可用资金→运营规模和能力→供货能力→客户满意度→订单数量→销售收入→净利润；

R3：净利润→可用资金→运营规模和能力→供货能力→客户满意度→产品价格→销售收入→净利润；

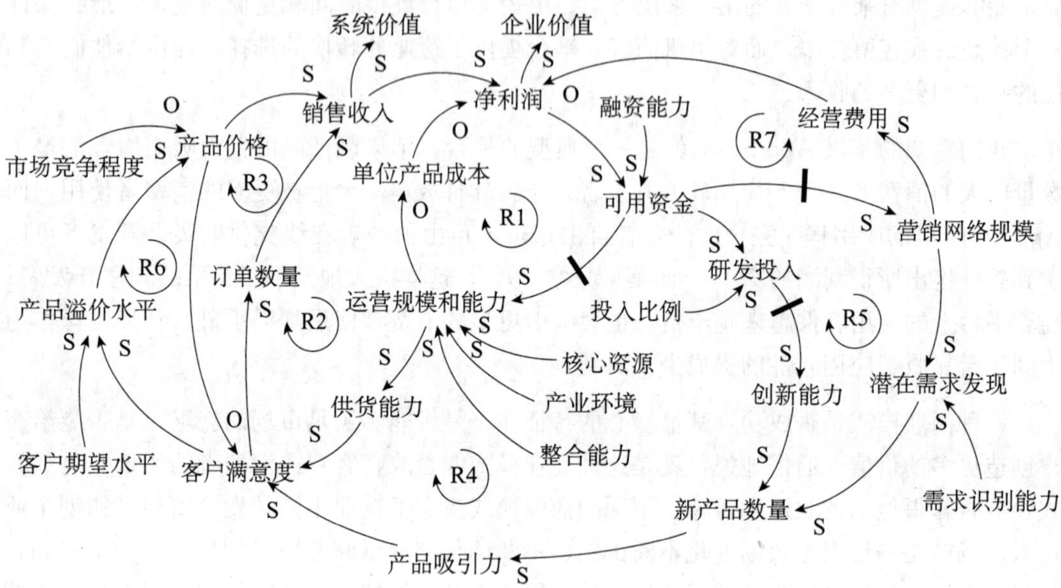

图 4-4　商业模式因果关系链条

资料来源：刘卫星，丁信伟．商业模式的系统分析与启示．工业技术经济，2011（3）.

注：构成回路的 S 形链条和 O 形链条分别代表正反馈和负反馈关系，它们的个数决定了回路是增强回路还是调节回路。

R4：净利润→可用资金→研发投入→创新能力→新产品数量→产品吸引力→客户满意度→订单数量→销售收入→净利润；

R5：净利润→可用资金→营销网络规模→潜在需求发现→新产品数量→产品吸引力→客户满意度→订单数量→销售收入→净利润；

R6：产品溢价水平→产品价格→客户满意度→产品溢价水平；

R7：净利润→可用资金→营销网络规模→经营费用→净利润。

增强链条可以使整个系统得到不断强化，引起恶性循环或者良性循环，给企业带来价值的增加或减少。调节链条则使系统状态不断向目标值靠近。以 R6 为例，客户满意度提高，则产品溢价水平就会提高，所以，如果产品价格定得较高，客户满意度就会下降，产品溢价水平就跟着回落，随着时间变化，产品溢价水平围绕着客户期望值上下波动，最终会与客户期望一致。商业模式因果关系链条图描述了各业务之间的复杂的非线性关系。不同的调节链条连接在一起可以实现企业的多个目标，而调节链条和增强链条在一起可以使企业按照预计的进程实现稳定增长。

三、商业模式的创新

商业模式的创新在某种程度上决定了企业的命运。商业模式的创新是在以客户为中心的基础上，为应对内外部环境的变化，对企业价值网络中的要素、自身潜力进行发掘，对企业的业务范围、目标客户、竞争方式等进行重新定位，对产业链重新整合，从而建立起新的价值网络、赢利模式等的综合性过程。

（一）商业模式创新的逻辑

商业模式的创新实质上是一种高层次的企业创新行为。它最终目的是通过改善企业的长期竞争优势来提高企业的长期获利能力，其途径是对企业可利用资源的组合方式进行优化。这种优化表现为企业为改善其价值创造和价值获取能力而进行的价值链的优化和重组。商业模式的灵魂在于价值创新。企业经营的核心是市场价值的实现。企业必须借助商业模式进行价值创造、价值营销和价值提供，以实现企业价值最大化。

商业模式创新的动力一般有 3 种。一是新技术市场化是重要的推动力。新技术转化为适应市场的产品和服务，必须有新的合适的商业模式推动。二是市场环境压力促进商业模式创新。新的创业者、竞争者和新的规则的出现，使企业的竞争力和赢利能力面临挑战，为了适应动态的、激烈变化的商业环境，持续不断的商业模式的创新成为企业获取竞争优势的重要能力。三是市场机会拉动商业模式创新。面对较大的技术和社会变革，新的需求会催生新的商业机会，新的企业会在新的商业模式的助力下，快速获得竞争优势，一些反应快的大企业，往往能抓住机会开展企业内创业，通过建构新的商业模式获得新生。

（二）商业模式创新的方法

商业模式创新的方法主要涉及以下五个方面（见图 4－5）。

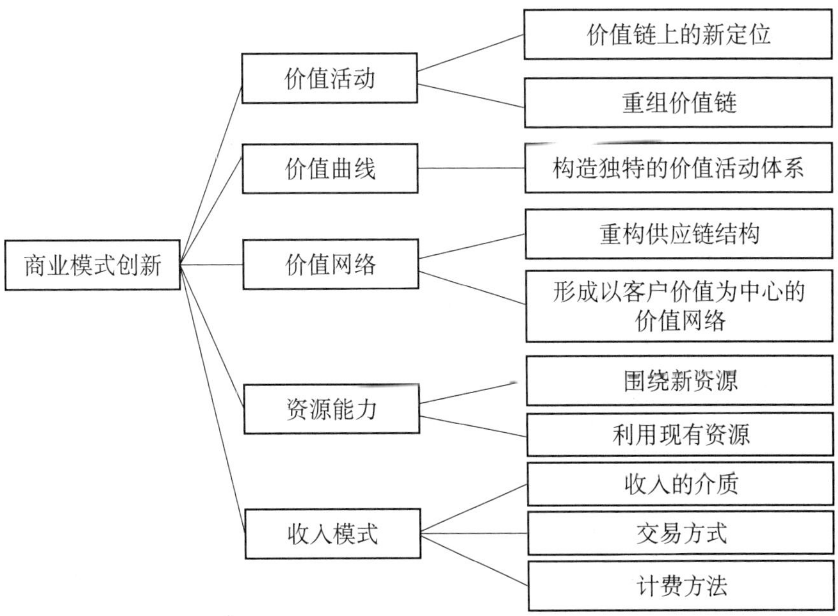

图 4－5　商业模式创新的方法

资料来源：张耀辉，朱锋．创业基础．广州：暨南大学出版社，2013.

价值活动

创新的关注点是价值活动的定位、设计与匹配。价值链的创新实质是围绕客户需求，通过优化企业内部资源配置，使得资源得到最大化利用的同时发挥成本优势。价值链的创新主要有以下三种途径。

（1）价值链上的新定位，指专注于价值链上的某些活动（通常是高利润的活动），而将其余活动外包出去，从而实现商业模式的创新。例如，如家连锁酒店给客户提供的价值是“够用而不多余的住宿条件和卫生条件，且比星级酒店便宜”。确定了这个价值后，其一切活动就都围绕这个价值展开，如去掉一切多余的装修、设备、物品，提倡客户自助式服务，等等。

（2）重组价值链，指企业通过对产业价值链进行创造性的重新排列组合，从而实现商业模式的创新。关键思想就是围绕客户需求确定重要部分，并以之为中心，再组合调整非重要部分来适应这个中心，据此来重新组合调整价值链条上资源的配置。

（3）构造独特的价值活动体系，指企业通过构建和整合多个价值优势，形成企业所独有的价值体系，从而实现商业模式的创新。凡客诚品提供给年轻人的价值就是“质量中等而价格要比实体店便宜的服装鞋帽，而且可以方便快捷地送货和退货”。它的商业活动也就围绕这个价值展开，如构建先进的传呼系统和网站、监督供货商产品质量、监督快递服务质量、提供货到付款服务等。

价值曲线

创新策略聚集于企业所提供的客户价值。企业通过创造独特的价值曲线实现服务创新，在为客户提供非凡的价值感受的同时获得自身的成功。如香飘飘奶茶，无非是把奶茶包放在一个杯子里，想什么时候喝只要用开水一冲就可以，而不用到街边的奶茶店里买冲好的，满足的是消费者随时随地喝奶茶的要求。但这样一杯小小的奶茶，一年却有数亿杯的销量，而且价格并不低。

价值网络

企业价值网络是指企业为了创造资源、扩展与交付货物而建立的合伙人和联盟合作系统。价值网络创新的实质是以客户价值为中心，优化配置企业内外部的资源，形成整个产业链协同创新保障企业在激变的市场环境中动态发展。如信用卡连接了商家和持卡人，阿里巴巴连接了供应商（生产商）和销售商，前程无忧连接了企业和求职者，沃尔玛连接了供货商和消费者，等等。这样，设计出的各种交易机制就将企业自身与价值创造伙伴有机联系起来，形成了价值创造的合力。

资源能力

基于资源能力的商业模式创新重在对新资源的发掘和利用，或是充分挖掘现有资源的潜在价值，从而建立起竞争优势。如同样是开餐馆，高档餐厅和连锁快餐店，其关键资源能力肯定是不同的。高档餐厅以环境、服务和菜品质量等取胜；连锁快餐店追求标准化和快速复制。再比如，百货商场以环境、档次、品牌为优势，大超市以价格便宜、方便挑选等为优势，便利店却是以方便、快速为优势。

收入模式

收入模式即企业的赢利模式。企业的赢利方式通常有多种，可以通过直接出售产品赢利，也可以通过出售服务赢利，还可以通过资本市场赢利，等等。在许多情况下，一家企业可以采用两种或多种赢利模式。因为许多企业不只在一个产品和服务上赚钱，如麦当劳除了汉堡包外，还可以从炸鸡、可乐、薯条等方面赚钱。如 85 度 C 咖啡面包店，以便宜的咖啡吸引顾客，以面包、点心、蛋糕之类来赢利。

此外，有些企业不仅靠纯粹的产品本身赚钱，而且增加了从“内容”方面所获得的利润。例如，iPod、iPhone 和 iPad 硬件终端产品不仅仅赚取硬件利润，还锁定客户，然后通过 iTunes 和 App Store 平台销售音乐、图书、电影、软件等内容产品给客户。凭借这样的模式，苹果公司不仅赢得高额的硬件利润，而且还赚到了“内容”的钱。当然，同一产品可选择的计价方式很多，以打印机为例，销售时以台计价；租赁时以时间计价；投资时则把其整个收益分为固定和剩余两部分，以价值计价。

案例分析

案例一：名创优品为什么能爆卖 100 个亿?

几乎一夜之间，“零售新贵”名创优品高歌猛进般占领了媒体头条——繁华如北京王府井，偏远如四线城市的步行街，都能看到一家日系平价店迅速开设起来。店铺徽标和装修定位为日系简洁风，商品均价 10 元左右。

铺天盖地关于名创优品的报道，往往绕不开以下信息：

“在短短 3 年的时间里，名创优品在全国开了 1 800 家实体店，每月开店 80～100 家，年销售额接近 100 亿人民币。”“2017 年 5 月 16 日，名创优品在海外的布局又有新动作。在‘一带一路’倡议下，名创优品与斯里兰卡、肯尼亚合作方签署了合作协议，不久，名创优品的门店将分别进驻南亚、东非等地区。”

然而，与进击的名创优品形成强烈反差的是雪崩式败退的线下零售业。经营成本不断上涨、消费需求结构调整、电商来袭……这一切都打得零售业措手不及。据悉，2016 年中国零售业经历了五年来最大的关店潮，万达百货在年中宣布关掉全国约 90 家百货门店中的一半；百思买、尚泰百货等停止了中国区业务。2016 年上半年，在单体百货、购物中心以及大型超市业态中，共有 22 家公司关闭了 41 家店铺，歇业总面积超过 60 万平方米。

名创优品在低迷的大环境中开始构筑自己的商业帝国，迅速开店，抢占全球市场，店铺获得巨大盈利，这部分得益于创始人叶国富绘制的产融图谱——一手实业，一手金融，通过产融一体化，打造名创优品商业帝国。它确实已经成为帝国了——要知道，优衣库进入中国 15 年开店数量才刚刚达到 500 家，在华苦心经营 27 年的麦当劳在中国的门店也尚只有 2 200 多家。

什么成就了名创优品?

“经济学的规律告诉我们：在一个完全竞争的市场中，价格将会逐渐接近成本，利润将无限接近于零。如果不能在商业模式上有所突破，濒临倒闭是必然的。”

在最接近于自由竞争市场的零售业中，名创优品的成功大部分归因于其创新的商业模式。

名创优品采用“联营”，即叶国富口中的“LP”（有限合伙人）模式。一家200平方米左右的名创优品门店，加盟商的一次性投资包括：品牌使用费8万元/年、货品保证金75万元（退出返还）、统一预收装修费2 800元/平方米，以及水电租金等费用，共计约180万元。之后，加盟商无须承担任何运营的事情，店铺的货品由名创优品公司免费提供，统一上架，店员由名创优品统一培训，店员工资、社保由名创代发、代缴。店铺开业后，每天总营收中的62%归名创优品所有，剩余38%（食品为33%）是加盟商的收入，在第二天由名创优品转入加盟商账户。这样，通过“有限合伙人”，名创优品吸引了很多有钱但没有精力经营店铺的投资人，此谓“联营”。

如上所述，名创优品成功的关键在于使加盟商成为投资人，顺便，它还考虑到了加盟商缺少资金的情况，天才般地设计了“分利宝”平台。此后，名创优品的店铺在国内迅速铺开，叶国富的商业帝国开始逐步构建。

很多人没有看懂名创优品的扩张模式，因为他们并不知道，分利宝平台“一开始就是为了支持名创优品而专门设立的”。分利宝平台上的产品之一为“开店融资”，主要来自名创优品品牌门店加盟商短期融资需求和上游供应商的短期生产资金需求。普通投资人在分利宝上购买金融产品，可获得8%～15%的预期年收益，截至2017年6月6日，分利宝的投资人数约18.39万，累积成交金额约23.76亿元。之后，分利宝将资金通过“开店融资”产品贷款给加盟商，利率18%。加盟商通过评估后，付出约180万的金额即可加盟名创优品。

对于名创优品来说，分利宝的加入，打造了左手实业、右手金融的商业模式，成就了名创优品在全球难以想象的扩张速度。并且让人叹服的是，名创优品通过分利宝贷款给加盟商，加盟商付着18%的贷款利率，把钱交给名创优品公司作为加盟费，在线下开设名创店铺。这样看来，名创优品既获得加盟收益，又获得分利宝放贷收益，且没有承担资金风险，毕竟它还收着加盟商75万元的货品保证金。

产融一体，你真的懂吗?

所谓名创模式，实际上是产融一体化在商业模式上的创新。

当提到“产融一体”这四个字，你首先会想到什么？不外乎以下几种：通过财务杠杆快速做大资产规模、提高股东回报、获取金融牌照价值、获取相当稳定可靠的融资渠道、提高资本市场价值等。

对于产融一体化，中国中小商业企业协会专职副会长、产融一体化工作委员会会长孙天群有不同的理解。孙天群提到，绝大多数企业理解的产融一体，只限于融资的层面，并没有上升到用“产融一体”的思维去设计商业模式的高度。如果纯粹限于利用金融杠杆，“产融一体”的边际效益还不够大。事实上像名创优品那样，将金融与商业模式挂钩才是未来商业发展的趋势。

尤其是对于占中国企业总数99.7%、平均寿命却只有2～3年的中小企业来说，产融一体模式是突破企业发展瓶颈的重要途径。

除此之外，名创优品之所以能取得爆发式增长，还在于把最基本的核心、本质的东西，做到了三个极致。

一是极致的产品设计，即所谓的简约风格、高颜值。

大家都觉得香水是个奢侈品牌，要么是有钱人消费的，要么就是买不起的人只看不买，还有一种人是看都不敢看。名优创品将开发的香水定义为人生第一支香水，让买不起奢侈品的人也能体验到人生除了奢侈品外，还有性价比高的香水。国际大品牌或是不知名的品牌售价500元乃至上千元，名创优品的售价仅为39元，甚至还有10元、15元，男女均有。

名优创品的研发理念是：利润虽低，必不敢省人工；价格虽低，必不敢减物力。

很多人觉得省成本只需在原材料上下功夫，名优创品的省成本是从流程、工序上下功夫，比如研发人员从不会在材料上偷工减料，他们会下到供应商工厂了解流水线，看哪个环节可以减少成本。

名优创品要求品质一定要过硬，且要开发爆品。不要多，只要那一两款刚需品，在精与小上追求极致。名优创品不追求面面俱到，只追求精准设计、价格合理。

二是极高的性价比。

乔布斯的概念让名优创品大有启发：在保证产品品质的情况下，价格越低越好，而不是越贵越好。

国内有很多服装堪称“三无”产品（无设计、无品质、无价格），即大家所说的设计感差、品质很差、价格很高。名创优品正好相反。很多人认为，在中国提“一分价钱一分货”很有道理，如果你认为有道理，那就说明你还停留在不理性阶段。消费者应该回归理性，只买对的，不买贵的。

名创优品的眼线笔产自欧莱雅的工厂，其市场零售价100元以上，而名优创品只卖10元。从产品上市到今天，名优创品已经卖了超过1亿支，10元一支就是10个亿，一个产品能卖10个亿。名创优品刚刚上市的名创冰泉，售价为3.5元。它的瓶型从开发到成型，花费了名优创品相当多的时间和精力。一般装水的瓶子很容易出现连接细缝，为了不出现细缝，名优创品不断寻找厂商，找了不下100家供应商做模型，花费了长达一年的时间，在保证品质和设计感的前提下，终于把瓶型做到了极致。

在价格上，名创优品使用爆品战略，也就是刚需品战略。在“少即是多”的时代，爆品不需要太多，名优创品会进行大规模采购，靠量取胜，去掉中间环节，缩短从工厂到店铺的渠道。

三是极好的购物体验。

首先，环境要好。今天的消费者很注重环境，而名创优品致力于营造一个好的环境。

名创优品店铺基本开在购物中心。200平方米的店铺，仅装修就大概需要40万元，货架与路易威登是同一个供应厂商，保证十年不变形、不掉色，而名创优品店销售的产品大部分为10元、20元。能进入这么好的商场，花这么多的钱去装修，产品销售价格却这么便宜，目前来说，除了名创优品，没有第二个。

其次，服务要好。名创优品认为，好的服务就是不要服务，没有任何的推销，没有任何的购物压力。为什么实体零售倒闭那么多？很多就是因为服务太过度了。顾客到服装店买衣服，店员跟得很紧，顾客购物体验不好。而名创优品没有服务，也不允许推销，店员做的就是三件事：收银、陈列、防盗。无服务，无推销，让消费者无压力购物，这才是好的服务。

［资料来源：http：//www.cmmo.cn/article-207256-1.html；http：//www.sohu.com/a/140488708_637598.］

分析

实体店低迷，名创优品为何能后来者居上？这与名创优品的商业模式创新有着很大的关系。

一是选择了“投资型加盟”的扩张模式，即加盟商承担品牌使用费、门店租金、装修以及首笔铺货的货款，而剩下的都交给名创优品，名创优品负责门店营运、员工聘用、商品配送等。加盟商的收益就是每天营额38％的全部毛利润。这使得名创优品总部能够轻资产运作，蜕化为一家供应链公司，负责产品设计、系统开发和人员培训。

零售业都是“人”“货”“场”的优化组合，从这个层面理解名创优品的加盟模式，其实是借别人投资的“场”，用自己的“人”，卖自己的“货”，并将卖货产生的所有毛利额都给了加盟商。由此也可以看出，名创优品正在以轻资产的模式运作，它将设计、研发、供应链掌握在手中，而将门店租赁、装修等“重”投入交给加盟商，从而减轻总部负担，使得其快速奔跑。

二是名创模式，即产融一体化。一手实业，一手金融，通过产融一体化，打造名创优品商业帝国。在传统模式走不通的情况下，企业首先需要考虑的是转变自己的商业模式，因为一味融资已经不能真正解决核心问题，相反，运用产融一体的思维，给企业再造商业新模式提供了借鉴和启迪。

案例二：“盒马鲜生”，你靠什么逆势增长？

侯毅，是马云和刘强东都看上的男人，他是原京东物流老大，离职创业震惊业内；还没说自己要做什么，就被马云看上；第一家店开业，就被业界称为生鲜零售新物种！

盒马模式的核心是什么？看看创始人侯毅的说法。

盒马还真的像河马

河马——体型庞大，但温和亲民。

盒马也是，都推崇轻模式，但侯毅反常态地用重模式做生鲜——庞大体系加互联网式亲民。

侯毅给人的感觉也是，中年微胖大叔，为人低调，温和亲民。

但就是这只看上去笨拙的河马，成长速度飞快。在一片唱衰的生鲜业里，逆势增长。

盒马模式的灵魂：精准定位

一向低调的侯毅在2017中国零售数字化创新大会上的演讲，系统解读了盒马模式的灵魂：精准定位。

侯毅说：

第一，消费者是谁？从盒马鲜生来讲，80%的消费者是80后、90后。他们是互联网的原住民，他们是在改革开放以后富裕起来的中国成长起来的一代消费者，他们更关注品质，更关心对品质的追求，对价格的敏感度不高。

第二，盒马鲜生是基于场景定位的，围绕吃这个场景来构建商品品类，并且吃的商品品类的构成远远超越其他超市卖场，所以在吃这个环节上，盒马鲜生一定能够给消费者满意的服务。

盒马鲜生做了大量的半成品和成品以及大量加热就可以吃的商品，希望让吃这个品类的结构更加完善、丰富。

目标消费群定位：越是精准定位，越能吸引目标顾客，增强与目标顾客的黏性。

场景定位：要让目标顾客，一入店马上深刻感受到：这个店是为他开的，有他需要的商品和服务，是他想要的购物感觉和购物体验，进而对门店产生依赖。

盒马模式的核心：不断满足顾客的消费需求

侯毅说：基于当前消费的需求特点，盒马鲜生重新设计了一套消费价值观。

第一，“新鲜每一刻”。

新的生活方式就是买到的商品都是新鲜的，每天吃的商品都是新鲜的。

消费者追求的是新鲜的生活方式，所以盒马鲜生里面卖的所有商品仅供你吃一顿饭，将来冰箱就已经不需要了，你需要什么就买什么，盒马鲜生会快速地送到你的家。

盒马鲜生把所有的商品都做成小包装，今天买今天吃。不追求原来所谓的大批量、大包装，所有的商品只用一次就够了。

第二，“所想即所得”。

当你在上班，没有时间去买菜的时候，可以在盒马鲜生下单，在下班途中，可以下单，商品会和你同步到家。

线上线下的高度融合为消费者提供了随时随地的便利购买，全天候的便利消费，比如说下雨天盒马鲜生的线上销售就非常火爆。

盒马鲜生提供的线上商品和线下商品完全是同一种类、同一品质、同一价格。所以新零售是满足消费者随时随地、在不同场景下的需求，“所想即所得”，让消费者的生活更加方便。

第三，一站式购物模式。

利用互联网技术来扩大品类，盒马鲜生有B2C的频道。盒马鲜生有门店，但面积、SKU（库存量单位）有限。

盒马鲜生同时扩建了绿色频道，来满足稀有商品的消费需求，你可以买到五千块一条的野生黄鱼，这些高档食材原来在超市根本就买不到。

盒马鲜生还推出各种各样的预售商品，来满足消费者的各种需求。

盒马鲜生是围绕吃来定位的，会满足你所有吃的问题，所以一站式服务具备巨大的商品竞争能力。

第四，让吃变得快乐，让做饭变成一种娱乐。

盒马鲜生不断推出各种各样的活动让消费者参与，让“80后”“90后”消费者在家里做每一顿饭的时候都能够体现他的价值。

所以盒马鲜生在整个店里面设置了大量的分享、DIY、交流等等，让“吃”这件事变成娱乐、变成快乐，消费者就会产生强烈的黏性。

新零售说白了就是要满足消费者对更高品质、更深层次、更广范围、更加个性的消费追求，让大家生活更加美好、更加开心。

盒马模式的关键：新零售模式改变了传统零售模式

侯毅说：盒马鲜生是新零售，与传统超市有本质区别。

第一，门店的定位。

传统精品超市、社区超市、便利店，以店的规模、以人群的划分来定位。而盒马鲜生是基于场景定位的，围绕吃这个场景来构建商品品类。

盒马鲜生的商品品类的构成远远超越超市、卖场，所以在吃这个环节上，盒马鲜生能够给消费者更满意的服务。

第二，商品结构方面。

盒马模式改变了传统超市、卖场的品类组合原则，使整体的品类组合更浅，更加扁平化。

盒马追求的是：不是为顾客提供简单商品，而是提供一种生活方式，期望以往在家里完成的事情放到店里完成，为顾客提供的是可以直接食用的成品、半成品。因此，改变了传统超市的商品结构。这些品类也带来了巨大的毛利空间。

放弃了客单价的理论，门店的经营理念由以自我为中心，转向以消费者为中心。

第三，餐饮与超市的融合。

盒马鲜生旨在颠覆传统餐饮业、零售业。

餐饮不单单是体验中心，更是流量中心，带来了消费者的黏性。

餐饮就是盒马鲜生里面的加工中心，它可以提供更多的半成品、成品在网上销售。

餐饮跟超市融合而成的加工中心，为盒马鲜生提供了所需要的半成品和成品服务。

第四，超市功能＋餐饮功能＋物流功能＋企业与粉丝互动的运营功能。

盒马模式已不是一个简单的超市模式，已形成一个强大的复合功能体。

特别是基于顾客经营、粉丝互动建立的运营功能、物流功能、餐饮功能，已经颠覆传统的零售模式。

第五，新的门店组织架构，奠定线上线下的高度融合。

盒马鲜生有餐饮副店长、物流副店长和线上运营副店长。从门店组织架构来讲，盒马鲜生绝对不是一个O2O的企业，因为大部分销售来自线上而不是线下。

第六，强大的物流功能。

盒马鲜生最大的特点是快速配送，门店附近3～5公里范围内，一般30分钟送达，最长一般不会超过1小时。

在盒马鲜生App购物，不能预约隔天送达，只能当天送达。在盒马下单后，拣货员会提前拣货，各种生鲜商品对存储要求不同，如果有第二天预约订单，拣货商品就不易保存。而且消费者对预约第二天送到的需求很小，他们习惯于随时下单随时送货。生鲜这类及时消费商品，下单后第二天才能送到，不符合消费者的需求场景。

从定位、商品结构来看，盒马已彻底改变传统零售以商品为中心的经营模式，走向以场景为中心的商品组织模式。盒马已打破传统零售的品类概念，实行的是以场景为中心的商品组织。由于其追求的是为消费者提供便利、有品质的生活方式，超市的许多品类会发生重构，品类管理的模式会发生改变。强大的复合功能，特别是突出的餐饮功能、物流功能、粉丝运营功能必将会冲击目前零售单一的买卖功能，真正体现互联网环境下零售商业模式生态化重构的方向。

新零售不是颠覆传统零售，本质依然是顺应消费升级的需求，提升消费者的生活品质。这才是新零售变革的核心内容！

[资料来源：http：//www.sohu.com/a/157169354_99916414.]

分析

“新零售”是应用互联网新技术、新思维，对传统零售方式加以改良和创新，将产品或服务出售给最终消费者的所有活动，它不仅仅是线上线下联动和物流的简单融合，同时还融入云计算、大数据等创新技术，包括全渠道但又超越全渠道，打破了过去所有的边界，以一种全新的面貌与消费者接触，使消费者随时都可以在最短时间内买到自己所需要的商品。备受行业推崇的盒马模式，其核心有三点。一是更加精准的定位：在当前的市场环境、消费环境下，变革新零售，首先必须搞清楚的是精准定位问题，包括准确回答顾客是谁的问题和准确定位解决目标消费群那个场景的消费需求问题。二是良好的门店体验：不论是盒马店的选址策略、商品组织，还是良好的配套服务、更加完善的功能配置，所带来的都是门店对消费者的良好体验，这是盒马引流，特别是线上吸粉的重要基础。三是品质生活：依据目标消费群体需求，融合互联网技术，创新互联网商业模式，改造传统零售模式，最终为消费者创造更有价值的高效、便利的生活。

案例三：e袋洗张荣耀——用“互联网＋生活服务”满足差异化需求

行业整合、泡沫湮灭、红利消退……一路蓬勃发展的电子商务行业进入新的赛段。传统电商企业试图脱离“纯电商”身份，创新创业企业在频繁试错中砥砺前行。在对未来方向的探索过程中，共享出行、人工智能、云计算等电商新服务成为企业发展的驱动所在。

传统产业在与互联网逐渐融合时，产品和服务都在迭代升级。e袋洗的前身是有着20多年洗衣经验的荣昌洗衣（荣昌集团），在经过数次转型之后，并没有将洗衣行业的痛点真正解决。移动互联网时代的到来，无疑给这家企业注入了一针强心剂。e袋洗在拥抱互联网后一直尝试解决洗染行业的痛点，也在尝试依托众包模式改变O2O行业的服务模式。e袋洗董事长张荣耀在接受《北京商报》记者采访时称，生活服务行业应当依靠属地化就业，采用众包模式能最大程度发挥邻里互助的优势，同时，e袋洗将洗衣分为服务板块与加工板块，重塑洗衣行业的商业模式。从荣昌洗衣到e袋洗，张荣耀不断尝试将传统产业与互联网融合，以用户为导向，满足差异化和个性化的消费需求。

O2O行业不存在寒冬

从荣昌洗衣到e袋洗，从传统行业到“互联网＋生活服务”，张荣耀带领着这家公司不断探索和转型，虽然一直专注洗染行业，但经营模式和经营理念一直跟随着消费者需求的变化而变化。“e袋洗希望通过邻里互助的方式，提供给消费者在不出门的情况下所需的全部服务，提供性价比更高的O2O服务，并以洗衣为切入点切入家电维修、社区居家养老服务等行业，逐渐将服务拓展至家政服务的方方面面。”张荣耀在介绍e袋洗为消费者提供的服务方式时轻车熟路，显然他曾经向不少的媒体如此介绍过。实际上，从荣昌洗衣到e袋洗，张荣耀经历了传统行业面对互联网冲击主动或被动转型的过程，是传统洗衣行业转变的见证者也是经历者。

从2015年开始至今，O2O行业进入寒冬的言论甚嚣尘上，但e袋洗的融资步伐并没有因此停下。2016年11月，e袋洗在三周年之际宣布完成总金额达到数亿元的B＋轮融资，由立白集团领投、润都集团等机构跟投。公开资料显示，e袋洗在成立半年后获得了腾讯2 000万元天使轮投资，随后又获得了2 000万美元A轮和1亿美元B轮融资。在张荣耀看来，O2O行业并不存在寒冬，而是需要新的突破和发展，刚需、品质、效率和成本是O2O服务行业的四个关键点。“需求是否真实存在，是否为刚需；品质是否更好；效率是否更高；成本是否更低。”张荣耀这样解释，如果平台提供的服务可以达到上述要求，就不存在寒冬。

属地化就业

在当前的商业模式中，e袋洗推行众包模式，以社区为单位进行线下物流的团队建设，即在每一个社区内招聘本社区中闲置人员作为物流取送人员。e袋洗将这些人员称为“小e管家”，从共享经济的概念入手，打造一个邻里互动服务的共享经济生态圈。相比配送站，“小e管家”更能让每个家庭都变成一个小站点。张荣耀对记者表示，生活服务业重要的节点就是属地化就业，通过邻里互助的方式将服务半径不断缩小，让本社区的居民可以相互提供服务，既可以提供更加灵活的服务时间，也可以弥补年轻劳动力供给缺乏的短板。张荣耀强调，e袋洗的目的不是洗衣服，而是搭建一个提供邻里互助的生活平台。“因此，让本地人服务本地人，让本社区的人服务本社区的人，属地化就业可以让服务更加精准。”

从荣昌洗衣到e袋洗，e袋洗已经被看作移动互联网时代的生活服务类品牌，它以洗衣为入口，拓展家庭服务的消费模式。除了众包模式，e袋洗与洗衣店、洗衣工厂采用合作的模式。张荣耀将洗衣分成服务板块与加工板块，线上提供服务板块，取和送是线上服务的核心，需要“小e管家”与消费者面对面交流，交流是否充分以及相互之间是否信任，在一定程度上都影响着消费者的体验感，而邻里互助的“小e管家”满足了上述要求，因此属地化就业缓解了线上服务的压力。对于线下的加工板块，张荣耀则表示要走规模化经营模式，而服务板块与加工板块分开经营是对O2O洗染行业商业模式的新探索。

以用户价值为导向

对于服务行业，到底是“+互联网”还是“互联网+”，需要判断O2O服务满足的消费需求是否为伪需求。消费者和员工面对面时间较长，即服务系数较高的行业，属于“+互联网”；而无须面对面提供服务的行业则是“互联网+”，例如e袋洗。张荣耀表示，对商家来讲洗衣店有获取流量的存在价值，但顾客并不需要在店内长时间停留，洗衣加工门店对顾客毫无价值。在张荣耀看来，“互联网+”更适合O2O搭建的服务场景。

2014年底，洗衣、美甲、按摩、家政、汽车后市场纷纷瞄准了O2O行业，但经历一轮大浪淘沙后，众多品类已经退出。如何判断哪种行业提供的O2O服务存在价值？张荣耀给出的答案是，看是否能让消费者享受更高性价比的服务，是否需要服务人员和消费者面对面且不可被替代，以用户价值为导向才是O2O行业的核心。生活服务业提供的是个性化服务，无论是服务本身还是消费者都存在情感诉求和参与感，消费过程是差异化和个性化的集合。“生活服务业的核心是用户，应当以用户的体验感、参与感、决策感为中心，不断加快产品的迭代升级。”张荣耀称。

重塑洗衣模式，让O2O洗衣更加公开透明

根据相关数据统计，2016年中国洗衣市场将突破千亿元，面对这样一个体量巨大的

市场，行业领先品牌如e袋洗、泰笛洗涤等都处在迅速扩张时期。

e袋洗采用的方法，一是把所有的洗衣流程拍成视频，告诉用户是怎么洗的，而且全国各地都是统一的标准。例如e袋洗拍摄的《十五道衣味》，从其进厂扫描、分拣、洗前分类、去渍到清洗后的整烫消毒粘毛质检，e袋洗制定了一整套质量品控流程，用15道工序保障洗衣品质，被称为e袋洗的"十五道衣味"。

二是加强洗衣行业宣导。由于品牌的分散性，每家店的收入微乎其微。整合后的e袋洗，所有的流水都是自己的，并且已经可以做到几亿规模，将来做到几十亿的时候拿出5%或者10%来做广告宣传，告诉用户品牌是什么。

三是大型城市开线下（综合服务）店。从线上往线下走，让线下综合服务店承载的功能更加公开透明，通过综合服务店能够增强品牌形象，解决线上不能解决的那20%需要品质、需要体验的问题，同时增加用户对O2O洗衣的信任感以及解决售后等一系列问题。这对于O2O市场来说，势必会产生鲶鱼效应！

四是推出"品牌日"活动。让整个洗衣流程更加透明，对用户来讲，也不如身临其境去体验。e袋洗会在所有城市举行开放日活动，带用户去看真实的洗衣环境。

此外，e袋洗坚持智能化、自动化洗衣，令洗衣更加集中化、标准化。由e袋洗联手拥有多年洗护经验的衣贝洁共同打造的中央智能工厂系统，将是全世界最先进以及中国第一个高标准化的中央智能工厂系统。

从提供单品服务向全品类的家政服务拓展，已经成为生活服务行业的发展趋势，e袋洗也是如此。张荣耀表示，社区O2O洗衣业务是e袋洗的初衷，但未来e袋洗的业务范围将会涉及线上线下、社区居家等更多服务品类。

［资料来源：http：//m.fx361.com/page/2017/0328/1291608.shtml；http：//tech.sina.com.cn/i/2017-05-24/doc-ifyfkkme0277533.shtml.］

分析

e袋洗的前身是有着20多年洗衣经验的荣昌洗衣（荣昌集团），从荣昌洗衣到e袋洗，张荣耀不断尝试将传统产业与互联网融合，把e袋洗彻底转型为O2O洗护平台，重塑了产品形态、商业模式、洗衣服务流程和价格体系等，以用户为导向，满足差异化和个性化的消费需求，打造了全新洗衣服务体验。e袋洗的洗衣模式给予我们的启发主要有以下四点：一是了解什么是真正的刚需。事实上，用户"洗干净"的需求，实际上是对品质的需求。二是制定行业标准，增强用户使用产品和服务的黏性。e袋洗传承了荣昌老字号洗护标准，不断升级产品，制定了行业内最高的洗涤标准，把品质做到极致，用户体验较好。三是提升效率。你提供的服务能给用户节省多少时间？时间是唯一能够衡量生命的单位，O2O的本质在于节省用户时间。四是规模化生产，降低成本。e袋洗运用的是众包服务模式，它致力于将服务全方位覆盖至整个生活服务领域，打造中国最大的社会共享平台，在社区众包服务模式下，运营成本降低了，也使得更多人拥有自由平等的机会去创造生活，激发了创业者的积极性与成就感。

实践训练

一、 实训导航

确定一个企业的商业模式通常要清晰地回答以下四个问题：如何创造独特的客户价值？如何高效率地配置资源？如何革命性地降低成本？如何扩大利润来源并保持持续赢利？简单来讲，商业模式所反映的就是一个经营单位为谁提供价值、提供什么价值、如何提供价值、是否有营收的问题。

请组建一个6至7人的团队，完成以下实训项目。建议先分小组讨论（如条件允许，可以实地调研），之后由各小组进行简要的汇报分享，汇报形式为PPT展示。

二、 实训项目

“互联网+”推动了创业潮，形成了各式各样的商业模式。请选择一个你熟悉的成长型的企业，根据商业模式设计的框架，优化其商业模式，并研究其可能的创新方向。

三、 方法策略

1. 建议采用小组讨论、头脑风暴等方法，集思广益。

2. 尝试使用商业模式画布工具来做分析和进一步优化。

3. 咨询专业人士，或对相关创业人物进行访谈，重点关注该企业商业模式的类型、选择背景等。

单元小结

商业模式是企业为做到有效赢利并持续赢利，将内外部各种资源合理调配和利用，向购买者或消费者提供准确的受用价值而建立的一种系统结构。商业模式的本质是可持续赢利的交易结构。它的关键要素共分为9个：客户细分、价值主张、渠道通路、客户关系、收入来源、核心资源、关键业务、重要伙伴以及成本结构。

商业模式设计基于企业战略产生，从内外部环境、市场、资源、产品（服务）、价值主张等开始，是基于企业的产品/服务能力、价值网络关系、价值要素等的一种资源整合和价值匹配，是企业的一系列价值活动过程，是从价值发现到价值实现的过程。商业模式设计过程包括价值定位、价值创造和价值实现。

新创公司能否建立自己的核心竞争优势，往往取决于选择怎样的商业模式。本单元描述了三种常见的商业模式：以客户为中心的商业模式、以上下游资源为中心的商业模式以及平台型商业模式。

商业模式的创新在某种程度上决定了企业的命运。商业模式的创新是在以客户为中心的基础上，为应对内外部环境的变化，对企业价值网络中的要素、自身潜力进行发掘，对企业的业务范围、目标客户、竞争方式等进行重新定位，对产业链重新整合，从而建立起新的价值网络、赢利模式等的综合性过程。

思考题

1. 商业模式所要解决的核心问题是什么？

2. 商业模式的设计流程包括哪些？

3. 商业模式的构成要素是什么？

4. 试述商业模式创新的重要性和基本路径。

5. 你认为企业有好的商业模式就可以成功了吗？如何在试错的过程中调整商业模式？

网络情境练习

推荐观看网上视频：《亚马逊公司》

（参考网址：http：//video. eastday. com/a/171024030312294037678. html）

推荐理由：

亚马逊公司是一家财富 500 强公司，总部位于美国华盛顿州的西雅图。它创立于 1995 年，亚马逊及其他销售商为客户提供数百万种全品类商品，如图书、影视、音乐和游戏、数码下载、电子产品、婴幼儿用品、健康和个人护理用品等。2018 年 9 月，亚马逊市值突破 1 万亿美元，目前已成为全球商品品种最多的网上零售商和全球第二大互联网公司。本视频将带你了解亚马逊公司如何成长为今天的生态型企业。

练习题：

1. 观看视频并思考：亚马逊公司为什么能发展成为全球第二大互联网公司？好的商业模式具备什么特点？

2. 分组交流视频观后感。

真实情境练习

以创业团队（或 5 至 9 人的小组）为单位，举行一次头脑风暴活动。方法是针对某一领域，让大家从各自专业出发，分析一下自己身边的创业机会。在通过头脑风暴法发现的创业机会的基础上，用做减法的方式砍掉不靠谱的项目，再用“有市场需求”和“有竞争优势”两把尺子，选出适合本团队做的项目。基于小组选择的创业项目，并根据本章理论方法，设计一个符合逻辑的商业模式，提炼概要并制作自己的商业模式画布。下一步，让自己的商业模式接受用户与市场的检验。

参考文献

张玉利，薛红志，陈寒松，等．创业管理．4 版．北京：机械工业出版社，2016.

吴晓义．创业基础：理论、案例与实训．北京：中国人民大学出版社，2014.

朱恒源，余佳．创业八讲．北京：机械工业出版社，2016.

张耀辉，朱锋．创业基础．广州：暨南大学出版社．2013.

刘志阳．创业管理．上海：上海人民出版社，2012.

魏炜，朱武祥．发现商业模式．北京：机械工业出版社，2009.

李时椿．创业管理．2 版．北京：清华大学出版社，2010.

刘沁玲，陈文华．创业学．北京：北京大学出版社，2012.

徐俊祥．大学生创业基础知能训练教程．北京：现代教育出版社，2014.

蔡剑，吴戈，王陈慧子．创业基础与创新实践．北京：北京大学出版社，2015.

奥斯特瓦德，皮尼厄．商业模式新生代．经典重译版．北京：机械工业出版社，2016.

方志远．我国商业模式构成要素探析．中山大学学报（社会科学版），2012，52（3）.

第五单元

创业资源与创业融资

学习目标

学完本单元后，你应当能够达成以下目标：

1. 理解创业资源的内涵、种类、作用及创业资源与一般商业资源的异同。

2. 了解影响创业资源获取的主要因素。

3. 掌握创业资源的获取途径、开发方式、整合方法和管理策略。

4. 理解创业融资的测算方式，掌握创业融资的主要渠道及其差异。

5. 了解创业融资的一般过程和选择策略。

导入案例

陈天桥白手起家，玩游戏玩出盛大“传奇”

1990 年，陈天桥考入复旦大学经济系。大三，修满学分，提前毕业，分配进了国企——陆家嘴集团公司工作。但第一份工作，只是负责接待和放映集团宣传片。十个月后，到集团下属企业挂职锻炼，两年后被晋升为集团总裁秘书，也是在总裁办公室他接触到了互联网。

“触网”后，陈天桥很快学会了玩游戏。他太喜欢游戏了，仅靠办公室偷玩一下实在不过瘾，干脆买台电脑回家。每到周末，必玩个天昏地暗。这还不够，每逢节假日，他必定呼朋唤友，来家里一起操练，通宵达旦。

1998 年，总裁转战官场，陈天桥离开了陆家嘴集团，来到一家证券公司。凭借证券公司的资源优势，他在 1999 年股市的“5·19”井喷行情中掘到了第一桶金。也是在这里，他遇到了一位聪明能干的女生——雒芊芊，并把她顺利追求到了手。

通过“玩游戏”，直觉告诉他互联网是非常有前途的，而刚好弟弟陈大年也进了一家网络公司工作。1999 年资本疯狂涌向互联网，1999 年 11 月，陈天桥听说中华网在寻找可投资的小网站，认为创业的机会来了。

他相中一个由几个复旦学生建立的人气社区网站，用证券公司掘金获得的资金，收编了这支队伍，迅速注册了盛大网络公司，妻子雒芊芊以及弟弟陈大年，也一起加入了公司。靠着在工作时建立起来的人脉，在陈天桥运作下，很快和中华网成功牵线，拿到了中华网 300 万美元投资。

2000 年下半年，互联网泡沫开始破灭，形势急转直下。面对危机，陈天桥寻求转型。恰好此时韩国游戏开发商 Wemade 到上海寻找合作伙伴，准备推广《传奇》游戏。Wemade 最先找到上海市动画协会，后者把韩国厂商直接推荐给了陈天桥。

陈天桥拿到游戏，自己先动手玩玩，结果一玩就欲罢不能，陈天桥一下知道商机来了。立马向投资方——中华网请示运营《传奇》，但投资方十分谨慎，最终双方“拗断”，陈天桥拿回了全部股份，但还保留了至少 30 万美元，拿到了《传奇》的代理权。

但盛大已无资金再支付运营游戏所需的费用。自信的陈天桥拿着与韩国公司签订的代理《传奇》的合同，拜访了著名服务器提供商——戴尔和浪潮，以出众的口才说服了对方，得到了免费试用两家公司服务器两个月的权利。

解决了硬件问题，拿着手中的两份免费试用合同，又找到了中国电信，中国电信也答应为《传奇》提供免费两个月的宽带支持。最后，关于销售渠道，正好大型网络游戏运营公司——育碧的上海分公司刚刚成立，正“求贤若渴”，双方一拍即合。

从 2001 年 9 月，盛大开始了两个月的游戏测试期。2001 年 11 月，《传奇》游戏开始收费，仅仅一个月，《传奇》的投资就已完全收回。陈天桥后来回忆解释说：“游戏、设备、销售都不是盛大的，盛大只不过是将各方资源整合到一起，形成一种应用，然后卖给玩家。”

[资料来源：郑峰．盛大创业内幕．杭州：浙江人民出版社，2012.]

思考：

1. 本案例中陈天桥是如何整合创业资源的？

2. 创业资源有哪些种类？

3. 如何获取和开发创业资源呢？

4. 如何对创业资源进行有效的利用和管理？

模块一　创业资源

陈天桥盛大创业的故事可以说是又一个“传奇”，极好地演绎了创业企业获取、开发与整合创业资源的真谛。年轻的陈天桥创业之初只有自筹的 50 万元资金，堪称资源匮乏。但通过创新地运用各种资源，“四两拨千斤”，他整合调动了大量的外部资源，使其为我所用，实现了盛大的成功。陈天桥盛大创业的故事，充分说明了创业企业获取资源、开发与整合资源的重要性。

知识点梳理

创业需要占有资源吗？

创业更需要的是整合资源。

创业者不是在拥有资源的时候才去创业，而是在没有资源的情况下去获取资源来创业，创业家的资源开发和整合能力决定了他的竞争力。

一、创业资源的内涵与种类

（一）创业资源的内涵

资源，是指一个主体可以开发利用创造价值的各种要素的总称。对于创业者而言，凡是对其创业有所帮助的要素，都可以归为创业资源的范畴。因此创业资源的内涵是：创业者在创业过程中可获取与开发利用的各种要素的总称。

创业需要资源，但要正确理解拥有资源的含义。创业者可以获取与开发利用资源，但不等于创业者一定需要拥有资源的所有权。大量创业成功的案例表明，创业成功，资源的所有权并非关键，关键是对资源的控制和利用。

哈佛大学的霍华德·斯蒂芬森认为："创业者在企业成长的各个阶段都会努力争取用尽量少的资源来推进企业的发展，他们需要的不是拥有，而是控制这些资源。"

（二）创业资源的种类

创业资源可根据资源的性质分为显性资源和隐性资源，显性资源是看得见摸得着的人、财、物，而隐性资源是看不见但实际起作用的社会、信息与政策资源。

显性资源

（1）人力与技术资源。人力资源是创业的基础资源，一切资源都是以人力资源为基础的，由人力资源去获取、开发和利用其他资源，所以说人力资源是创业中最基本的往往也是最重要的资源。

人力资源又可分为核心人力资源与一般人力资源。核心人力资源包括创业者、核心创业团队、关键技术与资源掌握者。一般人力资源是创业企业所需的但并不掌握关键技术与资源的人员。

技术资源是创业所需的专业技术、专业洞察力、专业技能、专业知识、专业经验及社会关系等。技术资源与人力资源是分不开的，创业企业所需的技术资源往往掌握在核心人力资源成员的手上，所以两者常常紧密结合。

（2）资金资源。资金资源是创业所需的资金，主要是现金的形式。资金资源是创业的重要资源，但往往不是关键资源。很多创业者白手起家开创了伟大事业，他们并不是有了丰厚的资金才去创业，而是滚动式发展，哪怕只有很少的资金甚至没有资金。

创业初始的资金来源主要来自创业者个人和家庭以往的资金积累、朋友和亲戚的借款或入股，项目技术含量高或综合实力较强的创业者可能还能获得政策扶持资金、银行贷款和天使基金投资等资金来源。

（3）实物资源。实物资源是创业所需的实际资产，包括生产与经营工具和设施、生产与经营场地、原材料和存货等。实物资源往往是创业的必备条件，但并非关键资源，可以用其他资源来换取。创业需要实物资源，但并非意味着要拥有实物资源的所有权，而更多看重对实物资源的实际控制与利用。

隐性资源

（1）社会资源。社会资源特指社会中人与人之间的关系创造价值的资源特性，也称社会资本。对于创业企业来说，社会资源具有重要的意义，社会资源虽是外部的，但又可被创业企业获取、开发和利用，往往起到关键甚至决定性的作用。

社会资源又可分为客户资源、供应商资源和渠道商资源等。客户资源是创业企业所经营的商品与服务的购买者。供应商资源是创业企业经营所需上游商品与服务的提供者，渠道商资源是创业企业经营的商品与服务的下游分销商。

（2）信息资源。信息资源是对创业企业有所帮助的所有信息，包括市场信息、项目信息等，信息往往能起到四两拨千斤的妙用，一条信息可以决定创业的成败。

信息资源来源广泛，可来自外部，也可来自内部，可无偿获得，也可有偿获得。信息有时候可称为情报，有时候又化身为数据。

（3）政策资源。政策资源是指与创业企业有相关性的一切政策，包括各级政府职能机构制定和发布的政策与法规、各级行业管理机构制定和发布的政策信息等。

政策资源具有外部性，政策可以带来机遇，也可带来风险，关注政策资源带来的商机，充分利用政策获取其他资源，是许多创业者成功的法宝。

（三）创业资源与一般商业资源的异同

创业资源与一般商业资源的差异

创业资源具有一般商业资源所没有的特点，具体如下。

（1）创业者自身是最重要的创业资源。新创公司一般资源极度匮乏，开始阶段往往唯一的资源就是创业者自身，其他资源都要靠创业者去开发整合，所以创业者自身是最重要的创业资源。而一般商业资源条件下，企业已拥有很多资源，创业者不再是唯一资源；而且正规运营下的企业，所有权与经营权可分离，原始创业者（所有者）的作用不再明显。

（2）创业资源倚重整合外部资源。新创企业资源极度短缺，企业直接控制的内部资源不足，需要倚重整合外部资源。创业者通过发挥资源整合能力，使外部资源内化，如投资入股、信用贸易等。通过整合外部资源，新创企业还能大大减少创业期间的风险与固定成本。而一般商业资源条件下，企业已拥有很多内部资源，对外部资源没有那么倚重。

（3）创业资源中隐性资源比重更高、更重要。创业所需要的资源中，显性资源中除了创业者自身外，其他资源往往极度匮乏。因此，隐性资源就成了主要成分，往往起到关键性的作用。而一般商业资源中显性资源比重更被重视，比重往往更高。

创业资源与一般商业资源的相同之处

创业资源也有与一般商业资源的相同之处。

（1）二者都具有资源的稀缺性。资源无论对于新创企业，还是长期持续经营的企业来说都是稀缺的。长期持续经营的企业并不会因为拥有较多的资源，就使资源不再稀缺，因为相对于无限的商业机会来说，资源总是稀缺的。资源用于一种机会，就不能再投入另一种机会。资源总是具有这样的机会成本，使得资源总是相对稀缺的。

（2）二者都包含相同的资源种类。无论是创业资源还是一般商业资源，其所包含的资源种类都是相同的，都包含显性资源和隐性资源，显性资源都包含人力与技术资源、资金资源、实物资源，隐性资源都包含社会资源、信息资源与政策资源，只是二者在构成上有差异，而这种差异在不同企业间也明显存在，不构成创业资源与一般商业资源间的差异。

（四）人才及技术、资金、社会资本在创业中的作用

人才及技术是基础资源

人力资源及其所附属的技术资源在创业中起到基础作用。在创业阶段，创业企业资源极度匮乏，初始阶段唯一的资源往往就是创业者自身，其他资源都要靠创业者去亲力亲为、开发整合，所以以创业者为核心的人力资源是创业的基础。而技术资源是附属于人力资源而存在的，技术资源是企业开展业务的基石，在任何行业开展业务都需要具有一定程度的专业技术资源。所以，人才及技术是创业的基础资源。

资金是重要资源

资金及其背后的财务管理在创业中起到重要作用。新创企业一般是极度匮乏资金的，而新创企业的经营活动，一切都需要用到资金。场地、设施与设备需要购买或租赁，原材料需要采购与运输，雇佣人力需要支付薪酬，所以各项环节能否顺利进行，都受到是否具有足够资金的影响。

社会资本是关键资源

社会资本也称社会资源，在创业中起到关键作用。社会资源是社会中人与人之间关系创造的价值，社会资源虽是外部的，但又可被创业企业所获取、开发和利用，在创业中往往起到关键甚至决定性的作用。因为创业成功的关键是获得社会资源的支持，包括客户、上游供应商和下游渠道商。

二、创业资源的获取

（一）影响创业资源获取的因素

内部影响因素

（1）企业宗旨。企业宗旨包括使命、愿景和经营哲学。使命是企业存在的意义，愿景则是企业的长期奋斗目标，而经营哲学则是企业文化的高度概括。企业宗旨指明了企业所

从事的业务方向，这就决定了企业要获取资源的范围以及优先级别；企业宗旨指明了企业的长期奋斗目标，这就决定了企业获取资源的目的与步骤；企业宗旨指明了企业的行事风格，这就决定了企业获取资源的途径和开发利用的方式。

（2）企业战略。企业战略就是在企业宗旨的指引下，企业根据内外部环境条件，做出的企业资源配置决策。企业战略决定了企业发展方向，也就决定了企业获取资源的方向，包括：要去获取哪些资源？获取资源后如何利用？企业战略决定了企业发展的速度，也就决定了企业获取资源的步伐——或快或慢，或收缩或转移。

（3）组织与领导。人力资源通过被组织和领导起来，成为一个有机体，以达成集体的一致目标。人力资源组织与领导得好，企业人力资源就能形成有机体，产生“1＋1＞2”的正效应，企业获取资源的效率自然就高，企业获取资源产生的效益也越好。如果组织与领导不善，企业人力资源内耗严重，自然容易产生“1＋1＜2”的负效应，自然企业获取资源的效率低下，资源转化产生的效益也差。

外部影响因素

（1）社会环境。社会大环境对于创业资源获取具有重要影响。因为新创企业不能孤立存在，必然要受到社会大环境的影响。社会环境包括各种因素，主要有政治因素、经济因素、社会因素、技术因素。各种因素对于创业企业获取资源，可从各个角度产生正面的或负面的影响。

（2）行业环境。行业环境也对创业资源获取具有重要影响。因为新创企业总是在具体的行业内生存，必然要受到行业环境的影响。行业环境也包括各种因素，主要包括竞争者因素、供应商因素、渠道商因素、潜在进入者因素、替代品因素。各种因素对于创业企业获取资源，可产生直接和间接的作用。

（二）创业资源获取的途径与技能

创业资源获取的途径

创业资源获取的途径，从获取来源分，可分为外部获取和内部开发这两种方式。

（1）外部获取。外部获取，按获取方式可分为交易换取与合作换取。交易换取，是指通过交易形式，以企业自身所拥有的资金或实物的代价来换取企业所需资源的方式。合作换取，是指通过合作方式，以双方或多方的共同投入，以换取分享未来利益的方式。

交易换取按交易占用资金或实物的形式，又可分为购买、租借和交换等方式，具体到某资源，方式还可更具体、更灵活。例如：就资金资源的获取而言，还可更具体到包括有无抵押贷款、质押贷款、债券等形式；就实物资源如设备的获取而言，还可更具体到无偿试用、短期租用、长期融资租赁、有偿使用等。

合作换取相对交易换取更少占用新创企业宝贵的资金资源，有利于降低企业经营风险，是企业整合外部资源的能力表现，应当优先使用。合作换取按合作紧密程度的形式，又可分股份合作、联盟合作、松散合作等，具体形式可更多样。

例如，股份合作是指双方通过合股或换股等形式进行合作，新创企业可因此获得资金资源、社会资源等；再如，联盟合作是指双方通过较紧密和稳固的联盟开展代理、加盟、共同开发等合作，新创企业因此可获得社会资源、技术资源、信息资源等。

（2）内部开发。新创企业资源匮乏，对于大部分的非核心资源，如资金资源，应当从外部获取，而对于少部分核心资源，需掌握在企业自己手里，而且也极不易在企业外部获得，则应当优先在企业内部开发获取。

创业企业可以通过深入挖掘内部资源潜力，不断地沉淀、积累，滚动式发展，来开发资源。例如新创企业对于核心的人力资源与技术资源，就应当通过企业的内部培养，来开发获得资源。

通过内部开发虽然存在速度难度大、步子慢的缺点，但是可通过外部引入然后内部消化再开发的方法来克服此缺点，加快进程。此外虽然有此缺点，但内部资源一旦开发获得，就不易发生转移，不易被模仿抄袭，易形成企业核心竞争力的基础。

创业资源获取的技能

创业资源获取过程中，采用适当的技能可使得资源获取效率事半功倍。最主要的原则是盘活、用好、用足企业的现有资源，四两拨千斤，以有限的内部资源，撬动尽可能多的外部资源。具体技能如下。

（1）多用无形资源。企业初创期间，有形资源比较匮乏，企业应该充分挖掘自身的无形资源，以此为杠杆，来撬动外界的有形资源。例如通过创业者个人的专业洞察力和以往积累的社会资源，对未来的美好设想与承诺，以打动外部投资者入股，以换取上游供应商的代理权和信用融资，以换取员工对工作的投入等。

（2）多用合作换取。新创企业，资源紧缺，但可通过广泛合作，通过对未来计划美好的利益预期，换取合作，获取实实在在的资源。例如通过连锁加盟，降低经营风险，直接获得品牌与客户资源；再例如通过共同开发，分摊开发成本，降低开发风险，获得技术资源，更快、更稳妥地实现企业的发展。

三、创业资源的开发与整合

（一）创业资源的开发

创业者在获取创业资源之后，如何有效配置使用资源，使其能为企业创造最大化的价值，可称为创业资源的开发。创业资源总体可分为显性资源和隐性资源，两类资源性质不同，有效配置使用的开发路径也有所不同。

显性资源的开发

（1）用人生财。初创企业，财与物都很匮乏，创业者往往是主要可被开发的资源。要充分挖掘创业者自身的潜力，通过创业者的智力和体力劳动，实现原始积累，赚取财与物。这一过程，创业者的体力劳动不是决定因素，智慧和情商更重要。通过正确的决策判断和坚强的毅力，可以事半功倍，达成财富的快速原始积累。

(2) 用财招才。创业，人才是关键。不要太看重钱财和实物，而看轻人才。对物的投资要从紧，对人的投资要不吝啬。再通过一套好的机制，使得人的潜力能被充分地调动起来。而人才的努力可极大地弥补实物的不足，而收获更好的效果；人才也进而可以促使更多的财物资源通过良性循环进入公司。

(3) 变废为宝。人是创业最宝贵的财富，通过人的脑力劳动和体力劳动，原先劣质的实物资源可变为优质资源，甚至是“变废为宝”，实现价值的倍增。创业初期，企业所能获得的实物资源需要凑合，往往不是习惯思维上所谓的优质资源。但实物资源是否有价值不是绝对的，看似凑合的劣质资源，在人的手里，也可以“变废为宝”。

隐性资源的开发

(1) 化虚为实。隐性资源具有无形性，看似虚无缥缈。创业开发隐性资源就需要化虚为实。例如开发客户资源，获取客户名单，与客户建立关系，获得订单，就能化虚为实。又如开发政策资源，企业要理清头绪找出关键，抓住政策机会，化虚为实。

(2) 转私为公。隐性资源具有私有性，即隐性资源总是与人分不开，为某些人私人所掌握，即使某些人已是创业企业内部的人，也不代表企业掌握了这项资源，因为随着人的离开，很可能这项资源也会流失。因此要将私人资源转为公司的资源，转私为公。如客户资源常常掌握在销售员手上，随着销售员的跳槽，往往客户也被带走，所以企业要特别重视运用各种手段，将私人的客户变为公司的客户，留住资源，转私为公。

(二) 创业资源的整合

内部资源整合：整体大于个体，个体服从整体

企业整合内部资源应遵循“整体大于个体，个体服务整体”的大原则。

“整体大于个体”是指企业要整合内部各种资源，实现“1+1>2”的正效应。创业者通过有效地计划、组织、领导和控制，做到人尽其才、财尽其力、物尽其用，让社会、信息和政策资源都能被企业有效吸收消化，企业才能像一个有机体一样，有序运转、茁壮成长。

“个体服从整体”是指企业的每一个局部，包括资源的配置和利用都要服从于整体的利益，要以是否有利于整体为决策判断依据，而不能只考虑局部个体或者小集体的利益。当局部利益和整体利益发生冲突时，优先服从整体利益。但当企业的一个局部并不能为企业创造价值，甚至产生负作用时，企业整体需要将这样的局部及时甄别出来，加以改造甚至摈弃。

外部资源整合：合作大于竞争，竞争谋求共赢

企业整合外部资源应遵循“合作大于竞争，竞争谋求共赢”的大原则。

“合作大于竞争，竞争谋求共赢”是指企业要整合外部资源就要正确处理合作与竞争的关系，外部环境中各种资源拥有者都可能与企业同时存在着合作与竞争这两种关系，而且这种关系还存在着隐蔽性。

例如，客户一般来说是企业的合作者，但客户其实也在和企业竞争着利润，客户希望以更低的付出获得更好的产品与服务。反而显而易见的竞争者不仅有竞争，其实也可合作，通过打造区域品牌，共同做大蛋糕。所以创业企业应转换思维，既要合作又要竞争，总体上合作大于竞争，而不要做恶性竞争、损人不利己的事情。

企业所面对的外部环境中，各种资源拥有者都是企业的相关利益者，创业者在整合外部资源时，一定要设计好有助于资源整合的互利共赢的利益分配机制，借助共赢利益机制把潜在的和非直接的资源供给者都整合起来，借力发展。

案例分析

案例一：“小龙女”征婚受骗，创办“世纪佳缘”

办征婚网站源于征婚受骗

龚海燕读研期间办起征婚网站源于她个人征婚的受骗经历。因为曾辍学3年，她一直比同班同学大，个人问题成了老大难，只好开始征婚。结果先后两次被婚介交友网站欺骗，这两次受骗，让她萌发了创办一个严肃的以婚恋为目的的交友平台。

龚海燕说做就做。当时，她手上还有在北京大学读书时做家教积攒的近4万元钱。于是，她拿出1 000元钱，制作了一个简单网页，就开始游说身边的人发资料给她。最初的客户都是一对一地动员上来的，基本上都是她的朋友、同学。最开始是华中科技大学的一个女硕士，接着是上海交通大学的一个男博士，慢慢地1 000、10 000……网站的人数呈几何级数增长。2004年2月15日，在会员的要求下，龚海燕在北京、上海两地同时举办了交友见面会，竟然还赚了一万多元。当年，她注册成立了上海花千树信息科技有限公司。

靠严肃赢得市场

当时的互联网上布满了形形色色的交友网站，但由于门槛太低，几乎都充斥着一夜情、婚外恋等不健康的交友信息。龚海燕另辟蹊径，实行会员制，将会员定位在大专以上学历，并要求会员提交真实的身份证明资料。

她最初的想法就是帮助身边大龄、高学历的朋友们找到合适的另一半，没想到，到2005年底，“世纪佳缘”的会员已经达到32万人，连续几个月都是百度交友网站的排行冠军。尽管没有打广告也没有投入任何宣传费用，“严肃婚恋”的定位和严格的身份鉴定制度还是很快为世纪佳缘赢得了市场。

随着会员数的暴涨，网站开支剧增，2005年5月，龚海燕收到了“老钱”——新东方副校长钱永强的来信，一次见面后，什么协议也没签，老钱就给网站打进了200万元的资金。2007年4月，世纪佳缘获得新东方创始人徐小平、王强、钱永强三人共4 000万元人民币投资。之后又有其他投资商追风投资，先后累计达2亿元。2011年，公司在美国纳斯达克成功上市，成为首家上市的婚恋网站。

艰难探索赢利模式

随着风险投资资金的进入，经营追求回报的压力大增，而国内由于网民习惯免费，几乎所有婚恋交友网站都在为网民免费服务，寻找合理有效的赢利模式已经成为婚恋网站全行业面临的难题。

由于实行会员免费制，世纪佳缘的主要收入来自互联网广告、线下 VIP 婚姻介绍服务、线上增值产品、线下活动等。前者包括虚拟礼品、VIP 会员服务等。接下来，世纪佳缘将着手进军婚庆市场，将做成婚庆行业的 B2C 平台。传统的线下婚庆，以及和婚庆相关的公司，譬如影楼等，均可在新网站上搭建自己的销售平台，而世纪佳缘将和它们分成，打造婚庆领域的阿里巴巴。

[资料来源：www.docin.com/p-1022467528.html；http：//www.huxiu.com/ article/9646/1.html.]

分析

龚海燕的创业故事，对我们在创业资源开发与整合上至少有以下启发。

(1) 她通过她个人的辛勤劳动（做家教）积累了原始财富，并将之投入网站创业中去。她又通过个人辛勤的工作，将网站办出了特色，进而吸引了社会的关注，滚雪球般聚集了超高的人气，最终“人”气也为她换来了“财”，吸引到了老钱的 200 万天使投资和后续更多的投资。

(2) 网站建立初始，她通过发动身边的社会资源，实现了“化虚为实”与“转私为公”，最初的一两千客户都是一对一地动员上来的，她把无形无序的潜在客户资源，变成了世纪佳缘网站上有形有序的会员资源。从会员的私人信息，变成了网站所拥有的公共信息。

(3) 世纪佳缘网站体现了“合纵”，首先是对客户资源的整合，每个客户既是使用者又是信息的提供者或说是被消费的对象，客户即商品，网站起了整合客户与商品的作用。世纪佳缘网站下一步想做的是婚庆领域的阿里巴巴，又是做行业的整合者，提供平台。

案例二：朱华侨办班赚学费，折腾的大学生活

一暑假一军训，赚到两桶金

2005 年，高考复读了一年的朱华侨终于被海口经济学院录取了，但学费一年 8 500 元让他犯了难。父母务农，家里还欠着外债。那个暑假，他思来想去，竟然想出了一招。他敏锐地发现当地流行办各种培训班，他同学中有一个考上了中央美术学院，是当地反复宣传的典型人物，知名度挺高。他向一个要好的同学借了 500 元，就去找那位考上中央美术学院的同学。

怀兜着借来的 500 元，朱华侨就敢对他许诺：“我打着你的旗号去招生，你只需每天给我上一节课，结束之后我给你发 1 500 元工资。”同学答应了。另一位同学的父亲看他

不容易，借给他一套空房子，他还从补习班找来几位高考落榜的美术考生帮忙。美术培训班特别火爆，不仅小学生，连高三的学生都跑来学。到开学时，他怀揣着赚来的1.6万元，来到了海南岛。

火热的军训刚结束，他又一次嗅到了商机。班上有位来自浙江的女生，家里开有化工厂，想收集军训服装给家里企业当制服，请朱华侨帮忙，答应每套按25元给钱。朱华侨请了五六位同学，买来了明信簿、笔记本等一堆小礼品，就在校园宿舍里四处换军训服。"军训服本身质地不太好，加上穿得很脏，看见能以脏衣服换礼品，就都拿了出来。"他一共换了好几百套军训服装，又赚了8 000元。这最初的两桶金，给了他无比的信心。

也曾失败陷低谷，旋又抓住商机反败为胜

2006年的春节以及随后的那个半年，是他人生的低潮。学校附近开了许多小饭馆，他也想自己开一家。当时他把自己挣来的所有钱投进去，转来一个小饭店，请了个师傅就开张了。起初生意很红火，但因为口味单调很快就门庭冷落。他想把店盘出去，可刚收了人家交的500元订金，对方因为听说小饭店面临拆迁，就不肯再付转让费，也不肯交出店。

2006年下半年，他为返乡的大学生代办大巴票，那时，火车没有直通海南，很多学生要到广州去中转回家。赚了去程，为啥不赚返程？一念之下，他又办起接返乡大学生回琼的业务。他包旅游车，并在广州的宾馆开了十几间房接待学生，白天返乡学生可以在宾馆里洗去旅途的风尘，晚上房间可作为工作人员的宿舍。"最多的一天，我送了500多名学生回海南，7天我赚了五六万元。"他说。

2008年毕业时，他不但替老爸还了三四万元的债，包括学费在内他自己花费了十几万，还揣着五六万元毕业了。忙碌的课余生活也没让他耽误学习，他没挂过科，顺利毕业，成绩中等。大学里他读了100多本书，基本以名人传记、兵法和商战类书籍为主，从书上学到不少思路和点子。

[资料来源：张惠宁，朱华侨．"创一代"大学生的传奇经历．海南日报，2013-06-17.]

分析

在本案例中，朱华侨的创业经历在创业资源获取方面给我们的启示有以下几点。

(1) 创业者自身是最重要的创业资源。朱华侨一次次的赚钱与创业成功，都是由他个人敏锐的商业嗅觉和组织能力决定的。他赚到第一桶金时压根就没有钱，完全靠他个人能力。而当他有了钱的时候，他并不能保证自己会更成功，开饭馆失败就是典型的例子，这是他自己决策失误造成的。

(2) 创业资源倚重整合外部资源。朱华侨的每一次成功，无不倚重整合外部资源。第一次办美术培训班表现尤盛，他向同学借来了500元，用未来的工资承诺换来了考上中央美术学院那位同学的旗号和劳动，又获得同学父亲借给他的空房子，加上几个落榜考生来帮忙，除了他自己，没有一项资源是他自己所拥有的。

（3）创业资源中隐性资源更重要。朱华侨的创业成功，显示隐性资源更重要。他回收军训服能成功，主要是因为获得了社会资源和信息资源，首先是他的同学提供了一个关键信息——需要回收的军训服，然后他利用学校的社会资源，发动五六名同学去回收。

案例三：两女生微创业、开店，穷游遍天下

旅游达人和摆摊达人

蒋颖清和林有，北京理工大学珠海学院商学院市场营销专业 2009 级的两位女生。

蒋颖清喜欢旅游，大二暑假就成为背包族，一个人去了广西。受到网上“穷游”达人的启发，她在旅游途中还带上一些挂饰，每到一处就摆地摊，解决了路费。

2011 年 12 月，听说珠海举行中山百里徒步活动，蒋颖清又嗅到了商机，她发动林有和另一位女同学赶去出发点摆摊卖旅游头巾，当驴友们出发后，她们又坐车赶去下一个休息站。恰逢当时冬天，太阳很晒，风沙也大，她们的头巾很抢手，小火了一把，一天赚到了 1 200 元。这次摆摊活动也让林有和蒋颖清成为志同道合的朋友。

2012 年 5 月，她们打算去凤凰古城玩，又提前去香洲百货等地摆摊卖长裙，很是畅销，虽然后来就被别人模仿，卖不出价。

两千元 80 天穷游大半个中国

2012 年暑假，她们决定玩一次大的。“不出去走走，不知道世界有多大，再不疯狂，就老了。”她们从广州出发，途经浙江、江苏、陕西、青海、甘肃、新疆、西藏等 10 余省份，最后由云南回到珠海。她们用 80 天，跨越了大半个中国，看过无数风土人情。

除了从广州到杭州是搭乘火车和住了旅馆，其他路程她们都搭乘顺风车和做“沙发客”。出发的时候她们身上仅有 2 000 元钱，在旅行中，她们网购了一些手机挂件，以及各地纪念品，摆地摊销售。她们在抵达下一个目的地前，就预先让淘宝店家将物品寄到目的地，到达后就开始摆摊。80 天旅行，她们靠摆地摊赚了 3 000 多元。

回来后她们得知学校新开设的一条商业街正在店铺招租，她们又看到了商机，立即做出了去租一个店铺的决定。但一打听，报名招标已经截止了。不甘心的她们又去找后勤的老师和商学院的领导，把自己的想法和经历都说了出来，老师们在被感动之余，破例让她们参加了投标，还与校园记者和媒体联系，对她们的穷游壮举进行了报道，她们出名了。

借 10 万开店，青春不怕失败

原先，蒋颖清只是想把个店面租下来，划分为不同区域租给其他人，自己负责管理，收取租金和分成。不料对政策研究不透让她们吃了大亏，学校有相关规定不能那样做。只好自己开店经营，没钱怎么办？蒋颖清把她要开店的设想告诉了很多通过出游认识的同学与朋友，一名男生慷慨解囊，借出了 10 万元。

蒋颖清也想过向银行贷款，不过听说需要毕业证，另外还要等几个月后才能放款，他们等不及了。他们就开始筹备开店的事宜，蒋颖清和林有负责经营，那名借钱的男生，算

是大股东。

2013 年 3 月 22 日，“师姐的店”开业了。由于店面的位置比较偏僻，人流量少，且宣传力度不足，开店三个月，经营收入勉强能维持基本开支，还谈不上赢利。

“现在都有点后悔自己开店了。”蒋颖清说，没有经验、没有系统培训，所有东西都要自己操作。如果是加盟店，一切都是现成的，甚至可以聘请别人打理。

[资料来源：https：//new.qq.com/cmsn/20130624/20130624016324.]

分析

在本案例中，两位女生的创业经历在创业资源获取的途径与技能方面可以给我们一定的启示。

（1）创业资源获取的途径可分为外部获取和内部开发，两位女生通过摆摊售卖自己的劳动积累了资金资源，是内部开发，但金额仍然有限；她们穷游大半个中国，搭顺风车和做“沙发客”，是通过外部获取资源，而且是无偿获取。她们开店需要资金，通过穷游结交朋友获取的社会资源在这时发挥了作用，有一位男生愿意借钱和入股，于是通过合作获取的方式获得了资金资源。而从开店不顺利也体现出如果是加盟合作，或许开店就会容易许多。内部开发所获得的资源总是有限的，而她们通过合作从外部获取，获得了多得多的资源。

（2）创业资源获取的技能体现在多用无形资源与多用合作换取资源上。她们抓住珠海中山百里徒步活动摆摊和校园商业街店铺租赁的商机，也是利用了信息资源。而她们穷游大半个中国，搭顺风车与做“沙发客”，就是基于人与人之间的合作：在你需要的时候，他人在力所能及的范围内帮一把；下次当你遇到别人需要帮助时，你也如此做。这正是社会合作的良性循环。

实践训练

一、实训导航

资源无处不在，如何获取资源是创业成功的关键。自身是创业最基本的资源，要通过充分挖掘自身的潜力去获取。而外部的资源是否能通过更巧妙的方法去获取，可能会受到各种因素的影响。若考虑不周，则会事倍功半甚至南辕北辙。获取资源要更多使用外部获取的方式，要多用无形资源，多用合作换取资源。

请根据以上的指导来完成以下的实训项目。建议项目 1 可在课堂上先由小组讨论，再集体讨论；而项目 2～5 可作为课后个人作业或小组作业，在下一次上课时再上交或汇报。

二、实训项目

1. 请分析本模块所用的三个案例，指出哪些是创业成功的关键资源，并分析创业成功与获取资源的方式之间的关系。

2. 请分析你自己拥有哪些资源，哪些资源还有巨大的潜力有待开发。请扫描周围的环境，想出一个赚钱的创意。

3. 请分析你所想出的赚钱创意，指出你需要获取哪些外部资源，你打算如何获取。

4. 请分析你获取资源会受到哪些内外部因素的影响，如何使其发挥正面作用，减少负面作用。

5. 请分析你通常可用哪几种方式来获取某种资源，尝试逼迫自己想出几种更巧妙的方式。

三、 方法策略

1. 项目 1 可通过小组讨论方式，根据创业资源种类对案例中的各种资源分类列表，并写出每种资源的获取方式。

2. 项目 2～5 可使用个人或小组头脑风暴的方式进行，以书面或白板形式把各人所想到的都列出来，再一一地明辨识别，一步步地根据所问问题进行思考，并写下答案。

模块二　创业融资

人们常说，如果企业家是驱动一个公司的引擎，资金就是推动它的燃料。创业离不开资金，创业者要使企业成立并能够运营，融资是不可回避的问题。企业需要多少资金？何时需要？这些资金能撑多久？从何处、向谁筹集资金？这个过程应该怎样编排，怎样管理？这些问题对于企业的任一发展阶段，对于任何一个创业者来说，都是至关重要的。本模块致力于帮助创业者解决以上问题。

知识点梳理

在美国华尔街有一句流传甚广的名言：“失败起因于资本不足和智慧不足。”研究者询问创业者创办新企业最关注什么，普遍的回答就是“筹资”。资金对于创业者的重要性不言而喻，但很少有创业者一开始就有充足的资金，特别是在校或刚毕业的大学生，因为大学生创业本身就是充满风险的活动。《2012 年中国大学生就业报告》显示，2011 届大学毕业生自主创业比例为 1.6%；同时，有数据调查显示，68.12%的创业大学生因“缺乏资金”而宣告失败。

一、 创业融资分析

（一）创业融资的必要性

企业最初创建需要获得初始资本，随后开展的经营活动需要运营资本，资本是企业创建和生存发展的一个必要条件，从最初建立到生存发展的整个过程都需要融资。创业融资是创业企业在新创、运营过程中，适时、有效地获取所需资金的过程。

多数企业在创业初期需要筹集资本，主要是基于资本投入、启动资金、现金流和漫长的产品研发期的考虑。企业在早期需要购买资产、建造建筑物、购置机器设备等固定资产或者投资于其他资本项目，这需要大笔资本的投入。在接下来的运营过程中，企业研发、新产品或新服务的开发、日常经营以及扩大市场规模等也需要巨大的前期投资。

（二）创业融资难的原因

新企业融资困难，主要是因为创业者和投资者的信息不对称，以及创业过程中存在不确定性，由此导致创业风险。

信息不对称

信息不对称指交易中的各人拥有的信息不同，在创业融资中体现为投资者没有或不能辨别创业者拥有或意识到的关于商业机会的信息。在筹资过程中信息不对称主要有以下两个方面的原因。

第一，创业机会的稀缺和对商机的追逐导致信息不对称。创业者发现宝贵的创业机会后，不愿向投资者透露过多的信息，包括创业项目的可行性、创业企业的财务状况等。一方面，投资者拥有开发商业机会所必需的资金，另一方面，如果其他人知道这个信息，也将追逐同样的机会，所以创业者需要对有关商业机会及其开发方法的信息保密，这就导致投资者不得不在信息少于创业者的条件下制定对新企业的投资决策。

第二，创业者可能存在的道德风险导致信息不对称。创业者拥有信息优势，一旦他们存在道德风险，就使得他们有可能利用投资者。存在道德风险的创业者可以利用他们的信息优势从投资者那里获取资金，用来谋取自己的利益而不是企业的利益，将筹集来的资金挪作他用。

不确定性

创业有风险，新企业的未来非常不确定，在创业融资中便产生一系列如下的问题。

第一，新创企业的不确定性，导致了投资决策的高风险。通常投资者投资创业项目的前提是：一个好项目，一支好团队。因此，投资者尽量搜集有关项目的信息，评价该项目是否具有投资价值，如新产品需求、企业的财务绩效、创业者管理企业的能力等，并依此作出投资决策。与此相悖的是，在创业者获得融资并开发商业机会之前，以上信息并不能确切地知晓，如果创业者没有一项专利技术或者没有成功创办企业的长期记录（而大多数新企业不具备这些），投资者就不得不在非常少的可靠证据基础上对新企业进行投资决策，由此导致了高风险。

第二，新创企业具有不确定性，导致创业者和投资者对新企业价值的认识经常存在分歧。没有人真正知道一家新企业会赚取多少利润，创业者处于亢奋期，往往对自己的新企业会过分乐观，极力说服投资者相信企业的赢利能力，而投资者对新企业赢利能力的评价往往会低于创业者，以此来制订投资决策时，两者往往会面临关于新企业价值的艰难谈判。

第三，同样由于新创企业的不确定性，投资者希望能够有投资担保。当创业者的新企业被证明没有价值时，投资者为了减少预期损失，希望创业者能偿付全部所融资金，很明显，如果新企业经营失败，创业者难以偿付投资者为新企业投放的资金。因此，投资者要求创业者提供房产等资产作为担保，而许多创业者在早期并没有任何有价值的资产，否则他们就可以自己提供资金。所以，现实中银行愿意将贷款投放给大中型企业，这也导致了小企业创业融资出现了银行贷不到款、家庭支持有限、风险投资不易获得的现实困境。

（三）创业融资的财务战略框架

制订与实施创业计划的一个重要工作是做好创业前的财务准备，这也是制订定创业融资策略的前提。创业企业财务管理与企业战略之间的关系密不可分，图 5－1 所示的财务战略框架为编制财务战略和融资策略提供了具体的流程并表明了各部分之间的逻辑关系：商机引导并决定了企业战略，然后企业战略又决定了财务需求、融资资源和交易结构以及财务战略。该图不仅为创业企业制订财务战略、确定融资需求奠定基础，也为企业选择融资方式，制订融资策略提供了一个整体思路。

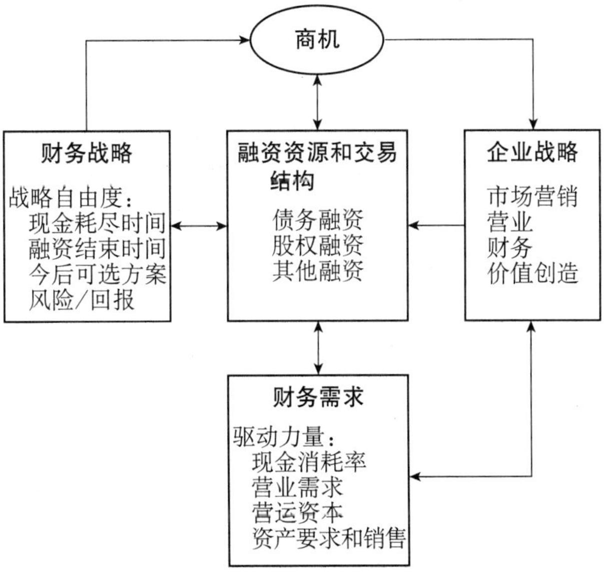

图 5－1　财务战略框架

资料来源：蒂蒙斯，斯皮内利．创业学．6 版．北京：人民邮电出版社，2005.

二、 创业融资渠道

有关数据显示，85%的初次创业者都是在资金不足的情况下走上创业之路的。资金不足并不表示就不可能创业，因为这个时代可以有很多途径获得资金。

（一）自我融资

创业者自我融资主要是依赖自己的存款，这是新企业创建初期的一个重要的资金来源。研究者发现，70%的创业者依靠自己的资金为新企业提供融资。即使具有高成长潜力的企业，在很大程度上都依赖创建者的存款提供最初的资金。如阿里巴巴最初的资金来源于马云和“十八罗汉”自己凑的50万元，蒙牛的创业资金来源于几个创始人卖掉股票凑的100多万元。

（二）亲朋好友融资

亲朋好友被称为早期创业企业的潜在天使投资人，是常见的启动资金的来源。大多数创业者知道，比向天使投资和风险投资融资更快、更容易的方式就是向自己认识的人借钱。事实上，大多数天使投资人在投资创业公司之前都“要求”创始人能从朋友和家人那里得到一些资金。

对大学生来讲，无论是出于对其生活的帮助还是对其事业的支持，亲朋好友都会在创业起步阶段借贷部分资金予以帮助，而不像专业投资者那样要求快速的回报。同时，亲朋好友不会像专业的天使投资人那样要求创业者有精练的商业模式和准确的财务报表，但是他们也希望看到一些事情，比如激情、沟通、价值、共同分享利润等，这也给创业者提出不断完善、提高企业价值的挑战。

（三）天使投资

天使投资是指富有的个人直接对有发展前途的创业初期小企业进行权益资本投入，在体验创业乐趣的同时获得投资增值。天使投资是新创企业早期、面向成长时期的重要权益资金来源。

天使投资者通常是以下两类人：一类是成功的创业者，他们主要是基于自己的经验提携后来者；另一类是企业的高管或者高等院校和科研机构的专业人员，他们拥有丰富的创业知识和洞察力，他们希望通过自己的资金和专业经验帮助那些正在创业的人，体验创业激情和社会荣誉感、延续他们的创业梦想，期望投资回报，所以称为天使投资。天使投资是风险投资的一种特殊形式。

（四）风险投资

风险投资也称“创业投资”，是指风险投资者寻找有潜力的成长性企业，投资并拥有这些被投资企业的股份，在恰当的时候取得高资本收益的一种商业投资行为。

风险投资多来源于金融资本、个人资本、公司资本以及养老保险基金和医疗保险基金等。投资领域主要是高新技术产业，包括计算机、网络和软件产业，医药、医疗保健产业，通信产业，生物科技产业，航天科技产业等。投资方式可分为一次性投入和分期分批投入，分期分批投入比较常见，既可以降低投资风险，又有利于加速资金周转。

风险资本投资者除了为新企业提供资金外，还帮助新企业识别关键员工、消费者和供应商，并帮助制订实施运营政策和战略。由于风险资本投资者与承担首次公开上市的投资银行家有一定的关系，所以风险资本支持的创业企业比其他的创业企业更有可能公开上市，因此风险资本家也是非常苛刻的投资者，很少有需要者能达到他们的融资标准。

故事链接

马云的第一笔风险投资

1999年2月21日，马云和“十八罗汉”凑够50万元创办了阿里巴巴。当时，马云希望网站能坚持10个月，期望10个月之后能吸引到投资。但没过几个月，就一分钱没有了，这导致马云和“十八罗汉”饿着肚子过日子。马云不能让员工不拿钱白干活，他只好四处借钱给员工发工资。

由于美国著名财经媒体《商业周刊》的关注和报道，阿里巴巴在国外有了一定的影响，随之而来的是一些投资者。但是在具体的谈判中，马云拒绝了至少38家投资商，最终决定接受要求非常苛刻的高盛的投资。1999年10月，由高盛公司牵头，美国和亚洲、欧洲的多家一流的基金公司参与，阿里巴巴引入了第一笔高达500万美元的风险投资。

马云为什么一边拒绝别人的投资，一边又要在对方要求苛刻的情况下接受别人的投资呢？原因是马云更为看重高盛这个投资品牌。马云说，自己希望阿里巴巴的第一笔风险投资除了带来钱以外，还能带来更多的非资金要素，如进一步的风险投资和其他的海外资源。因为，一方面高盛是美国有名的投资公司，可能会对阿里巴巴未来开拓美国市场有些帮助；另一方面它的规模大，看事情比较长远。

[资料来源：张永生．马云全传：商业领袖马云最具价值的创业智慧．北京：中国商业出版社，2009.]

（五）商业银行贷款

银行贷款是中小企业最努力尝试的融资渠道，但成功率非常低，中小企业从银行获得的贷款不足银行系统贷款总量的10%。主要是因为中小企业经营状况的高风险性与银行业的审慎原则显著冲突，银行在贷款过程中过于注重抵押物，因此不论发达还是发展中国家，中小企业从金融机构贷款数量均受到很大限制。尽管如此，仍有众多中小企业乐此不疲。但当企业发展到一定阶段，具有一定的信誉、资产或其他担保时，商业银行贷款也成为创业资金的主要来源。

（六）担保机构融资

新创企业融资难，其中一个重要问题就是信用不足。为着眼于解决中小企业融资难，我国从1993年开始设立专业性担保公司，担保公司由此作为一个独立行业出现。担保公司通过放大财务报告不规范、尚未成长起来的小企业的信用，达到为小企业增信的目的，从而解决中小企业融资难题。

融资性担保机构，对中小微企业的帮扶作用日益增强，新创企业在没有固定资产等抵押物的前提下，凭借担保公司的信用担保，就能从银行贷到周转资金。同时，担保公司可以利用注册资本最高10倍的杠杆来进行融资性担保，可以为缺乏银行抵押物的中小企业分忧解愁，成为新创企业解决筹资难题的一大途径。

（七）政府创业扶持基金融资

近年来，国家大力倡导创新创业，各级政府出台了一系列相应的创业扶持政策，特别是针对大学生创业的扶持政策。例如，《2012年国家鼓励普通高校毕业生自主创业政策公告》从放宽市场准入条件、享受资金扶持政策、实行税收减免优惠、提供培训指导服务等方面对大学生创业给予了创业扶持的指导意见，各地政府也相继出台了相关政策，采取了相关行动措施。

以广东省为例，2011年，广东省《关于进一步做好小额担保贷款推动创业促就业工作的通知》（粤人社函〔2011〕843号）明确进一步加大大学生创业的政策扶持力度，保证创业工作成效，对符合要求的项目，财政全额贴息，同时将贷款最高额度提高至8万元。2013年，又将申贷额度提高到10万元。对于符合条件的创业者，政府部门还可给予一次性5 000元奖励。据新华网报道，从2009年开始，广东省财政每年安排5 000万元专项资金，支持科技型中小企业发展，其中大学生创业项目作为重点支持专项，也被列入支持项目。

各省、市、自治区均有专门成立的大学生创业扶持基金，以及大学生创业大赛项目平台，除了提供奖金、大学生创业服务外，还为大学生提供创业信息、就业创业培训。企业的注册、财务、税务、管理、运营等问题，均可以得到不同程度的支持。

（八）众筹融资

众筹，翻译自国外crowdfunding一词，即大众筹资或群众筹资，我国香港译作“群众集资”，我国台湾译作“群众募资”，是指用团购＋预购的形式，向网友募集项目资金的模式。众筹利用互联网和SNS（社会性网络服务）传播的特性，让小企业、艺术家或个人对公众展示他们的创意，争取大家的关注和支持，进而获得所需要的资金援助。

相对于传统的融资方式，众筹更为开放，能否获得资金也不再是由项目的商业价值作为唯一标准。只要是网友喜欢的项目，就可以通过众筹方式获得项目启动的第一笔资金，为更多小本经营或创作者提供无限的可能。

三、创业融资策略

（一）结合创业发展阶段，选择合适的融资方式

种子期融资选择

不同发展阶段的创业企业具有不同的融资需求特征。在种子期，创业者需要投入大量

资金开发新产品、新工艺，投入新设备等，而企业没有任何销售收入和盈利记录，风险巨大，风险承担能力有限，商业银行和公众化的证券市场不可能为此时期的创业企业提供资本，创业者自己或亲朋好友的资金资助、政府资助是种子期重点考虑的融资手段。除此之外，天使投资者也常为处于起步阶段的企业提供资金，因此，测算创业不同阶段的资金需求量，撰写好商业计划书，争取天使投资者的青睐，是初期阶段创业企业常见的融资准备。

启动期融资选择

在启动创立期，企业产品处于开拓阶段，资金需求量大而急迫。由于企业成立历史短，业务记录有限，投资机构评估比较困难，传统投资机构和金融机构对其提供资金的难度大，担保机构、风险投资机构是其重要选择，可以进一步修改完善商业计划书，吸引包括天使投资在内的风险投资。

成长期的融资选择

在成长期，企业销售迅速增长，企业希望扩大生产线，实现规模效益，便需要大量外部资金的注入，由于此阶段有了一定的商誉和一定的抵押资产或担保，此时期的融资渠道相对比较通畅，可以考虑吸引风险投资等股权融资方式，也可选择银行贷款等债务融资方式，可视企业的具体情况而定。

扩展期的融资选择

在企业的扩展期，企业迅速扩张，拥有一定的业绩，风险显著降低，进入稳步发展的轨道，融资需求规模进一步扩大。由于企业的市场前景已相对明朗，专门为创业企业融资服务的创业板市场能够也愿意提供支持，部分企业开始进入创业板市场，在公众市场上筹集进一步发展所需的资金。

整个创业企业发展过程中的资金来源可直观地从图 5-2 中看出来。

（二）合理选择股权融资与债务融资

企业在特定的时期既需要债务融资又需要股权融资。大多数创业者一开始采取股权融资来刺激增长，一旦企业自身的价值提高了，他们便转而寻求债务融资。一般情况下，在投资的早期阶段，负债比出让股权更便宜，但股本投资者愿意承担更大的风险，因此，股权融资在早期启动阶段是最好的选择，尤其是在研发以及产品开发阶段；它也适合后阶段的融资，例如，为了市场营销和加速发展而引进高资历的员工并使销售加速增长，债务融资则较适用于营运资本及基础建设。

债务融资和股权融资到底如何影响企业的赢利能力和现金流呢？债务融资使企业家承担起偿还本金和利息的责任，而股权融资迫使企业家放弃部分所有权和控制权。极端地说，创业者有两种选择：一是不放弃企业的所有权而背负债务；二是放弃部分所有权以避免借贷。在绝大多数情况下，债务融资和股权融资两者结合起来才是最适合的。许多新企业发现债务融资是必要的，短期借贷（1 年或者更短）通常是营运资金所要求的，并由销售收入或其他收入来偿还。长期借贷（1～5 年的贷款或者 5 年以上的长期贷款）主要用于

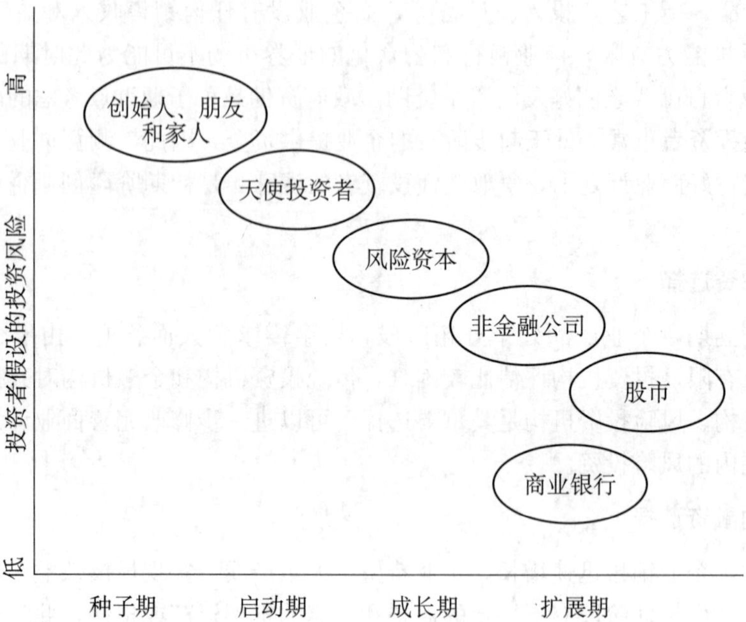

图 5-2　创业企业发展过程中的资金来源

资料来源：Van Osnabrugge M，Robinson R J. Angel investing. New York：John Wiley & Sons，2000.

购买产权或设备，并以购买的资产作为抵押品。表 5-1 展示了股权融资和债务融资各自的优点和缺点。

表 5-1　股权融资和债务融资的优、缺点

股权融资		债务融资	
优点	缺点	优点	缺点
能提供大量的资金注入	通常仅可获得较大金额的资金	可根据你的要求借贷不同的金额	构成还债义务
无须支付利息	这意味着"卖掉"公司的一部分	只要偿付了，就不会影响你对公司的所有权	收取利息——影响获利能力
无偿付资金的义务	风险资本家期望他们的投资会有高回报（至少增长 25%）		一般要求有抵押品，而且银行会保守地看待你资产的价值
	投资者可能会要求你买下他们的股票		如果你是向朋友和亲人借钱的话，你的人际关系就会随着公司破产而被破坏

资料来源：弗雷德里克，库洛特克，霍杰茨．创业学．亚洲版．北京：中国人民大学出版社，2011.

创业企业在融资过程中可以实施融资组合化，合理、有效的融资组合不但能够分散、转移风险，而且能够降低企业的融资成本和债务负担。另外，创业者要经常分析宏观经济形势、货币及财政政策等情况，及时了解国内外利率、汇率等金融市场的利息，预测影响融资的各种因素，以便寻求合适的融资机会，做出正确的融资决策。

案例分析

案例一：亚朵酒店——传统行业共舞互联网金融

提起亚朵酒店，人们便想到其人文氛围，想到其“舒适、简约、朴实、静谧”的气质，想到“闲来亚朵书边卧，日落黄昏自成眠”的惬意。在酒店这样一个传统的行业，亚朵不仅做出了人文情怀，还成为互联网的弄潮儿。它利用互联网金融，提升了流量，黏住了用户，更融到了资金，最终飞速成长。

亚朵产品概念酝酿于2012年6月，创建于2012年底。第一家亚朵酒店于2013年8月在西安南门商业区开业，其后用了不到5年时间，在全国110个城市开了150家酒店，2017年的《中国中端酒店投资报告》显示，亚朵在用户满意度、投资回报率、投资人满意度三个维度上，同时位居第一。

亚朵卓越的体验和飞速的成长，需要资金的人力支持。除了传统风险投资的支持，亚朵酒店另辟蹊径，将互联网众筹玩得风生水起。

2015年7月15日，亚朵首次跨界试水互联网众筹，与拍拍贷合作，推出亚朵会员专享的60天理财产品“亚朵天天盈”，第一期计划募集的330万元，仅仅在9分钟之内完成。

紧跟其后的2015年7月22日，亚朵与去哪儿网合作发布三年期众筹产品“梦想合伙人3年期理财计划”，用于亚朵旗下成都春熙路店的建设。仅仅7天就完成了430万元的募资计划，最高单人投资达到20万，投资人中亚朵原有会员占比近50%。此次理财计划的回报方案是：12个月后退出收益为年化6.5%+亚朵轻居项目奖励的浮动收益+价值198元的会员金卡（含200元消费券）。

2015年8月10日，亚朵酒店又在淘宝众筹平台发起回报众筹，为其杭州一家新店的硬件建设筹集资金，截至9月27日众筹结束，该项目获得5 387人支持并筹得资金超过660万元，超出预期金额330%。比互联网企业的股权众筹，此次采取的回报众筹方式，更容易让参与者看到效果。首先，亚朵建设新店的事情十分真实，本次众筹得来的款项将全部用于杭州亚朵酒店的建设以及主题房间的设计升级。其次，亚朵为参与众筹的用户所提供的回报也实实在在，例如其提供的银卡会员、储值卡、免费住宿、棉枕、床垫、早餐或下午茶等具体的服务或产品。此次参与众筹的人，大部分是亚朵的会员。客户在体验亚朵的服务后，会被亚朵所倡导的“第四空间，成就一种生活方式”的理念所影响。正是这体现在每一次服务中的品牌积累，使亚朵品牌获得了用户足够多的信任，从而吸引用户参与到众筹中来。

2016年1月27日，亚朵酒店在一米好地众筹平台发起了最低1 000万元上限3 000万的收益权众筹，用于西安大雁塔店的建设，仅2天时间就达成1 000万元众筹目标，3天内融资更是达到2 109万元。此金额刷新了国内酒店众筹的记录，同时超越了淘宝、京东等其他各类众筹平台，也使得一米好地成为空间/地产众筹领域的独角兽公司。此次众筹给出的收益为“8%+浮动收益+全年免费住”。

亚朵推出的众筹酒店模式，把筹备中的酒店项目作为一个项目融资，在众筹平台上发起众筹。投资人可以出资1万元到10万元不等，参与亚朵新酒店的股权融资，并获得经营分红。截至2016年底，亚朵已有9个项目在第三方平台完成众筹，募集金额6 000多万，吸引了7 500人参与。

2017年，亚朵天津南京路小白楼特许店多彩投平台上发起众筹，给出了高达12%的年回报预期，且承诺分红达不到承诺值时由大股东补足。除了投资收益外，投资人还可以获得对应等级的酒店消费权益。此项目2小时预约进度达到100%，上线2小时即达众筹目标金额1 000万元，5小时预约总金额超过5 000万元。此次项目虽并非亚朵发起的众筹，但作为其品牌辐射的特许管理项目，也如历次众筹一样，受到热烈的支持。

分析

众筹利用互联网的优势募集资金，相对于传统的融资方式，更为开放，其特点是低门槛、多样性、依靠大众、有创意，筹集资金的周期短，回报也多样化，让融资变得更方便快捷。通过众筹，原本体量大、门槛高的酒店投资变成了大众可以深度参与的行为，投资人不用参与复杂的酒店管理，即可享受酒店未来的经营分红。

众筹带来的不仅仅是资金，更重要的意义在于拉拢粉丝，建立客户的忠诚度。亚朵众筹除了满足投资人理财投资，还让其获得某种特别回报，比如亚朵会员卡、酒店全年免费住、全国往返西安头等舱机票、亚朵商城大礼包等，从而使最终的众筹参与者都成了高忠诚、高黏性的消费者，亚朵的众筹更像是进行了一次创新营销的尝试，其在众筹中不仅收获了资金，还顺势引入了一大批粉丝流量，可谓“人财兼得”。

亚朵的多次众筹采用了债权众筹、股权众筹、回报众筹等多种形式，每一种众筹项目为投资者提供的回报均有不同，但每次都能得到消费者的追捧，根本原因是粉丝们对亚朵品牌的信任，亚朵较好的体验和业绩是基础，众筹策略也不容忽视，其CEO王海军也表示，酒店想要做好众筹，前期的准备非常重要，其核心在于产品策划，参与众筹的酒店或者酒店产品必须有卖点，能够连接用户，聚集势能。

案例二：命运多舛的易到用车

2018年初，消停一段时间的打车大战再度袭来，一边是美团打车强势入局，行业巨头滴滴出行霸气，另一边是曾经火热一时的易到用车重新归来，平静许久的网约车市场似乎又在酝酿着新一轮大战。易到用车作为这个行业的鼻祖，自创办以来，命运多舛，在移动出行大战中错失良机，在2017年更是因为资金问题一度陷入停滞，无论是司机还是用户都对其充满了质疑。那么，这究竟是一个怎样的惨痛经历？

2010年5月，周航创办易到，从商务租车切入，通过网络约车解决用车痛点，而直到3个月之后，远在硅谷的特拉维斯·卡拉尼克才在美国成立优步，某种程度来说，周航其实是这个行业的鼻祖。

易到上线的前三年，用周航的话说就是两个字：孤独。因为当时整个行业就此一家，所有的投资者都会质疑——这个市场到底存不存在！后来他自己也没有想到，自己当初以为是一个“边缘行业”的网约车业务，成为互联网时代发展最快速，争夺也最激烈的一个时代的主角之一。

这种“孤独”很快就结束了，2014 年初，优步宣布进入中国；2014 年下半年，滴滴和快的也先后推出了专车服务；2015 年初，神州专车正式问世。当时周航的心思是，虽然免不了会有竞争，但起码自己不再是孤军奋战了，整个行业起来的话，不仅在政策上能有更多的谈判空间，收入和利润也会扩大。他觉得，易到可能真的要熬出头了。最辉煌的时刻应该是 2013 年末到 2014 年下半年，那个时候易到在专车的市场有 80%的份额，业务做得好，融资也顺利。

易到在 2013 年 12 月和 2014 年 8 月两次拿到了 6 000 万美元左右的来自携程的融资，而且携程作为战略投资者，还把自己的接口开放给了易到。那个时候用户去机场，接送机都可以直接呼叫易到的服务，那个时候易到过得相当舒服。到了 2014 年 9 月，易到又获得了以新加坡政府投资公司领投的 1 亿美元的 D 轮融资。

但易到的对手们也没有闲着。2012 年，滴滴和快的成立。一开始资本并没有大规模进入这个行业。转折点发生在 2014 年 1 月 1 日，当时腾讯以 1 亿美元领投了滴滴，投资的重要逻辑是，打车可以是一个培养用户使用移动支付的很好的入口。结果这一开始，资本就疯狂进入这个行业。红杉资本的周逵找到了周航，和周航谈了三个小时，但还是被周航拒绝了，周航认为，易到绝不参加价格战。而到了 2015 年初，滴滴累计融资了 8 亿美元左右，快的是 7 亿。虽然滴滴、快的融资这么多，但它们主要还是集中在出租车这个领域，而这个领域是周航一开始就不看好的。易到的联合创始人、高级副总裁杨芸也曾说过：易到在 C 轮融资的时候是可以一次拿到 7 亿美元的，但周航没要。“因为他觉得，只要把产品做得足够好就行，靠撒钱去获取用户，留存率是不高的。”

进入中国一年后的 2015 年 3 月，优步的 CEO 卡拉尼克向全球投资人宣布，他要在中国市场烧掉 10 亿美元的补贴——这在当时是个天文数字。更令人惊讶的是，滴滴立刻用同样的力度参战了，双方的烧钱大战开始了。

周航觉得这种烧法完全行不通。他说：“当时我们做了无数的数学模型证明他们烧钱是不可持续的，就看看他们能烧多久，我们算账，觉得不会超过 90 天。”结果整个 2015 年，滴滴烧掉了 122 亿元人民币，平均每月烧掉 10 个亿。优步中国烧掉了 25 亿美元，双方基本打平。周航说：“就看着他们烧了 90 天，120 天，一年……人家就是能不断地融到资，继续往里烧。”

等到周航意识到自己判断的错误，这个市场已经烧到了日均几百万单，自己再想跟进的时候，中国的专车市场已经像一块烧得滚烫的铁板，1 亿美元如同一滴水，瞬间就蒸发殆尽。

战争很快结束了。在疯狂补贴一年后，2015 年 2 月 14 日，滴滴、快的宣布合并，这也意味着合并后的滴滴快的以超过 80%的市场份额形成行业垄断。

而此时，周航虽然已经清醒地认识到了形势，但易到也很难找到钱了。无奈之下，易到在2015年10月接受乐视7亿美元投资，乐视以此获得了易到70%的股权，成为易到的控股股东。乐视入股之后，乐视网监事吴孟为易到第一大股东，占股66.67%；周航为第二大股东，占股25.33%。而后乐视挪用易到13亿元资金以及乐视的钱荒，导致司机和用户提现的诚信问题，令易到一度沉寂。

后来易到的离职高层曾对记者说："滴滴、快的拿的钱里面，至少有3亿美元应该是易到该拿的钱，但我们并没有要，当时收支比较平均。周航不想稀释太多股权。"

现在回看，我们好像很难指责周航真的做错了什么。虽然他误判了竞争形势，也没有在能融资的时候多融一些，为公司攒足粮草和弹药。但他面对的，也许是中国这几十年商业史上竞争最激烈、打法最粗放的一次战争，而他只不过不是那个完成这个使命的"天选之人"。这可能是一个行业先行者需要付出的代价。

分析

周航在融资上面的托大，应该是他后来反复反思过的一个问题。那为什么公司需要烧钱？易到所处的是一个全新的战场，周航第一个打开了中国的专车市场，很长一段时间都承载了教育市场的作用。而企业烧钱大多是为了获取用户，占领市场。滴滴和快的的早期补贴，最主要是为了教育用户，因为消费者对移动出行这一新生事物不熟悉，司机也不愿意使用，便采用了教育用户和服务商的行为，这势必要大量烧钱；同时，为了挤跑竞争对手，抢夺用户，黏住用户，然后通过持续消费获得利润，这也需要烧钱。"互联网行业是赢家通吃，只有第一，没有第二。"

当然，企业烧钱也有其内在的商业逻辑，并不是所有的企业都适合这种烧钱的游戏。周航最初的思考没错，大量融资，意味着股权的稀释，这是创业公司所不愿看到的。同时，当资本耗尽，最终却没能产生高收入和高营业利润时，企业只能面临越来越多的亏损，从而导致经营中断，这便是烧钱的噩梦。因此，大量融资烧钱，前提是能让现金流运转起来，而这是建立在企业有高速增长潜力基础上的。

案例三：吴长江及其雷士照明——民企资本化的"教科书"

2010年，国内最大的专注于照明行业的企业之一雷士照明在香港上市。但它的创始人吴长江曾经三次被自己创立的公司驱逐，最后被自己引入的合伙人告发，锒铛入狱。2016年12月，雷士照明创始人吴长江被判处14年刑期，其经历不禁让人唏嘘，堪称中国民企资本化道路上的一部"教科书"。

1998年底，吴长江和两位老同学胡永宏、杜刚共同出资100万元在广东惠州成立了雷士照明，吴长江出资45万元，两位同学各出资27.5万元。从股权结构来看，吴长江是占比45%的单一大股东，而相对于两位同学的合计持股，他又是小股东。当时他们商量的结果就是，大家跟着吴长江一起干，但是如果吴长江比较一意孤行的话，另外两个人又可以制约他。

公司创立之初，三个人分工明确，吴长江擅长的是工厂管理，胡永宏一直做的就是市场营销，而由杜刚来负责财务和与政府相关的事情。三个人既有合作又有相互制约，又处在一个市场发展非常迅速的行业，同时又很有经验。因此，雷士照明刚成立第一年，销售额就达到了 3 000 万，之后好几年都以接近 100%的速度增长。到了 2002 年，雷士的销售额就超过了 1 亿，2003 年超过 3 个亿，2004 年超过 5 个亿，2005 年超过 7 个亿。增长非常迅速。

资本风险的开端

2002 年，雷士照明进行了一次股权调整，三人的股份被均分成了 33.3%的三份，而且工资、分红也完全均等。同时，三个合伙人开始逐渐有了分歧，一开始大家还能坐在一起讨论，但是大家很快都失去了耐心，甚至开始互相挑衅。而平均主义也使得三个股东的裂隙已经无法弥补。经过一系列的斗争和谈判，2005 年，雷士照明上演了合伙人的分家大戏，吴长江一度被踢出雷士照明，后利用掌握的经销商优势，成功返回并获得雷士照明 100%的控制权，胡永宏和杜刚各自拿 8 000 万元现金，离开雷士。然而在当时，1.6 亿元的买断费用雷士是出不起的。最终大家折中了一下，两位股东先各拿 5 000 万，剩余款项半年内付清。但在付完第一笔一个亿的股权买断费之后，雷士的账面上只有几十万了。如果不能马上获得流动资金，公司就面临倒闭的风险。然而，这还只是吴长江和他的雷士照明资本风险的开端。

从 2005 年底到 2006 年下半年，吴长江把全部精力都放在了找钱上。他甚至借过高利贷，天天晚上做噩梦，但是白天在员工面前还要装作什么事都没有。

2006 年 3 月，吴长江到联想集团拜会了中国商业历史里教父级的人物柳传志。他一五一十地把雷士的情况告诉了柳总，柳传志很欣赏这位后辈的魄力与决心，考虑用旗下的联想投资来入股雷士照明。不过像联想投资这样的正规投资机构，决策程序一般都比较长，为了救急，柳传志还牵线朋友借了吴长江 200 万美元。后来吴长江一直很感谢柳传志。

毛区健丽乘虚而入

仅仅 200 万美元根本无法解决吴长江的问题。这个时候，亚盛投资的毛区健丽出现在了吴长江的世界里。毛区健丽从 2005 年底就开始接触吴长江，对雷士内部的各种问题非常了解，当然也知道公司极度缺钱的情况。于是，她慢慢承担起了帮助吴长江融资的任务，甚至为了显示诚意，毛区健丽还借给过雷士 2 000 万元，帮助雷士进行资金周转。然而资本从来都是无利不起早。

毛区健丽有自己的“小算盘”，她一直和吴长江吹风说，联想的投资决策很慢，自己找来的投资人 3 个月钱一定到账。而吴长江几乎没有任何与资本打交道的经验，所以就听信了她的话。

2006 年 3 月，毛区健丽抢在联想做出投资之前，用募集来的 400 万美元，加上自有资金 494 万美元，再加上融资顾问费折合的 100 万美元，总计 994 万美元入股了雷士，占比 30%。其中的 10%是三个外部投资人的股份，对应的投资是 400 万美元，而毛区健丽仅仅用 494 万美元的现金就换来了 20%的股份。她心里算准了吴长江当时已经火烧眉毛，借机

"杀价入股"。后来连吴长江也说，他由于经验不足，受到了一些误导，把雷士的股份贱卖了出去。

引狼入室，埋下隐患

在入股之后，毛区健丽继续行使着自己融资顾问的职责。她给雷士介绍了很多潜在的投资人，其中最重要的就是软银赛富基金和它的合伙人阎焱。

2006年8月14日，软银赛富投资2 200万美元，占雷士股权比例35.71%。这个价格是毛区健丽之前入股价格的两倍。这半年下来，随着三笔资金的先后进入，雷士获得了超过2.6亿元的资金。除去支付胡永宏和杜刚的1.6亿元，还有余款补充运营资金。解决了创业股东问题以及资金问题之后，雷士从此走上了稳健的扩张道路。

但是，这次融资也给雷士的未来埋下了隐患。软银赛富有超过35%的股份，已经非常接近第一大股东了，而改组的公司董事会里，阎焱也控制了三席，吴长江只控制两席。而在重大事项上，阎焱和软银赛富基金也有着一票否决权。某种程度来说，吴长江虽然解决了创始股东的分歧问题，但由于引入了更强势的投资人，所以这个问题更像是延后了，而不是真正解决了。

2008年年中，吴长江希望能收购一家公司，来加强自己节能灯制造方面的业务，这其中当然也有吴长江希望引入新投资人制衡阎焱的考量，需要现金接近5 000万美元。为了凑足收购款，8月，吸纳了高盛3 655万美元的投资，占股份9.39%。但不熟悉资本规则的吴长江没有想到，拥有反稀释条款的软银赛富果断跟进，追加了1 000万美元，把自己的持股比例保持在了36.05%，成为公司第一大股东。而吴长江是没有弹药继续跟进的，所以股份遭到了进一步稀释，下降到了34.4%，屈居第二。高盛以11.02%的持股比例成为第三大股东。

2010年5月20日，雷士照明登陆港交所，募资15亿港元。仅按照IPO（首次公开募股）价格计算，软银赛富的回报就超过了5倍，而当初"白菜价"买入的毛区健丽的回报更是接近20倍。

新的威胁——施耐德的野心

2011年7月21日，在赛富基金力主下，雷士照明引进法国施耐德电气作为战略性股东。软银赛富、高盛联合吴长江等六大股东向施耐德转让2.88亿股股票。施耐德出资12.75亿港元，股份占比9.22%，成为雷士照明第三大股东。而此时第一大股东赛富的持股在18%左右，而吴长江个人持股大概是15%。当时，不管在外界看来还是在吴长江看来，这都是一项互相协同发展的好交易。而且，站在投资人的角度，介绍各种资源给企业并且实现资源整合，本来就是VC/PE机构给企业提供的增值服务之一。然而吴长江没想到，引入施耐德是一次新的威胁。

当时有些天真的吴长江不但不担心自己的控制权旁落，反而在上市以后还大幅减持股票，而软银赛富和高盛两大股东直到施耐德入股之前，从来就没有套现过一股股票。

2011年9月，施耐德中国区总裁朱海提名下属李新宇出任雷士照明副总裁，分管商业照明工程和项目审批，而这是雷士照明非常核心的一个业务部门。吴长江终于开始意识到，施耐德最终的目的可能不仅仅是“投资”而已。

2012年，由于意见不合，软银赛富基金的阎焱索性把吴长江赶出了雷士，自己接替他出任董事长。那个时候，软银、高盛和施耐德可以被视为一致行动人，创始人和投资人在董事会的力量对比是2∶4。吴长江无力阻挡自己的出局，不得不加上很多杠杆在二级市场增持雷士的股票，结果由于暴跌，券商不得不把吴长江的股票强行平仓，结果那一天，吴长江被强制抛出的股票占了全天成交量的近20%。吴长江不但巨亏，也再次从第一大股东的座位上跌落。

2013年6月，吴长江使出撒手锏，再次在经销商的支持下，二次回归，返回雷士的董事会。

拆东墙补西墙

为了对抗阎焱，经由熟人牵线，吴长江认识了德豪润达公司的王冬雷。德豪润达以生产西式小家电起家，但是2008年的金融危机极大地影响了这个行业，王冬雷不得不带领德豪踏上转型LED（发光二极管）之路。他的计划是，找到一家拥有比较强渠道的照明企业，强强联合，所以吴长江与王冬雷相见恨晚。

德豪润达买下了吴长江持有的雷士照明18.6%的股权，再加上二级市场收购股权的股份，累积持有量超过20%，迅速变成了雷士的第一大股东，而赛富亚洲及法国施耐德电气分别为雷士照明的第二、第三大股东，持股比例分别是18.48%和9.21%；吴长江仍持有6.79%的股权；同时，德豪润达向吴长江增发1.3亿股权，让吴长江成为德豪的第二大股东。两人合力，成功赶走了阎焱。

但针对这次合作，但后来业界的评论是：“德豪润达与其说是和雷士合作，倒不如说是对雷士从生产到品牌再到销售的渐进式把控。”

锒铛入狱

吴长江和王冬雷各怀心事，在利益的争夺之下，最终捅破了窗户纸，双方相互指控。

2014年8月8日，雷士照明公告宣称CEO吴长江辞职，同时下任的还有其他吴长江的亲信。长达十多年的争斗也磨灭了吴长江赖以“起死回生”的经销商们的耐心。在2014年8月29日的股东大会上，38家经销商中，有33家支持罢免吴长江，而在前两次吴长江被踢出局事件中，他们都曾是吴长江“最信赖的”兄弟和战友。

吴长江开始频繁地接触媒体，不停地在微博上控诉王冬雷，在海内外发起诉讼。法律和舆论似乎变成了他最后仅剩的筹码。王冬雷也使出“撒手锏”：向公安机关报案，并在中国内地和中国香港提起诉讼。兵败如山倒，随着锒铛入狱，吴长江最终失去了他的雷士照明。

分析

本案例给我们的启示主要有以下几点。

(1) 创业团队核心创始人对公司的主导权，对创业团队的稳定有着重要的作用。吴长江等三人的创始团队均分的股权结构，是雷士照明资本风险的开端。当创始人有了分歧时，如果有一个核心人物从企业战略及发展的角度提出合理的争端解决机制，便不至于因为创始团队的争端让企业陷入财务及资本的困局。

（2）把握好融资节奏，不要在融资中处于被动状态。创始团队的争端让雷士照明陷入财务和资本的风险中，为了解决迫在眉睫的财务危机，吴长江将股份贱卖，引入了不合适的投资人，被不良风险投资人占了便宜，为后面的资本之路埋下了隐患。

（3）合理看待风险投资人与企业创始人之间的关系。风险投资是创业企业成长过程中的重要股权融资渠道，投资人与创始人之间的关系一直是风险投资的关键问题，风险投资带给企业的不仅仅是资本，还有更重要的资源、合理建议及战略合作，就像徐新、张磊之于京东，高盛、软银之于阿里巴巴，成就了投资人与企业创始人之间的段段佳话。创业者与投资人之间应是双赢的关系，而非对立的。双方应立足于企业的生存及战略发展，通过为客户、员工及股东创造价值，实现双赢及共同的价值目标。

（4）理性挑选风险投资人，合理界定创始人与投资人之间的股权结构和话语权。吴长江在引入风险投资的过程中缺乏经验，柳传志本可以成为吴长江的合理投资人，但因为融资迫切等不及资金的到位时间而错失良机。在后面的融资过程中，吴长江逐渐失去公司的控制权和话语权，也使得其出局成为必然。反观京东，张磊给了刘强东足够的资金，更给了他足够的控制权和话语权，帮他在日后的融资中也牢牢把握住话语权和控制权，才成就了今日的京东和刘强东。当创业企业与资本联姻后，需要界定创业者和投资人之间的合理股权结构和话语权。创业者在创业初期不要轻易丢失控股权和话语权，当面临战略决策及利益冲突的时候，就只有靠股权说话了，一旦失去控制权，便失去了其一手创办的企业。

实践训练

一、实训导航

现实环境中，融资渠道纷繁复杂。如果企业融资前，没有充分考虑，并做好准备，结果很可能是不仅未能找到最合适的投资者，而且交易结构和条款对融资企业很不利，从而为企业今后的发展带来隐患。从另一方面来看，融资意味着需要成本，同时具有不确定性。如果只是抱着试试看的态度去融资，十之八九是不会成功的，所以，认真研究分析、制定融资策略并做好充分准备，会使得创业融资过程事半功倍。

请组建一个小型创业团队，完成以下实训项目。建议项目 1 和项目 2 在课堂上完成，先进行分小组讨论，再由各小组进行简要的汇报分享；建议项目 3 作为课后个人或小组作业完成，在下一次上课时再进行上交或汇报。

二、实训项目

1. 选择自己团队感兴趣的创业项目，思考企业发展战略和财务战略，明确企业的财务需求，测算创业所需要的资金量。

2. 结合本模块内容和案例，思考适合且可行的融资策略，制定融资方案。该融资方案是否符合企业发展战略和发展阶段？

3. 为确保融资的成效，在开展融资工作之前，需做好哪些方面的准备？尝试为该融资方案的实施拟好相关准备的细节。

三、 方法策略

1. 项目1和项目3建议采用小组讨论、头脑风暴等方法，尽量集思广益、拓宽思路、注意细节。

2. 理解创业融资的财务战略框架，领会创业融资的选择策略，利用成本—收益分析，进行融资途径的对比选择，并结合企业发展战略目标和发展阶段分别进行融资途径的可行性分析。

3. 咨询专业人士，或对相关创业人物进行访谈，重点关注融资途径的拓展与选择、融资准备工作的内容及细节、成功融资的因素等。

单元小结

本单元包含了两个模块，分别介绍了如何获取、开发与整合创业资源，如何进行创业融资。创业者不是在拥有资源的时候才去创业，而是在没有资源的情况下去获取资源来创业，创业者的资源开发和整合能力决定了他的竞争力。创业者在获取创业资源之后，如何有效配置使用资源，使其能为企业创造最大化的价值，可称为创业资源的开发。初创企业资源极其有限，要极尽所能，充分创造资源的最大使用价值，产生最佳效率和效益，就要对有限资源进行创造性的使用、有策略的推进，使其被综合、集成与激活，能被企业所充分利用。创业者的融资渠道主要有：自我融资、亲朋好友融资、天使投资、风险投资、商业银行贷款、担保机构融资、政府创业扶持基金融资、众筹融资等。企业由于不同的发展战略和发展阶段，可根据实际情况，选择不同的融资渠道和策略。

思考题

1. 创业过程中有哪些资源需求？如何获取并进行开发、整合与利用？

2. 社会资本、资金、技术及专业人才在创业中分别有什么作用？

3. 如何测算创业所需资金？创业融资的渠道有哪些？

4. 创业融资过程中需要注意什么问题？

网络情境练习

推荐观看影视作品：《中国合伙人》

推荐理由：

农村出身的“土鳖”成东青三次高考才进入燕京大学，毕业后申请签证多次被拒，留在燕大任教，却又因故被除名，在一无所有的背景下开办补习班；王阳、孟晓骏的加入催生了“新梦想”学校，三人凭借各自资源和共同的努力，让新梦想空前成功，但在企业发展过程中，也面临着激烈的冲突。除了他们拼搏合作的精神，影片中关于创业资源的整合与利用、企业发展与融资战略等方面也值得创业者借鉴与思考。

练习题：

1. 结合新东方的发展历程，思考以下问题：（1）创业者如何创造性开发并利用资源？（2）成东青和孟晓骏因为企业进一步的发展及融资策略而产生了激烈的冲突，分别站在两者的角度，谈谈企业发展战略、面临的发展阶段与融资选择，并分析融资选择的利弊。

2. 循着以上思路，在网上搜集三个以上的创业企业，思考其在创业初期及创业过程中的资源状况、资源的整合利用策略以及企业不同运作阶段的筹资策略，形成分析报告。

真实情境练习

在上一单元的真实情境练习中，我们以团队（或小组）为单位，初步选择了团队的创业项目，思考了拟建公司的商业模式，分析了公司经营过程中可能会遇到的风险和困难。接下来，我们要在对上述工作进行复查的基础上，进一步思考如下问题：

1. 拟建公司在创业过程中需要什么资源？

2. 可通过什么途径获得资源？

3. 如何对资源进行有效的整合？

4. 可通过什么途径筹集资金？

参考文献

Baker T，Nelson R. E. Creating something from nothing：Resource construction through entrepreneurial bricolage. Administrative Science Quarterly，2005，50（3）.

Brüderl J，Preisendörfer，P. Network support and the success of newly founded business. Small Business Economics，1998，10（3）.

李文忠．创业管理：案例分析·经验借鉴·自我评估．北京：化学工业出版社，2011.

刘平，李坚，王启业．创业学：理论与实践．2 版．北京：清华大学出版社，2011.

梅强．创业基础．北京：清华大学出版社，2012.

萨尔曼，拜德，史蒂文森，等．创业企业融资．北京：中国人民大学出版社，2003.

吴瑕．融资有道：中国中小企业融资经典案例解析．北京：中国经济出版社，2009.

张玉利．创业研究经典文献评述．天津：南开大学出版社，2010.

第六单元

创业计划

学习目标

学完本单元后，你应当能够达成以下目标：

1. 了解创业计划的作用，掌握创业计划的基本结构和撰写要求。

2. 了解创业计划中的信息搜集方法。

3. 掌握创业计划书的撰写和展示技巧。

导入案例

“久创科技”的故事

黄同学等7人，均为某大学自动化专业2005级本科生，合伙经营一家名为“久创科技”的电脑服务企业，主要业务包括组装电脑的导购、电脑及配件的代售、电脑故障维修。黄同学等人的创业想法，来源于2006年他们参加学校的创业计划大赛。虽然在那次比赛中，他们的成绩并不十分突出，但却激发了他们的创业热情。于是，比赛结束后，在黄同学的倡议下，他们决定成立电脑服务企业，进行真实的创业。

通过商议，黄同学出资2 000元，其他8名同学每人出资1 000元，共计10 000元启动资金。接着，他们开始修改创业计划，完成之后，大家就创业计划提出自己的意见和建议。在讨论中，他们对公司的组织结构设计出现了分歧。一些人认为应该建立鲜明的组织结构才能管理好企业。另一些人认为，大家都在同一个起跑线上，确立等级制度会导致关系的分裂。最后，他们达成一致意见，认为他们创立的只是一个小企业，还不需要建立组织结构。于是，创业开始了。

同年7月，正式成立“久创科技”企业。在后来的经营当中，有两名同学因为自身经济困难而撤资，其他7人继续维持经营。经营企业的7名同学根据自身特点和专业特点，分块负责企业的各项业务，店面的营业人员则由7名同学轮流充当。由于关系良好，平常的工作量和业绩并不直接与利益挂钩，而采取平均分配利润的方式。企业经营一年多来，业绩尚可，已收回投资，并于2007年6月开始赢利，当然，这没有计算7名同学的人力投资。

［资料来源：卢福财．创业通论．北京：高等教育出版社，2012.］

思考：

1. 从本案例中黄同学等人创办和经营企业的故事中你得到了哪些启示？

2. 你认为创办一个小型的电脑服务企业有必要写创业计划书吗?

3. 如果你是这个团队的成员，会赞成平均分配利润的方式吗?

模块一　创业计划概述

“凡事预则立，不预则废。”大学生创业不能仅凭一股激情，通过撰写创业计划可以理清思路、规划未来。本案例中黄同学等人自觉通过撰写创业计划来理清思路，规划未来。后期实际经营中团队分工合作，采用轮流充当营业人员和平均分配利润的方法进行管理，这种方式在创业初期同学间充分信任的条件下是可取的，但对于企业长期经营和发展而言是不利的。那创业计划应该包括哪些内容?如何研讨创业构想?如何将构想变成文字方案呢?

知识点梳理

创业计划，亦称商业计划，是全方位描述与创建新企业有关的条件和要素的书面文件，是创业的行动导向和路线图。它既为创业者的行动提供指导和规划，也为创业者与外界沟通提供基本依据。创业计划需要阐明新企业在未来要达成的目标，以及如何达成这些目标。但是，创业计划不是一成不变的，它需要随着计划的执行情况而进行调整。

一、　创业计划的作用

创业者需准备一份以市场营销和财务报表为重点的短期创业计划作为内部管理资料，以防范初创阶段管理中常出现的“走到哪算哪”的现象。如果创业者要寻求融资资金或扩张资本，那么撰写一份完整的创业计划就十分必要了。在创业准备阶段，规划设计好一份创业计划的重要作用主要表现在以下两个方面。

（一）创业计划是指导新创企业走向成功的路标

有助于明确创业目标，为企业行动指明方向

创业者在创业之初，应明确自己的创业目标，并将创意以创业计划书的形式表现出来，这有助于创业者冷静地分析和识别创业机会，明确自己的创业理想，规划自己的创业蓝图，使创业者对自己的创业目标更加明晰。

有助于分析创业的可行性

制定一份正式的创业计划所需的时间、精力和市场调查研究，将迫使创业者审时度势、客观理性地评判新企业。创业计划所包含的产业分析、市场分析以及财务分析，将使创业者更加全面、清醒地检查创业理想与现实之间的差距。

有助于指导新创企业的经营管理

由于创业计划涉及创业资金的筹措、战略与目标、财务计划、生产与营销计划、风险评估等企业经营管理的各个方面，可使创业者周密安排创业活动，有利于新创企业的经营管理。创业计划使目标得以量化，为创业者预测未来结果提供了可度量的标准。

有助于吸引新的团队成员加入

创业计划书翔实说明项目的技术、产业化的模式，全面分析管理团队、经营战略、投资者回报方式和企业的产品、营销、生产、财务等各个方面，有助于让人了解企业，进而加盟企业。

（二）创业计划是与利益相关者沟通的桥梁和媒介

有助于让利益相关者全面理解创业企业

利益相关者包括投资者、银行、供应商以及内部员工等。通过创业计划书，可以让各利益相关者全面理解创业企业，产生认同并帮助到创业企业。

有助于让投资者产生兴趣和信心

创业计划书通过提供翔实的信息，让投资者产生兴趣和信心，关键信息包括创业者团队、市场潜力、经营业绩预测、资金需求及使用、权益回报、风险防范等。

有助于让外部读者评阅指导

创业计划涉及企业的诸多方面，难免有不妥或遗漏之处，作为企业自我推销文件，在供外部读者评估审阅时，有机会得到他人的指导，使计划更加切实可行。

拓展阅读

创业计划书的基本结构

创业计划书作为与利益相关者沟通的桥梁和媒介，需要一步一步地向投资人证明项目的可行性、赢利性。因此，创业计划书在结构上必须层次分明、环环相扣，让投资人能够很清楚地看到：你为何要冒风险，花精力、时间、资源、资金去创办这个企业？你为什么需要这么多资金？为什么投资人值得为此注入资金？要实现上述目的，创业计划书在基本结构上需要具备 6M 和 6C。

6M

6M 指的是以下几点。

商品（merchandise）：所要卖的商品与服务最重要的那些利益是什么？

市场（markets）：要影响的人们是谁？

动机（motives）：他们为何要买，或者为何不买？

信息（messages）：所传达的主要想法、信息与态度是什么？

媒介（media）：怎样才能达到这些潜在顾客？

测定（measurements）：以什么准则测定所传达的成功和所要预期达成的目标、创业计划团队的最佳组合、专业技术人员？

6C

6C 指的是以下几点。

概念（concept）：在计划书里能让阅览者很快了解企业生产的物品或服务。

顾客（customers）：明确顾客的范围，即是产品的市场定位。

竞争者（competitors）：波特的“五力”模型。

能力（capabilities）：强调的是创业团队的能力。

资本（capital）：资本可以是现金也可以是资产，这部分计划需要详细制订。

永续经营（continuation）：未来计划的制订，随时检查、随时更正。

二、 创业计划的内容

制订完善的创业计划，要求创业者明确创业的关键问题所在。撰写商业计划书的方法众多，有诸多的结构和模板可以参考。在创意真正转变为创业的过程中，通过提出必须面对和解决的问题，通过关注创业的关键成功要素，保证后期的成功创业。虽然，创业计划没有严格一致的格式与体例，但通常情况下它应该包含以下内容。

（一）执行摘要

执行摘要是整个创业计划的浓缩版本，也是整个创业计划的一个精要速写，其主要作用是让阅读者能在较短时间内评审计划并做出判断。通常情形下，阅读者快速浏览执行概要，了解新创企业的概貌后，觉得计划很有说服力和吸引力，才会继续看下去，否则计划的其他部分就不会进入其“法眼”。

执行摘要需有自己的立足点，要让读者确信新企业会成功。它不仅简要介绍计划的其他部分，更重要的是要论述清楚谁将购买企业的产品，怎样使新企业显得更为独特，怎样规划企业将来的成长问题。该部分内容应该囊括其他部分阐述的关键信息和推理，它应陈述一些话题或问题，这些内容是任何人在第一次拿到这个计划时都想了解的。例如：新企业的经营理念和经营模式是什么？企业的经营理念和经营模式的独特之处在哪里？如何创立这个企业？怎样赚钱和能赚多少？等等。

执行摘要的具体内容包括以下几个方面。

（1）商机。主要概述存在什么样的商机，为什么对此商机有兴趣，以及计划开发此商机的相关战略。要重点阐述主要观点或利益，简单描述关键事件、条件、竞争者的弱点、产业趋势及其他可以定义商机的证据和推断。

（2）企业描述。主要介绍企业所在的背景资料、企业历史、产品的一般描述、企业将努力实现的特殊任务和目标利润。同时，要将企业类型是什么、出售何种产品、成功的秘诀及发展潜力是什么、有何特别之处等问题陈述清楚。

(3) 竞争优势。指明企业的创新产品所带来的竞争优势、供货周期的优势或市场入侵者会遇到的壁垒、竞争者的缺陷、产业发展的有关条件。

(4) 目标市场和预测。解释产业市场、主要客户群体、产品定位以及如何接触这些目标群体的计划。主要包括市场结构、细分市场的大小和增长率、预测销售的数量和总额、预测的市场份额、客户付款期以及定价策略(包括产品的性价比等因素)。

(5) 创业者团队。概述创业者团队及每个成员的相关知识、经验、专长和技能,注明先前获得的经验、成绩。特别要说明先前创业者或团队成员曾经负责过的部门、项目或企业的规模。

(6) 赢利能力和收益潜力。概述企业的毛利和经营利润、期望利润率和赢利的持续时间,实现盈亏平衡点和正现金流产生的大致时间表,关键财务开支预测、预期投资回报等。

(7) 企业需求描述。简要说明企业所需的债务融资额。如果新创企业有强大的发展战略,并希望在5年之内进行首次公开上市,那么执行摘要应包括一个退出战略。如果新企业最初没有这种想法,则创业者应在执行摘要中避免讨论类似关于退出战略的问题。

执行摘要的目的是强化关键因素,并且激发拿到计划的人阅读整个计划。如果创业团队中的一位成员曾经成功创建过其他企业,那么要对这位成员及其背景进行重点描述。如果新企业已经与一个大客户签订合同,那么应在摘要中予以强调。

执行摘要是整个创业计划的总括,一般在整个创业计划撰写完后再编写。请记住:执行摘要是创业计划的重中之重,值得付出精力去认真“修饰”一番,尽量简明生动,不超过三个页面。只有让阅读创业计划的人对你的执行摘要产生兴趣,他才会继续读你的整个创业计划,你才有希望获得其投资。

(二) 企业描述

创业计划的主体部分是从企业描述开始的。企业描述主要介绍企业的历史、企业的使命、企业宣传语、企业的产品或服务、企业的经营现状、企业的法律地位和所有权等内容。撰写创业计划时,应注意以下三方面内容。

(1) 重点强调产品的所有特征以及这些特征将如何创造或增加价值。

(2) 要有市场调查数据支持计划中的论断,这样的创业计划才有可信度。

(3) 新企业的描述应该被细化,这样才能使投资者了解企业的规模和范围,从而激发投资兴趣。

企业描述应该从新企业的任务说明开始,这个说明主要描述企业的性质以及创业者对企业寄予的希望。这个任务说明和业务定义将对企业制订长期市场营销计划起到指导作用。任务说明之后,要为新企业提供一个清晰的描述,其中包括产品、服务、企业定位与规模、所需要的人员与办公设备、创业者背景以及新企业历史等。

（三）产品或服务

此时，读者应该坚信创业者已经找到了可喜的市场机会并知道如何产生收益。这一部分专注于产品开发及产品如何投入市场。产品开发所使用的任何关键技术都应该被清晰地讲解（例如，以图表表示是很有帮助的）。要注意通过长期产品目标的明确提出，来证明对后续收入增长的规划。这一部分在很大程度上决定了创业所需的现金数量和注入时间，使其成为财务模式的重要组成部分。

在这部分通常要解答以下问题：什么是产品的当前开发阶段？完成和推出产品都需要哪些资源？需要哪些种类的资源（如工程设计、工具、供应商、材料、合作者及客户参与）？什么是计划的开发时限及预设的关键里程碑目标？在每个阶段将会减轻的关键风险都有哪些？生产和产品运送的价值链会是怎么样的？存在专利、商业机密及其他独占性优势吗？存在必须被清出的规则障碍吗？

产品介绍通常应包括以下内容：产品的基本情况、产品的市场竞争力、产品的研究和开发过程、发展新产品的计划和成本分析、产品的市场前景预测、产品的品牌和专利。

进行投资项目评估时，投资人最关心的问题之一就是风险企业的产品、技术或服务能否以及在多大程度上解决现实生活中的问题，或者风险企业的产品（服务）能否帮助顾客节约开支、增加收入。因此，产品（服务）介绍是创业计划书必不可少的一项内容。在产品（服务）介绍部分，创业者要对产品（服务）做出详细的说明，说明要准确，也要通俗易懂，让非专业的投资者也能明白。通常，产品介绍都要附上产品原型、照片及其他介绍。

（四）市场与竞争

在商业计划书中，本部分应该明确地表达对如何成功地向特定的客户群体销售商品的理解。理解和表达客户发展计划，与产品开发计划同样重要，它应该与产品开发计划保持同步，以提高创业成功的概率。这部分应重点解答以下问题：什么是接近客户群体最合适的市场媒体？什么是产品最合适的销售渠道类型（如直销或间接销售）？谁是拥有购买力的客户决策者？谁会影响他们购买？合理的销售周期是多少？可以利用哪些客户合作关系推广和销售产品？

投资者喜欢投资重大的难题，这也代表着重大的机遇。在初始时表现出对客户的理解以及为什么这个问题很重要或为什么创业艰苦，这对投资者而言是很重要的。对客户进行划分能够使读者相信这次创业能够发展到可控制的规模。市场这一部分的计划应包括以下内容：创业应该解决哪些难题和需求？客户在哪里及如何划分客户？潜在市场的总体规模有多大以及将会如何增长？现在的市场环境如何，是有利还是不利？还包括：市场状况、变化趋势及潜力，竞争厂商概览，本企业产品（服务）的市场地位，市场细分和特征，目标顾客和目标市场等。

当企业要开发一种新产品（服务）或向新的市场扩展时，首先就要进行市场预测。如果预测的结果并不乐观，或者预测的可信度让人怀疑，那么投资者就要承担更大的风险，这对多数风险投资家来说都是不可接受的。

市场预测首先要对需求进行预测：市场是否存在对这种产品（服务）的需求？需求程度是否可以给企业带来所期望的利益？新的市场规模有多大？需求发展的未来趋向及其状态如何？影响需求的因素有哪些？其次，市场预测还要包括对市场竞争的情况——企业所面对的竞争格局——进行分析：市场中主要的竞争者有哪些？是否存在有利于本企业产品（服务）的市场空当？本企业预计的市场占有率是多少？本企业进入市场会引起竞争者怎样的反应，这些反应对企业会有什么影响？等等。

在创业计划书中，风险企业家应细致分析竞争对手的情况。竞争对手都是谁？他们的产品（服务）是如何运作的？竞争对手的产品（服务）与本企业的产品（服务）相比，有哪些相同点和不同点？竞争对手所采用的营销策略是什么？要明确每个竞争者的销售额、毛利润、收入以及市场份额，然后再讨论本企业相对于每个竞争者所具有的竞争优势，要向投资者展示顾客偏爱本企业的原因。创业计划书要使它的读者相信，本企业不仅是行业中的有力竞争者，而且将来还会是确定行业标准的领先者。在创业计划书中，企业家还应阐明竞争者给本企业带来的风险以及本企业所采取的对策。

（五）营销

营销是企业经营中最富挑战性的环节，影响营销策略的主要因素有：消费者的特点、产品（服务）的特性、企业自身的状况、市场环境方面的因素、营销成本和效益因素。营销策略应包括以下内容。

（1）市场机构和营销渠道的选择。

（2）营销队伍和管理。

（3）促销计划和广告策略。

（4）价格决策。

对创业企业来说，由于产品（服务）和企业的知名度低，很难进入其他企业已经稳定的销售市场中去。因此，企业不得不暂时采取高成本低效益的营销战略，如上门推销、大打商品广告、向批发商和零售商让利，或交给任何愿意经销的企业销售。

（六）运营

在寻求资金的过程中，为了增大企业在投资前的评估价值，风险企业家应尽量使运营计划更加详细、可靠。一般地，生产制造计划应回答以下问题：企业生产制造所需的厂房、设备情况如何？怎样保证新产品在进入规模生产时的稳定性和可靠性？设备的引进和安装情况如何？谁是供应商？生产线的设计与产品组装是怎样的？供货者前置期的资源需求量有多少？如何制定生产周期的标准以及如何编制生产作业计划？物料需求计划及其保证措施是什么？质量控制的方法是怎样的？

通常情况下，运营计划应包括以下内容。

（1）产品制造和技术设备现状。

（2）原材料、工艺、人力等安排。

（3）新产品投产计划。

（4）技术提升和设备更新的要求。

（5）质量控制和质量改进计划。

（七）团队及组织结构

组建创业团队是开始创业和与其他团体进行可信赖交流的重要组成部分。对如何把现有团队融入更广阔的创业前景的理解，将有助于投资人和合作者理解缺乏什么类型的人才以及他们如何提供潜在帮助。

此部分要重点解答：创办者和早期关键雇员的背景和角色是什么？创业团队的热情和技能及该创业团队为何致力于创业机遇？组建创业团队必须雇用哪些关键人员？每个职能部门预期会需要多少人员？这家公司是否具有顾问人员或董事会成员以促进创业过程？

这部分的内容还应包括：对主要管理人员加以阐明，介绍他们所具有的能力、他们在企业中的职务和责任，以及他们过去的详细经历和背景。

此外，还应对公司结构作简要介绍，具体包括以下方面：公司的组织机构图、各部门的功能与责任、各部门的负责人及主要成员、公司的报酬体系、公司的股东名单（包括认股权、比例和特权）、公司的董事会成员、各位董事的背景资料。

企业管理的好坏，直接决定了企业经营风险的大小。而高素质的管理人员和良好的组织结构则是管理好企业的重要保证。因此，风险投资家会特别注重对管理队伍的评估。企业的管理人员应该是互补型的，要有团队精神。一个企业必须要具备负责产品设计与开发、市场营销、生产作业管理、企业理财等方面的专门人才。

（八）财务预测

虽然最后讨论的是创业的财务计划，然而财务决策却暗暗贯穿于整个商业计划书中。如果创业公司能够成功地执行产品开发、投入市场、销售及其他公司职能要求，那么将会得到很丰厚的经济收益，值得为此做出投资。可以通过引证与创业类似公司的例子，证明所做出的财务设想和结果都是可行的。投资者想要知道需要投入多少资金及创业公司将会取得多大规模的成功。提出分阶段的融资计划可以允许投资者和创业者更好地管理创业风险。这部分也应该包括整合公司销售和产品开发阶段的计划、计划融资活动及现金流状况的时间期限。

此部分重点要解答以下问题：满足市场和产品开发计划需要多少资金？预期创业在什么时候会具备重组的现金流？如果创业成功了，将会具有什么样的成长机遇？预期的初始状态和稳定状态将会有多少财务利润？其他公司在利润和发展上的表现与本次创业有什么相似之处？哪些是关键的财务设想？

财务预测部分一般要包括以下内容。

（1）经营计划的条件假设。

（2）预计的资产负债表。

（3）预计的损益表。

（4）现金收支分析。

（5）资金的来源和使用。

一份好的财务规划对评估风险企业所需的资金数量和提高风险企业取得资金的可能性是十分关键的。如果财务规划准备得不好，会给投资者留下企业管理人员缺乏经验的印象，降低企业的评估价值，同时也会增加企业的经营风险。那么如何制定好的财务规划呢？这首先要取决于风险企业的远景规划：是为一个新市场创造一个新产品，还是进入一个财务信息较多的已有市场？

（九）附录

附录中常常会包括一系列更加详细的财务预测和设想分析。预期的财务计划和设想将会作为评判创业价值的起点。确保达到财务目标所使用的方法对计划书的读者是透明的。

主要应包括的和考虑的内容有：五年内详细的现金流量表、收益表及资产平衡表（第一年按月算，此后可以按季度或年算）。在进行财务评估时对财务设想进行分析（如客户渗透率、价格及对流动资本的设想等）。在该行业中购买决策是否存在周期性循环？什么构成了创业的最大成本（如工程技术开发、监管审查、生产或销售等）？随着批量生产开始，产品和销售成本将会发生什么变化？客户支持和维护是否考虑在内？

此外，附录亦应罗列出前述内容的相关支撑文件、附图、附表、调查问卷等书面资料，如有以下材料，也可列出。

（1）业主或总经理简历。

（2）市场调研数据。

（3）有关的公开信息。

（4）有关专利、商标、版权的复印件。

（5）影响本业务的有关法律、法规文件复印件。

（6）有关客户、供应商、参考资料的清单。

一份标准的创业计划书，除上述基本内容外，还应有一个精心设计的封面和规范、清晰的目录。封面应包括公司名称、地址，创业者姓名、电话、传真和网站地址（如果有），对公司和企业性质的简单描述，资金需求量，关于报告的保密声明等。这些信息应集中置于封面的上半部分。若企业已有徽标或商标，应把他置于封面正中间。

目录紧随封面，列出创业计划书的主要章节、附录和对应页码，目的是便于读者查找计划中的相应内容。在递交创业计划书之前，最好反复核对目录页码是否与正文页码相吻合。因为增减内容会打乱原来的页码，如果你是用 Word 文档写作，请记住使用 Word 文档中“只更新页码”的功能。

在创业计划书的封面，最抢眼的无疑是企业名称。尽管挑选企业名称，通常不是制订创业计划阶段的工作，但它对创业计划书的命运，却很可能产生非常重要的影响。因为你一定不希望阅读者还没有看计划，就质疑企业的名称。请记住，给企业起名也大有学问，好的企业名称在营销中有事半功倍的奇效。

三、 创业计划中的信息搜集

（一）制订创业计划所需要的信息种类

计划书中若有完整的行业信息数据，显然能增加说服力，但计划书中所有的数据、信息都必须有来源。创业计划的制订，需要以充分、有效的信息为依据，所需要的信息主要有以下三种类型。

(1) 市场信息。主要是为了细分市场和确定目标市场，以及确定目标市场的规模、增长速度、竞争状况、发展潜力等，从而为制订营销计划提供依据。

(2) 生产信息。主要是有关生产经营场所、供应商、劳动力市场，以及有关技术和发展趋势方面的信息，这些信息决定着生产能力、生产成本、产品质量、生产经营环境等。

(3) 财务信息。包括融资的渠道和条件、销售前景和费用支出预算等，这些信息是为了确定新创企业的资金需求和投资回报的方式和潜力。

以上信息的搜集，可以通过各种方式获得，如媒体、研讨会、展销会、研究报告等。其中，互联网是一种有效、便利和节约的信息搜集方式，它可以为行业分析、竞争者分析和市场分析提供大量必要的信息。但是，通过互联网找到的资料，往往是不完整的、十分零碎的，需要审查和重新组织内容。

为了完成制订商业计划的任务，在这些有关的信息搜集之后，要以一种可被管理和有用的方式进行整理。一种有效的整理信息的方式就是将信息分类，如划分为关于目标市场、行业、竞争、财务等方面的信息，然后将这些信息进行整合，形成一个商业计划。

在制订创业计划的过程中，要分析这些信息是否存在内在联系，并认真消化各部分的信息。制订不同部分的计划的顺序可以不同，而不同部分的计划也可以同时制定。那么，最关键的市场信息可通过哪些方法去搜集获得？如何开展市场调查？如何在市场调查基础上进行市场分析？以下将分别进行阐述。

（二）信息搜集中的市场调查方法

最常见的市场调查方法，是通过以下间接方式来获取所需要的数据：(1) 抽样调查（包括访谈、填问卷等方法）；(2) 通过相关行业协会或部门来查询数据；(3) 通过行业人员和自身经验来推测；（4）通过互联网来搜集查询信息。但是，通过这些间接的方式，有时可能找不到所需要的数据，即便找到也可能不准确、不真实。所以，通常情况下创业者还应该考虑采用直接的市场调查方法，亲自或聘请专业公司做市场调查。其具体方法主要有以下几种。

观察法

观察法分为直接观察和实际痕迹测量两种。所谓直接观察法，指调查者在调查现场有目的、有计划、有系统地对调查对象的行为、言辞、表情进行观察记录，以获得第一手资料，它最大的特点是总在自然条件下进行，所得材料真实生动，但也会因为所观察的对象的特殊性而使观察结果流于片面。实际痕迹测量是通过某一事件留下的实际痕迹来观察调查，一般用于对用户的流量、广告的效果等的调查。例如，企业在几种报纸、杂志上做广告时，在广告下面附有一张表格，请读者阅后剪下，分别寄回企业有关部门，企业从回收的表格中可以了解在哪种报纸杂志上刊登广告最为有效，为今后选择广告媒介和测定广告效果提供可靠资料。

询问法

询问法是将所要调查的事项以当面、书面或电话的方式向被调查者提出询问，以获得所需要的资料。它是市场调查中最常见的一种方法，可分为问卷调查、面谈调查、电话调查、邮寄调查、留置询问表调查五种。问卷调查是最常见的方法，它具有全面、准确和易于统计分析等特点。面谈调查能直接听取对方意见，富有灵活性，但成本较高，结果容易受调查人员技术水平的影响。邮寄调查速度快，成本低，但回收率也低。电话调查速度快，成本最低，但只限于在有电话的用户中调查，整体性不高。留置询问表调查可以弥补以上缺点，由调查人员当面把问卷交给被调查人员，说明方法，让其自行填写，再由调查人员定期收回。

实验法

这种方法通常用来调查某种因素对市场营销量的影响，它是在一定条件下进行小规模试验，然后对实际结果做出分析，研究是否值得推广。它的应用范围很广，凡是某一种商品在改变品种、品质、包装、设计、价格、广告、陈列方法等因素时都可以应用这种方法，调查用户的反应。

（三）信息搜集中的市场调查过程

市场调查工作必须有计划、有步骤地进行，以防止调查的盲目性。一般来说，市场调查可分为四个阶段：调查前的准备阶段、正式调查阶段、综合整理分析资料阶段和提交调查报告阶段。

调查前的准备阶段

对企业提供的资料进行初步的分析，找出问题存在的征兆，明确调查课题的关键和范围，以选择最主要也是最需要的调查目标，制定出市场调查的方案。主要包括：市场调查的内容、方法和步骤，调查计划的可行性、经费预算、调查时间等。

正式调查阶段

正式调查阶段要完成以下四类调查：(1) 市场需求调查，即调查市场的需求量及其影响因素，特别要重点进行购买力调查、购买动机调查和潜在需求调查；(2) 竞争者情况调查，包括竞争对手的基本情况，竞争对手的竞争能力、经营战略、新产品及新技术开发情况和售后服务情况等；(3) 本企业经营战略决策执行情况调查，如产品的价格、销售渠道、广告及推销方面的情况等；(4) 政策法规情况调查，如政府政策的变化，法律、法规的实施等。

综合整理分析资料阶段

当统计分析研究和现场直接调查完成后，市场调查人员拥有大量的一手资料。对这些资料首先要编辑，选取有关的、重要的资料，剔除没有参考价值的资料。然后对这些资料进行编组和分类，使之成为某种可供备用的形式。最后把有关资料用适当的表格形式展示出来，以便说明问题或从中发现某种典型的模式。

提交调查报告阶段

经过对调查材料的综合整理和分析，便可根据调查结果，形成调查结论，撰写并提交调查报告。值得注意的是，调查人员不应当把调查报告看作市场调查的结束，而应继续注意市场情况变化，以检验调查结果的准确程度，并发现市场新的趋势，为改进以后的调查打好基础。

案例分析

案例一：张华的创业计划

张华毕业于某名牌大学，经过多年的业余研究，他在室内环境污染治理方面取得了一项重要突破，这项技术如果在实际中得到应用，前景非常广阔。于是张华便辞去原来的工作，准备自己创业。但是，由于多年的积蓄都用在了室内环境污染治理的研究上，在七拼八凑注册了一家公司后，他便没钱购买原材料了。无奈之下，张华想到了风险投资，他希望通过引入风险投资走出困境。

为了引入风险投资，张华经过多方联系，与一些风险投资机构和个人投资者进行了会谈。在这些会谈中，虽然张华反复强调他的技术多么先进，应用前景多么好，并拍着胸脯保证投资他的公司回报绝对低不了，但却总是难以令对方相信。而投资人问到的许多数据，如市场需求量具体有多少，一年可以有多大的销售量，投资后年回报率有多高，他也没有办法提供。此外，张华的公司在招聘技术骨干时，也遇到了同样的难题，因为应聘者也无法了解公司，所以对公司的前景也同样缺乏信心。

这时，曾经在张华注册公司时帮助过他的一位做管理咨询的朋友的一句话点醒了他："你的那些技术有几个人投资者搞得懂？你连一份像样的创业计划书都没有，怎么让别人相信你？投资者凭什么相信你？"于是，在向相关专家请教咨询后，张华又查阅了大量的资料，然后静下心来，从公司的经营宗旨、战略目标出发，对公司的技术、产品、市场销售、资金需求、财务指标、投资收益、投资者的退出等方面进行了分析和论证。当然，在这个过程中，他还得不时搞一些市场调查。一个月后，他带着创业计划书初稿，向几位专家请教，在相关专家的指点下，他又对创业计划书进行了修改和完善。凭着这份修改后的创业计划书，张华不久就与一家风险投资公司达成了投资协议，有了风险投资的支持，员工招聘问题也迎刃而解。

现在，张华的公司经营得红红火火，年销售利润已达到500万元。回想往事，张华感慨地说："创业计划书的编制与我搞的环境污染治理材料要求差不多，绝不是随便写一篇文章的事。编制计划书的过程，就是我不断理清自己思路的过程。只有企业家自己思路清楚了，才有可能让投资人、员工相信你。"

［资料来源：董青春，董志霞．大学生创业基础教师用书．北京：经济管理出版社，2012.］

分析

在本案例中，张华作为一个具有非常好的市场前景的实用技术的开发者，其创业优势是十分明显的。但是，在他前期融资过程中，由于缺少可靠的证明材料，甚至没有一份像样的创业计划书，投资者根本无法判断他的项目是否可行，因此，也不可能为其投资。

在现实生活中，像张华这样的"工科男"其实很多。他们有过硬的专业本领，有自己的专利技术，有火一样的创业热情。但对如何创办企业，如何吸引风险投资，却缺乏起码的了解，对创业计划书也缺乏应有的重视。

张华后期的创业成功证明，他的创业项目是可行的。他初期融资屡受挫折的原因，就是因为他缺少一份像样的创业计划书。对大多数创业者来说，一份具有可行性的创业计划书，是融资最起码的条件。而创业计划书的撰写过程，也是创业者了解市场和对创业项目进行更深入的思考的过程。

结合本模块所学知识回答下述问题：

1. 通过本案例，张华初期融资屡屡受挫的原因是什么？

2. 你认为创业计划书会对创业者融资有哪些帮助？

案例二：只有一页纸的创业计划书

提起创业计划书，许多有过融资经历的创业者都大有感慨，认为要想打动投资者，不但要有好的项目和团队，而且要有内容周详、制作精美和极具说服力的创业计划书。但是，凡事都有例外，在一次投资洽谈会上，河北创业者李鹏却凭着一份只有一页纸的创业计划书，吸引了在场所有投资人的眼球。在看了李鹏的创业计划书后，Lu，Hayes & Lee合伙人公司（纽约的一家私募基金）的陆东先生等投资人，在会后都主动与李鹏交流，并纷纷表示对该项目很有兴趣。

李鹏的创业计划书内容

产品名称

发酵罐气流能量回收。

产品关键词

专利产品　国内空白　年节电100亿度　政府强力推广

公司简介

我公司成立于2005年8月，从事节能节电业务，拥有自己的技术与知识产权，包括电机节电器技术，发酵罐排放气流压差发电的多项专利。

项目简介

发酵罐排放气流压差发电与能量回收：发酵罐是药厂与化工企业普遍使用的生产工具，用量非常大，如华北制药、石药、哈药这样的企业，每家企业使用的大型（150吨以上）发酵罐均在200台以上。因生产需要，发酵罐前端需要压气机给罐内压气，压气机功率一般在2 000千瓦～10 000千瓦，必须24小时运转，每年电费在900万～4 000万元之间，如果要满足发酵罐生产，就需要多台压气机工作。所以，压气机耗电通常是这些企业很大的一项费用支出。经发酵罐排放的气流仍含有大量的压力能浪费在减压阀上。如安装我公司研制的“发酵罐排放气流压差发电与能量回收”装置，可以回收压气机耗费电能的1/3左右。

同行简介

目前该技术国际统称TRT，应用于钢厂的高炉煤气压力能量回收。主要的供货商有日本的川崎重工、三井造船，德国的GHH，国内的陕西鼓风机厂。年销售额达到20亿元以上。

进展简介

本项目关键技术成熟并已经掌握，我公司已经与某制药集团达成购买试装与推广协议，项目完成时，预计可以在该集团完成5 000万元以上的销售。

优势简介

1. 我公司已申请该项目的多项专利。

2. 市场中先行一步，属市场空白阶段。

3. 符合国家产业政策。温家宝总理亲自担任节能减排小组组长，要求各地政府落实节能减排指标。该项目属于节能减排项目。

4. 各地方政府有节能奖励：如“三电办”有1/3的投资补贴，制药集团可获得约1 600万元政府补贴。

5. 可以申请联合国CDM（清洁生产）资金（每减排1吨二氧化碳可以申请10美元国际资金，连续支付5年）。制药集团可每年节能6 000万度，减排二氧化碳6万吨，可获得国际资金支持300万美元。

用户利益

1. 减少电力费用支出。以某制药集团为例，如全部安装该装置，一年可以节约电费3 000万～36 000万元。收回投资周期少于2年。

2. 很少维护，无须增加人员，寿命在30年以上，可以为用户创造15倍以上的价值。

3. 降低原有噪音20分贝以上，符合环保要求。

4. 其他政府奖励。

目标用户与市场前景

本项目目前主要针对国内药厂、化工厂。从和某集团达成的初步协议看，集团内需求量约100套，而全国存在同样状况的有多家药厂，再加上许多化工企业也采用了相同或类似的生产工艺，均为我公司的目标市场。总市场预计在100亿元以上。

[资料来源：www.docin.com/p-1104413037.html.]

分析

促成创业成功的因素很多，也很复杂，其中有些是必要因素，有些是非必要因素。在很多情况下，创业计划书本身不是创业成功的必要因素，它的作用在于促进创业者去形成创业成功的必要因素。假如创业者在没有撰写书面的创业计划之前，就已经具备了创业成功的条件，即使没有创业计划书也能取得创业成功。这样的例子，在现实生活中有很多。

另外，就撰写创业计划书而言，虽然在一般情况下，结构完整、内容翔实、制作精美的创业计划书更容易给投资者以信任感，但在一些特殊情况下，简洁、明了的一页纸的创业计划书，也许更容易吸引投资者眼球，更容易给人留下深刻印象。当然，最终决定能否获得投资的，还是项目、团队以及创业者在前期所做的准备工作。可是，如果在投资者没有足够的时间去看所有的创业计划书时，谁的计划书能够进入其法眼，谁才会有后面的机会。

为了加深对本案例的理解，请回答下面三个问题：

1. 看完本案例后，你仍然建议大家准备结构完整、内容翔实、制作精美的创业计划书，还是有所动摇？

2. 你认为一页纸的创业计划书具有哪些优势？

3. 看完本案例后，你对如何准备创业计划书有哪些新的想法？

案例三：创业失败后改写创业计划书引来400万元风投

两年前，24岁的林茂读完香港理工大学人文学院的研究生回到重庆，寻思着做点什么事情，他和留学回国的一位同学几经商议，决定开个鲜榨果汁店。2013 年 12 月，林茂的鲜榨果汁店在渝中区临江门洪崖洞开业。“开店前，认为鲜榨果汁模式正好能填充国内市场的空白。可想法太高端，实际操作时，小店无法吸引人气。”林茂回忆着小店开业初期的日子，为了提升销量，多接几单外卖，他们不断在微信上宣传。通过网络和地推同时进行，林茂鲜榨果汁店的订单量开始有所提升，但仍然难抵高昂的装修费和租金等成本。开业第 4 个月，30 万元创业金便花完了，小店只能关门。

虽然洪崖洞的小店关门了，但林茂对这门生意的前景却没有怀疑。“我们总结了经验，微信预售订单开始推广后，销售额明显提升，说明市场还在，前景也不错，只是市场来得晚了点，店面关门主要还是因为租金等成本太高。”林茂说。对于缺乏资金的状况，林茂想到了找风投。

经过大量调查求证，林茂与合伙人写出了一份 50 页的创业计划书。没有风投公司的人脉，他们选择广撒网的方式，先是在网上搜索“中国风投排名”“中国天使投资”，获取国内风投公司的联系方式。随后，他们向 200 多家风投公司投送了创业计划书，最终回信的有 21 家，约谈的有 5 家。几个月后，英飞尼迪基金公司两次找到他们长谈。对方在看过创业计划书后表现出浓厚的兴趣，前后只用了 1 周左右时间，就把事情定了下来：总共投资 400 万元。

在林茂看来，之所以短时间就能打动投资人，靠的是他们的创业计划书，这一点得到了英飞尼迪基金投资经理许琳的证实。在计划书里，林茂与合伙人从项目的财务预期、赢利模式、管理框架、产品本身四个方面，详细分析了果汁店的经营方式。

能写出这份成熟的创业计划书，林茂将其原因归结为他和合伙人在上海的知名管理咨询公司工作实践的经历。当然，洪崖洞小店的创业经历，也为他们能拿出实际又准确的市场数据提供了支撑。

[资料来源：https://wenku.baidu.com/view/c8ef504350e2524de4187e8e.html.]

分析

从林茂的创业故事可以看出，要想获得投资方的青睐，一份成熟的创业计划书至关重要。那么创业计划书该怎么写才能打动投资方呢？不妨听听风投公司怎么说。

英飞尼迪基金公司是一家国际性风险投资公司，其投资经理许琳指出，一份具备执行能力且成熟的创业计划书，至少具备以下几个方面内容。

(1) 对准备从事行业的市场调研。以林茂所写的计划书为例，这部分内容有 10 多页，大至全球几大果汁消费市场的人均消费量，小到中国甚至重庆的消费量及前景。这些可以让风投公司明白这个项目的市场成长前景。

(2) 项目的商业实施计划。商业实施计划的内容如开店地址、当地客流、预计到店的人数，还有人均客单价、装修及租赁成本、每天的销售收入等现金流的数据也必须可靠。简单地说，商业实施计划是营业收入和支出等账目的预测。

（3）竞争对手介绍。这包括竞争对手的经营现状、优势与劣势、赶超的策略等。

（4）选择好的项目和行业。比如，移动互联网当前很受风投青睐，但创业者的竞争也很激烈。总之，一定要选未来发展趋势良好的市场和行业，而不是停滞或夕阳产业。

实践训练

一、实训导航

通过对本模块的学习，我们已经了解了创业计划的作用、基本结构、内容及信息搜集的方法，请根据所学，来完成以下的实训项目，建议项目1可在课堂上先由小组讨论，再集体讨论，而项目2～5可作为课后团队作业，在下一次上课时再进行汇报。

二、实训项目

1. 阅读本模块所附的三个案例，围绕案例后的问题进行讨论并给出答案。

2. 根据本团队的创业构想，进一步开展市场调查，并撰写一份市场调查报告。

3. 围绕本模块所介绍的创业计划的基本结构，思考本团队创业计划的6M和6C。

4. 根据本模块所介绍的创业计划的内容，撰写一份完整的创业计划书。

5. 将创业计划书拿给同学、家人、朋友、老师、专家们看，认真倾听他们浏览创业计划书之后的真实想法和建议。

三、方法策略

1. 深刻理解创业计划的内容和阅读对象，以便于更好地掌握创业计划书的写作目的。

2. 实地调查本团队创业项目的目标市场，进一步验证项目的可行性。

3. 撰写创业计划书前做好充分的背景资料调查并向有经验的专家请教。

模块二　创业计划的撰写与展示

“写作使人精确。”撰写一份创业计划能迫使创业者进行冷静、系统、缜密的思考。有些创意可能听起来很棒、很诱人，但是，当你把所有的细节和数据写下来的时候，自己就崩溃了——发觉创业活动与创业者的个人目标和期望并不一致。那么，此时做出放弃创办新企业的决定，应被看作一种明智的选择。正如瑞士军事理论家菲米尼所说：“一次良好的撤退，应和一次伟大的胜利一样受到奖赏。”

知识点梳理

一、 创业构想的研讨与可行性分析

创业计划是创业者给自己设计的创业目标和创业路线，是创业者对创业活动的更深入思考，是创业者未来的“创业故事”。创业计划涵盖新创企业营销、生产运营、产品研发、财务管理、完成进度等方面，通过分析新创企业的现状、预期需求及结果预计，展示新创企业的清晰面貌——企业经营内容、发展方向、预期目标如何实现。

（一）探讨创业的目标与方向

撰写创业计划书的筹备之初，需要先探讨和评价创业公司或创业者的目标，据此设立符合创业公司或创业者实际需要的翔实而周密的商业计划。这一阶段，创业者要重点思考以下两方面的问题。

创办企业的原因

创办企业的一些常见的原因有：拥有自己的企业，渴望职业、财政独立，实现自我愿望，充分展示自我的技能，奉献社会，等等。

哪些商务领域适合自己创业

为此需要思考这些问题：自己对哪些行业感兴趣？企业将销售什么产品或服务？企业的生意是否现实，它是否满足或适应了某种需要？企业的竞争对手是谁？与现有的公司相比，本企业的优势是什么？企业能够提供高品质的服务吗？自己（创业团队）有能力驾驭企业的运营和管理吗？

（二）检验创意的市场潜力

创业“金点子”不在于其是否新颖，也不在于是否自己独创，关键在于，创意本身必须具有市场发展潜力。以下是检验这方面的有用问题。

（1）构想是否能满足目标市场所需？这种需求是否未来亦有持续的市场？

（2）产品的销量是否足以维持日常企业运营成本（特别是创业初期）？目前市场的发展空间怎样？竞争对手发展到何种阶段？

（3）自己具备对构想的现实的转化实力吗？是否有相关的技术配合？产品或服务的成本是否在消费者可接受范围之内？

（4）创业者是否具备驾驭转化构想所需的知识、技术及能力？此构想是否有人尝试过？其结果如何？

（三）分析创业可能遇到的问题和困难

古语有云：“凡事预则立，不预则废。”创业之初，亦同此理。事先预想到创业过程可

能遇到的各种问题和困难，并事先考虑一些解决之道或应对之法，将为今后的创业之路扫清诸多障碍。因此，创业之初，对于创业者，最好的方法是要先学会换位思考，站在投资人的角度认真思考以下几个方面。

（1）市场机遇与开发策略：社会/国家/市场现存哪些问题？准备以什么产品或服务来解决这些问题？产品或服务可能的潜在销售额有多大？如何实现这些销售额？目标顾客何在？

（2）产品与服务构思：产品或服务是否能够满足顾客的真实需要，帮助解决他们面临的实际问题？将来如何销售自己的产品或服务？自身的收入来自何处？如何撰写构思的产品或服务简介，以便向潜在顾客展示？

（3）竞争优势：竞争对手是谁，在哪里？自身的产品或服务与竞争对手相比，在使用价值、生产成本、外观设计、环境和谐、上市时间、战略联盟、技术创新、同类兼容等方面有何长处？

（4）创业管理团队：如果团队已组建好，应详细说明团队的组织架构、分工以及各人在其中承担何种角色，特别应该强调各人具备的相关从业经验、特长等背景；如果创业团队尚未组织好，可以强调核心团队成员所需的知识和技能。

在仔细思考以上几个方面之后，接下来需要认真思考和回答下述问题：所说的业务是否具有高速增长的潜力？所说的业务能否抵御竞争对手的竞争？所说的业务需要多少前期投资？所说的业务需要多长时间才能推向市场？所说的业务是否具有成为该市场领先者的潜力？所说的业务的创意在目前阶段开发得如何？经营这项业务的团队队员的素质水平与技能互补如何？凭什么说这项业务在今后五年能够茁壮成长？

二、 创业计划书的撰写

（一）创业计划书的撰写重点

创业计划书是对整个创业团队构思的提炼，对于没有写作经验的创业团队而言，虽然直接套用现成的创业计划书模板是一种比较快捷的方式，但是通常此类做法的结果，都是有其形而无其质，很多的内容容易陷入空泛。究其原因，在于负责撰写的创业成员，并未深刻理解创业实质和读者所需，只是把它作为一般意义上的文字材料来组织，运用惯有的写作手法行文。这种为写作而写作的创业计划书，既不能给投资者以充分的信息，又不能让投资者产生兴趣，其最终结果只能是被扔进垃圾箱里。为了确保创业计划书更加具备说服力，应该紧密围绕以下几个重点来撰写：

（1）关注产品。

（2）敢于竞争。

（3）了解市场。

（4）表明行动的方针。

（5）展示管理队伍。

(6) 出色的计划摘要。

(二) 创业计划书的撰写步骤

明确创业计划书的形式

不同的阅读者对创业计划书有不同的兴趣和侧重，因此，创业者撰写创业计划书的第一步就是确定读者是谁，他们想要的是什么，哪些问题必须有针对性地呈现给他们，进而明确创业计划书的形式。

确定创业计划书的大纲

创业计划书的形式明确之后，接下来创业者就需要制订创业计划书的大纲。大纲应该确定创业计划的目标和战略，制订创业计划书的编写计划，确定创业计划书的总体框架和主要内容。

搜集创业计划书所需要的信息

根据创业计划书的大纲，创业者需要搜集撰写计划书要用而目前尚不清楚的信息。创业计划书的内容涉及面很广，因此需要搜集的信息也非常多。具体来说，创业者需要搜集行业信息、生产与技术信息、市场信息、财务信息等。信息的搜集是一个十分重要的过程，信息的质量直接关系到创业计划书的质量。创业者可以通过现有资料的检索、实地调查、互联网查找等方式来搜集信息。

起草创业计划书

搜集到足够的信息后，创业者就应该开始草拟创业计划书了。这一部分的主要工作是全面地撰写创业计划书的各个部分：摘要、企业描述、战略、生产计划、市场营销计划、人力资源计划、财务计划等。通过这一步骤，可以形成比较完整的创业计划书初稿。

修改并完善创业计划书

创业计划书的初稿完成以后，创业者必须从目标读者的角度来检查创业计划书的客观性、条理性、实践性和创新性，看其是否能够打动目标读者。这一阶段，创业者应该根据客观实际情况，充分征求各方意见，对创业计划书进行补充、修改和完善，力求最终定稿的创业计划书能够打动读者，让他们支持创业项目。

(三) 创业计划书的撰写原则

一份好的创业计划书往往能够吸引潜在投资者的特别关注。如果计划不完善或漏洞百出，就好比发现饭里有只虫子，很容易使人倒胃口。如果创业计划书语言流畅、充满激情和睿智，有严密的调查数据支撑，少见外行话，那么阅读者很容易把这些优点和创业者本人的能力联系起来。因此，创业者在撰写创业计划书时，一定要遵循以下原则。

开门见山，突出主题

创业计划书的目的是为了获取资源，创业者应该避免与主题无关的内容，要开门见山直入主题，不要浪费时间和精力来写一些与主题无关、对读者来说毫无意义的内容。此外，编制创业计划书还要考虑阅读对象的因素。目标读者不同，他们对创业计划书的要求和兴趣不一样，创业计划书的内容和侧重点也应该不同。

简明扼要，通俗易懂

创业者必须认识到，创业计划书不是文学作品，也不是学术论文，飞扬的文采、深奥的专业术语不仅不能打动目标读者，反而不利于他们阅读和理解计划书。因此，创业计划书的语言应该简单明了，尽量避免专业术语，只要能够表达清楚自己的观点，就不要过分渲染。

结构完整，内容规范

创业计划书是一种很正式的规范性文件，在结构和内容上都有要求。创业者在撰写创业计划书时，最好有一份优秀的创业计划书作为模板进行参考。一方面，在结构上必须完整，创业计划书的各个部分都应该论述到；另一方面，在内容的表述上要做到规范化、科学化，财务分析最好采用图表描述，形象直观。

观点客观，预测合理

创业计划书中的所有内容都应该实事求是，力求通过科学的分析和实地调查来表达观点和看法，尤其是市场分析、财务分析等部分不应夸大吹嘘。对于市场占有率、销售收入、利润率等指标的预测要做到科学合理，数字尽量准确，最好不要做粗略估计。

展现优势，注意保密

为了获得读者的支持，创业计划书还应该尽量展现自身的优势，如先进的技术、良好的商业模式、高素质的创业团队等。但是，创业者还要注意保护自己，对于一些技术和商业机密进行保护是合理必要的。在实际操作中，通常会在创业计划书中加一条保密条款来保护自己的利润。

目标明确，风险可控

初创企业不能涉及过多的业务领域，创业计划不但要目标明确，而且要把如何区分目标市场的情况描述清楚。创业不可能没有风险，创业计划中涉及的关键风险是投资者、银行家以及其他投资者最敏感、最关注的部分。在创业计划中，一定要对可能出现的风险有充分的估计，同时要把如何应对和管理这些风险阐述清楚，让投资者感受到这些风险是可控的。

总的来讲，有经验的投资者、潜在的商业伙伴和关键职位应聘者，不是靠臆测或憧憬来做判断，而是用事实数据评价企业的前途。最吸引他们注意力的是可行性评估结论，以及对独特商业模式所产生的竞争优势的描述。如果商业模式仅仅建立在预测未来前景的基础上，显然，这样的计划很难让他们心潮澎湃，进而心甘情愿地进行投资或加盟。此外，创业计划书的排版和装订也要尽量专业，切忌粗制滥造，更不能出现低级错误。

拓展阅读

撰写创业计划书常见的错误

撰写创业计划书常见的错误有如下几个。

（1）低估竞争，高估市场回报。

（2）不陈述预测报表的建立依据。

（3）混淆利润和现金流。

（4）不陈述最好、最坏和最可能发生的状况。

（5）产品或服务对客户带来的影响——提高顾客收益、降低客户成本、减少客户的流动资本和成本支出——不加以量化。

（6）仅分析整体市场，忽略细分市场。

（7）不讨论战略伙伴。

（8）不理解市场进入壁垒和夺取客户所需要的成本。

（9）对产品和服务、渠道选择、销售人员和销售模式的定位不清晰。

（10）不讨论运营效率，不分析产能。

三、 创业计划书的展示

创业计划书的展示虽然是短暂的，但却是决定性的。如果你的创业计划书非常好，即便你的展示平淡无奇，甚至有些差错，也足以吸引风险资本家拿出大把的钞票。但是，绝大多数创业计划书并不能达到这样的高度。更何况风险资本家投资的时候，除了考虑创业项目本身的优劣外，更重要的是基于创业者的能力和个人魅力，而展示创业计划书正是创业者展示自己能力的难得机会。很难想象，风险资本家会把巨额的资金投给一个说话结巴、连自己的创意都讲不清楚的人。

（一）创业计划书展示的要点

进行创业计划书展示的一个重要指导思想，就是不仅要向你的观众传达信息，而且要感染和鼓舞他们。但是，在通常情况下，创业计划展示的时间都比较短暂，一般不超过15分钟。很显然，在如此短暂的时间内，不可能把创业计划书的全部内容都展示给观众。所以，你必须把重点放在观众认为最重要的部分。有专家在对创业计划展示正反两方面经验进行深入分析的基础上，给出了创业计划展示的如下要点。

标题

公司名称和标志、创始人姓名、创始人联系方式、致谢人、日期。

概述

产品或服务的简要介绍、演讲要点的简单介绍、这项商业活动带来的潜在收益（商业的、社会的及财务的）的简要介绍。

问题

说明亟待解决的问题和问题的严重性；通过调查研究证实问题；分析问题在哪里，为什么顾客对现有结果不满意，未来的出路是什么，潜在顾客的需求是什么，以及专家的观点是什么。

解决办法

说明你对问题的解决办法；展示你的解决办法与其他解决方法相比的独特之处；展示你的解决方法能在多大程度上改变顾客的生活，是更富足、更高效还是更实用；说明为了防止他人短期内抄袭你的方案设置了什么障碍。

机会和目标市场

清楚地定位具体目标市场；描述保持目标市场广阔前景的商业和环境趋势；用图表展示目标市场的规模、预期销售额（最少三年）和预期市场份额；说明达到你的销售额的方法；准备好解答对于数据的疑问。

竞争

详述你的直接的、间接的未来竞争者；展示你的竞争者分析方格；通过竞争者分析方格说明与竞争对手相比的竞争优势；说明为什么你的竞争优势是持久的，如果你的推出策略被某个实力更强的竞争对手收购，不妨在这里提出这种可能性。

市场和销售

描述你的总体市场计划；描述你的定价策略；说明你的销售过程；说明行业内消费者（厂商）的购买动机；说明怎样唤起消费者对你的产品或服务的注意；说明产品怎样抵达最终消费者；说明是自己培育销售力量还是与中间商合作。

管理团队

介绍你现有的管理团队；介绍他们的个人背景与专长；介绍他们的背景、专长以及对这份事业的成功发挥了怎样的作用，介绍团队如何展开合作，说明管理团队现存的缺陷以及你打算如何弥补；简要地介绍你的董事会或顾问委员会成员。

财务规划

介绍未来 3～5 年内总体的收入规划及现金流规划，介绍你想要融资的渠道及资金使用方式。

总结

总结介绍企业最大的优势，总结介绍创业团队最大的优势，介绍企业的退出战略。

（二）创业计划书展示应注意的问题

做好充分准备

展示者一定要有备而战，备战中不但要对展示的内容、方式和应该注意的问题有所准备，而且要事先推测对方可能会提出一些什么问题，以及如何回答这些问题。展示的准备要由集体完成，每次展示后也要进行集体讨论，以便及时总结经验教训。

展示时不要只顾自说自话

要创造机会让到场的投资者也参与发言或演示，实现相互之间的交流和互动。展示应保持条理清晰的风格，突出市场前景，刺激投资者的兴奋点。为此，在展示开始时就应声明在展示过程中允许提问。

不要过分强调技术因素或故意使技术环节复杂化

关于技术问题，可以准备一份专门介绍的活页，在需要的时候可以适时插入。技术类图表的出发点应该是为支持市场与产品定位预测服务，如果没有特殊要求，不必画蛇添足地多做解释。

分别做两份完整的计算表

其中，一份面向技术背景有限的私人投资部门，另一份则面向熟知专业技术的精明投资者。演示应针对投资者的技术基础和专业背景。比如说，如果投资者的背景是财会专业，则有侧重地应用账务举例。

如有必要，在演示前应先签一份保密协议

通常，第一次演示不要披露太多的专业信息。所以，非不得已不要强求对方签订这种协议，不要在与项目无关紧要的地方滋生不必要的矛盾。

实际执行演示的人员应具备突出的沟通表达能力

演示者不一定是经理，这样安排的效果可能更好。因为此时经理可以观察听众们的反应，并在适当的时机，给一些强调或补充性说明，增加内容的可信性。

（三）基于创业计划书的会谈技巧

投资者在决定是否投资之前，通常会采用会谈的方式，对创业项目和创业者作进一步的了解。一般情况下，接到创业者提供的创业计划书之后，投资者需要有几周的时间做出反应。如果投资者经初步审查创业计划书等文件后认为其有一定的投资价值，就会决定与资金申请者进行会谈。会谈通常会围绕创业计划进行，通过会谈投资者不但要获取更多的关于投资项目的信息，同时还要对创业团队进行面对面的考核。因为投资者根据创业计划书所形成的初始投资意向，是会随着会谈过程的发展而变化的，所以创业者一定要对会谈给予高度的重视，争取通过会谈最终实现融资的目的。

形成良好的第一印象

与投资者首次会谈通常需要1至5个小时，具体时间长短依讨论问题的深度、广度而异。平均看来，会谈的时间大约两小时。在会谈过程中，对方将以企业家的标准分析你的个性，考核你的能力。大多数投资者认为，创业者给他们的第一印象具有决定性意义，如果第一印象不好，双方的接触很可能就此终止。那么，怎样才能让对方形成良好的第一印象呢?得体的穿着、礼貌的行为、诚恳的态度是最基本的要求。

会谈要围绕创业计划书进行

会谈要始终围绕创业计划书进行，不要漫无目的地夸夸其谈。某些创业者认为自己应向对方出示大量资料和图表，而不认真考虑这些资料的必要性，甚至对所带的资料缺乏深入的了解，以致当投资者问起时不能给予满意的回答。所以，一些资深投资人建议，会谈前一定要围绕创业计划书涉及的内容进行认真准备，会谈要始终围绕创业计划书进行，如果你有产品模型或样品，一般可以随身带去，多余的东西最好不带，否则很可能会给自己带来意想不到的麻烦。

不要过分自夸

许多创业者认为，会谈的机会非常难得，应该在有限的时间内，尽可能通过自己的表达打动投资者。基于这种考虑，创业者为了赢得投资者们的兴趣，往往会特别健谈，甚至会不由自主地夸大自己的项目优势。在这种时候，创业者一定要注意“言多必失”，要尽量避免提及自己在将来的宏大计划，更不要提及在创业计划书中并没有说明的那些新产品。应该知道：“过分地自夸只会让人感觉你是一个梦想家或是一个眼高手低的人。”这是一位风险投资家对创业者的忠告。

展示你的热忱和激情

创业是一件非常艰苦的事情，只有充满热忱和激情的人，才能取得创业成功。事实上，投资者在考察创业者时，除了希望对方专业、智慧，具有完成创业项目的知识和能力外，还希望对方具有坚定的信念和乐观的精神，并且对自己的事业具有火一样的热情。所以，提醒创业者不要过分自夸，并不是要其沉默、低调，而是要其实事求是地展现自己和自己的创业项目。同时还要注意，在会谈过程中，创业者就像是一个推销员，在向投资者推销创业项目时，也在推销自己。而一个对自己的创业项目都没有热忱和激情的人，投资者怎么可能为你投资呢?

表现出真实的自己

在双方会谈过程中，还要注意你表现的是你自己，不要企图把自己伪装成另外一个成就很大的企业家。会谈之间要谈吐自如，要把注意力放在准确理解和回答对方提出的问题上。作为一个寻求帮助的人，不要试图把自己表现得很强大。真正的自信者，应该能够客观地看待自己的优势和坦然地面对自己的不足。要尽可能真诚地表达自己的想法，要实事求是地评价自己的项目和能力。要知道，你不可能吸引所有投资者，你要寻找的是真正懂你、信任你，真正看好你的创业项目，并确实有能力帮助你的人。如果你遇到的不是这种人，千万不要为了迎合他的要求而改变自己。

案例分析

案例一：文洁的健康信息服务创业设想

文洁是大连理工大学 MBA 班的学员，偶然在一个专题研讨会上，听到了一位专家的观点：“随着中国经济的发展和人们生活水平的提高，人们在医疗卫生领域的支出增长幅度会超过经济增长速度，但是目前我们的医疗卫生支出主要发生在疾病治疗环节，人们对健康还缺乏系统的管理。”文洁是一个对市场非常敏锐的人，他也一直在寻找好的创业机会，因此他决定从健康管理领域寻找创业机会。

为了理清和证实自己的创业想法，文洁找到几个同学进行讨论，大家认为，随着人们生活水平和收入水平的提高，会有越来越多的人关注健康、投资健康和管理健康，而我们国家目前的健康服务体系，还不能满足这个需要，所以这是个很好的创业机会，抓住这个机会，能够创办一家健康信息服务有限公司。

通过进一步的讨论，他们确定公司以个人健康管理和医疗健康信息服务等网络服务为主要业务。健康管理主要包括体检数据分析、个人信息管理、会员在线交流以及健康信息订阅等内容；医疗信息服务主要包括名医在线坐诊、名院推荐、医疗健康新闻信息更新、个人健康档案等内容。公司确定在大连市高新技术开发区注册，注册资金600万元人民币。

于是，文洁找来几个有共同创业意向的同学，组建了创业团队。这些同学分别来自电子信息专业、临床医学专业、市场营销专业和财务管理专业。在组建了创业团队之后，他们对创业的基本思路进行了讨论，并开展了小规模的市场需求调研，确定了公司创业的战略目标和实现方法。

大家认为公司的业务重点，是为社会各阶层群体提供个人体检数据查询、健康信息管理、医疗电子商务等服务。公司的主要目标群体为儿童群体、白领群体、老年群体，其中与网络接触最频繁、关注家人健康程度最高的白领一族，将是公司的目标客户切入点，同时“温馨的、家庭健康管理的电子手册”是公司业务推介的核心平台。

大家对项目的实施都很有信心，认为这个项目的潜在市场巨大。创业团队还初步制定了公司发展的阶段性计划。

起步阶段（1～2年）

起步阶段以体检信息管理和健康信息咨询为两条主线，大力宣传，建立公司良好的信誉，树立公司初期的品牌。同时建立自己的数据库，积累无形资产，提升服务质量，稳定拥有一定数量的顾客群。而后树立公司的品牌形象，逐步提高公司信誉度和建立自己的顾客群。采取纵横交错的战略规划，即重点城市“沿海先行”战略，重点行业“集团推广”战略，并辅以政策先导、与体检中心合作、针对目标人群情感推介等方法进行宣传营销。

目标：实现网站点击量突破500万人次，公司的健康服务网在社会上具有一定的认同度和知名度。

成长阶段（3～5年）

在起步阶段的两年中，公司已经拥有了足够固定的顾客群。他们的特点是信赖、支持公司的网站，体检意识和健康意识已经提高到了一定层次。这个时候，公司的健康数据已经积累成一种无形的巨大的财富。公司将以半年为周期对健康数据信息进行分析，并以此为主打将分析报告推荐到医院、体检中心、保健品公司等需要医疗信息的相关产业。同时，公司会在网站上长时间无偿地提供医疗信息资源的共享，包括日常健康护理、医学常识介绍、每日天气分析和预报、健康小提示、名院优势资源推荐等板块，长期并及时地为公司的目标人群提供积极的服务，以进一步提高会员和目标群体对公司网站的依赖感和忠诚度。

目标：进一步提升知名度和信誉度以及服务质量；推出多个领域的服务，进一步提高点击率；随着点击率、关注总人次的稳步提高，逐渐成为健康管理产业最大的信息提供商。

扩张阶段（6～9年）

扩张阶段，在继续扩大网站知名度、吸引更多人群关注的同时，公司将开展电子商务业务。公司的盈利点在与医疗卫生事业相关的商业领域，如保险业、保健品业、医药行业等。公司将根据实际情况选择合适的公司签订协议，向消费者推荐安全性好、信誉度高的保险、保健品公司，同时也收取一定的广告中介费；公司还接受部分杂志和医疗机构的申请，为其担任网上宣传和资料订阅的中介，向客户推荐质量较高、信誉有保障的医疗信息。

目标：公司将以大连市为中心，辐射状的进行业务拓展，将健康管理的理念推广到全国。利用市场知名度和信誉度，实现领域内容多元化，拓展市场空间，扩大市场使用率，以高科技参与国际竞争，适时地进入国际市场。

公司在追求规模扩展的同时，也注重核心技术的提升，以及内在资源的优化配置；同时注重大量信息资源的整合处理，使有价值的信息资源成为公司中期发展的一个宝贵的盈利点。因此，公司将在适时优化组织结构，调动市场部以扩大用户群体的同时，与更多关注群体健康信息的企业（如保健品公司、保险公司）展开信息领域的转让、合作。公司高层领导还将警惕长期高速增长有可能给公司组织造成的脆弱环节和隐藏的危机，对成长进行有效管理，促使公司更加灵活、更为安全、更为有效地发展壮大。

当文洁拿着创业团队的项目设想和阶段发展方案去找MBA创业课程的主讲教师薛教授讨论时，薛教授建议他们先进行详细的市场调研并撰写一份创业计划书。在和薛教授讨论后，创业团队开始着手讨论如何制订一份有价值的创业计划。

［资料来源：王国红，唐丽艳．创业与企业成长．北京：清华大学出版社，2010.］

分析

在本案例中，文洁作为一名MBA班的学员，具有较强的创业意识和敏锐的机会洞察能力。从案例的描述中可以看到，文洁对居民健康消费需求变化的宏观把握是比较到位的，行动意识、行动能力以及组织管理能力也很强。但是，作为一个初创企业的发起人和领导者，他对创业风险和创业困难的估计明显不足，其市场调查的广度和深度也明显不够。其团队成员的专业结构虽然比较合理，但从他们对创业前景的判断和所制定的阶段性计划中可以看出，这是一个缺乏实际经验的知识分子团队，他们对创业的认识，基本上还停留在书本层面。

文洁及其创业团队的问题，在大学生群体中具有一定的普遍性，所以有必要通过下述问题的讨论，来引起同学们对这类问题的重视。

（1）一份完整的创业计划书应该包含哪些内容？

（2）如何检验创意的市场潜力？

（3）如何分析和判断创业可能会遇到的困难和问题？

案例二：只是时间问题

佩德罗·桑蒂尼是一位具有五年工作经验的电脑分析师。利用业余时间，他开发了一种文字处理软件，比现今市场上的任何产品功能都强大。由于他资金不足，佩德罗坚信生产和销售软件的第一步应该是获得必需的风险投资。

软件由佩德罗编写并经过三次测试。他的一些朋友进行了试用。其中两位全职打字员朋友告诉他，这款软件比其他市面上的打字软件更加方便快捷。佩德罗相信，仅凭这一点就能证明产品的赢利能力。但是，他还是需要资金支持。

佩德罗的一位朋友建议他与一位风险投资家会面。"这些人拥有新创企业发展所需要的一切资金。"朋友说道，"你需要做的就是向他们阐述你的理念，让他们给你投资。他们一直在寻找能够带来利润的想法，而你的想法无疑是他们长期以来所期待的。"

佩德罗赞成这位朋友的观点，但是在他全面考虑过可能被问到的问题之前，他并不打算和风险投资家探讨。尤其值得注意的是，佩德罗认为他应当向风险投资家提供最初三年的预计销售额，阐述可能发生的各种类型的支出。当他完成这些工作之后，佩德罗觉得自己已经准备好了。"现在，"他告诉那位朋友，"只是时间问题。我相信在7～10天之内，我就能够呈现自己的理念并探讨我的资金需求了。"

［资料来源：弗雷德里克，库洛特克，霍杰茨．创业学．亚洲版．北京：中国人民大学出版社，2011.］

分析

很多同学在谈到创业时，都像佩德罗刚开始那样，认为资金不足是最大的问题，坚信只要有足够的资金，就能取得创业的成功。其实，创业并非想象的那样简单，与创业中的其他重要问题相比，资金其实是一个小问题。如果你真正具备了创业能力，而且通过自身的努力已经培育出了确实能够产生回报的项目，风险投资者就会主动给你投资的。那么，怎样才能知道自己是否具备了吸引风险投资的条件呢？最简单的办法就是像佩德罗那样，认真准备好可能被风险投资者问到的所有问题。同时，请思考：

（1）除了财务问题之外，风险投资家还可能会问佩德罗哪些问题？

（2）对于佩德罗来说，撰写创业计划书有价值吗？为什么？

（3）应该如何准备与风险投资家的会谈？

案例三：波迪商店的融资

波迪商店的创始人在回顾自己到银行融资的经历时，深有感触地说："为了取得进一步的发展，我必须获得一部分资金。戈登和我计算过，要创办一家企业，需要4 000英镑。我想，将我们的旅馆作为抵押是没有什么问题的。遗憾的是，我采用了错误的方式。在约见银行的经理时，我穿了一件Bob Dylan牌T恤以及一条牛仔裤。我没有意识到我应该穿得更正式一点。”

这位创始人接着述说了那天的对话场景：“我充满热情地阐述着我的很多伟大的想法，述说着我如何在旅行中发现了这些自然成分，并为之起了一个很伟大的名字：波迪商店。但我需要4 000英镑来创办这家企业……当我……说完的时候，这名银行经理往椅子上靠了靠，说他不会借给我任何钱，因为我们已经有很多的债务了。”

“我已经准备放弃了，但是戈登比我更顽强。他说：‘我能够得到这笔钱，但是，我们要按照他们的游戏规则与其进行周旋。’他让我先出去买一套工作礼服，然后，再找一个懂会计的朋友，做一份好看的、吸引人的‘商业计划’，包括各项预计的损益数字以及各种各样的文字说明。最后，把这些东西都放在一个塑料袋里。”

“一个星期后，我们回到了同一家银行，并约见了同一名经理。我们都穿着礼服。戈登递上了我们的资料。这位经理翻看了几分钟，就批准了我们的贷款计划，而且，正如我所预计的，以我们的旅馆作为抵押。我如释重负，同时也为我第一次被拒绝而感到愤懑。毕竟，我还是我，还有着同样的想法。显然，这位银行经理不愿意与婆婆妈妈的人打交道。”

［资料来源：张玉利．创业管理．2版．北京：机械工业出版社，2011.］

分析

其实，在现实生活中，许多人都像案例中的“我”一样，在与投资者的会谈中，因为穿着随意，因为没有认真准备自己的创业计划，因为没有用合适的方式与投资者交流，便得不到投资者的投资。但不幸的是大多数人没有戈登这样的合作伙伴，所以也就没有了“我”后面的反败为胜的故事。这个案例告诉我们，在申请投资者投资时，需要按既定的游戏规则行事，而不能想当然地凭自己的意志行事。为此，我们需要思考如下问题：

（1）如何准备一份能够打动投资者的创业计划书？

（2）创业融资会谈中应注意哪些问题？

（3）应该从哪些方面做好创业融资会谈的准备？

实践训练

一、 实训导航

通过对本模块的学习，我们已经了解了撰写和展示创业计划的有关知识与技巧，请根据所学，来完成以下的实训项目。建议“项目1”可在课堂上先由小组讨论，再集体讨论，而“项目2～4”可作为课后个人作业或小组作业，在下一次上课时再进行上交或汇报。

二、 实训项目

1. 阅读本模块所附的三个案例，并围绕案例后的问题进行讨论给出思考的答案。

2. 根据前述思考的创业构想，分析创业所存在的问题与困难。

3. 根据本模块所介绍的创业计划书的撰写技巧和原则，对上一次实训中自己所在团队撰写的创业计划书进行检查和修改。

4. 检查上一个模块实训中所写的创业计划书执行概要，尝试进一步提炼。

三、 方法策略

1. 深刻理解创业计划书的撰写要求，通过实际练习提升撰写创业计划书的能力。

2. 深刻理解创业计划书执行概要的撰写要求，通过实际练习提升提炼执行概要的技巧。

单元小结

创业计划书是一份全方位描述企业发展的文件，是创业者素质、融资能力的重要体现。一份精心打造的创业计划书，其最重要的作用是为企业自身发展导航和吸引潜在的投资者。创业计划书的构想、撰写和展示是一个系统工程，本单元分两个模块对之进行探讨。模块一为创业计划概述，主要探讨创业计划的作用、内容、基本结构，以及编制创业计划书过程中的信息搜集工作。模块二为创业计划的撰写与展示，主要探讨创业计划的本质、撰写要点、撰写流程和撰写原则，创业计划书展示的要点、应该注意的问题，以及如何与投资者进行会谈。

思考题

1. 创业计划书有什么作用？

2. 创业计划书应包含哪些内容？

3. 撰写创业计划书要经过哪些步骤？

4. 撰写创业计划书应遵循哪些原则？

5. 如何理解创业计划书展示的要点？

6. 进行创业计划展示应注意哪些问题？

网络情境练习

网站推荐：“世界创业实验室”网站（http：//elab. icxo. com）

推荐理由：

“世界创业实验室”是“世界经理人”网站（http：//www. icxo. com）旗下的一个“创业互动”板块。“世界经理人”网站是世界经理人集团旗下专为企业家和经理人而设的商人门户，目前用户数量在全球同类网站中排名第一。世界经理人集团于 1999 年成立于美国纽约，由 1999 年的诺贝尔经济学奖得主罗伯特 ·蒙代尔教授担任主席。世界经理人集团是全球领先的战略咨询、管理培训、人力派遣、商业媒介机构。

“世界创业实验室”包含了“如何创业”“大学生创业”“创业计划”“创业计划书”“创业项目”“创业故事”“特许经营项目库”“初设商海”八个主题，资讯丰富、链接方便，是准创业者们了解创业知识、模拟创业实践的一个实用平台。

练习题：

1. 对于满怀创业梦想的你，你对创业真正了解多少？

2. 通过浏览本网站，你最喜欢哪个主题？你的收获是什么？

3. 依据“初涉商海”的 6 个项目，模拟一次微创业。

真实情境练习

1. 展示创业计划

根据本单元所介绍的创业计划书的撰写和展示要求，在个人对创业计划书修改的基础上，以团队为单位集体讨论如何修改本团队的创业计划书，并进行实际修改；以团队为单位集体讨论如何展示本团队的创业计划，然后分工完成 PPT 制作、现场展示准备等工作；以团队为单位在课堂展示本团队的创业计划，每个团队的展示时间为 15 分钟。

2. 与潜在投资者会谈

各团队将本团队的创业计划书送交潜在投资者（同学、家人、朋友、老师、天使投资人、风险投资机构等）；参考本单元如何准备与投资者会谈部分的要求，集体准备与潜在投资者会谈；以团队为单位分别与不同的潜在投资者进行会谈。

参考文献

董青春，董志霞．大学生创业基础教师用书．北京：经济管理出版社，2012.

贺尊．创业学概论．北京：中国人民大学出版社，2011.

卢福财．创业通论．2 版．北京：高等教育出版社，2012.

李时椿，常建坤．创业学：理论、过程与业务．北京：中国人民大学出版社，2011.

赫里斯，彼得斯，谢泼德．创业管理．7 版．北京：机械工业出版社，2009.

王国红，唐丽艳．创业与企业成长．北京：清华大学出版社，2010.

张玉利．创业管理．2 版．北京：机械工业出版社，2011.

第七单元

新企业的创建与管理

学习目标

学完本单元后，你应当能够达成以下目标：

1. 了解企业的法律形式，掌握企业注册的流程和所需提供的资料。

2. 理解新企业的社会认同及注册企业需要考虑的法律和伦理问题，掌握新企业选址技巧和策略。

3. 了解新企业管理的特殊性，理解新企业成长的驱动因素。

4. 了解新企业成长面临的挑战，掌握新企业的成长管理策略。

导入案例

亚德公司的创业管理

亚德公司为民营高科技股份公司，公司的董事总经理陈健毕业于某师范大学物理系，与他的朋友张明、李俊共同创办了这个企业。开创之初，他们三人口头商定：陈健、张明、李俊各占50%、30%、20%的股份，而当时，企业实际投入启动资金仅有由陈健个人借款筹得的5 000元钱。

创业初期，陈健任经理，负责全面工作；张明任技术主管，负责技术与生产事宜；李俊任营销主管，负责产品销售事宜。企业开办之初，陈健利用自己所学的物理专业知识，在剖析市场中现有产品的基础上，很快研制出了自己企业的产品，并申报获得了五项国家专利。由于企业经营得当，到了第5年，企业的资产就达到了3 000多万元，年销售额达到了5 000多万元，员工人数增加到了近300人，企业按有关规定更名重新注册登记为现在的亚德公司。

对于陈健来说，企业发展的喜悦并没有冲淡他对公司未来发展的困惑，他遇到了许多令其挠头的新问题。其中之一的问题是创业元老的分歧。

首先是张明不辞而别与他人合伙开办新企业，利用从亚德公司移植的技术，生产与亚德公司直接竞争的产品。其起因在于创业初期陈健与张明、李俊口头达成的关于公司股份的分享比例。实际上由于陈健一心想做大规模，从未真正关注过这一比例及与相关的股东决策、分红等权益的兑现问题。而张明、李俊认为，陈健对公司的技术、生产、营销等大权在握，当初的口头协议不等于正式法律文件，心中总是担心这种股权最终会变成一张永远画在墙上的饼。在张明离开后，陈健与张明达成了正式协议，以80万元现金作为补偿，算是割断了以前口头达成的所有股份。但张明由于企业经营不善，不到半年又回到公司工作。这让李俊内心产生了些许不平，张明比自己多得到了公司 80 万元现金补偿，虽然今后自己也许能从公司得到远比张明高得多的回报，但这毕竟还是不确定的事情。

［资料来源：http：//wenku. baidu. com/view/aedb75ea964bcf84b8d57b8c. html.］

思考：

1. 在创业初期，亚德公司的成功秘诀是什么？

2. 在公司高速发展的美好前景面前，创业元老之间的关系应如何处理？它对公司的长远发展有什么影响？你觉得问题的症结是什么？

3. 如果你是个创业者，准备新创一个企业开始你的事业，那么这个案例给你的启示是什么？

模块一　新企业的创建

创业者组建了创业团队，通过市场调研和分析找到了创业机会，制定了创业计划，获得了创业启动资金，协调好了内外部关系之后，就可以开始成立新企业了。从某种意义上说，成立新企业是创业过程最关键的环节，因为与创业过程的其他环节相比，成功创建新企业更能突出体现创业的成果。但是，作为创业者还必须清楚，当你走到这一阶段，创业的真实故事，才刚刚开始。

知识点梳理

企业的组织形式也叫企业的法律形态，成立新企业只能选择法律规定的企业组织形式，不能随心所欲塑造任意的企业形态。选择一种合理合法的企业组织形式是一个复杂的问题，如果创业者最初选择的企业组织形式不再适合企业的发展，也可以在企业经营过程中择时变更企业的组织形式。

一、企业组织形式的选择

创业者成立企业时，需要考虑的是确认最符合企业需求的组织形式，并结合自己的偏好、中长期需求、税收环境等来权衡每种组织形式的利弊。创业者选择企业组织形式时，必须要考虑的重要因素有：

(1) 资产保护，即如果企业失败，企业结构将决定个人资产（如家庭收入）的风险有多大。

(2) 有限责任，即企业参与者个人对企业负债的责任被控制在具体的有限数量范围内。

(3) 资金分配，不同的企业形态决定了不同的资金分配方式，如营业利润、资本收益、税务减免等。

(4) 财务管理，随着企业的发展，创业者可能需要筹集更多的资金，为此，在选择企业形态时需要考虑未来是否容易筹集资金。

(5) 税收，选择不同的企业形态意味着企业上缴的税收不同，这是一个复杂的问题。

(6) 企业环境，包括受规章限制的被认可系统的苛刻性和技术风险。

(7) 个人关系，不同企业形态对参与者的所有权、管理权和风险承担能力都有规定，这是企业良性运转所必不可少的。

企业的组织形式，根据不同的标准有不同的分类。例如：按照投资主体划分，可将企业分为国有企业和非国有企业；按照承担的职能划分，可将企业分为竞争型企业和非竞争型企业；按照是否独立享有权利、承担义务和责任划分，可将企业分为法人企业和非法人企业；按照企业的规模划分，可将企业分为公司类企业和一般类企业。

公司类企业包括："有限责任公司"和"股份有限公司"。有限责任公司股东人数上限为 200 人，资本额不低于 3 万元；股份有限公司股东人数无上限，资本额不低于 500 万元。一个人也可以设立公司，一人有限公司的投资额要求不低于 10 万元。一般类企业如"中心""厂""店""馆""所""社"等，企业组织形式多为个体工商户、合伙企业、个人独资企业等。

法律对于不同企业类型有不同的规定：股份有限公司可以向社会公开募集资金，发行股票上市交易；股份有限公司、有限责任公司、一人有限公司的股东对于公司债务仅承担有限责任，而合伙企业和个人独资企业的投资者对企业债务承担无限责任；合伙企业和个人独资企业无须缴纳企业所得税，只需投资者缴纳个人所得税即可。表 7－1 概括了其中四类企业的法律形态的优劣。

表 7－1　　四类企业法律形态的优劣

企业法律形态	业主数量和注册资本	成立条件	经营特征	利润分配和债务责任
个体工商户	1. 业主是一个人或一个家庭 2. 无资本数量限制	1. 有相应的经营资金和经营场所即可 2. 可以起字号	资产属私人所有，可以雇帮手或徒工（不超过 8 人），业主本人既是所有者，又是劳动者和管理者	1. 利润归个人或家庭所有 2. 由个人经营的，以其个人资产对企业债务承担无限责任 3. 由家庭经营的，以家庭财产承担无限责任

续前表

企业法律形态	业主数量和注册资本	成立条件	经营特征	利润分配和债务责任
合伙企业	1. 业主两个人及以上 2. 无资本数量限制	1. 有两个及以上合伙人，并且都依法承担无限责任 2. 有书面合伙协议 3. 有合伙人的实际出资 4. 有合伙企业的名称 5. 有经营场所和从事合伙经营的必要条件	依照合伙协议共同出资、合伙经营，共享收益，共担风险	合伙人按照合伙协议分配利润，并共同对企业债务承担无限连带责任
有限责任公司	1. 由两个及以上 50 个及以下的股东组成 2. 注册资本 3 万元以上	1. 股东符合法定人数 2. 股东出资额达到法定资本最低额 3. 股东共同制定公司章程 4. 有公司名称，建立符合有限责任公司要求的组织机构 5. 有固定的生产经营场所和必要的生产经营条件	公司设立股东大会、董事会和监事会，并由董事会聘请职业经理人管理公司、经营业务	股东按出资比例分配利润，并以出资额为限承担有限责任
个人独资企业	1. 业主是一个人 2. 无资本数量限制	1. 投资人是一个自然人 2. 有合法的企业名称 3. 有投资人申报的出资（工商部门要验资） 4. 有固定的生产经营场所和必要的生产经营条件 5. 有必要的从业人员	财产为投资人个人所有，业主既是投资者，又是经营管理者	1. 利润归个人所有 2. 投资人以其个人资产对企业债务承担无限责任

二、 企业注册流程及需要提供的相关文件

一般情况下，企业注册流程为：预先核准企业名称 → 提供证件→ 前置审批→验资→申领营业执照→ 备案刻章→ 办理组织机构代码证→ 办理税务登记→开设企业基本账户→进行社会保险登记→进行商标注册。

（一）预先核准企业名称

申办人提供法人和股东的身份证复印件（或身份证上姓名即可）；申办人提供公司名称 2～10 个，写明经营范围，出资比例（字数应在 60 个内）；由各行政区工商局统一提交到市工商行政管理局查名，由市工商行政管理局进行综合审定和注册核准，并向合格者发

放盖有市工商行政管理局名称登记专用章的“企业名称预先核准通知书”。

（二）提供证件

新注册公司申办人提供一个法人代表和全体股东的身份证各一份；相关行政机关如有新规定，由相关部门和申办人按照国家规定相互配合完成。

（三）前置审批

经营范围中有需特种许可经营项目，报送审批。如有特殊经营许可项目还需相关部门报审盖章，那么特种行业的许可证办理，根据行业情况及相应部门规定不同，分为前置审批和后置审批（特种许可项目还涉及卫防、消防、治安、环保、科委等有关部门）。

（四）验资

即按照《公司法》规定，企业投资者需按照各自的出资比例，提供相关注册资金的证明，通过审计部门进行审计并出具“验资报告”。

（五）申领营业执照

工商行政管理局对企业提交材料进行审查，确定符合企业登记申请，经工商局核定，即发放工商企业营业执照，并公告企业成立。

（六）备案刻章

在企业办理工商注册登记过程中，需要使用图章，要求通过公安部门刻章，如公章、财务章、法人章、全体股东章、公司名称章等。

（七）办理组织机构代码证

公司必须申办组织机构代码证。企业提出申请，通过审定，由中华人民共和国国家质量监督检验检疫总局签章。

（八）办理税务登记

办理税务登记应提供的材料有：营业执照副本及复印件，组织机构代码证书及复印件，银行开户许可证复印件，法人代表（负责人）或业主、财务负责人身份证明，经营场所租房协议复印件，所租房屋的房产证复印件，固定电话，通信地址等。

（九）开设企业基本账户

基本账户是指存款人办理日常转账结算和现金收付而开立的银行结算账户。企业经营活动的日常资金收付以及工资、奖金和现金的支取均可通过该账户办理，存款人只能在银行开立一个基本存款账户。开立基本存款账户是开立其他银行结算账户的前提。企业开立的基本账户的名称，应按照营业执照上的单位名称设置，具体可在企业属地任一家具有对公业务的银行金融网点开立基本存款账户。如需将验资存款账户直接转为基本存款账户，企业应提供如下相关资料：

（1）开户证明。即验资时，由银行支行出具的验资用“银行询证函”或“存款证明”等文件。

（2）企业的营业执照正本原件及复印件。

（3）组织机构代码证正本原件及复印件。

（4）法人代表身份证原件及复印件。

（5）国地税的税务登记证原件及复印件。

（6）盖一套单位的印鉴卡（一式三份，由银行提供）。另外，预留的印鉴可以是公章（或财务专用章）加上私章（或签名）。私章主要是单位法人代表的章或出纳人员的章。

（7）开立单位银行结算账户的申请书（一式三份，需加盖单位公章、法人签名）。

（8）法人（或负责人）授权委托证明书一份、代理人身份证复印件等。

（9）银行需提供的其他资料。

（十）进行社会保险登记

社会保险登记是社会保险费征缴的前提和基础，也是整个社会保险制度得以建立的基础。县级以上劳动保障行政部门的社会保险经办机构主管社会保险登记。缴费单位申请办理社会保险登记时，应填报“社会保险登记表”，并出示以下证件和材料：

（1）企业持“企业法人营业执照”（副本）。

（2）事业单位持“事业单位法人证书”（副本）。

（3）社会团体持“社会团体法人登记证”（副本）。

（4）国家机关持单位行政介绍信。

（5）国家质量技术监督部门颁发的组织机构统一代码证书。

（6）其他核准执业的证件。

（十一）进行商标注册

商标注册，是指商标使用人将其使用的商标依照法律规定的条件和程序，向国家商标主管机关（国家工商行政管理总局商标局）提出注册申请，经国家商标主管机关依法审查，准予注册登记的法律事实。商标通常由文字、图形、英文、数字的组合构成。商标注册的一般程序是：商标查询（2天内）→申请文件准备（3天内）→提交申请（2天内）→缴纳商标注册费用→商标形式审查（1个月）→下发商标受理通知书→商标实质审查（12个月）→商标公告（3个月）→颁发商标证书。

三、企业的社会认同及创办企业必须考虑的法律和伦理问题

（一）企业的社会认同

社会认同是指个体认识到他属于特定的社会群体，同时也认识到作为群体成员带给他的情感和价值意义。社会认同是社会成员共同拥有的信仰、价值和行动取向的集中体现，本质上是一种集体观念。企业作为一种组织形式，其获得社会认同的意义及必要性主要体现在：第一，可以降低个体交易成本，增加社会福利，达到双赢的目的；第二，可以提高企业的商誉，增加企业的效益；第三，可以增加企业的核心竞争力；第四，可以赢得更多的合作者；第五，可以拓宽自身的发展空间。

企业要想获得社会的认同，首先必须承担相应的社会责任。其具体要求是：为社会提供质量达标、货真价实的产品；依法缴纳税款，不逃税，不偷税，不漏税；维护社会平衡，缩小贫富差距，保护生态平衡；在谋求利益最大化的同时重视社会公益，取之于社会，用之于社会。据新浪财经的一项有关"什么样的企业被社会认同和尊重"的调查表明，讲究诚信、纳税、努力发展生产、善待员工、解决就业、多做公益事业，这6个因素分别列在前6位。

（二）创办企业必须考虑的法律问题

创业者在创建和经营企业的过程中，必须了解和遵守有关法律法规，以确保自身和他人的利益不受到非法侵害。

与知识产权有关的法律法规

知识产权是人类智力劳动的产物，是无形的但有市场价值的资产，通过专利、商标、著作权（版权）、商业秘密等形式可以获得保护。传统观念主要看中的是企业的房产、设备等有形资产，而现在知识产权却逐渐成为企业最具价值的无形资产。加强知识产权管理，日益成为企业竞争的制胜法宝。创建新企业常犯的错误有：不能准确识别自己所有的知识产权，没能充分认识到知识产权的价值，没有将知识产权作为整体成功计划的一部分，没能采取法律手段保护知识产权等。表7-2提供了企业各部门需要保护的知识产权范畴。

表7-2　企业知识产权保护范畴

部门	典型的知识产权保护对象	常用保护方法
营销部门	名称、标语、标识、广告语、广告、手册、非正式出版物、未完成的广告拷贝、顾客名单、潜在顾客名单及类似信息	商标、版权和商业秘密
人事部门	招聘手册、员工手册、招聘人员和聘用候选人时使用的表格和清单、书面的培训材料和企业的时事通讯	版权和商业秘密

续前表

部门	典型的知识产权保护对象	常用保护方法
财务部门	各类描述企业财务绩效的合同、幻灯片，财务管理的书面材料，员工薪酬记录	版权和商业秘密
信息部门	网站设计、域名、公司特有的 IT 设备和软件手册、计算机源代码、E-mail 名单	版权、商业秘密和注册互联网域名
研发部门	新的发明和商业流程、现有发明和流程的改进、记录发明日期和项目进展计划的实验备忘录	专利和商业秘密

资料来源：巴林格，爱尔兰．创业管理：成功创建新企业．北京：机械工业出版社，2010.

与劳动合同有关的法律法规

劳动法是调整劳动关系以及与劳动关系密切联系的社会关系的法律法规的总称。新企业需要雇用员工，就会涉及劳动关系问题。创业者需要熟悉劳动法，正确处理劳动关系，严格签订劳动合同，避免劳资纠纷问题。合同法是调整平等主体之间的交易关系的法律。它主要规定合同的订立、合同的效力及合同的履行、变更、解除、保全、违约责任等问题。合同可以是书面的也可以是口头的。企业除了涉及劳动合同之外，企业的经济活动还涉及其他合同，如买卖合同、借款合同、租赁合同、运输合同、保管合同等等。

此外，创业者还需要了解与税务、不正当竞争、消费者权益保护、产品质量、会计等有关的法律法规。

（三）创办企业必须考虑的伦理问题

企业伦理是企业在处理企业内部员工、企业与社会、企业与顾客之间关系的行为规范的总和。企业伦理不是企业经营的手段，而是企业赖以生存的基石。企业伦理包括劳资伦理、工作伦理、经营伦理。创业者首先应学会站在雇主的立场上，保护雇主权益不受侵害；同时，要学会尊重员工的人格，维护员工的权益，不得随意拖欠和克扣员工工资，不可以侮辱员工的人格，不得有性别歧视行为，更不可进行人身攻击。

大约在公元前 560 年，希腊思想家齐伦曾建议，商人宁可接受诚实的损失也不能赚取不诚实的利润。他的理由是，损失带来的痛苦可能是暂时的，但是由不诚实造成的伤害却是永久的。20 世纪八九十年代，一些著名企业家卷入了贪婪导致的丑闻，出现腐败现象和商业犯罪行为，这些行为也在一定程度上造成了今天经济面临危机的局面。一项研究发现了有道德问题的行为类型，具体见表 7－3。

表 7－3　有道德问题的行为类型

类型	直接影响	例子
非职责行为	对公司不利	做假账，挪用公款，偷窃
失职行为	对公司不利	敷衍绩效评估，对假账目视而不见，过分表扬，原谅绩效差的员工

续前表

类型	直接影响	例子
职责扭曲行为	对公司有利	贿赂，价格垄断，控制供应商
职责声明行为	对公司有利	利用核心技术产生能量，声明产品不安全后没有将其撤下生产线

资料来源：Waters J A，Bird F. Attending to ethics in management . Journal of Business Ethics，1989，8 (6).

认识了有道德问题的行为类型后，社会应更多地把焦点放在企业家的道德建设上。这里的企业包含的范围很广，既包括非营利组织，如慈善机构和基金会，也包括营利组织，如商业性企业，甚至包括政府。这里的企业家是指乐于接受挑战、不断创新的价值创造者。有道德的企业家应注重追求公共利益，维持社会价值，为自己的使命不懈寻求机会，对服务的对象和创造的成果表现出高度的责任感。创立企业时，可能会因为各方面的原因带来对道德问题的挑战，在伦理方面缺少明确性和方向性，这在初创企业时应给予更多的关注。

四、 新企业选址的步骤和策略

（一）新企业选址的参考因素

创业选址是创业者需要面对的一个难题，对于一些缺乏经验的创业者，对选址工作几乎不知从何入手。其实，创业者不妨将选址的各个方面划分成不同的因素，然后一一加以评定，这样选址工作自然会变得有条不紊了。选址时应该注意的因素可划分为如下三种。

交通因素

无论是服务型企业还是生产型企业，都需要充分考虑便利的交通。例如，在人流、车流量较大的位置开一间快餐店，成功的概率比开在普通地段大得多。当然，并不是所有企业都应该将经营场所选在繁华闹市区。在充分考虑房租成本的前提下，应当尽量选择更接近市场需求，并能有效降低成本的地方。例如，物流公司的选址倾向于公路主干道附近，或者交通枢纽地带。

商圈因素

指要对特定商圈进行特定分析。如车站附近是往来旅客集中的地区，适合发展餐饮、食品、生活用品等行业；商业区是居民购物、聊天、休闲的理想场所，除了适宜开设大型综合商场外，特色鲜明的专卖店也很有市场；影剧院、公园名胜附近，适合经营餐饮、食品、娱乐、生活用品等；在居民区，凡能给家庭生活提供独特服务的生意，都能获得较好发展；在市郊地段，不妨考虑向驾车者提供生活、休息、娱乐和维修车辆等服务。

物业因素

在置地建房或租用店铺前，创业者应首先了解地段或房屋的规划用途与自己的经营项目是否相符，该物业是否有合法权证。该物业的历史、空置待租的原因、坐落地段的声誉与形象、是不是环境污染区、有没有治安问题等都是创业者选择时需要考虑和关注的。创业者在购买商铺或租赁商铺时，还要充分考虑价格因素，包括资金、业务性质、创业成功或失败后的安排、物业市场的供求情况、利率趋势等，以免作错误决定，对企业的业务经营造成不良影响。

（二）新企业选址的步骤

挑地方：确定人潮及流量

首先，必须清楚了解人们要往哪里去，而不只是在哪里，像早餐店要在上班族走过的地方，录像带出租店则要开在回家的路上。可以花一些时间，在感兴趣的目标地区计算上午、下午、晚上各时段的人潮，统计进入附近店铺的人数，看看经过的人当中，上班族、学生、家庭主妇的比例，而且至少要在平日和周末各算一次，才能知道人潮确实的分布状况。除了人们往哪里去，还要考虑人们得花多久才会到达你的店面。越便宜的产品，顾客越不愿花时间在交通上。例如，便利商店是以 3 分钟来定义主要商圈的，咖啡店大约是 5 分钟，除非你打算卖汽车这种高单价商品，否则一般而言，顾客最远只能忍受 7 分钟交通时间。

找地点：访查周围环境

有了预选的地点，第二步是先视察其周围环境，这时要用两种角度来观察。一是商人的角度：什么迹象显示该地点可以创造业绩？二是顾客的角度：你会不会到这个地点逛街？黄金地段有冷门的角落，次级商圈也有热门据点，找地点最忌讳只看到别人成功，就想在隔壁复制一家店，除非你有把握做出自己的差异化。此外，留意坐落在对角或不远处的竞争对手是否会抢走你的生意，是否能在顾客行动路线上，抢先别人一步拦截顾客。随时注意对手的位置，寻找足以抗衡的地点，一定要保持领先地位，不然，位于同性质商店的下风处，生意也可能会一直处于下风。

看店面：建筑等于活广告

请抱着初次约会的心情看店面，要关心，也要抱着怀疑。先远看，再近看，想象店面在这个空间里的感觉：一旦店名放在招牌上，会很显眼吗？开车经过的人看得到吗？行人能从人行道上就注意到吗？好的店面就像活广告，不只是让人方便找到，也能向路上行进的潜在客户进行展示。此外，建筑设计也是一个重点：这个地点适合零售业吗？吸引人吗？即使在外观设计上相似的购物街，质量方面也可能相当悬殊：该楼宇的质量是否跟你的产品一样好？记住，一定要从品牌打造的角度来思考建筑物。

（三）新企业选址的策略

“金角，银边，草肚皮”

在一条商街上要选择“角”与“边”上的铺位。“金角，银边，草肚皮”是商业内流行的择址、选铺的要诀。一条商街制造的效益并不是均等的，街角上的铺位是择铺首选。因为街角汇聚四方人流，人们要立足的时间长，因而街角商铺因人流多必带来“财气”。“边”是指一条街两端的铺位处于人流进入的端口，也是刚进入商街的客流有兴趣、有时间高密集度停留的地方，商铺生意由此兴旺。“草肚皮”则指街的中间部分，因客流分散、购物兴趣下降、行走体力不支而使店铺经营困难重重。

选低不选高

顾客在店铺内行走购物为省时、省力，往往不愿向楼上走，因而店铺低层往往比其他楼层能创造更高的效益。为此，在择铺时，选择一、二层比选择三、四层店铺更具有经营上的安全性。换言之，一个商业楼的层高与其经济效益成反比关系，即楼层越高，销售额越低，从而利润就会越少。这是由顾客的购物习惯与消费心理决定的。当然，这里的选低不选高只是选址的一般策略，在一些大商场，每一楼层只销售特定的商品，电梯会让顾客很容易到达各个楼层。另外，各个楼层的租金和对不同产品的销售优势也不同，所以这个策略不宜泛化。

店铺与商圈要求相吻合

一定的市场空间对业种、业态的组合有客观要求，只有适应才能使经营顺畅。一般而言，现有商圈内对零售、餐饮、娱乐、修理等业种要齐全。对业态的需要则视消费人群的多元化差异而定。因此，投资商铺之前，投资者需了解这些具体情况，进而确定自身店铺未来要做的行业以及不同的业态，才能使经营具有针对性。

关注社区内商铺的投资价值

社区是居住人群常年生活的空间，因而接近消费地的社区商业能够提供充分的便利性，使商铺投资的安全性和赢利性大为提升。当前可能面临的问题是：新兴社区入住率偏低，使消费规模难以支撑商铺经营；社区商业规模往往大于社区需要。但是，从长远看，社区商业的远景向好，因而，把握有利时机进入可以保证商铺投资坐收长期稳定回报。投资社区内商铺，还要考虑城市的整体规划。因为未来城市的空间格局，会随城市未来的发展而变化，从而改变城市的商业格局。

案例分析

案例一：从有限责任公司到个体工商户

2012年，毕业于生物技术专业的赖嘉宝，不顾家人的阻挠，放弃医药公司的高薪工作，利用大学期间创业实践挣得的5万多元钱，与同学合伙创立了“怡可轩餐饮管理有限责任公司”，自己当老板，走上了创业之路。

曾在大三时，赖嘉宝与其同学组建创业团队，与校内一家小厂合作，生产“怡可轩养生饼”，在学校饭堂门口摆摊展销，当天600盒全部售罄，之后与东莞光大集团合作，签下一笔1.1万多盒、总额近60万元的大单。2011年大学期间，赖嘉宝与其创业团队参加“U势界”创业大赛，荣获大赛冠军，并获得东莞光大集团200万元的风险投资。

当时，就读生物技术专业的赖嘉宝同学，与其他毕业生一样在寻找工作单位并与一家知名医药公司签约，但试用中总觉得与自己的理想工作有一定差距，最终决定以自己在大学创业实践中积累的资金和经验，与同学合伙创业。

由于大学期间参加创业大赛，荣获过大赛冠军，并获得东莞光大集团200万元的风险投资，考虑到投资方在东莞的资源优势，决定创业项目选址在东莞地区发展。团队与投资方达成协议，共同注册成立怡可轩餐饮管理有限责任公司，注册资本300万元。工商局名称预核准通过后，银行开立验资户准备验资。就在这个时候，投资方财务顾问给出了一个避税方案，建议创业团队可以以个体工商户的形式先开设个体店，等事业做大，再注册成立公司，股东之间权利义务可以通过签协议来约束，这样可以避免沉重的税收及注册资金。最终他们选择了这个方案，并计划在今后进一步发展中，逐步让3个合伙人参与到企业法律登记所有人中，将企业由个体工商户变更为目标公司——“怡可轩餐饮管理有限责任公司”。

［资料来源：摘自《广东省大学生创业案例汇编》(内部出版物)。］

分析

大学生团队创业多数首选企业法律形态是有限责任公司、股份制公司，想一步到位，将重点放在公司的做大做强上，很少从企业法律形态选择上考虑，将有限的资金用到最需要的地方。有限责任公司缴纳企业所得税、公积金等后，还需缴纳个人所得税，在公司有债务时，股东只根据他们各自的投资额承担有限责任，如当公司破产时，债权人不能剥夺股东的私有财产，如房产、汽车和存款等。有限责任公司注册资金要求不少于3万元，注册资金越多，验资时实缴纳的资本就越多（最开始缴纳注册资本的20%，剩下的部分在两年之内缴纳）。而个体工商户完全由个人拥有和营运企业，个人享有所有利润，但承担所有债务的责任和义务，负无限连带责任；个体户和合伙企业对注册资金没有限定，只需缴纳个人所得税。企业在发展过程中是可以随时变更法律形态的。创业者先期设立个体工商户，可以等企业有了一定发展，另一个投资者加盟，企业演变为合伙企业，仍然承担无限连带责任，等企业进一步发展壮大，随着资产和风险的增加，开始需要保护所有者的资产，企业可以变更为有限责任公司，以保护所有者的财产。如果企业继续发展壮大，还可以发展重组，创造一个股份制公司，不参与公司的经营，但可控制公司的经营。

大学生初次创业，资金有限，很多是通过家庭筹借、贷款和风投等筹集来的，自身没有什么资金积累，可以考虑承担无限责任。赖嘉宝创业团队申报注册资本300万元，为了节约大量资金、获得更多优惠，可以按专家建议，先设立个体工商户，承担无限连带责任。等企业逐渐成熟，发展壮大了，可以变更企业法律形态，设立为公司，投资人各自承担有限责任。

案例二：手持利剑，为企业保驾护航

邓国顺是闪存盘的发明者，深圳市首个技术发明一等奖获得者。他创办的朗科科技有限公司经过多年发展，已成长为国内移动存储领域的领军企业，演绎了一个留学归国人员用发明专利成功创业的神话。

邓国顺1967年出生于湖南省石门县，1985年高考以优异的成绩考入中山大学的计算数学与应用软件专业。在中山大学计算机系刻苦攻读4年后，邓国顺考上中国科学院计算机网络信息中心硕士；1992年毕业后，他来到联想公司软件中心工作。1993年从联想辞职后到新加坡，仍然在自己喜爱的计算机专业里耕耘，后来被飞利浦（新加坡）公司聘用担任系统经理，专心做起与计算机相关的市场运营。

长期以来，以索尼公司为首的跨国IT巨头发明的计算机软驱一直扮演着移动存储世界霸主的角色。但仅仅数兆的容量、容易损坏和较为缓慢的读写速度已充分暗示着它百病缠身。邓国顺由此发现了一个商机。他想：有没有一种全新的产品可以代替软盘而且没有它的这些毛病呢？他的念头得到了同在新加坡工作的中科院自动化所硕士成晓华的赞同和支持，两个人组成的研发队伍由此诞生。

1999年5月，邓国顺注册成立了朗科科技有限公司，和成晓华租了一间不起眼的房子开始了艰辛的发明创造。在1999年的整个下半年里，两人几乎是闭门不出，光电脑就用坏了4台。同年11月，全球第一款USB接口的闪存盘问世了！邓国顺将之命名为“优盘”（“优盘”为朗科科技公司注册商标）。“这项发明填补了中国20年来在计算机移动存储上的发明空白。”当时主流媒体的一句评价道尽了中国IT人的无尽心酸与苦尽甘来后的喜悦。

邓国顺说，从顺利获得“第一桶金”来说，自己是个幸运者。在深圳市高交会上，朗科科技公司研发出来的小小移动存储器一亮相，就吸引了众多观众及投资商的眼睛。但实际上，真正的融资历程是非常艰难的。在当时，除了邓国顺和他的创业团队，国内外几乎没有人看好这个全新事物——移动存储器。经过与50家企业近一年的谈判，历经千辛万苦之后，邓国顺终于融到了第一笔300万元人民币的资金。2000年初，朗科科技“优盘”产品成功面试并成批投放市场，当年3月在德国CeBIT电子展一亮相就引起了国际业界的轰动。2001年，当联想电脑在PC上捆绑销售朗科科技公司的“优盘”时，朗科科技公司终于获得爆炸式发展。2001年5月，朗科科技公司成功实现赢利。

注重技术创新和相关的知识产权保护

在深圳市，闪存盘专利得到迅速产业化，几年来给朗科科技公司带来数亿元的销售收入。与此同时，朗科科技公司还非常注重闪存盘的技术创新，并把技术专利化，形成了严密的专利申请体系。截至2012年7月13日，朗科科技公司共提交了285件中国专利申请，其中发明专利申请194件、实用新型专利申请7件、外观设计专利申请84件；共拥有121件有效专利，其中发明专利99件，实用新型专利5件，外观设计专利17件。部分重要发明专利已在美国、日本等国家和地区获得授权。近年来，朗科科技公司推出了全球第一款启动型闪存盘、第一款智能型闪存盘、第一款可视闪存盘、第一款光盘闪存盘、第一款支持高清流媒体播放技术的“优芯3号”闪存盘控制芯片等多项全球领先产品。朗科科技公司已授权及正在申请的大部分发明专利应用范围涉及闪存盘及其应用、闪存卡、固态硬盘、手机、数字多媒体设备、数字电视、数码相机、GPS导航仪、USB无线上网卡、银行U盾、数码相框等众多领域，形成了闪存应用及移动存储领域的“专利池”，构成公司未来专利运营及产品运营的基础。

维权与创新两手并重，迈入专利运营阶段

在朗科科技的创业史中，与涉嫌侵权厂商的官司一直是媒体争相报道的焦点。2002年，邓国顺敏锐地发现，面对闪存盘产业的迅速崛起，大批厂商在未获得朗科科技公司专利授权的情况下纷纷进入，严重侵犯了朗科科技公司知识产权。久经思索之后，2002年9月，邓国顺拿起法律的武器，将北京华旗资讯数码科技有限公司（品牌：aigo爱国者）及其代工厂推上了被告席，2004年6月，朗科科技公司在一审判决中胜诉。2004年8月，朗科科技公司以专利权受侵犯为由起诉索尼电子（无锡）有限公司并索赔1 000万元。2006年11月，朗科科技公司与索尼公司就这起诉讼达成庭上和解，并携手进入友好合作阶段。据朗科科技公司发布的公告，朗科科技公司已与索尼达成和解协议，根据协议的条款与条件，在协议生效后，朗科科技公司将撤回该民事诉讼，索尼公司则从朗科科技公司购买USB闪存盘产品。作为朗科科技公司在知识产权国际化道路上的第一起诉讼，诉索尼案能以这样一种双赢的结果收场，对于朗科科技公司的专利运营而言，专家认为是“迈出了关键性一步”。分析人士指出，索尼是全球闻名的跨国巨头，具有高度影响力，索尼能在这起专利纠纷案中最终做出和解、合作的决定，无疑给其他侵权公司做了一次示范，这将大大减小朗科科技公司今后专利维权的难度，进而获得更大收益。2006年，朗科科技公司远赴美国，将PNY公司告上法庭，再次被媒体誉为“中国企业海外专利维权第一案”。2008年3月26日，朗科科技公司总裁邓国顺在人民大会堂召开新闻发布会，宣布赴美专利维权首战告捷，并且与美国PNY公司签订了专利许可协议，由PNY及PNY的供货商分别和朗科科技公司签署授权协议，并分别向朗科科技公司支付专利费。这场持续了两年时间的诉讼战，让朗科科技公司成为第一家，同时也是唯一一家在海外专利维权案中获得胜利的中国IT企业！

近年来，美国、日本等知识产权保护严格的国家的多家大公司以缴纳专利授权许可费的方式，获取朗科科技公司的专利授权许可。朗科科技公司成为中国首家成功向外国企业收取专利费的中国企业。

［资料来源：傅晓霞．创业案例精编．上海：上海财经大学出版社，2008.］

分析

一位西方学者说：“要么拥有专利，要么迎接死亡。”在全球经济一体化的进程中，拥有自主知识产权是发展高新技术产业的关键。知识产权战略是跨国公司的“撒手锏”，中国企业要想在市场竞争中突出重围，就必须抢占专利这个战略制高点。

朗科科技公司把知识产权战略列为公司发展的“三大战略”之首。它的知识产权战略，受到法律界、教育界、知识产权界等社会各界人士的充分肯定。

朗科科技公司的知识产权战略有以下两点值得创业者们学习和借鉴。

一是从战略上说：坚持进攻与防御相结合的专利战略；建立行之有效的商标体系，彻底封杀商标侵权，净化市场竞争环境；专利与标准相结合，朗科科技公司参与制定的闪存盘行业标准将融合朗科科技公司闪存盘基本专利技术、加密技术、启动专利技术、超稳定技术等。

二是从战术上说：在国内外不断申请专利，这是用法律手段捍卫创新成果的第一步；从技术上遏制侵权，研发新的高技术芯片，让盗版侵权商跨不过技术的难关；保持时刻戒备状态，在市场上一旦发现商标或专利被侵权的现象，就果断启动司法程序进行诉讼维权。

案例三：颠覆传统家政业的“小管家”

一个年轻人开拓了一种叫“小管家”的新家政商业模式。凭借新模式，这位创业者在北京仅一个社区就年收入170万元。面对我国汹涌而来的社区经济，“小管家”铺就的是一条“沃尔玛”式的道路，一扇虚掩的财富大门正在徐徐打开……

张松江，出生于1978年，土生土长的北京人，如今是新理念保洁服务有限公司的总经理，公司注册商标为“小管家”。

尽管人们还都把他的公司称为“家政公司”，但在张松江看来，他的“小管家”一开始就已经背离了传统家政。在极短的时间内，离经叛道使得“小管家”由穷困潦倒转而获取巨额利润，并因此搭建起一个面向未来的庞大商业帝国架构。对于传统的家政行业来说，“小管家”的成功模式所产生的影响很可能是颠覆性的。

创业出师不利

1999年，张松江即将从北京联合大学毕业，到择业时他才发现，自己怀里的一张大专毕业证书几乎没有任何用处。他与3个朋友商量，决定一起创业。他在报纸上看到一家美国品牌保洁公司招加盟商的广告。4个人就跑到那家公司去看——那写字楼里面简直可以用金碧辉煌来形容。在对方“专业”的讲解后，他们相信了“保洁市场利润空间无与伦比”。

于是，4个人立即凑了3.9万元加盟金，交给了那家公司。随即，对方给他们进行了为期两天的保洁清洗培训。他们本来以为，像什么饭馆的招牌清洗、灯箱清洗、建筑物外墙清洗、大型油烟机清洗、中央空调清洗……商机无处不在。然而，等他们跑去谈生意时，却到处吃闭门羹，根本没人用他们。两个月过去了，他们没有找到一个客户。

最初筹集的钱花光了，大家只好每人再筹集了5 000元。直到第四个月，终于等到了一位“大”客户。这位“大”客户是他们租住的那栋写字楼的经理。那位经理要求他们把这栋写字楼的地毯洗一遍。那些地毯的总面积超过3 000平方米。为此，张松江报价为每平方米3元，也就是说，活干完了应该可以拿到9 000元钱的报酬。张松江领着员工大干了一场，可等他们干完了，那位经理只给了1 500元钱，随后丢下一句：“就这么多，没钱了。”

碰壁次数多了，张松江渐渐明白了保洁行业到底是怎么一回事。在原来做培训的时候，那家“美国品牌”公司告诉他们，做保洁清洗，市场的价格绝不低于每平方米10元钱。但在现实中，市场行情是每平方米 1 元钱。不仅如此，如果没有人脉关系，就算 1 元钱的价格，你也休想拿下保洁工程。

一则广告触发灵感

张松江郁闷到了极点，从不对家人诉苦的他，最后还是将创业的烦恼告诉了父亲。望着创业遇到挫折的孩子，父亲平静地说："没有关系，钱的事不用担心，我给你筹。"父亲的话给了张松江莫大的安慰。当晚，张松江躺在床上，翻来覆去睡不着觉。他打开灯，随手翻开一张报纸。翻着翻着，报纸上一则广告吸引了他。那则广告说，北京的 SOHO 现代城推出了可移动墙壁的房屋。

可移动的墙壁？所有开发商都把墙壁做成死的，他们却做成活的。这墙活了，他们生意不就活了吗？别人的生意这样，我的呢？要想有利润就得有别人没有的东西，就得把大家都认为是不能改变的固定思维模式打破。思维的闸门一旦打开，张松江再也抑制不住自己。他把户外保洁转向了户内保洁。

虽然户内保洁也有人做，但是现在的户内保洁太没有特点了。像 SOHO 现代城这样的高档社区，肯定需要一种更高档次的服务。麦当劳、肯德基走遍全球，凭的不就是一个严格的操作规程与标准嘛！对于保洁来说，这个标准应该是对卧室、卫生间、厨房等不同性质的房屋进行分类，然后确定不同的服务标准。

越想越兴奋，他把自己的想法、计划都写在了纸上。从第二天开始的十几天时间里，他进一步完善方案，然后鼓起勇气去找 SOHO 现代城中海物业公司的经理。那位将近 50 岁有着丰富经验的物业经理被眼前的年轻人打动了。他说："每天来这里要求做我们清洗业务的人多了，但是没有一个人能够提出你这样的想法。这里的活，我交给你了。"

这时，父亲筹到的 10 万元钱也交到了张松江手里。他把几个朋友一起合伙参股的钱退掉，然后自己注册了新理念保洁服务有限公司，在 SOHO 现代城的地下室里开始了新的旅程。那段日子是极为艰苦的。地下室的潮湿达到了早晨放一只公文包，晚上拿走的时候都会从上面往下滴水的程度。没有椅子，他们就坐在地上，每天跟民工一样吃 2.8 元一份的盒饭。

好在没过多久，就有一位客户提出要他们去家里做地板打蜡，没有做过地板打蜡的张松江竟然大着胆子答应了。等到了客户家里，面对地板，张松江和自己的员工面面相觑：怎么办？虽然张松江有着种种超前设计，但是对这户内具体的活完全不懂。

张松江一想，这打蜡应该和擦地一个道理，于是就把地板蜡放到擦地机里，挨着屋子擦。在地板湿的时候，地面确实很光亮。可是等地板一干，张松江傻眼了：原来的地面只是不光亮而已，而现在不仅依旧不光亮，而且还用擦地机擦出了一圈圈白乎乎的擦痕，简直不成样子。无奈之下，张松江当晚找到做过打蜡的朋友，来了个现学现卖。第二天一早，张松江立即带着员工来到客户家，给客户认认真真地把地板重新打好。等客户回来看到光亮的地板时，非常满意，付给了他们 800 元钱。

钱赚到了，但张松江却非常难过。这样的服务离自己的要求差得太远了。别说特色，连最基础的东西都做不好，这怎么能有前途呢？

张松江找到SOHO现代城的经理，提出了一个要求，那就是给现代城一些已经装修好但是还没有出租的房间进行免费保洁打蜡。这是任何一位经理都乐于接受的好事情。但是，对于张松江来说，这太重要了。他要通过为这些房间保洁，来磨炼自己员工的技术，研究一套有自己特点的操作规程与操作技巧。

功夫不负有心人，通过与员工对一间间房屋、一个个细节部分的实践、记录与推敲，张松江总结出了自己的一套针对不同房间的工作程序和工作标准，在技术上也取得了飞跃。

以地板打蜡来说，他将擦玻璃的方法移植到了地板上，而且在工具、使用方法上都做了重大改进。因此，他们擦地板比传统打蜡法多花一倍的时间，但是擦出来的效果却让人感觉比传统打蜡服务高出几个档次。

就这样，张松江第一个月就赚到了3万元钱，打开了局面。靠着自己的坚毅和勤奋，他一步步接近了自己的目标，实现了飞跃，完成了很多人梦寐以求的事。

[资料来源：韩润明．“小管家”颠覆大家政．理财，2006（4）.]

分析

从张松江的创业经历我们可以看到，一个企业的创建和发展是一个充满不确定的过程。即使像“小管家”这样的微型企业，要想活下来也十分不容易。通过本案例的学习，我们至少可以得到如下两点启示。

一是创业者可以通过自己所掌握的技术开始创业，但是事实上很多企业并非只要有技术就可以成功。这其中把技术变成产品，再把产品变成钱的生产和营销环节，还是需要创业者多下一些功夫来做的。本案例的张松江在对方给他们进行了为期两天的保洁清洗培训后以为，像什么饭馆的招牌清洗、灯箱清洗、建筑物外墙清洗等会商机无限，然而，等他们跑去谈生意时，却到处吃闭门羹，根本没人用他们。但他们没有气馁，而是把保洁工作的想法由户外转向了户内，甚至想到了给“现代城”一些已经装修好但是还没有出租的房间进行免费保洁打蜡，以得到磨炼技术的实践机会，最后，张松江用他们的坚毅和勤奋，为创业打开了新局面。

二是好的营销策略离不开准确的产品定位。在市场上，初创企业要与已有企业进行“差异化”竞争，就需要在产品定位和设计上充分体现新颖性、显著性、差异化的特点，做好市场定位工作。进行市场定位前的“细分市场”的工作，是创业者不能忽视的。本案例的张松江认为，虽然户内保洁也有人做，但是现在的户内保洁太没有特点了。像SOHO现代城这样的高档社区，肯定需要一种更高档次的服务，也就是可以根据不同性质的房屋进行分类，然后确定不同的服务标准。在细分市场后，他拿到了SOHO现代城的清洗保洁业务的订单，也因此注册了新理念保洁服务有限公司，在SOHO现代城的地下室里开始了他新的创业旅程。

实践训练

一、 实训导航

通过对本模块的学习，我们已经了解了成立新企业有哪些法律形式可选、企业注册的流程、要准备哪些文件、要考虑哪些法律与伦理问题、如何选址、如何获得社会认同等。请根据所学，来完成以下的实训项目，建议项目 1 可在课堂上先由小组讨论，再集体讨论，而项目 2～5 可作为课后个人作业或团队作业，在下一次上课时再进行上交或汇报。

二、 实训项目

1. 讨论不同法律形态的优势与劣势，思考自己适合选择哪种法律形态创业。

2. 尝试上网实际注册开设一家网店。

3. 向当地工商行政管理部门咨询了解各种不同法律形态的具体注册流程和条件，以及当地的优惠政策。

4. 根据所了解到的情况，准备企业注册所需的相关文件。

5. 根据本模块所介绍的创业选址内容，实地考察自己所在创业团队的选址。

三、 方法策略

1. 走访校园就业指导中心以了解有关创业政策。

2. 与创业人士进行座谈以了解相关情况。

3. 走访当地商圈和商铺经营者，以了解选址情况。

模块二 新企业的管理

根据生命周期理论，企业注册成立后，一般遵循创立初期、发展期、成熟期、衰退期四个阶段的顺序发展。人们通常把处于创立初期和发展期的企业界定为新企业。在这两个阶段，新企业能否生存和健康成长至关重要，这既关系到创业的成败，又关系到企业今后能否持续发展。创业者必须清晰地了解：新企业管理有怎样的特殊性？是哪些因素在驱动新企业的成长？新企业的成长又面临哪些挑战？创业者该为新企业成长做哪些准备？如何进行新企业成长管理？

知识点梳理

如果把从新企业的孕育到创立看作是从 0 到 1 的过程的话，那么新企业管理就是从 1

到10的过程，这是一个以生存和发展为核心的成长管理过程。与成熟的企业不同，新企业的成长管理有自身的特殊性（见表7-4）。

表7-4 新企业和成熟企业成长管理特点的比较

	新企业	成熟企业
成长性	高增长、非线性成长	低增长、常规发展
风险程度	不确定性、高风险	经营稳健、低风险
主导策略	基于生存和发展的机会导向	基于强化内部控制的经营导向
驱动因素	商机驱动	资源驱动
关注焦点	销售收入和现金流	顾客维持与内部效率
管理团队	创业者个人或小规模的团队	职业化的管理团队替代企业家团队
管理模式	基于信任与合作基础上的松散管理	建立完善的管理机制与控制系统
创新来源	个人创新	系统的组织创新
风险承担	最大限度地规避风险	能够适度承担风险
外部环境	高度不确定，至少创业者感觉如此	不确定性基本在可控制的范围内

一、新企业管理的特殊性

（一）新企业具有高成长性和高风险性

新企业区别于成熟企业的重要特点之一就在于：成熟企业已经进入常规发展阶段，不再具有高成长性；而新创企业则处于超常规发展阶段，极具成长潜力。新企业通常经营机制灵活，同时在产品、技术或业务的某些方面具有一定的独特性和领先性，对区域市场和细分行业的竞争能够保持良好的适应和应对，因而成长性较好。但与高成长性相对应的是，新企业的成长具有很大的不确定性和高风险性。由于技术环境的变化、商业模式的变革、竞争对手的打压、内部管理的瓶颈等，新企业的业绩波动也高于成熟企业，呈现出“易变”“不稳定”“高死亡率”“充满风险”等特点。即新企业的成长呈现出非线性的特征，可能爆发式增长，也可能突然衰退，甚至是彻底失败。

（二）新企业管理是以生存为首要目标的“生存管理”

新企业在创立初期的首要任务是在市场竞争中生存下来，让消费者认识和接受自己的产品或服务。在这个阶段，生存是第一位的，一切围绕生存而运作，应避免一切危及生存的做法。要尽快找到客户，把自己产品或服务卖出去，掘到第一桶金，只有这样新企业才能在市场中找到立足点，才有了生存的基础。“别再跟我谈对新产品的构想，告诉我你能推销出去多少现有的产品”是这一时期的典型独白。重要的不是在于想什么，而在于做什么，一切以结果为导向。企业里的大多数人，包括创业者在内，都要出去销售产品，这就是所谓的“行动起来”。在这一阶段，企业是机会导向的，有机会就做出反应，而不是有计划、有组织、定位明确地开发利用自己所创造的机会。

（三）新企业管理具有较强的灵活性和创新性

活力是创新之源，是企业快速发展的核心动力。与大企业相比，新企业的突出优势就在于高层管理者更贴近客户，更容易感受到市场发生的变化，能够比大企业做出更迅速的反应，能够用小企业的反应速度来抗击大企业的规模经济。如果新企业机制灵活，那么就会以目标为导向，淡化分工，强化协作，老板与员工形成一体，这时公司的反应速度很快，非常灵活，充满活力。与此同时，新企业管理通常也需要有较强的创新性。因为新企业会面临许多新问题，这些问题很多是管理者以前没有遇到过的，在书本和前人的经验中也找不到答案，只有敢于创新、善于创新，才能有效地解决这些问题。

二、新企业成长的驱动因素

当企业度过了以生存为主要特征的初创期后，就进入了以快速成长为主要特征的发展期，也叫成长期。对于进入发展期的企业，其成长性并不相同，有的企业成长较快，有的企业成长较慢，甚至不少企业遇挫夭折。但一般而言，随着产品或服务逐步被市场认可，销售收入不断增加，企业规模不断扩张，成功穿越初创期“死亡陷阱”的新企业会表现出强烈的成长冲动。归纳起来，新企业成长的主要驱动力量可以概括为企业家的成长欲望、市场扩张、组织资源的增加以及创新与变革等四个方面。

（一）企业家的成长欲望

具有企业家精神的创业者，成长欲望强烈，工作充满热情，拥有勇于向环境挑战、识别并开发商业机会的能力。正是这些能力使得他能够把经济资源从生产率较低的领域转移到生产率较高的领域。企业家的成长欲望是新企业实现快速成长的最关键的因素。具有企业家精神的创业者，往往目光远大，在产品投入市场并赢得一定利润后，不会以达到个人满意的生活水平和享受利润所带来的好处为目标，而是利用利润进行再投资，期望将自己的企业塑造为一个可以向行业内的标杆看齐的高速成长企业，期望在市场上创造一个为消费者所认同的著名品牌。创业者的企业家精神和成长欲望，给新企业的成长注入最根本的驱动力，使其在实现企业目标时更加坚决、乐观并持之以恒，这不仅极大地激发了员工的工作热情，而且使其他企业认为不可能实现的事情在其企业里得以实现。

（二）市场扩张

如果新企业的产品或服务具有较好的市场竞争力，良好的市场反馈会使创业者确信自己所干的事业是有生命力的，会极大地强化创业者的企业家精神。在区域市场取得初步成功后，创业者有很大的动力去加快市场扩张，从而推动新企业的快速成长。这里指的市场扩张包括两个方面：一方面是指在现有的区域市场，由于更多的消费者接受新企业的产品或服务，导致本地市场的扩张；另一方面是指创业者采取批发、代理、特许经营、建立直营分支机构、直销、电子商务等，将新产品或服务分销到更广阔的市场区域，进行异地扩张。

（三）组织资源的增加

在一定程度上，企业成长欲望的实现取决于其所控制和能够利用的组织资源。这里，组织资源被广义地定义为人力资源、财务资源、无形资产、厂房设备、技术能力、销售网络、组织结构、管理能力等。度过初创期后，新企业拥有的组织资源不论在数量上，还是质量上都会有明显的增加，而且创业者对资源的获取、整合和利用能力也有明显的提升。这就为新企业下一步的成长奠定了必要的基础。例如：在财务资源方面，企业累计的利润和现金流，能够在一定程度上支持成长所需的资金；银行可能看好企业的发展前景，愿意提供一定额度的商业贷款；具有高成长欲望的创业者可能愿意通过出售部分股权的方式筹集更多的发展资金。又如，随着创业团队对企业的经营活动越来越熟悉，管理能力不断提高，其可以在不降低现有工作质量的前提下，节约出管理资源以支持企业成长。

（四）创新与变革

新企业的成长具有明显的创业特征，需要持之以恒的创新精神，创业者擅长识别和追求机会的能力使新企业具有创新的优势，创新使企业能够赢得快速成长的机会。与此同时，新企业在成长的过程中会面临各种挫折和挑战，具有企业家精神的创业者会不惧挑战，审时度势，大胆变革，并以此为契机将企业推向一个新的发展阶段。哈佛大学教授拉里·格雷纳（L. E. Greiner）认为，企业成长的每个阶段都由前期演进和后期的危机与变革部分组成，这些危机与变革加速了企业向下一个阶段跃进。企业成长的每一个阶段都有其独特的管理方式，推动现阶段成长的动力往往会成为下一阶段进一步成长的障碍，因此，能否通过变革与创新突破这种障碍是企业能否进入下一个成长阶段的关键。

三、新企业成长面临的挑战

新创企业的数量很多，但能够实现成长的企业并不多，其中实现快速成长的企业则更少，其原因在于新企业的成长会遇到各种限制和障碍，会面临各种发展陷阱和挑战。

（一）内部管理复杂性的增强

新企业的快速成长体现为市场的快速扩张、顾客数量的规模化增加、职工人数的大幅增长等，也会吸引各种组织（包括竞争对手、潜在投资人、管制机构、新闻媒体等）的注意力，同时也需要获取更多的资源以支撑其成长，这就使得企业内部的管理工作会在短时期内快速增加。尽管创业者开始在组织内部设立职能部门和管理组织，制定各种必要的规章制度和流程，试图强化职责分工和协调配合，逐步进行管理授权和分权，然而由于企业规模的急剧扩张、创业团队管理技能的不足、缺少有管理经验的员工、部门分工不够科学合理等原因，企业内部管理往往显得杂乱无序，问题常常容易演变为危机，创业者需要花费大量的时间用于“救火”。部门间的协调配合和“救火式”的管理方式融合在一起，增加了企业整体管理的复杂性。表7-5为爱迪思模型所归纳的基于组织内部特征视角下的新企业在成长过程中容易遇到的各种问题，不管是其所归纳的“正常现象”还是“不正常现象”，都值得借鉴。

表 7-5 组织内部特征视角下的新企业容易遇到的问题

正常现象	不正常现象
创业者承担了现实的义务	创业者只有不切实际的幻想
产品导向	利润导向，只考虑投资回报
创业者掌握了控制权	创业者的控制地位不稳固
现金支出大于收入	现金支出长期大于收入
缺乏管理深度	过早授权
缺乏制度	过早制定规章制度
缺乏授权	创业者丧失控制权
愿意听取不同意见	刚愎自用
一切都视作机会	摊子铺得太大，远远超出能力
因人设事，责任交叉重叠	创业者过早分权，失去控制
经营权和所有权开始分离	创业者遥控式管理
暂时丧失远见	开拓型人才离去，行政型人才掌权
董事会加强对管理人员的控制	董事会解雇了创业型人才

资料来源：爱迪思．企业生命周期．北京：中国社会科学出版社，1997.

（二）外部环境不确定性的增加

企业的快速成长吸引了众多竞争对手的进入，改变了行业的竞争状况，让新企业的市场环境变得更加不确定。行业内的大企业开始注意新企业所在的细分市场，凭借资金、技术、品牌和成熟的销售网络等种种优势，向成长中的中小企业发起挑战或进行打压。行业内众多“跟风”创业的小企业则“搭便车”，对产品既不进行创新，也不进行广告投入，只是一味地模仿，利用低成本、低价格和地域性优势抢占市场。众多竞争对手的加入，使得消费者有了更多的选择，竞争变得越来越充分，一度的“蓝海”逐渐变为“红海”，产品价格可能迅速下降。这就迫使新企业不得不加大产品创新力度，调整市场战略，进行地域市场扩张，进入新的细分市场，或开始尝试多元化经营等，但这些情况无一例外地增加了企业活动所面临的不确定性，使其经营环境变得更加复杂。

（三）创业团队管理能力的不足

创业者和管理者的素质和能力是有差异的，而且思维方式也不同（见表 7-6）。创业者是机会导向的，对资源约束考虑较少，而管理者更多是资源驱动的，会基于所掌控的资源约束去追求机会；创业者的责任是创建企业，而管理者的责任是维持和壮大企业；创业者要引进新产品或服务，管理者要协调生产产品或服务。随着新企业的成长，创业者要从事的管理工作越来越多，其面临的管理压力也越来越大，这就要求其具备越来越高的管理技能，逐步从“创业者”向“创业管理者”转变，但并不是所有的创业者都能顺利地实现这种角色的转变。从企业成长和企业家成长之间的互动关系看，企业家管理是企业持续成长的必要条件，管理能力不足则是企业成长的最大障碍，这也叫“彭罗斯效应”。对于新企业而言，企业家管理一部分要用于现有业务的运作和优化，另一部分要用于扩张性活动，如开发新产品、开发新市场等。如果管理能力的增长跟不上企业规模扩张的步伐，就会出现管理危机。

表 7-6　　创业者和管理者思维方式的差异

创业者的思维方式	管理者的思维方式
● 市场机会在哪里 ● 如何获取资源 ● 如何组织资源开发商业机会 ● 具备哪些条件就可以采取行动 ● 什么组织结构最有利于机会的开发 ● 问题的出现往往意味着变革和机会 ● 对趋势的把握要依赖自身的洞察力	● 在现有资源条件下，什么机会是合适的 ● 有哪些可用的资源 ● 如何经营才能使企业风险最小化 ● 具备哪些条件才能确保投资不失误 ● 什么组织结构是最有效率的 ● 问题的出现往往意味着威胁，必须消除 ● 对趋势的把握主要依赖过去的经营历史

（四）市场容量的限制

市场是企业得以生存和发展的土壤。一旦企业实现了初期的快速成长，很快就会有其他的企业跟进，竞争就会变得越来越激烈。而且先进入的企业成长速度越快，跟进的企业就越多，新企业就会在更短的时间内面临更激烈的竞争，信息发达和市场开放使这种规律更加明显。一方面，在市场容量有限的前提下，众多竞争对手的加入，会阻碍新创企业的成长。另一方面，新企业是在行业内的细分市场开始创业和经营，随着企业规模的成长，创业初期的区域市场容量将无法支撑企业快速发展的需要，创业者必须寻求扩张。扩张的路径主要有两条：地域扩张和产业延伸。但地域扩张往往受到各地文化、法律和市场环境的影响；产业延伸则会面临资源不足、管理分散等多元化经营的相关障碍。如果创业者不能很好地解决这些问题，市场容量的局限性就会变得明显，最终像一堵墙一样阻碍企业继续扩张和成长。

（五）人力资源和资金的约束

新企业的成长还面临极大的资源约束，尤其是人力资源和财务资源的缺口。伴随着业务快速发展，新企业迫切需要吸引大批人才的加入，虽然新创企业良好的创业氛围和广阔的发展前景也能打动一部分人，企业也有充分的用人自主权，但总体而言，由于新企业发展的不确定和高风险性、能够提供的薪酬难有竞争力、管理不够规范、办公环境较差、企业的社会声望不高等原因，多数新企业对优秀人才的吸引力不足，导致较大的人力资源缺口。同样，为了支撑企业的快速成长，新企业有了新的需要，如不断增加固定资产投资，招聘更多员工，加大研发投入，建立销售网络和强化营销推广等，这样就要有更多的资金投入，同时日常管理运营费用也大幅增加，但在创立初期和成长期，多数新企业的自由现金流入不足，而且不够稳定，无法满足企业快速成长的需要，导致较大的资金缺口。

（六）持续创新和战略规划能力的不足

富于创新是推动企业成长的主要动力。企业创立之后，创业者关注的核心问题是销售和生存，将大量的精力和资源都投入到市场拓展和外部融资上，新企业初期创新的推动力会随着创业者投入资源的减弱而减弱。与此同时，知识产权保护不力，竞争对手模仿行为的增多，也可能让新企业创新激励下降和减弱。因此，在缺乏资金、技术、人力资源和组织保证的情况下，如何保持新企业持续创新的动力、能力和活力至关重要。同样，由于创业的机会导向性和新企业的生存压力，多数创业者更加注重策略行动，而非战略思考，甚至许多人认为新企业和中小企业没有战略也不需要战略。但事实上，缺乏战略是制约企业成长的关键因素。战略的缺乏往往导致新创企业随波逐流，小富即安，对未来的发展方向茫然不知所措，核心竞争力无法有效塑造，甚至被大企业或同行挤在角落里苦苦挣扎，发展遇到了瓶颈却无法有效突破。因此，创业管理团队能否拥有出色的战略规划能力，直接决定了新企业能否快速成长，以及能否持续成长。

拓展阅读

新创企业的十大管理陷阱

有关新创企业的大量研究揭示出很多可以避免的管理陷阱。一项有关失败企业的研究指出了新创企业失败的具体原因。

（1）缺乏经验。很多企业破产的原因只是因为缺乏经验。

（2）超越资源的扩张。很多公司的成长速度很快，而其簿记系统却不能应对这种急速成长。在很多情况下，新创企业所有者试图通过走捷径来节省簿记系统的成本，而这一做法最终会产生灾难性的后果。

（3）缺少客户信息。失败的企业一般都缺少客户信息，如一家公司向未进行信用调查的客户运送商品，结果货款回笼时间长达 90～120 天，甚至更长。

（4）没有将市场多元化。流失一位客户会对企业的整体效益产生极大影响，如一些公司全部产品都出售给一个买家，一旦买家取消购买合同，公司就会面临破产。

（5）缺乏市场调研。大部分新创企业在创办时并未进行充分的市场调研。市场条件的变化使企业深陷困境，缺乏对市场的分析评估会导致企业没有应对危机的心理准备和能力。

（6）法律问题。节约法律费用是一种目光短浅的做法。一旦遭遇“马拉松式”的诉讼，企业则无力应对。若企业所有者从一开始就拥有寻求法律建议的远见，则会避免很多纠纷。

（7）裙带关系。偏袒家庭成员会导致企业失败。最致命的是企业为对整体运营贡献很少的家庭成员提供高薪待遇。

（8）个人管理。个人管理会导致企业失败，一个人的技术才华可以成为企业成功的原因，但没有了那个人，企业可能就会遭遇灭顶之灾。

(9) 缺乏技术能力。当所有者对基本的技术知识一无所知，或者其管理团队中无一人掌握基本技术知识时，企业会蒙受损失。

(10) 缺勤管理。当所有者长期不在企业时，企业运营就会逐渐恶化。企业内会出现忽视财务记录、纳税额下降、忽视顾客等情况，若长此以往，企业必将遭遇失败。

[资料来源：库拉特科，霍恩斯比．新创企业管理：创业者的路线图．北京：机械工业出版社，2009.]

四、新企业成长管理策略

企业成长是一个动态的过程，是通过创新、变革和强化管理等手段整合资源并促使资源增值进而追求持续发展的过程。创业管理者除了需要为成长做好准备外，还需要结合新企业的管理特性，遵循企业成长规律，抓住成长管理的重点。

（一）确立企业的愿景、使命和核心价值观

企业愿景、使命和核心价值观是引领企业发展的灵魂，虽然无形，但却渗透在企业发展的方方面面。企业愿景又称企业宗旨，是指企业长期发展的方向、目标、目的和自我设定的社会责任与义务等，其描述了企业在未来社会里会是什么样子；企业使命是指企业在社会经济发展中所应担当的角色和责任，是指企业的根本性质和存在的理由；企业核心价值观是指在企业在生产经营活动过程中逐渐形成的，由组织成员共同遵守和分享的同一价值观念、价值判断和行为准则。

多数快速成长的企业都有比较固定的价值观体系，用以支持企业的健康发展。例如：著名外语培训机构新东方的愿景和使命是“成为优秀的教育机构，培养成就中国的精英，推动中西文化的融合”；新东方的核心价值观是“诚信负责、真情关爱、好学精进、志高行远”；此外，新东方一直致力倡导“新东方精神”——一种朝气蓬勃、奋发向上的精神，一种从绝望中寻找希望的精神。

对于新企业而言，其企业价值观一般是创业团队，尤其是创业领导人自身价值取向的体现，这种价值取向直接而又深远地影响着企业成长和发展。有共同愿景、明确使命和核心价值观的企业，在成长过程中如果遇到挫折，创业团队能够团结一致，患难与共，求新求变。相反，没有愿景、使命和核心价值观的企业，遭受挫折打击就会涣散、消沉，直至分崩离析。因此，在新企业成长过程中，创业者必须适时地提出一套能够凝聚人心的愿景、使命和核心价值观，从而在成长中凝心聚力，形成强大的组织力量。

（二）管理好支撑企业持续成长的人力资源

人才是支撑企业成长的关键要素，是企业的核心资产。从根本上说，企业的成长是基于人力资源的成长，企业的发展是基于人力资源的发展，快速成长企业的一个共同特点，就是有强有力的人力资源管理。在某种意义上，技术可以模仿，商业模式可以模仿，唯有人才队伍无法模仿。因此，企业持续竞争力的根源，是其良好的人力资源管理机制。快速成长的新企业必须通过建立“招聘、培育、使用、挽留”在内的人力资源管理体系，来打

造一支优秀的人才队伍。其具体措施主要有以下几点。

提供有竞争力的薪资待遇

成长企业要吸引优秀人才的加盟，所提供的薪酬待遇在人力资源市场上一定要有竞争力，同时在企业内部要有相对的公平性。包括提供较好的工资收入和跟绩效挂钩的奖金，以及医疗保险、养老保险、工伤保险、失业保险、生育保险、住房公积金等“五险一金”，为员工解除后顾之忧。

提供广阔的成长空间

员工的成长机会和成长空间包括：(1) 晋升空间；(2) 学习与培训机会；(3) 持续的工作指导和工作支持；(4) 工作内容丰富化；(5) 管理技能的发展和提升等。对于不同的员工，其关注和需要的成长机会是有差异的，要因人而异。

实施经营成果分享计划

新企业的薪酬水平，很难比得上大企业。更为不利的是，新企业有失败、被兼并和被收购的危险，稳定性和安定感较差。事实上，新企业的员工总是承担着公司的一部分经营风险，一旦企业倒闭，他们的生活也就没有了保障，所以只有让员工分享企业的成功才是公平的办法。因此，一些优秀的新企业实施利润分享计划，通过员工持股、股票期权、虚拟股份制等方式让员工参与经营成果分享。

营造良好的工作环境

良好的工作环境不仅包括提供开展工作所需的各种必备资源，如办公空间、办公设备等，更重要的是指营造良好的人文环境，如和谐的同事关系、顺畅的沟通渠道与沟通氛围、积极向上的企业文化等。

(三) 注重资源整合和资源管理

由于新创企业的人力、财力、物力资源相对匮乏，仅仅通过自身的滚动发展往往速度缓慢，所以借助别人（包括合作伙伴、金融机构、政府部门、社会团体，甚至竞争对手）的力量来发展壮大自己，便显得更加重要，这也是快速成长企业特别擅长的策略。快速成长企业常采用的外部成长策略包括：(1) 建立战略联盟；(2) 成立合资公司；(3) 兼并和收购；(4) 引入创业投资；(5) IPO 上市融资等。

新企业的成长是靠资源积累实现的，但是，如果积累的资源没有被企业有效利用，而是被企业中的个人（不管是创业者、高层管理人员，还是一般员工）占有，必将威胁企业的成长。这些未被有效利用的资源不仅包括一般的财务资源、人力资源、客户资源、固定资产和办公设备资源，还包括占用人自身的人力资源。例如，常见的衍生型创业，有很大部分是在母体公司不情愿也不支持的情况下出现的，给母体公司的发展带来很大的伤害。对于母体公司来说，离职创业的员工大多在企业中担任重要的研发、市场或管理工作，掌握关键的技术诀窍，拥有较高的人力资本，因此更容易发现和识别创业机会，他们的离开不仅会造成企业技术资源、客户资源的外流，往往还带走一个人力资源团队，危害极大。

在企业成长的过程中，当创造和整合的资源越来越多时，创业管理团队的关注重点就需要从创造、整合资源，转向管理好已经创造出来的资源，从注重“资源的开创”到注重“资源的有效开发利用”，并通过现有的资源创造出最大的价值增值。例如，IPO 虽然可以为企业募集大量的资金，迅速壮大企业的规模，可以提高企业的知名度，增强市场影响力，可以获得持续的融资能力，可以通过增发股份等方式获取扩张资本，但是，如果企业不能很好地利用所获得的资源，不能为投资者创造价值，最终还是会走向失败。

（四）注重用成长和创新解决成长过程中的问题

每个企业在成长过程中都会遇到各种各样的问题和障碍，有的企业在障碍面前止步不前，甚至一蹶不振；有的企业则将阻碍变成动力，适时变革、积极应对，实现了新的成长。优秀企业和平庸企业的重要区别之一，就是在于其对待阻碍所采取的对策存在巨大差异。平庸的企业通常采取的是被动应对，用“救火式”的方法来应对发生的各种问题，结果是问题的暂时解决；优秀的企业则积极主动地推动变革和创新，用成长的方式解决成长过程中所遇到的问题。

用成长的方式解决成长过程中出现的问题，其本质是推动并领导变革。从快速成长企业的经验看，往往在以下几个方面表现突出：（1）注重在成长阶段主动变革。主动变革意味着创业管理团队掌握变革的主动性和主导权，所承受的变革成本也较低，所面临的变革阻力也较小。（2）善于把握变革的切入点。企业变革不能一下子全面推开，需要科学地把握切入点，由点到面，层层深入，这不仅可以在短期内取得较好的效果，也能够增强对变革的控制性。（3）善于通过系统的建设和制度的完善，来巩固变革的成果。

持续的创新与变革是新企业成长的强大驱动力，也是企业快速成长的基本生存方式。但如果不注意管理，创业精神会随着时间的推移而慢慢减弱，乃至消亡。许多新创企业之所以无法快速成长，甚至无法生存发展，其根本原因就在丁创业者创业精神退化，不思进取、小富即安，从而使自己的企业变为“老小树企业”，10 年、20 年过去，企业的业务和规模原地踏步，就像是贫瘠荒坡上一棵陈年小树，任时间推移，怎么也长不大，最后慢慢变老，直至朽死。因此，对于追求成长的新企业而言，创业管理团队务必要通过创业精神的保持和发扬，源源不断地给新企业的成长注入创新与变革的基因，使其不因企业的成长而减弱，而是不断地迎接挑战，进行二次创业、三次创业等。

案例分析

案例一：PPG 神话是如何破灭的？

PPG 曾经是男士衬衣直销的代名词，因其新颖的商业模式和狂轰滥炸的广告引导，迅速为追求时髦的消费者所接受。一无工厂，二无分销系统，三无店铺，把邮购和网络直销模式引进了服装行业的 PPG，给传统服装的经营带来了极大的冲击，只用两年多的时间，就创造了销量超越中国服装业“龙头老大”雅戈尔的奇迹。

然而，PPG 却禁不住年少轻狂的激进、同行狙击式的绝杀，以及媒体始终若隐若现的质疑。当把消费者和行业赋予的光鲜感挥霍一空后，PPG 折翅上海滩，徒留一声叹息。从 2005 年创立到 2010 年破产，PPG 的迅速成长与快速衰败，其中的过程耐人寻味。

2005 年底，上海籍海归青年李亮决定复制美国 Lands' End（蓝衫，美国知名的邮购和网络直销服装公司）B2C 的模式进行创业，在上海注册成立了“批批吉”服饰（上海）有限公司（简称 PPG）。在美国，从高管层、工程师到普通文员，都习惯性身着牛津纺衬衫，国内也以此为时尚，因此 PPG 衬衫决定主打皇家牛津纺概念。吸取戴尔的经验，PPG 保留了设计、质监和直营的功能，将生产委托长三角三家服装企业代工，同时在物流配送、质检等环节也进行外包。与消费者的对接，PPG 则以网站和给消费者邮寄广告为主，消费者通过带有产品名称的目录和图片获得产品信息后，通过互联网或呼叫中心订货。

PPG 进军服装业时，宛若一个离经叛道的小子，一无工厂，二无分销系统，三无店铺，是一个典型的“轻资产”企业。当时谁都没有把它看上眼，但对于那些成衣制造商而言，PPG 新型网上服装直销模式的出现，无疑消化了它们大量过剩的生产能力。同时，对于市场数据的及时捕捉，可以使制造商们有效避免库存风险。当时国内主流男装衬衣普遍的价位在 200～300 元，而 PPG 采取低价入市策略，把衬衫价格定位在 99～150 元。99 元的定价打破了消费者对于购买 PPG 衬衫的心理防线，PPG 迅速赢得了市场。2005 年 10 月 24 日，PPG 上线当天就赢利 1 万多元，它以全新的模式、超低的成本对业界发起了颠覆性冲击。

与 PPG 在商业模式上所采取的轻装上阵相比，PPG 在广告的投放上可谓“重磅出击”，通过狂轰滥炸般的广告，PPG 迅速扩大市场。在 2007 年，PPG 每个月的推广费用达几千万，整个 2007 年广告费高达 2.3 亿元。上海是 PPG 推广的重镇，在电视、报纸、网络，以及分众传媒、框架传媒分布的楼宇、超市卖场、地铁都能看到 PPG 的广告。

很快，2 000 万美元启动资金消耗完毕，为了激发旺盛的增长势头，PPG 决定引进风险投资。2006 年 8 月，PPG 获得 TDF 和集富亚洲两家 VC 机构 2 000 万美元的投资，随后华盈创投、集富亚洲和凯鹏华盈决定增资 5 000 万美元。与此同时，供应商、物流公司、广告公司等合作伙伴，均被 PPG 的上升势头所吸引，纷纷同意延期收款以示支持。

2007 年第一季度，PPG 超越了行业第一的雅戈尔，连续创造了日销售 1.5 万件衬衫的奇迹。随着销售记录的不断刷新，PPG 的 B2C 模式开始被媒体和同行神化，甚至被誉为服装业的戴尔，被捧上了神灵般的位置。PPG 在 2007 年更是获得了中国年度最佳商业模式奖。

暗流汹涌，危机显现

表面上的一路凯歌，在一片繁荣的景象中其实危机已经开始孕育，在 PPG 的轻狂和榜样式的示范效果下，B2C 模式在服装行业迅速发酵放大，更多的对手迫不及待地进入这个门槛并不高的网络直销行业。

2007 年 8 月，报喜鸟旗下新品牌 BONO 挺进男装网络直销，BONO 推出 777 元的“5

件衬衫和2件T恤”礼包，紧接着推出169元的衬衫和109元的毛料混纺T恤。BONO在广告上也毫不手软，在国内主要的平面媒体上，专门挑选与PPG相邻的版面打广告，以咄咄逼人的挑战者姿态现身。结果让PPG难以应付，仅北京的市场份额便迅速下降了三成。

2007年10月18日，凡客诚品一出手便大张旗鼓地在国内市场做起了半版彩色广告，针对PPG的牛津纺概念，差异化地推出全棉生活概念，迎合了流行趋势。在价格战上，凡客直接狙击PPG 99元最低价定位，推出68元初体验价格。全棉的定位和低于PPG的零售价格，导致了PPG的用户被直接分流，PPG每天订单下降到1 000单左右，每天卖出的衬衫下降到3 000多件。

面对步步紧逼的BONO和凡客，PPG决定开发更多的产品系列，随即也推出了“迎风群岛”“苏格兰休闲”等系列服装，但因为成本原因，把价格定在200元左右，这并没有形成竞争优势，销量没有达到理想的效果。在PPG开发多品种之时，更多的对手加入这场“车轮战”，当当网开展了全场衬衫满100返30元的促销活动，有的网站则打出“68元一件”“三件起仅需29元”的超低价战略来吸引消费者眼球。这场大战使消费者低价捡漏的欲望化为实际行动，又有大量的消费者从PPG分流出去，此时，PPG的整体销量已经大幅萎缩。

因为价格战无暇顾及质量，由于长期拖欠代工厂货款导致其积极性降低，PPG的产品质量急剧下降。消费者不断投诉，渲染到了网络，随后向传统媒体蔓延。消费者的投诉引起PPG对于代工厂的不满，PPG决定拒绝付款。双方的对峙一触即发，引起了供货商的连锁反应，七家供货商纷纷要求现款现货，但因为PPG无法满足供货商的要求，导致了双方更大的抵触情绪。

与此同时，被拖欠货款的供应商启动了法律程序，PPG被拖到一连串的流言和官司之中。从2007年11月开始，PPG先是传出品牌被供货商查封的流言，然后曝出与广州卓越织造服装公司和江苏虎豹集团拖欠货款的官司，接着是上海旷视广告有限公司和上海元太广告有限公司承揽合同的纠纷，以及上海唐神广告有限公司拖欠广告款的诉讼等等。而此时，PPG每个月的广告费都高达2 000万元，基本抽不出资金付款。

逐渐失去对代工厂控制能力的PPG不得不考虑改变原有的模式，PPG决定筹集资金准备扩建一个8 000平方米的厂房。PPG希望得到风投的支持，但风投认为，PPG已经丧失了消费者的信任，并且竞争对手已经成长起来，PPG的优势不复存在，拒绝继续支持。这对于诟病不断的PPG来说，无疑雪上加霜，从此这个不满3岁的公司风光不再。

金蝉脱壳，魂断上海滩

就在公司危机四伏的时候，PPG总裁李亮不顾内部的集体非议，将积聚起来的2 000万美元资金移至美国进行二次创业。对公司的未来进行如此安排，导致内部管理团队矛盾的迅速激化。整个高管团队纷纷离职，几乎分崩离析，营销团队也已经只剩下30人左右。

因为很多供货商和广告代理商拿不到欠款，而李亮又不愿意回国给予答复，于是各种猜测再次纷纭而至，"PPG创始人李亮携款潜逃"的报道散布于各大媒体的主要版面，此时，PPG每天的订单数量已经由最初的上万件迅速跌落到百件，甚至为零。残留下来的管理人员的畏缩态度，将事态推向更严重的局面，终究发展到不可收拾的地步——代工工厂集体恐慌，订单被延期生产，物流公司见款才愿意发货，消费者的订单开始变得遥遥无期。

2010年3月，法院冻结PPG银行存款并搬走剩余物资，曾经叱咤风云的PPG终究无法摆脱错综复杂的舆论纠葛和债务纠纷，大厦轰然坍塌。

[资料来源：www.emkt.com.cn/article/493/49304.html.]

分析

PPG迅速成长与快速衰败，有很多值得借鉴的地方，主要有以下几点。

(1) 新企业的成长管理确有其特殊性。从PPG身上，我们可以看到一个新企业因为其商业模式的创新而迅速崛起，冲击并变革了中国服装业的运行模式，具有高成长性，但也因为新企业内在能力的成长跟不上企业规模的扩张而迅速衰败，PPG用短短的5年时间走了一个完整的倒"V"形曲线，其高风险性一览无余。

(2) 企业采用模仿战略创业时，需要尽快形成自身的核心竞争力。PPG实际上是对美国品牌Lands' End的创造性模仿，用于发掘中国市场的机会，这一战略从开始来说是成功的。但遗憾的是，PPG的创业者对于中国服装市场的本土化经验不足，未能将自身的"先手优势"转化为持续的竞争优势，形成相对于凡客、BONO的差异化的核心竞争力。

(3) 成长中的企业要对不确定性的环境有适应能力。当新企业的快速成长导致竞争对手纷纷进入，当消费者的消费需求已经多样化时，PPG显然对此反应迟钝，仍然停留在"进行广告轰炸就能带来销售""旷日持久地进行价格竞争"的粗放阶段，未能持续地创新，以满足消费者的需求，结果在市场竞争中迅速败北。

(4) 新企业成长必须具有持续创新的能力。新企业无法依靠创业者个人的创新获得长远发展，也无法依靠某一商业模式获得持续成功。创业者只有尽快在行业中练好基本功，成为真正的"行家里手"才能有生存之根，新企业也只有尽快从依靠创业者的个人创业转变为依靠系统化的组织创新，才能找到成长之魂。显然，PPG对中国服装行业的"必修课"做得太少。

(5) 新企业的成败高度依赖创业者个人和创业团队的人力资本。毋庸讳言，PPG的总裁李亮并不是一个成熟的、有担当的创业者，在新企业治理机制不健全、创业团队的力量无法有效弥补其缺陷的情况下，失败就已经注定。

案例二："大学生牛倌"邱展宗的创业经

尽管国家近年来非常重视大学生创业，但毕业时真正选择创业的大学生并不多，选择在农村创业的大学生更是少之又少。但邱展宗，一个中央财经大学国际贸易专业的毕业生，却在毕业工作一年后选择回广西昭平县的老家开始创业，并做了一个跟他所学的国贸专业很不相干的行当——养牛。看似并不容易的行当，但邱展宗却干得得心应手，短短4年时间就赚了120万元。谁知就在他准备进一步扩大规模、发展养殖基地的时候，他与村民和亲戚之间在发展思路上总是难以统一，甚至为此变得陌生了起来。

邱展宗2001年大学毕业后，在内蒙古一家旅行社当经理，收入也不错，2002年秋天，他带着挣来的30多万元回到了家乡。放弃高薪的工作，却要回到穷山沟里来创业，邱展宗的举动，让他的父亲和村民都不理解。邱展宗的父亲邱应芳不认同儿子的做法："我们家穷了这么久，好不容易赚了一点钱，如果败下去的话那就不得了了，一辈子都爬不起来。"

刚回来时，邱展宗首先拉着堂兄邱益武在村里到处找荒地，但却不说想干什么。最后，邱展宗看中了自己家门口那块地，因为比较贫瘠，那块地已经荒废了很多年。在堂兄的帮助下，邱展宗和村里签订了承包合同，租了80多亩的荒地，租期30年。

邱展宗像农村种地一样，把那个地起了行，起了垅，搞得漂漂亮亮。正在村民议论纷纷的时候，邱展宗拉着他堂兄到南宁走了一趟，买回来一些草种。邱展宗这时候才告诉大家，他要在村里种草、养牛。他的想法不仅遭到了村民的嘲笑，就连一直给他帮忙的堂兄也感到很奇怪。堂兄邱益武说："养牛要种什么草，山上到处都是草地，还要种什么草。"

但邱展宗自己心里却很有数，在内蒙古工作的几年里，他特意去考察了当地依靠养殖致富的成功经验，他知道自己的家乡有山有水，非常适合生态养殖业，所以赚了点钱后，他就决定立即回乡养牛。而且在内蒙古，邱展宗还了解到光靠山里的野草，不能满足现代化养殖的需要，必须种上优质的牧草，所以，他回来的第一件事就是种草。邱展宗说："这种草的好处就是蛋白质含量比较高，经过杂交改良以后，它的口感非常好，它的毛比较少，动物吃了以后不容易扎嘴，所以特别喜欢吃这种草。"

2003年春天，邱展宗种下的草已经长了将近一年了。但村民却一直没看见他养的牛，他们都觉得邱展宗的草是白种了。但邱展宗却并不着急，他原本就是要等到草长好后才开始养牛，而且养的还不是本地一般的牛。在内蒙古期间，邱展宗早就调查清楚了，只有经过杂交改良后的肉牛，产出的小牛才能迅速生长，而且产肉率高。"当时我就到我们当地畜牧部门去打听，正好我们贺州市也正在搞这种牛的品种改良，所以我就认定了这个路子。"这时，邱展宗在内蒙古挣来的钱只剩下十几万元，他用全部剩下的钱去买进口的种牛，并开始精心饲养种牛。

拓展利润，妙招连连

2005年，邱展宗卖掉第一批牛挣了点钱，但他很快又不卖牛了。原来，那时候昭平县全县只有一家屠宰场收购肉牛，宰杀后再把牛肉卖到市场，因为没有竞争对手，他们收牛时故意压价。看到自己养牛的利润都被别人赚走了，邱展宗有了一个新的想法："我自己把牛拿到上面去屠宰，经过我自己的屠宰、分割，我这头牛能卖2 300元，大概能产生毛利400～500元。”

从卖肉牛到卖牛肉，邱展宗的利润增加了，牛肉的销售量也越来越大，这更加坚定了他当初回乡养牛的信心。邱展宗说：“我们这里有山有水，动物这个东西也讲究生态，这是纯生态养出来的牛，牛肉质量非常好。”除了将牛放到纯天然的状态下放牧外，邱展宗还要给牛喂他特意种的优质牧草，这些牧草中含有丰富的营养物质，牛吃了后肉质也不一样。村民邱华海说：“肉比较多，肉质也比较好。”

牛肉在市场上越卖越火，但邱展宗还是不满足。他觉得：既然自己的牛肉这么好，为什么不直接面对市场，向饭店直接销售牛肉，进而可以减少一道环节而增加利润呢？

2006年5月，邱展宗带着新鲜的牛肉直接去饭店里推销。饭店都有自己固定的供货渠道，对突然冒出来的邱展宗没人当回事。邱展宗连着找了十几家饭店，却一斤牛肉也卖不出去。怎么样才能让饭店接受自己呢？邱展宗又想出了一个怪招。

当时昭平县市场上的牛肉平均是9元钱一斤，而邱展宗将批发价定为11元钱。打出的是与众不同的优质优价的招牌。刚开始闯市场，价格就比别人高，邱展宗这个奇怪的举动让县城那些饭店都无法接受。如昭平县最大的饭店经理陈善邦回忆说：“不敢肯定他是做生意的人，我第一次跟他做生意，我也不懂，我也不敢相信。”但邱展宗又出怪招，把牛肉送去给饭店免费试用，陈善邦这才勉强答应先试用，结果却是他意想不到的。陈善邦的饭店经过试验后，感觉他的牛肉确实不错，于是决定跟他合作。

饭店用了邱展宗的牛肉后，来吃饭的人都觉得味道好，邱展宗的牛肉在顾客中慢慢地有了口碑。但陈善邦觉得他的牛肉贵，就用便宜的牛肉冒充，结果被顾客发现了。陈善邦说：“我们换了一次，顾客吃了以后说‘你的牛肉好像不对头’，我说‘怎么不对头’，他说：‘好像跟上次不一样，不怎么好吃。’”经过这么一折腾，陈善邦从此就认定了邱展宗，只从他那里买牛肉。陈善邦说：“宁愿贵一点，他的牛肉，分量足、不注水，口感都不一样，新鲜！”

科学决策，做社会公民

现在，邱展宗每天都要赶上几头牛送到县城去屠宰，新鲜的牛肉还没上市就被县城里的饭店早早地订购一空，他一个月就能挣到两万多元。但是，邱展宗和村里的亲戚一起养的牛加起来存栏只有200多头，远远满足不了迅速扩大的市场，邱展宗就到周围乡镇去发动农户按照他的养殖模式养牛，但却遭到了亲戚和村民们的不理解和强烈反对。

村干部吴繁荣说：“也是我们隔壁镇，有一个地方我和他也去看了，他也准备在那里和我们这里一样搞一个牛场。”这件事让村里的亲戚们很气愤，自己辛辛苦苦发展起来的赚钱门路，就这么容易地让村子外的人沾光。原来邱展宗2002年回到家乡养牛，不仅自己赚了120多万元，还带动了家族亲戚养牛致富。现在他要将养殖基地建到其他乡镇去，亲戚们自然不愿意，认为是“肥水流了外人田”。

但邱展宗顾不上亲戚们的反对，还是要去村子外发展自己的养殖基地，而第一步就是让农民像他四年前一样，先种牧草后养牛。邱展宗说：“你看，像这种草叶子比较柔软，一比较就知道了，所以将来给别人拿草种的时候，一定拿好的给别人。”对于争执，邱展宗说：“这是很难协调的事，不是一天两天能解决的。”

2006 年 8 月，当地政府决定扶持邱展宗发展养殖业，而且希望他传授村民养殖技术，带动全县农民一起养牛致富，邱展宗本人也当选为贺州市人大代表，他的身上又多了一份责任。邱展宗说：“大家把我这个路子放到农村去，稍微改良一下，也能像我一样过上富裕的生活。”

[资料来源：王长路．高材生牛倌——邱展宗．农民文摘，2008 (1).]

分析

大学生邱展宗创业致富的成长之路，给我们带来以下启示。

(1) 科学地制定创业战略和发展规划，才能实现稳健成长。邱展宗在创业前就在知识、资金、技术、市场和气候条件等方面做好了充分的准备，他引进大草原的现代养殖模式，先种草，再养牛，然后自己加工对接市场，再发动群众扩大规模，共奔致富路。他思路清晰、环环相扣，可见其成功并不偶然。

(2) 新企业成长要注重价值创造和价值增值。邱展宗对养殖行业的整个产业链有清晰的了解和认识，因此，他才能从种草养牛，发展到加工宰牛，并对饭店直销，从而极大地提高了优质牛肉的附加值。同样也因为其对产业链的把握，他才在养殖基地的建设中，形成了“基地＋农户”的产业发展模式，变成草种、种牛、养殖技术的提供方，形成了他自身的核心竞争力。

(3) 创业营销要打破常规，逆向思维，做低成本营销。面对接近饱和低价的批发市场，邱展宗选择了高端优质的定位，以高价、高调入市，越过批发市场直接和饭店打交道，并通过免费试用的方式打开市场，取得巨大成功，产品供不应求。

(4) 创业者要追求个人价值和社会价值的有机统一，做企业社会公民。邱展宗很好地把个人创业和带动村民的致富结合起来，成就了他第一个阶段的成功，现在他把自身企业的规模发展和当地政府发展特色产业结合起来，带动全县农民脱贫致富，必将带来良好的社会效益。

案例三：亚信科技公司的持续成长

亚信科技公司是中国领先的通信软件和服务提供商。作为中国留学归国人员“科技报国”的重要成果，亚信曾率先将互联网引入中国，为中国的信息化建设做出了卓越贡献，享有“中国互联网建筑师”的美誉。之后，亚信成功地实现向软件与 IT 服务的转型，立足于自主软件产品的开发，形成了大型软件研发和质量控制体系，以及电信级 IT 项目实施管理体系，成为中国软件行业的重点企业。亚信还首开中国企业吸纳风险投资之先河，率先引入国际化、规范的公司治理和管理制度。亚信还一贯注重人才培养，凝聚着一批具有国际化背景和本土化经验的优秀人才，被称为“中国 IT 业的黄埔军校”。

1993 年，田溯宁、丁健和其他几个在美国工作的留学生看到一个商机——利用互联网技术，将中国企业及中国经济发展的信息介绍给美国，同时将美国经济及美国企业的信息传递给中国。同年，凭借刘耀伦先生 50 万美元的天使投资，田溯宁、丁健等留美学生在美国达拉斯创办互联网公司"亚信"。

1995 年，胸怀"科技报国"理想，田溯宁、丁健率公司主体回国创业，正式成立亚信科技（中国）有限公司，立志"把互联网带回国，为中国做事，做中国最好的企业"。亚信成立后，先后承建了包括中国电信 ChinaNet、中国联通 CUNet、中国移动 CMNet、中国网通 CNCNet 等六大全国骨干网工程在内的近千项大型互联网项目。

1997 年底，华平、中创、富达三家风险投资公司共投资亚信 1 800 万美元，占 30%的股份。1999 年英特尔又为亚信注入了 2 500 万美元的风险投资。随着风险投资的引入，亚信董事会进行了调整，来自风险投资商的董事逐步增加到半数以上。风险投资资金的引入同时带来了规范的企业管理制度和体系，为公司的长远发展奠定了科学的治理结构和治理机制。

2000 年 3 月 3 日，亚信公司在美国纳斯达克成功上市，当日股价上涨 314%，最后收盘于 99.56 美元，成功融资 1.2 亿美元，成为当天最成功新股。

理性转型

1998 年，亚信前瞻性地看到，随着硬件网络的大发展逐渐迈过巅峰，中国信息化建设亟须本土化应用，亚信前瞻性地开始大力发展软件业务。

亚信联合华平投资、中创基金、富达投资以 500 万美元股票加 500 万美元现金，共 1 000 万美元的价格，收购中国第一家从事移动通信实时计费的专业公司——浙江德康通信技术有限公司，正式进军软件行业。

2002 年，亚信以 62%的现金和 38%的股票，共计 4 730 万美元，收购广州邦讯科技公司的全部股权。这次收购使亚信在中国移动业务支撑系统软件领域的市场份额超过 30%。

通过并购的资本经营方式，亚信实现了其主营业务结构的调整，并一举成为国内最大的通信软件和解决方案的提供商。

多元化挑战

2003 年 7 月，亚信以 900 万美元收购太平洋软件的人力资源管理系统和商务智能业务，拓宽产品线，跨出了非电信市场的第一步。

2004 年 7 月，亚信公司以 15%的股权收购联想集团的 IT 服务业务的非电信部分，组建子公司——"联想亚信科技有限公司"。

围绕软件和服务核心业务，经历了向非电信行业多元化发展的尝试与努力，进一步扩大了亚信的软件与服务的经验与能力。但也有批评说，亚信收购太平洋软件和联想 IT 服务等与电信毫无干系，不仅无法与亚信既有业务进行支持，亦不能借用亚信现有资源，多元化有些偏离核心业务。

2005 年以来，亚信公司提出"集中资源，专注核心业务，提升赢利能力"的战略，在收缩非核心业务的同时，战略性地收购了上海长江科技、浙大兰德、上海亿软、北京国创科技等公司的相关电信支撑业务。

至此，亚信的产品线从电信增值软件、运营支撑系统、集成服务、人力资源管理软件、商业智能软件，又扩充了信息安全、企业咨询、IT 服务咨询。客户群从电信行业，拓宽进入钢铁、石化、航空、金融、电子政务、机械制造等领域，全面拓展企业市场。

稳步提升

目前，亚信在中国互联网软件、电信软件方案、安全软件与服务等领域确立了无可争议的领导者地位。立足中国良好的发展态势，努力实现业务创新，亚信正在迎来一个品牌、团队、业务与服务能力全面提升与创新的新时代。

2007 年 1 月，亚信获得中国电信业业务支撑和 IT 系统评选活动唯一“年度最佳厂商奖”，由亚信承建的北京移动商业智能（BI）系统项目获得“优秀项目奖”。

2009 年 12 月 6 日，亚信集团股份有限公司和联创科技（南京）有限公司宣布合并，合并后的新公司“亚信联创”一跃成为当时中国最大、全球收入和市值均第二大的电信 BSS/OSS 提供商。

至 2013 年，“亚信联创”拥有员工逾万名，其中专注于电信软件研发、解决方案咨询、系统实施、现场服务的技术人员超过 9 000 人。公司总部设在北京，在南京、上海、杭州、广州、成都、福州、沈阳、西安、淮安、德阳、长春、南宁、兰州、南昌、香港以及美国设有分支机构，并在新加坡设有海外公司。

着眼未来，亚信联创将凭借更高的运营效率、更强的软件产品和服务能力，服务于全球客户，并积极开拓海外市场，成为中国具有全球竞争力的民族通信软件服务企业，让中国软件影响世界。

[资料来源：根据百度百科“亚信科技”词条和亚信官网资料整理而成。]

分析

亚信的快速成长和成功绝不是偶然的，以下几点非常值得借鉴。

（1）企业的成长要高度重视管理团队建设和人力资源队伍的建设。亚信的几个创始人田溯宁、丁健等都是高学历出身，团队合作基础良好，这是亚信最初创业成功的关键因素。现在亚信联创则形成了由留学生、职业经理人及本土优秀人才共同组成的管理团队，把全球最先进的技术、管理、体系和资本与中国丰富的人力资源、巨大的市场相融合，实现了全球范围的资源最优整合。

（2）坚持核心理念，制定并执行清晰的经营战略。成立初期，亚信的业务核心是承建全国互联网骨干工程，“做中国的互联网建筑师”，业务转型后，亚信的定位是电信软件和 IT 服务提供商，经营战略清晰明确。坚定的理念和清晰的经营战略使亚信内部的每个部门、每位员工都有明确的工作目标，有很强的认同感。

（3）积极融资，整合资源，做大做强。从亚信发展的整个过程我们可以看到，每到关键时刻，亚信都敢于大刀阔斧地进行资源的整合。例如：收购浙江德康通讯，从而进军软件市场；收购广州邦讯科技公司，使其在移动业务支撑系统软件领域的市场份额超过30%；与联创科技合并，成为中国最大、全球收入和市值均第二大的电信 BSS/OSS 提供商。这些都是亚信积极借力的经典手段，也使得亚信迅速成长。

（4）审时度势，与时俱进，主动变革。亚信成立至今仅仅 20 年，但这 20 年商业环境的变化却非常剧烈，经历了互联网的逐步商业化、新经济浪潮、网络泡沫破裂，电信投资的高增长和徘徊等。在这个过程，亚信能抓住机遇，主动变革，适时调整公司的业务和战略，通过并购方式实现了公司经营结构的调整和升级，实现多元化经营和做大做强。

（5）建立持续创新的制度和文化。亚信在发展的过程中形成了分权的组织结构、开放的信息交流渠道和宽容失败的文化氛围，对员工高度信任，充分授权，不断促进员工的个人发展，为创新活动提供持续的动力支持。

实践训练

一、 实训导航

在本模块中，我们剖析了新企业管理的特殊性，分析了新企业成长的驱动因素和所面临的挑战，明确了新企业为成长该做的准备，并阐述了新企业成长管理的主要策略。学习完本模块的内容后，需要同学们重点掌握进行新企业成长管理的基本思路和策略，以便为今后的创业管理打下坚实的理论基础。

二、 实训项目

1. 选择一个你比较熟悉的行业，并从中选择两个有代表性的企业作为研究对象，对这两个企业的成长过程进行对比分析，包括其成长背景、成长历程、成长速度、成长战略、成长特点、发展态势等，并从对比分析中获得启示。

2. 选择校园内或学校附近的一个新创企业进行调查访谈，了解该企业的成长过程和该企业的创业管理团队是如何进行成长管理的。同时根据你们所学的理论知识，为该企业下一步的成长发展提供相关对策建议，并反馈给受访企业。

三、 方法策略

1. 充分掌握本模块所学的理论知识，为实训项目的实施提供充足的理论准备。

2. 作对比分析的时候，所选择的企业可以是行业内的两个非常优秀的企业，如华为与中兴、国美与苏宁等；也可以是处于不同战略集团的企业，如丰田与吉利、万科与万通等；抑或是成功的与失败的企业，如凡客诚品与 PPG、唯品会与呼哈网等；还可以一个是行业内的优秀企业，另一个是学校所在城市的地方企业等。

3. 访谈校园内或学校附近的新创企业时，一定要做好准备工作，如礼貌约见访谈对象，做好访谈提纲设计，提前对受访企业及其所在行业有更多的了解等。在访谈过程中，提出有针对性的问题，并做好访谈记录。

单元小结

本单元包括“新企业的创建”和“新企业的管理”两个模块。“新企业的创建”模块，主要阐述了企业的组织形式选择、新企业的注册流程及必须提供的相关文件、企业的社会认同及成立新企业必须考虑的法律与伦理问题，以及新企业选址的步骤和策略。“新企业的管理”模块，主要阐述了新企业管理的特殊性、新企业成长的驱动因素、新企业成长面临的挑战，以及新企业成长管理策略。本单元的重点是新企业成长管理策略以及不同法律形式企业的开办条件、责任与义务。

思考题

1. 创办企业最常见的企业法律形式有哪几种？选择不同的企业法律形式应该考虑哪几个因素？

2. 选择一种你最感兴趣的企业组织形式，如果你要开办它，登记时你要做哪些工作？

3. 知识产权与其他类型的资产如土地、房屋和存货等有什么区别？请举出知识产权的实例，并说明其对企业的重要性。

4. 新企业选址通常需要哪些步骤？应该注意哪些问题？可采用哪些策略？

5. 解释新创企业所经历的发展阶段及其独特性。

6. 举例说明新创企业在成长过程中会遇到哪些困难。新企业成长管理可采用哪些策略？

网络情境练习

登录中国企业登记网（http：//qyj. saic. gov. cn/index. html），了解中国企业登记需要注意的相关问题。同时参考“案例分析”中的“案例一”，了解新企业的成立流程，明确新企业成立的先后步骤。也可与专业的注册公司或会计会谈，了解新企业开办的手续。

登录全球模拟公司联合体中国中心网站（http：//www. chinapen. org/），模拟选择创建一家最适合你的公司类型，选择经营行业和场地，核准名称，申领营业执照，办理组织机构代码证及税务登记，开设企业基本账户，进行社会保险登记和商标注册等。

真实情境练习

按照创办企业注册流程的要求，自行设计××有限责任公司规模，进行一次创办企业注册登记实训操练。确定内容如下：企业名称、法人住所或经营场所、法定代表人、注册资本、经营范围、股东人数及各自的出资额、纳税人情况等。

实训要求：

1. 填写“××公司名称预先核准申请书”。

2. 填写“验资报告”。

3. 填写“公司章程”。

参考文献

Greiner L E. Evolution and revolution as organizations grow. Harvard Business Review，1972，50（4）.

李时椿，常建坤．创业学：理论、过程与实务．北京：中国人民大学出版社，2011.

梁巧转，赵文红．创业管理．北京：北京大学出版社，2007.

库拉特科，霍恩斯比．新创企业管理：创业者的路线图．北京：机械工业出版社，2009.

爱迪思．企业生命周期．北京：中国社会科学出版社，1997.

张玉利．企业家型企业的创业与快速成长．天津：南开大学出版社，2003.

张玉利．创业管理．2版．北京：机械工业出版社，2011.

后 记

本书是编者在总结多年“创业基础”课教学经验的基础上，根据教育部《普通本科学校创业教育基本要求（试行）》（2012）和《国务院办公厅关于深化高校创新创业教育改革的实施意见》（2015），结合当前我国普通本科高校创业教育的实际需要，以教育部颁布的教学大纲为蓝本，集理论、案例、实训和课后仿真情境练习、真实情境练习于一体的“创业基础”课教材。

全书共分七个单元、十五个模块。其中第一单元的“创业概述”模块由吴晓义老师、张菡老师编写，模块二“创业精神与人生发展”由肖伟才老师编写，模块三“知识经济发展与创业”由张菡老师编写；第二单元的“创业者”模块由吴晓义老师编写，“创业团队”模块由陈健、吴晓义老师编写；第三单元的“创业机会”模块由何小姬老师编写，“创业风险”模块由范大良老师编写；第四单元的“商业模式概述”模块由何小姬老师、苏宁老师编写，“商业模式选择与创新”模块由何小姬老师编写；第五单元的“创业资源”模块由张蔚鸽老师编写，“创业融资”模块由秦印老师编写；第六单元的“创业计划概述”模块由李文胜老师、秦海龙老师编写，“创业计划的撰写与展示”模块由吴晓义老师、李文胜老师编写；第七单元的“新企业的创建”模块由王邦田老师、何飞英老师、黄丽英老师编写，“新企业的管理”模块由吴晓义老师、范大良老师编写。本书由吴晓义老师统筹、策划，书稿完成后，由吴晓义老师、肖伟才老师、何小姬老师负责统稿，由吴晓义老师、何小姬老师、张菡老师、秦印老师、刘娜老师负责技术处理和最后审定。

在本书编写过程中，广州汉略企业管理咨询有限公司给予了全程指导，中山大学、华南师范大学、南方医科大学、广东外语外贸大学、浙江工业大学、汕头大学、河北经贸大学、西南林业大学、吉林农业大学、黑龙江工程学院、唐山学院、北京师范大学珠海分校、北京理工大学珠海学院、广东培正学院、广东金融学院等高校给予了大力支持。中国人民大学出版社有关部门的负责同志，更是为本书的编辑、出版付出了大量的心血。在此，我们对他们的支持和辛勤劳动表示衷心的感谢。另外，在本书的编写过程中，我们还参考、借鉴、引用了许多专家、学者和培训机构的研究成果，在此一并表示感谢。由于本书编写时间较为仓促，加之编者水平有限，疏漏和不当之处敬请读者批评、指正，以便我们进一步修改完善。

编者

2018 年 10 月 9 日

图书在版编目（CIP）数据

创业基础：理论、案例与实训/吴晓义主编．—2版．—北京：中国人民大学出版社，2019.1
21世纪通识课系列教材
ISBN 978-7-300-26442-4

Ⅰ.①创…　Ⅱ.①吴…　Ⅲ.①大学生-创业-高等学校-教材　Ⅳ.①G647.38

中国版本图书馆CIP数据核字（2018）第264765号

21世纪通识课系列教材
创业基础：理论、案例与实训（第2版）
吴晓义　主编
肖伟才　何小姬　秦　印　张　菡　副主编
Chuangye Jichu

出版发行	中国人民大学出版社		
社　　址	北京中关村大街31号	邮政编码	100080
电　　话	010－62511242（总编室）		010－62511770（质管部）
	010－82501766（邮购部）		010－62514148（门市部）
	010－62515195（发行公司）		010－62515275（盗版举报）
网　　址	http://www.crup.com.cn		
经　　销	新华书店		
印　　刷	北京密兴印刷有限公司	版　　次	2014年1月第1版
规　　格	185 mm×260 mm　16开本		2019年1月第2版
印　　张	17.5　插页1	印　　次	2022年2月第4次印刷
字　　数	408 000	定　　价	45.00元

关联课程教材推荐

书号	书名	作者	定价（元）
978-7-300-22767-2	大学生职业生涯规划	庄明科　谢伟	28.00
978-7-300-26321-2	大学生心理健康通识（第3版）	文书锋　胡邓　俞国良	48.00
978-7-300-20554-0	就业指导：理论、案例与实训	何小姬	38.00
978-7-300-17190-6	助人技术：探索、领悟、行动三阶段模式（第3版）	克拉拉·E. 希尔	49.80
978-7-300-16870-8	朋辈心理咨询：技巧、伦理与视角（第2版）	文森特·J. 丹德烈亚	39.80
978-7-300-19858-3	心理咨询导论（第6版）	塞缪尔·格莱丁	89.90
978-7-300-19167-6	认知行为疗法：技术与应用	大卫·韦斯特布鲁克 等	45.00
978-7-300-26722-7	心理学（第3版）	斯宾塞·A. 拉瑟斯	79.00
978-7-300-18162-2	心理学改变思维	斯科特·O. 利林菲尔德 等	118.00
978-7-300-18904-8	大学生领导力（第3版）	苏珊·R. 考米维斯 等	39.80

配套教学资源支持

尊敬的老师：

衷心感谢您选择使用人大版教材！相关配套教学资源，请到人大社网站（http：//www.crup.com.cn）下载，或是随时与我们联系，我们将向您免费提供。

欢迎您随时反馈教材使用过程中的疑问、修订建议并提供您个人制作的课件。您的课件一经入选，我们将有偿使用。

联系人信息：

地址：北京海淀区中关村大街31号206室　龚洪训　收　邮编：100080

电子邮件：gonghx@crup.com.cn　电话：010-62515637　QQ：6130616

如有相关教材的选题计划，也欢迎您与我们联系，我们将竭诚为您服务！

选题联系人：张宏学　电子邮件：zhanghx@crup.com.cn　电话：010-62512127

人大社网站：http：//www.crup.com.cn

心理学专业教师QQ群：259019599

欢迎您登录人大社网站浏览，了解图书信息，共享教学资源

期待您加入专业教师QQ群，开展学术讨论，交流教学心得